*Missão
Crítica*

D247m Davenport, Thomas H.
     Missão crítica: obtendo vantagem competitiva com os sistemas de gestão empresarial / Thomas H. Davenport; trad. Raul Rubenich. – Porto Alegre: Bookman, 2002.

     1. Administração – Gestão empresarial. I. Título.

     CDU 65.012.1/.015

Catalogação na publicação: Mônica Ballejo Canto – CRB 10/1023
ISBN 85-363-0044-2

Thomas H. Davenport

Missão Crítica

Obtendo vantagem competitiva com
os sistemas de gestão empresarial

Tradução:
Raul Rubenich

Consultoria, supervisão e revisão técnica desta edição:
Gustavo Severo de Borba
Mestre em Engenharia da Produção
Coordenador Adjunto do Curso de Admistração de Empresas da Unisinos

Bookman

2002

Obra originalmente publicada sob o título
Mission Critical: Realizing the Promisse of Enterprise Systems
© 2000 by President and Fellows of Harvard College
Publicado por acordo com Harvard Business Scholl Press

ISBN 0-87584-906-7

Finalização da capa: *Editores Associados, sobre ilustração de Bruno Budrovic*

Preparação do original: *Daniel Grassi*

Supervisão editorial: *Arysinha Jacques Affonso*

Editoração eletrônica: *Laser House*

Reservados todos os direitos de publicação, em língua portuguesa, à
ARTMED® EDITORA S.A.
(BOOKMAN® COMPANHIA EDITORA é uma divisão da Artmed® Editora LTDA.)
Av. Jerônimo de Ornelas, 670 – Santana
90040-340 – Porto Alegre – RS
Fone: (51) 3330-3444 – Fax: (51) 3330-2378

É proibida a duplicação ou reprodução deste volume, no todo ou em parte, sob quaisquer formas ou por quaisquer meios (eletrônicos, mecânicos, gravação, fotocópia, distribuição na Web e outros), sem permissão expressa da Editora.

SÃO PAULO
Av. Rebouças, 1.073 – Jardins
05401-150 – São Paulo – SP
Fone: (11) 3062-3757* – Fax: (11) 3062-2487

SAC 0800 703-3444

IMPRESSO NO BRASIL
PRINTED IN BRAZIL

Sobre o autor

THOMAS H. DAVENPORT é o diretor do Andersen Consulting Institute for Strategic Change, centro de pesquisas localizado em Cambridge, Massachusetts. É também professor na School of Management localizado da Boston University e Professor Laureado no Babson College. Seus livros, *Reengenharia de Processos: Como Inovar na Empresa através da Tecnologia da Informação* e *Além da Reengenharia: Como Organizações Orientadas para Processos Estão Mudando Nosso Trabalho e Nossas Vidas* (em parceria com Laurence Prusak) foram *bestsellers*. É igualmente autor de *Ecologia da Informação* e co-autor de *Reengineeering the Organization: Transforming to Compete in the Information Economy*.

Apresentação à Edição Brasileira

Independente do ramo ou setor de atuação, as empresas de hoje estão inseridas em um ambiente de constante mudança, caracterizado pelo aumento do nível de exigência dos clientes, pela dinâmica da demanda e pela globalização irreversível dos mercados.

Neste cenário, a disponibilidade de informações confiáveis e tempestivas e o adequado suporte aos processos operacionais e gerenciais das organizações desempenham papel essencial na obtenção de vantagens competitivas, harmonizando e dinamizando as relações das empresas com os elos de sua cadeia produtiva, sejam eles clientes, fornecedores, colaboradores ou distribuidores, todos participantes da "sociedade da informação".

Os sistemas de gestão empresarial (SGEs) têm sido apresentados por seus fornecedores como capazes de responder adequadamente a este desafio, disponibilizando informações integradas e confiáveis e provendo suporte às atividades da empresa por meio de processos que refletem as "melhores práticas" do mercado.

Embora teoricamente estes sistemas possuam esta capacidade, sabe-se que, na prática, muitas das implantações não alcançam os resultados esperados. Pesquisas por nós efetuadas, complementadas por constatações em trabalhos de consultoria em empresas brasileiras, demonstram que, quando comparados com as expectativas originais, os custos envolvidos nas implantações de SGEs foram entre 30 e 50% superiores a suas estimativas e os prazos foram ultrapassados em 20 a 50% da previsão inicial.

Dentre as principais justificativas existentes na literatura para a ocorrência destes problemas podemos citar a falta de comprometimento da alta direção, o limitado envolvimento dos usuários, a baixa cobertura funcional proporcionada pelo sistema e o desconhecimento das características deste por seus implementadores.

Entretanto, embora estas justificativas sejam relevantes, acreditamos que as mesmas não esgotam alguns pontos fundamentais relacionados à implantação de SGEs.

É importante salientar que a percepção da importância de tais sistemas para a empresa muitas vezes decorre de uma visão voltada para o mercado, na qual as organizações identificam o uso de determinadas abordagens em suas concorrentes e a conseqüente necessidade de adequação a este novo paradigma. Neste contexto, o planejamento tem papel secundário, sendo a velocidade e adequação aos padrões impostos pelo mercado condições essenciais.

Esta falta de planejamento e visão estratégica faz com que algumas empresas não percebam o efetivo processo de mudança organizacional vinculado à implantação de tais sistemas, bem como a necessidade clara de avaliação e alinhamento destes sistemas à estratégia da empresa.

Esta obra de Thomas Davenport apresenta uma visão gerencial, não técnica, sobre os sistemas de gestão empresarial. Dessa forma, consideramos sua leitura fundamental para todos os interessados e envolvidos com processos de mudança vinculados a tais sistemas.

O autor apresenta, ao longo dos nove capítulos, informações pertinentes para pessoas ou organizações que possuem interesse em SGEs; que estejam implantando este tipo de sistema, ou que já tenham um SGE implantado e desejem obter maior retorno do mesmo. Mescla uma riqueza de casos práticos reais com aspectos teóricos e pesquisas desenvolvidas em sua trajetória como pesquisador do Institute for Strategic Change da Andersen Consulting e professor de Gestão da Informação da Boston University.

O livro pode ser dividido em três partes distintas. A primeira delas apresenta uma visão ampla sobre os SGEs, descrevendo a evolução histórica dos sistemas, os possíveis benefícios oriundos de sua utilização, bem como as dificuldades existentes no processo de implantação. Esta parte inicial, descrita nos Capítulos de 1 a 5 e no apêndice do livro, traz informações mais direcionadas às pessoas que estão avaliando a possibilidade de implantação de um SGE. Aspectos como os riscos, os benefícios e as características importantes a serem consideradas para a seleção do fornecedor do sistema são abordados. Além disso, questões relacionadas à estrutura da empresa bem como às mudanças em processos necessárias para a utilização de um SGE são descritas nos Capítulos 4 e 5.

A segunda parte do livro apresenta informações para empresas que estão realizando a implantação do sistema ou que já possuem o mesmo implantado e desejam obter maiores benefícios deste. O Capítulo 6 traz questões pertinentes a serem consideradas durante a implantação e as descreve através de casos de sucesso e fracasso. Nos Capítulos 7 e 8 é dada ênfase para as mudanças de enfoque no uso das informações, bem como mudanças atuais e potenciais para as cadeias de suprimentos.

A parte final busca identificar possíveis desdobramentos futuros dos SGEs. O Capítulo 9 lança um olhar para o futuro – tanto dos SGEs quanto das organizações que os utilizam.

Conhecendo o trabalho de professor e pesquisador de Thomas Davenport, e apreciando sua abordagem mais voltada aos objetivos do negócio do que aos aspectos técnicos dos SGEs, recomendamos esta obra aos profissionais que buscam harmonizar o uso dos sistemas de informação, os processos de negócio e as estratégias corporativas para alcançar vantagens competitivas para suas organizações.

Sérgio Luiz de Oliveira Assis
Livre Docente da Escola Politécnica da USP
Professor Associado da Faculdade de Economia, Administração e Contabilidade da USP
Consultor da Fundação Instituto de Administração da USP

Gustavo Severo de Borba

Agradecimentos

Este livro é, de várias formas, uma extensão do meu trabalho com a reengenharia dos processos de negócios. Ao perceber que as empresas adotavam os sistemas de gestão empresarial como instrumento da concretização de suas metas de reengenharia, não pude resistir à tentação de investigar como se dá esse processo. Afinal de contas, eu já havia desenvolvido um respeitável trabalho sobre reengenharia no Center for Business Innovation, onde surgiram minhas primeiras pesquisas sobre os sistemas de gestão empresarial. Trabalhei com Rudy Ruggles em um projeto de múltiplos clientes; sou grato a ele e a todas as empresas participantes desse e de projetos posteriores. Concebo os sistemas de gestão empresarial como uma das maiores experiências em negócios do final do século XX, e considero os executivos das empresas que implementam tais sistemas verdadeiros cientistas.

Quando me transferi para a University of Texas, instalamos uma SAP com finalidades de estudo e ensino, e comecei a debater seguidamente os sistemas de gestão com dois professores de lá, Larry Leibrock e Judy Scott. Enquanto estive nessa universidade, comecei a trabalhar com a SAP AG em projetos de pesquisa e ensino. Ao longo desse período, a SAP patrocinou minha pesquisa sobre a maneira através da qual as companhias usam a informação dos respectivos sistemas SAP para administrar seus negócios, sendo o resultado dessa pesquisa o núcleo do Capítulo 7 deste livro. Agradeço à SAP, pelo apoio, e a Caroline Sayre, da Waggner Edstrom, a empresa de relações públicas da SAP, por acertar o projeto.

Ainda no Texas, fui recrutado, como *expert* no assunto, para dois estudos sobre a implementação de sistemas de gestão empresarial – um deles no American Produtivity and Quality Center (APQC), e outro no Concours Group. Gostaria de agradecer a Carla O'Dell e Jack Grayson, do APQC, e a Ron Christman e Bob Morison, do Concours.

Pouco depois de começar a escrever este livro, transferi-me para Boston a fim de dirigir o Institute for Strategic Change, da Andersen Consulting, e lecionar na Boston University. Na Andersen, Peter Fuchs gentilmente concordou em apoiar este projeto "legado". Sob o patrocínio do Instituto, completei o livro com a ajuda de várias pessoas. Julia Kirby escreveu o primeiro esboço do Capítulo 8 e ajudou no *marketing* da obra. Jeff Brooks e Susan Cantrell, então alunos da Boston University (e atualmente pesquisadores do Instituto), foram de grande ajuda nos Capítulos 9 e 4, respectivamente. Bob Baginsky me proporcionou acesso à experiência e aos recursos da linha de negócios Enterprise Business Solutions, da Andersen, e me apresentou aos seus diretores, Karl Newkirk, Hap Brakely e Eileen Basho. Minha assistente, Noelle McDonough, ajudou na correção das citações e na preparação final do texto.

Este é meu quarto livro publicado pela Harvard Business School Press, e já posso dizer que esta editora é a mais qualificada dentre as editoras que publicam material sério sobre administração. Foi um grande prazer trabalhar com Hollis Heimbouch, meu editor entusiasmado. A Press enviou o livro a Gary Banks (à época na Xerox), Gerry Coady, da J.D. Edwards, e a um terceiro revisor cuja identidade não consegui descobrir. Os três ajudaram em muito, mas é preciso reconhecer que a contribuição de Gary Banks foi realmente extraordinária.

Minha esposa, Jodi, ajudou-me de diversas formas com o livro, inclusive entrevistando alguns gerentes de projetos de sistemas de gestão empresarial e lendo os esboços de alguns capítulos. Sei que este não é o assunto por ela preferido, motivo suficiente para classificar sua contribuição como heróica. Meus filhos, Hayes e Chase, já estão até esnobando o fato de terem seus nomes citados nos meus livros, mas sei também que levariam um choque se eu os deixasse de lado. Portanto...

Prefácio

Você, pelo que posso deduzir, deve ser gerente ou funcionário de uma organização que está implementando um sistema de gestão empresarial, consultor de alguma dessas organizações, ou, ainda, alguém que trabalha para um representante desses sistemas. Você pode estar bastante avançado na implementação de um sistema, ou, pelo contrário, estar mais ou menos paralisado na fase de pensar se vai ou não trabalhar com sistemas de gestão, como organização ou individualmente. Talvez seja até mesmo alguém que implementou um sistema que não gerou todos os benefícios dele esperados. Seja qual for o seu caso, com certeza você gostaria de obter uma razoável medida de sucesso no esforço de fazer com que a sua organização, ou a de um cliente, sejam bem-sucedidas com esta tecnologia.

Neste sentido, pretendo auxiliá-lo fornecendo subsídios para um melhor entendimento do que são os sistemas de gestão empresarial e de tudo aquilo que podem tornar realidade em uma organização. Mostrarei aqui a maneira através da qual, bem ou mal, várias empresas encaminharam os seus processos de implementação. O destaque maior ao longo de todo o livro estará sempre voltado para a melhor maneira de atingir os objetivos de negócios que esses sistemas viabilizam, e não para os aspectos técnicos de um projeto. Em matéria de assessoria técnica, você terá melhor sorte com livros que tratam de tipos específicos de sistemas de gestão empresarial. (Por exemplo, o livro *Implementing SAP R/3*, de Nancy Bancroft, lançado em 1996 pela Manning Publications, de Greenwich, Connecticutt, é uma boa fonte de informações sobre implementações de SAP.) Aqui, estarei sempre voltado para o plano superior desta questão, jamais entrando em detalhes técnicos concernentes aos sistemas de determinados fornecedores.

Agora, uma palavra sobre minha experiência e meus defeitos. Sou um pesquisador e consultor que trabalha sempre no cruzamento dos sistemas de informação com o comportamento e a mudança organizacionais. Dirigi ou participei de três projetos de pesquisa de múltiplas empresas sobre os sistemas de gestão empresarial, e prestei consultoria a inúmeras empresas sobre a melhor maneira de extrair valor desses sistemas. Até escrever este livro, pesquisei ou fiz consultoria em mais de 50 empresas que estão implementando tais sistemas.

Minha perspectiva geral é a de que os sistemas de informação são inúteis a menos que proporcionem melhores informações ou melhores métodos de se fazer negócios. Considero os sistemas de gestão empresarial, sem sombra de dúvida, uma impressionante conquista técnica, mas ainda assim minha principal preocupação é fazer com que as organizações possam deles extrair valor de negócios. Trabalho para uma organização que ganha um bom dinheiro com a implementação de sistemas de gestão empresarial (ou "Enterprise Business Solutions", como essa prática é chamada na Andersen Consulting), mas este não é um livro cuja principal pretensão seja promover os serviços dos meus empregadores (mesmo que eu os tenha em conta muito alta!)

As principais mensagens deste livro estarão endereçadas às organizações realmente voltadas para a consecução da mudança estratégica e para a vantagem competitiva, estando portanto dispostas a empregar o tempo e o dinheiro necessários à concretização desses objetivos. Contudo, se você estiver em busca de uma implementação mais rápida e estratégica, a maior parte dos conceitos aqui emitidos será igualmente válida. Basta você decidir o que considera mais importante e impor o limite necessário ao alcance de suas ambições. Todos precisam comprometer-se com os sistemas de gestão empresarial; a parte mais importante é saber até que ponto este compromisso irá.

Uma palavra de alerta: em alguns casos ainda é cedo demais para garantir que esses sistemas terão sucesso em uma determinada organização a longo prazo. Uma vez que praticamente nenhuma organização pode dizer que chegou ao fim de seu projeto, é ainda muito cedo para que saiam por aí dando conselhos. As pessoas que trabalham nesses sistemas, porém, precisam de ajuda. E é surpreendente a atual raridade de livros a respeito de matéria de tamanha importância, uma vez que inúmeras são as organizações que vêm trabalhando, há vários anos, com sistemas de gestão empresarial. Embora ninguém tenha ainda completado uma ampla transformação de negócios baseada em um sistema de gestão empresarial, muitos já fizeram consideráveis progressos em tal sentido. Entendo, portanto, ser de extrema utilidade enfrentar um pouco de incerteza junto com a transmissão de um tipo de mensagem que é útil enquanto inúmeras pessoas e empresas ainda podem tirar benefícios desta discussão.

THOMAS H. DAVENPORT

Sumário

1. O que são os sistemas de gestão empresarial e
   o que os torna importantes 17
2. As promessas e os riscos dos sistemas de gestão empresarial 41
3. Vale a pena implementar um sistema de gestão empresarial
   na minha empresa? 63
4. Ligando os sistemas de gestão empresarial à estratégia e
   organização 107
5. Ligando os sistemas de gestão empresarial à informação e
   aos processos de negócios 131
6. Adicionando valor durante a implementação do sistema de
   gestão empresarial 159
7. Transformando a prática da administração com os sistemas de
   gestão empresarial 187
8. Utilizando os SGEs para gerenciar a cadeia de suprimentos 215
9. O futuro das organizações movidas a SGEs 239

   Apêndice 267

   Notas 279

   Índice 285

CAPÍTULO 1

O que são os sistemas de gestão empresarial e o que os torna importantes?

Empresas do mundo inteiro estão se tornando, discreta mas firmemente, cada vez mais interligadas – uma função de negócios com outra função equivalente, uma unidade de negócios com outra unidade, uma empresa com outra empresa. Todas elas põem em funcionamento sistemas capazes de colher mais e melhores informações em tempo mais reduzido que em qualquer época anterior. Pela primeira vez desde a criação dos imensos conglomerados de negócios, os administradores sentem-se habilitados a controlar as atividades de suas empresas em tempo quase real, sem precisar mais aguardar aqueles relatórios mensais que precisariam conferir com outros relatórios mensais, todos em geral desatualizados – ou pura e simplesmente incorretos – no momento em que chegavam às mãos desses executivos. Os administradores e gerentes podem igualmente sentar-se em frente às suas estações de trabalho para tomar conhecimento instantâneo sobre o que está acontecendo em todos os recantos do globo terrestre.

Pela primeira vez na história, a informação flui sem cessar por todas as funções e unidades de negócios, cruzando igualmente, sem barreiras, todas as fronteiras geográficas. Aquilo que a Internet consegue fazer em benefício das comunicações entre as organizações, esses sistemas fazem no âmbito das empresas. Para o bem ou para o mal, nenhuma transação de negócios – nenhuma compra por parte do cliente, nenhuma fatura de fornecedor, nenhum detalhe sobre bens produzidos – passa despercebida por esses sistemas. Basicamente, cada *bit* de informação computadorizada utilizado na operação de uma empresa pode ser fornecido por esses sistemas. É uma situação que pode parecer utópica, mas que, na verdade, encontra-se atualmente à disposição de todas as empresas dotadas da capacidade de dominar um novo tipo de sistema de informação.

Chamemos tais sistemas de informação de sistemas de gestão empresarial (SGEs, ou, ocasionalmente, de ESs, da sigla em inglês para *enterprise systems*). Conhecidos igualmente como sistemas integrados de gestão (ou ERP, *enterprise resource planning*), são, na verdade, pacotes de aplicativos de computador que dão suporte à maioria das necessidades de informação de uma empresa (ou organização não-lucrativa, universidade ou agência governamental). A denominação ERP é um reflexo da origem desse sistema na área de produção – trata-se de uma modificação de "MRP" (do inglês manufactoring resource planning – planejamento de recursos de manufatura), mas, na minha opinião, esses sistemas transcenderam de tal maneira as suas origens que a denominação um tanto tola de ERP talvez tenha deixado de ser a mais adequada.

Da contabilidade à produção, das vendas aos serviços, os módulos SGE dão suporte a milhares de atividades de negócios. Além dos aplicativos para a produtividade pessoal tais como planilhas eletrônicas e processadores de textos em computadores pessoais, de sistemas de produção altamente especializados como controle de processos, e de sistemas para acesso à informação e ao conhecimento baseados na Internet, o SGE pode constituir o único sistema de informação de negócios indispensável a uma empresa. É este imenso alcance um dos principais fatores que distinguem os sistemas de gestão empresarial de seus antecessores.

Os aplicativos empresariais tiveram seu início na forma de sistemas de *"back-office"* (apoio de retaguarda), automatizando as transações de negócios aparentemente funcionais que os clientes jamais viam ou pelas quais não mostravam o menor interesse. É verdade, os registros de contabilidade precisavam ser atualizados, os fornecedores, pagos, e os saldos de férias de funcionários, debitados, mas a exatidão e a rapidez nesse tipo de transação raramente levavam a qualquer margem competitiva ou aumento do índice de satisfação do cliente. Embora esses sistemas não ofereçam vantagem competitiva, é bom não esquecer que eles têm importantes implicações. Por exemplo, os sistemas de retaguarda deficientes podem deixar os clientes insatisfeitos, os fornecedores reticentes e os auditores ou representantes de organismos regulamentadores desconfiados. A empresa que não tiver condições de gerar uma fatura correta, cumprir um prazo acertado para a entrega de um produto, localizar um embarque extraviado, ou contabilizar de forma adequada os custos e os lucros, certamente enfrentará enormes dificuldades. Os sistemas de gestão empresarial bem implementados podem transformar em realidade o desejo de realização das transações de retaguarda adequadamente executadas.

Mais recentemente, contudo, os SGSs foram chegando à linha de frente dos negócios, dando suporte à otimização da cadeia de suprimentos, à automação da equipe de vendedores e dos serviços para os consumidores. Essas novas funções foram preenchidas ou pela instalação de pacotes mais abrangentes proporcionados pelos vendedores de SGEs ou pela instalação de *softwares* complementares – às vezes chamados de sistemas *bolt-on* – fornecidos por outras empresas de *software*. Como o objetivo maior é fazer com que os complementos sejam devidamente conectados ao sistema central de GE, passo a me referir, no restante desta obra, ao todo dessa entidade SGE, mesmo que nela possam estar compreendidos vários e diferentes componentes.

Ainda mais recentemente, uma nova tecnologia conseguiu apagar em grande parte a distinção entre retaguarda e linha de frente no escritório. A Internet, e as redes internas a ela relacionadas – as intranets –, já comprovaram sua característica principal de ferramenta ideal para a distribuição e o acesso à informação. Basta um *navegador*, funcionários e provedores, e todos os clientes podem ter acesso às informações da organização. Mas de onde provém toda essa informação? A tecnologia da Internet em si mesma não é adequada para o processamento de transações de negócios ou para o armazenamento de dados importantes – trata-se, isto sim, de uma tecnologia de acesso à informação. Os sistemas de gestão empresarial são, é claro, perfeitamente habilitados para a transação de informação; eles são a fábrica de informação produzindo a informação para consumo interno e externo na Internet. Utilizar a Internet para dar a funcionários e clientes acesso a informações de má qualidade e não-integrada é como abrir novas filiais de um banco quando a moeda não tem valor. É necessário trabalhar simultaneamente tanto com o acesso quanto com a informação qualificada. A combinação de sistemas empresariais como a plataforma primária para a informação organizacional e da tecnologia da Internet para a ela prover acesso será o selo de qualidade das organizações líderes no novo século.

Sejam de retaguarda ou de linha de frente no escritório, sozinhos ou em combinação com outras tecnologias, os SGEs se distinguem pela integração e pelos atributos comuns de sua informação. É muito bom ter a empresa inteira apoiada por um tipo único de sistema de informação; mas, e se a informação disponível for diferente em uma ponta e na outra da organização? Em sua maior parte, isto é evitado nos SGEs pela utilização de um banco de dados comum a toda a organização. Torna-se possível, além de localizar os clientes pelas atividades de marketing, de vendas e de serviços, acompanhá-los pelo código de identificação e endereço, que são constantes ao longo de todos esses aplicativos e funções dos negócios. O ambiente de informação de estilo Torre de Babel da maioria das grandes organizações, no qual uma palavra tem os mais variados significados em partes diferentes de uma mesma empresa, pode ser inteiramente superado mediante a pura e simples utilização de um sistema de gestão empresarial.

Em resumo, esses sistemas oferecem quase tudo aquilo que a organização deseja de um computador. Proporcionam informação em um formato que todos – e não apenas os tecnólogos – têm condições de entender. Empregam tecnologia cliente-servidor – a mais moderna das formas comerciais de serviços de informação. E trabalham muito bem com a Internet. Mas, se esses sistemas são algo assim tão próximo da perfeição, por que não é o desejo de todas as organizações contar com os serviços de um deles?

A verdade é que elas querem. Com algumas exceções que estarei discutindo mais adiante, grandes empresas, organizações de médio porte e, cada vez mais, pequenas empresas estão instalando sistemas de gestão empresarial: da Iowa Spring, que fatura cerca de US$ 11 milhões por ano, até sua cliente General Motors, cujo faturamento anual pode ser multiplicado por 10 mil em relação ao da sua provedora. Organizações do setor público que vão desde a "cidade" de Round Rock, no Texas, ao Departamento de Educação de Victoria, em Melbourne, na Austrália, já contam com esses sistemas. Em alguns setores industriais, como o da petroquímica, cada empresa tem o seu SGE. Em outros, como o de serviços de eletricidade, os SGEs estão sendo adotados a um ritmo muito veloz. Mesmo no setor dos serviços financeiros, um dos poucos em que esses sistemas não se transformaram em sucesso instantâneo de bilheteria, centenas de organizações, do Bank One à empresa de seguros Dai-Ichi Life Insurance, já os instalaram.

Os gastos com os SGEs, tão-somente em matéria de *hardware* e *software*, já representam cerca de US$ 15 bilhões ao ano no mundo inteiro, e as tarifas de serviços profissionais acrescentam outros US$ 10 bilhões ao setor. A receita dos fornecedores de SGEs vem crescendo a um índice que oscila entre 50 e 100 por cento ao ano. Empresas realmente grandes, como a Hewlett-Packard, a Procter & Gamble e a Intel, calculam que seus investimentos em SGEs passarão facilmente da cifra de US$ 1 bilhão antes de serem completados (como descrevo mais adiante, eles jamais estarão completos, por isso seus custos totais acabarão sendo bem maiores do que esta previsão). Nessas empresas, o custo da implementação de um SGE é muio maior do que, por exemplo, todo o dinheiro investido na Internet, em *sites* da Web e no comércio eletrônico.

Como não poderia deixar de ser, cada benefício traz consigo um risco de grandeza pelo menos similar. Algumas empresas fracassaram na implementação dos SGEs; outras gastaram mais do que pretendiam ou encontraram resistência entre gerentes e funcionários que não estavam preparados para as mudanças que os SGEs representam. As empresas estão certas e adaptadas ao seu tempo ao assumir esses tipos de risco, devido ao impacto que os sistemas podem representar em matéria de qualidade, redução de custos e satisfação e lealdade dos clientes.

Os sistemas de gestão empresarial oferecem a primeira grande oportunidade para a concretização de uma verdadeira interconectividade, um estado no qual cada um sabe o que todos estão fazendo em matéria de negócios no mundo inteiro ao mesmo tempo. E, devido ao fato de representarem a primeira grande oportunidade para a conectividade, eles constituem igualmente uma das maiores ameaças ao *status quo* jamais enfrentadas pelas empresas. Como as empresas são feitas principalmente de pessoas, a implantação de um SGE significa que você precisará mudar as pessoas e a maneira pela qual exercem suas atividades, ao mesmo tempo em que modifica todos os computadores e o *software*. É por isso que os SGEs podem ser mais gratificantes – e mais desafiadores – do que qualquer outro sistema de computador que qualquer empresa jamais tenha pretendido desenvolver.

Grandes sistemas, grande mudança

Ser bem-sucedido com sistemas de gestão empresarial não é simplesmente uma questão de assinar gordos cheques. O que é realmente importante – e difícil – com relação a esses sistemas é a drástica mudança que eles representam para um negócio. Ao longo de todo este livro, pretendo argumentar que um projeto empresarial envolve tanto a mudança na forma como a empresa opera quanto nos aspectos tecnológicos. A implementação bem-sucedida de um SGE envolve provavelmente a maior mudança tecnológica já experimentada pela maior parte das organizações, sem falar na mudança relacionada às tecnologias cliente/servidor. Ainda mais importantes e difíceis, contudo, são as grandes mudanças nos negócios que advêm de um projeto de implantação de um SGE.

Os processos de negócios, ou seja, a maneira pela qual se desenvolvem as atividades de uma organização, sofrem uma alteração radical. A cultura e a estrutura organizacionais, o comportamento dos trabalhadores em toda a empresa, e até mesmo as estratégias de negócios – tudo isso tem de ser reestruturado. O movimento da reengenharia do começo da década de 1990, com todas as mudanças radicais que significou a reorganização das empresas, viria a ser mero preâmbulo da era do SGE, que trouxe consigo mudanças ainda mais ambiciosas (e complexas). Na verdade, o movimento de reengenharia dos processos de negócios foi em grande parte substituído por iniciativas de SGE. Dadas a sua amplidão e a complexidade técnica, os projetos de SGE são ainda mais difíceis e exigentes, em matéria de investimentos em tempo e recursos financeiros, materiais e pessoais, do que os maiores projetos de reengenharia. Os projetos mais ambiciosos de SGE podem durar, em determinadas companhias, uma década, ou mais ainda.

A implementação, então, de sistemas de missão crítica, dificilmente pode ser apenas uma questão de instalação de um SGE. Os processos de negócios e informação precisam ser padronizados em todo o mundo no âmbito da organização que os implementa. Maneiras idiossincráticas de fazer negócios devem ser abandonadas. Interconexões de informação entre funções e unidades de negócios precisam ser fortalecidas. Os funcionários devem ser treinados nas implicações mais amplas de ações tão simples quanto a de apertar em uma tecla num SGE. É possível que a parte mais difícil seja, talvez, a necessidade de convencer os administradores seniores de que se trata realmente de uma medida fundamentada e lucrativa mudar praticamente tudo em uma empresa de uma vez só. Em resumo, a mudança organizacional representa uma parte considerável do sucesso de um projeto de SGE. Administradores na Steelcase, por exemplo, estimam que mais da metade dos recursos de projetos da empresa foram destinados a questões de mudança organizacional. Um diretor da Monsanto calculou que as atividades relativas às mudanças na administração representavam 75% do conjunto do projeto concretizado nesse conglomerado.

Apesar dessas dificuldades, os SGEs representam realmente a resposta aos mais ousados sonhos da Era da Informação. O conceito de um elenco integrado de aplicativos de tecnologia da informação (TI), com capacidade para suprir todas as necessidades de uma organização no campo da informação, esteve presente desde o lançamento dos sistemas de informação nos negócios, mas era irrealizável antes do advento do moderno SGE. Conseguimos tudo aquilo a que aspirávamos; agora só precisamos concretizar as mudanças de negócios e as mudanças organizacionais necessárias para tirar proveito da realização desses sonhos.

Benefícios dos sistemas de gestão empresarial para os negócios

Já apresentei com destaque as dificuldades que a instalação dos SGEs significa, tanto do ponto de vista técnico quanto daquilo que representa em mudança para o negócio. Por que, então, sujeitar-se a todos os gastos e dificuldades da implementação de um SGE? Em um mundo ideal, organizações dotadas de SGEs seriam interconectadas ininterruptamente, tanto interna quanto externamente. Não haveria excesso nem desperdício de estoques. A oferta e a demanda seriam perfeitamente coordenadas. Fazer negócios com fornecedores e com clientes seria quase tão fácil quanto acertar metas com outro departamento da sua própria empresa. Os clientes teriam informações fidedignas e atualizadas não apenas sobre os produtos e serviços que encomendaram de sua empresa, mas também sobre até que ponto cada um dos aspectos dos seus negócios poderia ter influência sobre os deles. Os administradores poderiam entender todos os aspectos das operações e do desempenho de uma empresa com alguns cliques no *mouse* do computador.

Esses benefícios não são apenas hipotéticos. Muitas empresas já conseguiram concretizar lucros substanciais com os seus projetos de SGEs, mesmo que não os tenham instalado ainda por inteiro. Alguns exemplos desses benefícios são descritos nos parágrafos a seguir.

1. **Redução de tempo do ciclo.** A Autodesk, grande produtora de *software* informatizado de projetos, conseguiu ganhos substanciais em termos de redução de custos e de prazos em processos fundamentais de negócios. O prazo de entrega dos pedidos aos seus clientes era, em média, de duas semanas, mas agora 98% desses produtos são despachados em apenas 24 horas. Os prazos de encerramento financeiro foram reduzidos pela metade, de 12 para seis dias. A Autodesk estima já ter economizado, apenas com a redução de estoques, mais do que lhe custou toda a instalação do seu sistema de gestão empresarial da SAP

2. **Informações mais rápidas sobre transações.** A Divisão de Armazenamento de Sistemas (*disk drive*) da IBM conseguiu uma redução no prazo necessário para apresentar informações sobre preços de cinco dias para cinco minutos,

remessa de peças de reposição, que antes levava até 22 dias, agora é feita em três dias, e as verificações de crédito, que anteriormente levavam 20 minutos, ficam prontas em apenas três segundos. Creditar na conta de um cliente a devolução de um *disk drive* levava antes até três semanas; isso agora é feito na hora. A Divisão de Armazenamento chegava a gastar milhares de horas na verificação e na conferência dos dados dos relatórios à gerência; isso agora é feito automaticamente. A IBM, no seu todo, tem 21 projetos da SAP em funcionamento, cobrindo 80% dos seus negócios centrais; outros oito projetos já foram aprovados e se encontram em instalação.

3. **Melhoria na gerência financeira**. A Microsoft está instalando um SGE destinado a consolidar seus sistemas de finanças e de aquisições em todo o mundo. A empresa de *software* em constante expansão já economizou US$ 2 milhões em depreciação de equipamento (antes eram necessários três meses para dar início ao cronograma de depreciação para um novo ativo; atualmente, isso pode ser começado na hora). O SGE da empresa já lhe proporcionou receber US$ 14 milhões por ano de fornecedores a título de descontos por pagamento adiantado. Os gerentes da Microsoft igualmente dão conta de consideráveis benefícios em melhoria dos sistemas de gerenciamento e de relatórios, e o ciclo financeiro de encerramento foi reduzido de 12 para quatro dias.

4. **Abrindo caminho para o comércio eletrônico**. A Cisco Systems instalou um SGE para estruturar e racionalizar seus sistemas de retaguarda de transações comerciais, que já se mostravam incapazes de sustentar o rápido crescimento da empresa. Sem o sistema, a Cisco não teria tido condições de oferecer aos seus clientes acesso pela Web ao processamento de pedidos, ao acompanhamento de seu "*status*" e à etapa da entrega. O sistema custou à Cisco mais de US$ 15 milhões, e a empresa gastou outros US$ 100 milhões fazendo sua conexão à Internet. Hoje, no entanto, a Cisco estima que a combinação do seu SGE com os respectivos aplicativos na Internet represente algo em torno de US$ 500 milhões ao ano em redução dos custos operacionais.

5. **Convertendo o conhecimento tático sobre o processo em conhecimento explícito**. A Monsanto temia que décadas de conhecimento acumulado sobre a operação de suas fábricas existissem apenas no cérebro de sua força de trabalho, em processo de envelhecimento. Depois da implementação bem-sucedida de seu SGE, no entanto, os executivos da empresa acreditam que os principais processos, as regras sobre tomada de decisões e as estruturas de informação estejam bem entendidas e documentadas em seu sistema. Mais ainda, o conhecimento hoje é mais comum a toda a empresa, e por isso os funcionários mais novos conseguem entender com maior facilidade o processo de trabalho.

O suporte do processo e o sistema podem ser igualmente terceirizados para fornecedores externos.

A lição principal a ser extraída desses exemplos é que processos fundamentais do negócio podem ser radicalmente melhorados por meio da implementação de um SGE. Seja o processo financeiro, administrativo ou operacional, envolva ele atividades internas ou clientes e fornecedores, avance com maior rapidez ou lentidão – os processos empresariais constituem os principais veículos para melhorar os procedimentos de negócios. É praticamente inconcebível, hoje, que alguém se dedique a um empreendimento de reengenharia sem a aplicação desses sistemas.

A prática dos negócios antes dos sistemas de gestão empresarial

A fim de proporcionar um melhor entendimento do valor dos SGEs, vale a pena compará-los com a maneira através da qual as organizações supriam suas necessidades de informação antes do seu surgimento. Em 1954, quando se desenvolveu o primeiro aplicativo de computador para negócios (pela atual Andersen Consulting para a General Electric), e durante a maior parte dos 40 anos seguintes, sempre que uma função de negócios necessitava de informação informatizada ela usava um aplicativo isolado. O primeiro aplicativo criado tinha como objetivo o processamento da folha de pagamento; aplicativos posteriores seriam criados para registros gerais de contabilidade, contas a pagar, situação dos estoques ou encaminhamento de cobranças. Cada sistema tinha sua própria lógica de aplicação, sua própria informação, e sua própria interface de usuário. Uma empresa isoladamente poderia ter centenas de aplicativos individuais. Mesmo quando os vendedores de *software* passaram a comercializar pacotes de aplicativos de funcionalidade mais abrangente na década de 1980, estes funcionavam quase sempre na área de determinadas funções de negócios – finanças e contabilidade, por exemplo. Ainda não deixamos essa mentalidade totalmente para trás. As empresas que não têm um SGE ainda contam com uma grande variedade de sistemas isolados.

Fatiar os sistemas de informação desta forma torna impossível coordenar o planejamento ao longo das variadas funções de negócios. Digamos, por exemplo, que uma empresa pretenda comparar informações de seus setores de produção e vendas para evitar a produção de estoques muito maiores do que sua capacidade de vendas. A informação está ali mesmo, na própria empresa, mas não se tem acesso a ela nem pode ser balanceada contra outros dados, transformando-se em uma imensa frustração para aqueles que dela necessitam. Na maioria dos casos no passado, esta coordenação seria simplesmente impossível em qualquer modalidade de ordenada porque os sistemas de produção da empresa eram separados dos sistemas de vendas. A equipe de vendas não tinha conhecimento da produção mais recente da manufatura, e esta em geral só tomava conhecimento dos resultados do trabalho da equipe de vendas quando estes para nada mais serviam. A idéia de estoque "disponível para oferta" (ou seja, aquilo que uma empresa produziu ou poderia produzir sem compromisso com terceiros, e que, portanto, está disponível para venda) simplesmente não existia. As ligações entre as funções, ou setores – e muitas vezes entre diferentes áreas geográficas – eram descoordenadas e lentas. Quando essas conexões ocorriam, na maioria das vezes envolviam muitos gerentes de nível médio, cujas responsabilidades incluíam as de conferir e passar essa informação para toda a organização.

O aspecto mais insidioso desse problema residia nas interpretações diferentes a respeito das mesmas entidades de informação. O termo *cliente*, por exemplo, poderia aparecer em muitos desses sistemas descoordenados ao longo de uma empresa. Em um sistema, ele poderia incluir os distribuidores; em outro, apenas os consumidores de ponta. Em uma versão, incorporaria os clientes prováveis; na outra, apenas os clientes concretos. Se o CEO da empresa exigisse uma relação dos 100 maiores clientes, semanas poderiam passar-se até se chegar a um consenso sobre a relação (como chegou a acontecer em uma empresa fabricante de computadores com diversos sistemas funcionando no seu conjunto). Dispor de formas diversas de informação não deixa de ter os seus pontos positivos (por exemplo, cada setor adota a definição de *cliente* que melhor se adapta às suas necessidades), mas não há dúvida de que a proliferação dos sentidos da informação pode provocar tremenda confusão. A interpretação de um departamento sobre o quanto foi vendido por intermédio de quais canais pode ser muito diferente da interpretação de outro setor. Cada departamento poderia interpretar à sua maneira o montante do fluxo de caixa, com base na informação que melhor descrevesse, no ponto de vista de cada um, o cliente. Obviamente, esta disparidade só pode tornar mais difícil a adoção da melhor decisão sobre o cliente que deve ser mais bem servido, as modalidades de venda mais eficientes, ou sobre se o momento atual é mais adequado para ampliar ou para tratar de garantir a estabilidade de um negócio.

Dispor de múltiplos sistemas que não têm a capacidade de se comunicar diretamente sempre foi – e continua sendo para as organizações que ainda não evoluíram para os SGEs plenos – um pesadelo em matéria de manutenção. Gerenciar centenas de sistemas diferentes significa gerenciar dezenas de linguagens de computador, e milhares de peças de documentação. Na maioria das organizações, é praticamente impossível encontrar uma pessoa capaz de entender como funciona todo esse conjunto. Quando um sistema precisa ser conectado a outro, é necessário fazer conexões *ad hoc*, cuja manutenção acaba se transformando em um novo problema. Devido a essas dificuldades, muitas empresas gastam mais da metade de seus orçamentos para os sistemas de informação em manutenção. Gerenciar as comunicações entre sistemas de computadores que jamais foram projetados para "falar" um com o outro exige esforços descomunais e permanentes em interfaces. Quando qualquer um dos sistemas é trocado, todas as interfaces precisam ser igualmente trocadas.

Se um desses sistemas múltiplos isolados apresentar um problema de grandes proporções relativamente ao seu projeto ou à sua funcionalidade (só para exemplificar, digamos que o campo reservado à data na maioria dos sistemas tivesse apenas dois dígitos quando se aproximava já o ano 2000), descobrir e corrigir esse problema no âmbito de uma infinidade de sistemas torna-se extremamente complicado. Na verdade, o problema do *bug* do milênio (ou o Problema do Ano 2000) acabou se transformando no empurrão decisivo que muitas empresas precisavam para instalar um SGE. Essas empresas adotaram a filosofia de "matar dois pássaros com uma única pedrada", resolvendo seus problemas com o *bug* do milênio e, ao mesmo tempo, instalando um sistema mais funcional e integrado. As versões mais recentes de SGEs dos grandes fabricantes estão preparadas para enfrentar todas as divisões do ano 2000 e as subseqüentes (pelo menos até o ano 10.000...) Outro exemplo dessa "simplificação pela integração" é a conversão da nova moeda européia, o euro. As organizações detentoras de sistemas múltiplos não-integrados precisam incorporar a nova moeda em cada sistema; as empresas com um SGE precisam apenas instalar um sistema (ou uma nova versão do atual SGE) capaz de trabalhar com o euro.

As empresas podem, naturalmente, construir SGEs patenteados da mesma forma que elaboraram *softwares* de programas isolados patenteados. Algumas empresas até se deram bem neste aspecto. Por exemplo, a VeriFone, que abastece bancos e varejistas com automação de transações pelos seus leitores de cartões bancários e de crédito, tem há muito tempo um sistema próprio perfeitamente integrado para transações que usam um banco de dados comum. Os gerentes e programadores da VeriFone projetaram e construíram o sistema, e ele funciona muito bem. Contudo, o índice de sucesso para as empresas que tentam construir sistemas próprios é, em geral, baixo, e o preço, quase sempre, muito alto. Muitos grandes bancos, por exemplo, já tentaram construir sistemas integrados, e fracassaram. Mesmo na VeriFone, o sistema da companhia funciona em uma plataforma obsoleta de computação e precisa ser reescrito. Mais ainda, a empresa foi comprada pela Hewlett-Packard, que está implementando um SGE de um grande fabricante. Por isso mesmo, o futuro do SGE "doméstico" da VeriFone está em dúvida. A maioria das organizações não deveria sequer pensar em desenvolver sistemas próprios. Poucas empresas fazem negócios de uma maneira suficientemente exclusiva para poderem obter lucros de semelhante movimento.

O mundo dos negócios hoje, com os sistemas de gestão empresarial

Com os SGEs, não é preciso que cada empresa construa seu próprio sistema integrado. É possível comprá-lo de inúmeros fornecedores. Cada um deles oferece mais ou menos o mesmo produto no conjunto: um elenco de módulos de aplicativo que se integram mutuamente. Cada módulo inclui uma variedade de funções; por exemplo, o módulo de contabilidade de quase todos os vendedores inclui o registro geral, contas a pagar e a receber, gerenciamento de fundos, consolidação de relatórios financeiros, câmbio e gerência de caixa. A maior parte da informação pro duzida por esses módulos já pode ser acessada pela Internet ou por intranets; não demorará muito para que toda essa informação também esteja ao alcance de todos os navegadores.

Uma empresa não precisa necessariamente instalar todos os módulos possíveis. Alguns desses módulos (por exemplo, os de finança e contabilidade) são implementados por quase todas as empresas; outros (por exemplo, gerência de recursos humanos) podem não constar em determinado projeto de SGE. É possível que a empresa já disponha de sistemas funcionando nesses setores do negócio, ou ela pode optar por usar uma funcionalidade isolada em lugar de um módulo menos funcional do SGE que é plenamente integrado com outros sistemas e processos de negócios. Quanto maior for o número de módulos selecionados, maiores serão os benefícios da integração, maior será a necessidade de mudança do negócio e maiores serão o custo e o risco da implementação do projeto.

As empresas definem os seus módulos e os instalam como um sistema completo, com o acréscimo ocasional de um ou mais aplicativos de fornecedores diferentes. Todos os aplicativos trabalham com os mesmos dados, definidos da mesma maneira e armazenados em um banco de dados comum. Uma transação comercial registrada em um desses aplicativos reverbera pelo sistema inteiro, e todos os dados de valores relevantes são atualizados.

Por exemplo, imaginemos que um representante de vendas de uma multinacional de computadores dos Estados Unidos na África do Sul prepare uma cotação para um cliente usando um SGE. O orçamento especifica características obrigatórias do produto em configuração, preço, data de entrega, método de transporte e correlatos, tudo determinado em tempo real pelo sistema. Quando o cliente aceita a cotação (através, digamos, da Internet), fica registrada uma ordem de venda. O sistema então programa o embarque (inclusive pontos de embarque e rotas rodoviárias), a seguir faz a programação reversa desde a data de embarque para reservar o material, encomenda os componentes necessários dos respectivos fornecedores, e programa a montagem dos computadores na produção. O limite de crédito do cliente é conferido. As previsões de vendas e de produção são atualizadas. Criam-se MRPs e relações de contas de materiais. A conta da folha de pagamento do pessoal de venda recebe o crédito da comissão, além das despesas relacionadas com a transação. Calculam-se os custos e a lucratividade reais do empreendimento. As planilhas de balanço, as contas a pagar e as contas a receber, as contas do centro de custos, os níveis de caixa e quaisquer outras cifras relevantes em matéria de finanças são automaticamente recalculados em um instante. Praticamente cada uma das informações sobre a transação resultantes da venda dos computadores é levada em conta, exceto aquela relativa ao impacto que terá sobre a cotação das ações da empresa (infelizmente, os SGEs ainda não conseguem calcular o estado psicológico dos investidores...).

Uma opção decisiva na implementação dos sistemas de gestão empresarial

Todos os SGEs funcionam basicamente da maneira até aqui descrita, mas as empresas podem implementá-los em uma variedade de formatações. As duas dimensões principais que diferenciam a filosofia em relação à implementação dos SGEs são o prazo necessário e o nível das mudanças nos negócios e os valores aos quais a empresa aspira. Essas dimensões, quando combinadas, formam a matriz de abordagens para a implementação, delineada na Figura 1.1.

Os sistemas de gestão empresarial podem ser implementados rápida ou lentamente, dependendo da dimensão dos objetivos da companhia, da pressão dos prazos e do sucesso alcançado nessa implementação. Uma implementação rápida pode levar cerca de seis meses; um processo prolongado é capaz de se arrastar por cinco anos, ou bem mais do que isso. Os sistemas de gestão empresarial podem ser instalados por razões técnicas ou visando ao aperfeiçoamento da estratégia e da competitividade. Uma implementação focada na parte técnica é aquela que pretende prover a funcionalidade dos sistemas centrais de informação de uma organização, com o menor impacto possível em matéria de mudanças dos negócios. Uma implementação estratégica tem por objetivo maximizar o potencial positivo das mudanças e o valor dos negócios.

A única combinação dessas dimensões que não vale a pena buscar é a opção breve e técnica. Uma vez que o foco técnico proporciona escasso valor de negócio, não faz sentido completá-lo com a maior rapidez possível. Se você estiver nessa categoria, é provável que tenha passado por uma implementação deficiente.

Uma implementação técnica breve pode significar a rápida liberação de problemas técnicos insistentes ou de um legado de sistemas inadequados. Esta filosofia constitui provavelmente a opção de implementação com o menor custo. Ela não proporciona qualquer outro valor de negócio além da remoção de todas as barreiras técnicas à eficácia dos negócios. Algumas empresas dizem que estão começando com uma filosofia técnica, de curto prazo, e, ao mesmo tempo, planejando mais tarde obter significativo valor de negócio dos seus sistemas ("Vamos botar os sistemas para funcionar rapidamente e, mais tarde, otimizá-los para que possam realmente servir aos nossos objetivos de negócios"). Fico só imaginando quantos conseguirão realmente passar da etapa da otimização. Ainda é muito cedo para afirmar se esta é realmente uma boa abordagem, mas eu realmente não aconselharia ninguém a adotá-la, a menos que se tratasse de uma organização realmente ameaçada por seus próprios problemas técnicos.

Em vez disso, aconselho sempre que as empresas pensem em valor de negócio quando da implementação dos seus SGEs. É lógico que uma empresa, ao gastar os milhões que a instalação de um SGE requer, procure obter o máximo de valor de negócio com esse projeto. E as evidências colhidas em um levantamento promovido pela Anderson Consulting junto aos CEOs de 200 empresas que instalaram SGEs sugerem que projetos vistos em primeiro lugar como iniciativas de negócio

FIGURA 1 – 1

ABORDAGENS ALTERNATIVAS DE IMPLEMENTAÇÃO

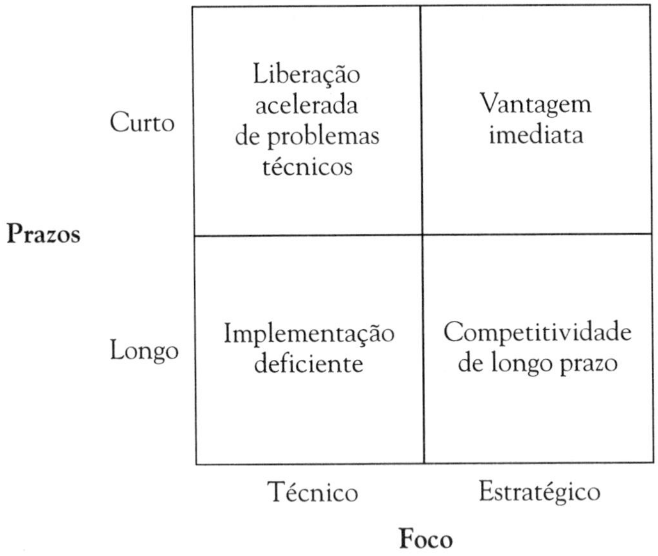

Prazos	Técnico	Estratégico
Curto	Liberação acelerada de problemas técnicos	Vantagem imediata
Longo	Implementação deficiente	Competitividade de longo prazo

Foco

têm mais possibilidades de figurar entre aqueles em condições de levar a resultados satisfatórios. Felizmente, pelo menos 85% dos CEOs dessa pesquisa viam seus projetos de SGE como iniciativas de negócios.

Em um mundo ideal, as empresas poderiam transformar suas estratégias e melhorar a competitividade geral enquanto completassem a implementação do SGE em um prazo de curtos meses. No entanto, é improvável que existam projetos de abrangência estratégica e de curto prazo. Existe, porém, a possibilidade de adotar uma filosofia de curto prazo e conseguir alguma diferenciação competitiva. Isto significa simplesmente que a implementação precisa estar pesadamente focada em um processo específico de negócio ou em meios de obtenção de vantagem competitiva – por exemplo, a cadeia de suprimentos ou o serviço de clientes. A maior parte dos processos restantes de negócios precisaria ser vista da mesma forma que quando se trata de uma implementação técnica de curto prazo.

As empresas não gostam de admitir que suas implementações são de longo prazo, mas a verdade é que uma implementação arrastada pode valer a pena se resultar em uma considerável vantagem nos negócios ou na diferenciação competitiva. Na verdade, quando você pensa em mudar uma ampla gama de processos, melhorar a maneira pela qual se relaciona com os clientes e fornecedores, criar uma nova cultura organizacional e modificar o procedimento da maioria dos funcionários representa algo que vai tomar realmente muito tempo. Não se preocupe, porém, com esta circunstância.

Críticas aos sistemas de gestão empresarial

Tanto do ponto de vista técnico quanto do de negócios, os SGEs têm seus problemas. Se você estiver tentando resolver se vale ou não a pena implementar um deles, é bom tomar conhecimento tanto das oportunidades que proporcionam quanto dos problemas que implicam. Mesmo se você já tiver encomendado um SGE, é preciso que leia esta seção, pois aqui poderá descobrir algumas das dificuldades que surgirão ao longo do caminho. No balanço geral, contudo, acredito que as críticas podem ser superadas e que alguns dos SGEs são a melhor escolha para a maioria das grandes organizações.

Inflexibilidade. Há quem sustente que os *softwares* dos sistemas de gestão empresarial disponíveis são por demais inflexíveis. É quase impossível, sustenta este ponto de vista, adaptar um SGE a um negócio – tanto da primeira vez quanto das mudanças subseqüentes. Como se não bastasse, muitas empresas acabam fazendo negócios de uma maneira contrária aos seus propósitos, simplesmente porque o sistema exige que assim o façam. Outro aspecto desta suposta inflexibilidade é que, uma vez instalado um SGE na sua organização, fica difícil demais mudar a maneira através da qual você trabalha e se organiza. Os SGEs são, garantem os seus críticos, como cimento – altamente flexíveis no princípio, mas, logo depois, rígidos.

Esses críticos não deixam de ter razão. Uma das maiores dificuldades em qualquer projeto de SGE consiste exatamente na maneira de adaptá-lo às formas de conduzir um processo ou uma atividade de negócios. E muitas empresas nem sabem que sentiram esse problema apenas pela primeira vez; futuras atualizações do sistema, para se adaptar às mudanças no negócio, poderão ser tão ou mais difíceis quanto o foi a instalação. A Intel, por exemplo, precisou destinar mais 12 pessoas à adaptação do sistema SAP às mudanças do dia-a-dia em sua estrutura organizacional e financeira.

Quando surge esta questão da inflexibilidade, eu costumo perguntar às empresas que a fazem: "Muito bem, mas, inflexibilidade em relação a quê?" Um hipotético sistema orientado a objetos, altamente modular, poderá, algum dia, proporcionar flexibilidade maior do que os atuais SGEs, mas ocorre que não há hoje nem como perspectiva para um futuro próximo, semelhante sistema. Outra resposta à pergunta sobre a flexibilidade é que alguns SGEs são mais flexíveis e de modificação mais fácil do que outros. De maneira geral, o que existe é uma compensação entre a abrangência e o alcance de um pacote de SGE e a facilidade pela qual ele pode ser configurado e modificado. Por isso mesmo, as organizações têm possibilidades de escolha, o que acaba com parte das críticas. E é mesmo verdade que os SGEs atuais são configurados com maior facilidade do que os seus antecessores: os fornecedores de SGEs e outras empresas envolvidas no negócio desenvolveram ferramentas para ajudar as empresas a projetar um sistema de acor do com as necessidades de cada uma. Por fim, é grande o número de empresas que argumentam que a instalação de um SGE, na verdade, acaba tornando-as mais flexíveis na reação a um ambiente de negócios em constante mutação simplesmente porque elas têm então apenas um sistema para ser modificado, em lugar de uma variedade deles.

Prolongados períodos de implementação. Outra crítica diz respeito ao fato de que implementar um SGE simplesmente demora demais. Uma afirmativa para a qual também existe base factual. A implementação de um SGE em uma empresa de grande porte pode perfeitamente ser um projeto de três a cinco anos de duração, e existem até empresas nas quais este seria um prazo eivado de otimismo irrealista. Os críticos dos SGEs então aproveitam para argumentar que, no mundo dos negócios em rápida mutação em que vivemos, projetos de cinco – ou até mesmo 10 – anos são simplesmente insustentáveis.

De novo pergunto: e a alternativa, qual é? Construir um sistema próprio a partir do nada certamente levaria mais tempo ainda. Mesmo se alguém se dispusesse a montar uma coleção de programas de *software* "*best-of-breed*" (que seria a melhor alternativa em termos de sistema para a sua classe de *software*) e a providenciar sua instalação, não gastaria nisso menos do que alguns anos, só para, ao final, constatar que eles não estariam integrados – e, se fosse possível, conectá-los mediante interfaces precisaria de um prazo ainda mais prolongado. Além disso, é preciso deixar bem claro que o que leva tanto tempo assim não é a instalação do sistema (na escola de comércio da University of Texas nós instalamos uma versão educacional plenamente funcional da SAP em um fim de semana!) mas, sim, as indispensáveis mudanças nos negócios. É extremamente cansativo e consome muito tempo definir e adotar novos processos de negócios, estabelecer definições comuns de informações fundamentais existentes, e determinar as melhores estruturas de agregação de informação no universo das unidades de negócios. Desta forma, não se deveria atribuir aos sistemas a responsabilidade por tal demora.

Para as empresas obcecadas pela rapidez (e nem tanto com a concretização do valor do negócio) é, sim, possível implantar um SGE em alguns meses. Como os fornecedores de SGE já sofreram inúmeras críticas relacionadas exatamente à eternização da implementação de projetos, criaram versões "pré-configuradas" de seus sistemas que podem ser instaladas sem passar pelos pré-requisitos originais. Uma das primeiras empresas a fazer a instalação rápida de um sistema SAP foi o jornal *Seattle Times*, que instalou um sistema SAP R/3 (restrito principalmente a módulos financeiros) em apenas seis meses. Muitas outras empresas fizeram o mesmo desde então.

Naturalmente, essas instalações rápidas significam que a empresa precisa privar-se de uma boa adequação entre o seu sistema e a maneira pela qual gostaria de fazer negócios: ela precisa adotar processos de negócios que não os originais juntamente com o sistema. Em outras palavras, trata-se de uma implementação "técnica, a curto prazo". Mas o fato de serem tais implementações possíveis ameniza esta crítica.

Organizações excessivamente hierarquizadas. Uma terceira forma de crítica aos SGEs salienta que eles impõem uma perspectiva hierarquizada, do tipo "comando e controle", às organizações. Conforme este argumento, a monitorização e o controle centralizados de informação constituem uma perspectiva ultrapassada para as organizações que vivem em um contexto de delegação de poderes, de funcionários como autônomos e de teoria da complexidade de baixo para cima.

Esta caracterização tem um grau maior de veracidade do que as outras críticas já referidas. Os sistemas empresariais realmente supõem que a informação será monitorada de forma centralizada, e que as organizações terão uma estrutura hierárquica bem-definida. Para o bem e para o mal, contudo, a maior parte das organizações com as quais já trabalhei pelo mundo inteiro ainda é relativamente hierarquizada. Fica sempre muito claro quem se reporta a quem, e que o tapete é bem mais grosso e o dinheiro muito mais farto na Suíte Executiva. Conceitos como o da teoria da complexidade de baixo para cima, sistemas que se auto-organizam e funcionários com delegação de poderes são realmente interessantes, mas a verdade é que são poucas as grandes organizações que os adotaram em larga escala. Existem, é natural, empresas realmente descentralizadas que dão às suas unidades de negócios a liberdade de fazer o que quiserem (desde que ganhem dinheiro!). Nesse tipo de empresa, a solução óbvia é dar a cada unidade de negócios um SGE próprio, como algumas companhias já fizeram.

Tecnologia antiquada. Uma crítica derradeira aos SGEs sustenta que a maioria deles se baseia em tecnologia antiquada; ou seja, que não passam de programas de *mainframes* mal-disfarçados e como tal transpostos para o mundo do cliente/servidor. É verdade que praticamente todos os SGEs têm algum grau de código de programa derivado de *mainframe*. Mais ainda, é verdade que as interfaces que utilizam a maioria desses sistemas não são tão gráficas e atualizadas quanto se poderia desejar. Contudo, mais uma vez não existe alternativa para a situação; sistemas mais modernos orientados a objetos ainda não conseguem oferecer o alcance e a integração dos SGEs. Além disso, as implicações práticas desta questão são insignificantes.

Porque os sistemas de gestão empresarial são importantes atualmente?

De certa forma, as organizações chegaram a um divisor de águas em relação aos SGEs. Aquelas que precisaram instalá-los em função das implicações da chegada do ano 2000 já o fizeram. Essas e muitas outras empresas instalaram pelo menos alguns componentes de um SGE em alguns setores de suas organizações. Agora é chegada a hora de fazerem algo de útil com eles. As empresas precisam começar a transformar os grandes investimentos que fizeram nesses sistemas em melhoria de desempenho, aperfeiçoamento na tomada de decisões e vantagem competitiva.

Além dessa necessidade geral de extrair o melhor dos SGEs, as empresas enfrentam um clima de negócios que torna essa tecnologia essencial para quase todas as companhias da atualidade. Alguns aspectos do clima de negócios são novos; outros simplesmente continuam como sempre foram. São várias as questões de negócios que fazem crescer a necessidade dos SGEs: a globalização, o excesso de capacidade e a reengenharia, a ascensão do comércio eletrônico e as constantes e continuadas mudanças em andamento.

Globalização. A globalização, como certamente qualquer um que não seja Rip Van Winkle está sabendo, é uma força de tremendo poder nas economias do primeiro mundo. As empresas estão cada vez mais predispostas a atravessar as fronteiras globais em suas operações; aquelas que há mais tempo eram globais agora procuram dar às suas ações entre fronteiras geográficas uma melhor coordenação.[2] Os sistemas empresariais são uma resposta natural a esta situação: eles possibilitam aos administradores um controle muito melhor sobre as operações espalhadas do que qualquer outra modalidade. Como disse o gerente de uma companhia química que possui um SGE: "Não há mais jeito de países e gerentes de unidades de negócios distantes da sede se esconderem por trás de sistemas deficientes de informação."

Na verdade, os SGEs podem conduzir a um tamanho grau de controle que acabe até mesmo violando princípios básicos de gerenciamento, especialmente aquele de garantir alguma forma de autonomia aos gerentes afastados da sede; é cedo demais, porém, para dizer exatamente como eles serão usados com relação a isto. Em princípio, os executivos seniores poderiam resistir à tendência de microgerenciar a partir de seus monitores de SGEs. Com a disponibilidade de informação acurada e atualizada sobre o desempenho econômico de operações remotas, no entanto, eles podem acabar não resistindo a esse impulso.

A ampla adoção de SGEs em empresas globalizadas pode até mesmo originar novas formas organizacionais. Algumas empresas talvez acabem precisando de menos administradores em outros países, pois os executivos em sua sede serão capazes de conferir a produção, os estoques e os resultados das vendas a partir de suas próprias mesas de trabalho. No entanto, os administradores que dependerem em demasia dos SGEs poderão acabar perdendo o controle do lado humano das sucursais mais distanciadas da sede. Os sentimentos reais de funcionários, clientes e fornecedores não podem ser facilmente detectados – pelo menos em seus primeiros estágios – nos dados fornecidos pelos SGEs. Existem, pois, alguns riscos representados na utilização dos SGEs para administrar empreendimentos globais, mas o maior de todos os riscos seria provavelmente não utilizar SGE algum em tal sentido.

Excesso de capacidade e reengenharia. A maioria das empresas de bens de consumo tem hoje uma capacidade de produção muito superior à demanda global existente. Como resultado disso, vêem-se forçadas a uma constante e persistente melhoria dos seus produtos e processos a fim de não serem alijadas da concorrência em seus respectivos setores. No começo da década de 1990, a necessidade de melhorias assumiu a forma da reengenharia dos processos de negócios. Esta abordagem de cima para baixo, de terra arrasada, da mudança radical dos processos acabou caindo parcialmente em descrédito quando as empresas descobriram como ela se tornava difícil e financeiramente custosa.

Devido aos seus ambientes de negócios, as empresas ainda precisam de processos enxutos e ágeis. Contudo, a opinião dos gerentes a respeito de como proceder com relação à reengenharia dos principais processos de negócios já sofreu uma mudança radical. Em lugar de enxergar nos projetos de processos um quadro em branco a ser preenchido a partir do zero e depois sustentado por sistemas de informação, as empresas agora pensam a respeito de novos processos e novos sistemas de informação em caráter simultâneo.[3] Hoje, quando as empresas pensam em reengenharia, elas visualizam os SGEs como meio de concretizá-la. Em vez de partir do zero, elas começam com aquilo que é possível ou facilmente realizável na SAP, na Baan, na Oracle ou na PeopleSoft.

Essa tendência, que descreverei com maiores detalhes no Capítulo 5, tem implicações tanto positivas quanto negativas para o mundo dos negócios. Tentemos, em primeiro lugar, arredar do caminho as más notícias. As empresas certamente não estarão mais inclinadas a sonhar com projetos de processos visionários para depois tentar torná-los realidade. Os processos de uma empresa cada vez mais se parecerão com os das demais. Os projetos de processos que melhor se adaptarem à estratégia e ao ambiente de negócios da empresa se tornarão vítimas daqueles que melhor se adaptarem a sistemas criados por um fornecedor de software do outro lado do mundo. Empresas que tenham processos radicalmente diferentes daqueles mais comuns em seus respectivos setores – a Dell e a Amazon.com são exemplos que logo me ocorrem – provavelmente encontrarão concorrentes que se sentirão compelidos a reagir a elas.

Será esta repetição de processos uma tragédia para a humanidade? Não necessariamente. Muitos projetos de processos visionários em reengenharia não chegaram a ser implementados, razão pela qual muitas empresas optaram por uma abordagem alternativa para a melhoria dos seus processos. Os processos que têm suporte nos SGEs são perfeitamente respeitáveis; eles se baseiam em um elenco genérico de "melhores práticas" que são melhores do que aquelas que a maioria das empresas emprega atualmente. As empresas têm mais possibilidades de conseguir processos melhores quando simultaneamente fazem a reengenharia e sustentam esses novos processos com novos sistemas. Como estarei argumentando mais adiante, existem boas e más maneiras de encarar e encaminhar o processo de mudança possibilitado pelos SGEs; o próprio impulso em tal sentido é, porém, fundamentalmente adequado.

Estabelecendo as bases do comércio eletrônico. Quase ninguém pensa nos SGEs quando está tratando de comércio eletrônico. Só se pensa no acesso pela Internet, nos servidores, nos navegadores, etc., como tecnologias de linha de frente, ficando os SGEs sempre na retaguarda – e que nunca os dois se encontrarão. A vida até que poderia ser bem mais fácil para os tecnólogos se isto fosse verdadeiro, mas não é. Se você deseja ver seus clientes, fornecedores e funcionários dispondo de fácil acesso pela Web às informações mais importantes, certamente precisará tanto de um bom SGE quanto de conexões de Internet/intranet para conseguir concretizar esse objetivo.

O que, por exemplo, fazem os clientes com os seus negócios na Web? Encaminham pedidos? Para tanto terão de recorrer ao SGE para garantir que você dispõe do endereço certo para embarque, que o crédito dos clientes foi verificado, que os produtos estão disponíveis no estoque, etc. Acertar o embarque? Isso é feito pelos módulos logísticos do SGE. Verificar se a última conta foi quitada? Terão de ter acesso *on-line* a sistemas financeiros. Praticamente todas as transações pela Internet precisam estar conectadas com sistemas básicos de transação e bancos de dados, e para nada servirão se não estiverem integrados e não estiverem respondendo as necessidades.

Muitas são as empresas que planejam interfaces eletrônicas próximas ao longo da Internet com sócios da cadeia de suprimentos, entre eles clientes, fornecedores e distribuidores. Será bem mais fácil construir e manter essas relações se os sistemas indispensáveis às transações estiverem funcionando. Pode até acontecer de as empresas de um mesmo setor econômico ou cadeia de suprimentos compartilharem SGEs; no entanto, quem não tiver um – ou mesmo quem não tiver o SGE adequado – certamente será deixado para trás pelos concorrentes.

Enfrentando as constantes mudanças. É certamente um clichê afirmar que a mudança é uma constante nos negócios do mundo moderno; mas um clichê pode ser verdadeiro, e este, em especial, o é. Praticamente todas as empresas precisam estar preparadas para as rápidas mudanças na estratégia, na estrutura organizacional, nas alianças e nas relações de mercado. E, uma vez que a informação e a tecnologia da informação estão se tornando cada vez mais integradas com as atividades de negócios, as empresas precisarão que também os seus sistemas de informação sejam flexíveis.

Como já mencionei anteriormente, os SGEs são criticados por sua inflexibilidade, e a verdade é que pode ser muito difícil modificá-los. Contudo, existe um aspecto paradoxal quanto à questão da flexibilidade: a padronização pode conduzir a uma crescente flexibilidade. Muitas empresas acreditam que, pelo fato de terem uma plataforma mundial de tecnologia de informação comum única e logicamente estruturada, para elas será mais fácil a adaptação às mudanças em seus ambientes de negócios. Certamente um SGE bem-implantado será mais flexível do que um conjunto de sistemas herdados e apresentando interfaces complexa[s] entre cada um deles. Além disso, os fornecedores de SGEs estão trabalhando p[ara] ra tornar os seus sistemas mais flexíveis. Creio firmemente que ter um SGE e[m] funcionamento será uma vantagem considerável para as empresas que necessit[a]rem modificar seus métodos de negócios com freqüência e agilidade.

Estão presentes todos os motivos para acreditar que os SGEs serão, no futur[o,] ainda mais importantes do que já são hoje. Só para a hipótese de você não est[ar] ainda convencido da importância desses sistemas, apresentarei uma breve expo[o]sição daquilo que deverá ser o futuro dos SGEs e das empresas que os utilizare[m,] algo que é também o foco principal do Capítulo 9.

Para onde nos conduzem os sistemas de gestão empresarial?

Vamos pensar grande por alguns momentos. Quais as implicações dos SGEs n[os] negócios e na economia? A não ser por uma transferência em massa de recursos [das] empresas industriais para as organizações de *software* e de consultoria, que difere[n]ça faz o fato de terem sido inventados os SGEs? A maior parte das informações [a] respeito, acredito, é positiva.

Os sistemas de gestão empresarial podem levar a uma maior produtividade [e] eficiência nas economias mais progressistas. Podem ajudar as empresas a expu[r]gar estoques desnecessários, reduzir tempo e custos de processos centrais de neg[ó]cios e produzir apenas aquilo que o mercado demanda. Dê a isto o nome que v[o]cê quiser: "produção enxuta", "personalização maciça" ou produção "*just-in-time*[".] Além disso, quando as empresas descobrirem como empregar a informação res[i]dente em seus SGEs, terão condições de administrar melhor, fazendo as muda[n]ças necessárias nos relatórios e em outros processos gerenciais, com menos gere[n]tes. Empresas e economias que fizerem uma ampla utilização dos SGEs poder[ão] esperar crescer mais rapidamente, ser mais lucrativas e aumentar sua produtivid[ade] de mais do que aquelas que não agirem de maneira semelhante.

Os sistemas empresariais podem igualmente levar a transformações interorg[a]nizacionais e a impérios formados por alianças empresariais. Hoje, as companhi[as] que implementam os SGEs são principalmente aquelas com foco interno; amanh[ã] elas poderão orientar-se para a criação de laços entre as empresas. Os sistemas [de] gestão empresarial poderão conduzir a relações mais próximas e mais eficientes e[n]tre empresas e seus clientes e fornecedores. Surgirão novos conjuntos de organiz[a]ções e novas formas de relacionamento entre empresas. O *keiretsu* – as sólidas r[e]lações entre os clientes e as firmas fornecedoras há muito tempo admiradas no J[a]pão – orientado a SGEs poderá surgir com bases diferentes no Ocidente.

Existe, contudo, um possível aspecto negativo para essas mudanças. O mai[or] dos riscos diz respeito às pessoas que trabalham nas empresas e às associaçõ[es] transformadas pelos SGEs. Tais organizações podem passar a necessitar de um n[ú]mero consideravelmente menor de funcionários, porque passarão a ser mais e[ficientes]

cientes. Os funcionários que permanecerem serão provavelmente compelidos a dominar uma gama maior de tarefas orientadas a informação. A aprendizagem será benéfica para eles, mas uma tarefa certamente difícil de ser concretizada. Espero que as empresas venham a crescer, a partir dos benefícios dos SGEs, com uma rapidez suficiente para minimizar os efeitos negativos que eles tiverem sobre os funcionários. Como o aperfeiçoamento de qualificações pode levar bastante tempo, as empresas precisam começar a planejar o impacto de um SGE sobre as pessoas na primeira oportunidade disponível.

Novas "indústrias virtuais" formadas por conexões de SGEs podem levar à inflexibilidade. Quando clientes, vendedores e fornecedores dos vendedores estiverem eletronicamente interconectados, poderão acabar achando muito difícil desfazer-se desses mesmos laços. As redes *keiretsu*, outrora exaltadas, são atualmente apontadas como uma das causas da persistente estagnação enfrentada pelo Japão.

Outro resultado preocupante a longo prazo do movimento de aplicação dos SGEs é que as bases da concorrência nas indústrias sofrerão uma transformação radical. Hoje, a maioria das empresas compete com base em estratégias e processos de negócios distintos. Uma empresa em um setor pode oferecer altos níveis de serviços ao cliente, por exemplo, enquanto outra se concentra na inovação em produtos. Nos setores nos quais cada uma das maiores empresas está adotando um SGE, ou mesmo o SGE do mesmo fornecedor, é bem possível que venham a se instalar processos e estratégias em tudo e por tudo idênticos. Cada empresa estará se concentrando no enxugamento e em eficiências tipo "não produza nada enquanto não for vendido o estoque". Todas as empresas estarão concentradas em obter melhor informação sobre o que acontece com os seus canais de distribuição. Todo mundo estará tentando ser o produtor mais integrado e de melhor custo-benefício do respectivo setor.

Existem alguns dados sobre o que pode acontecer quando todo mundo em um determinado setor econômico tem praticamente as mesmas estratégias e capacidades de negócios orientadas a informação. A aviação civil – pelo menos nos Estados Unidos, mas cada vez mais rapidamente no mundo inteiro – apresenta um interessante estudo de caso. Quando quase todas as empresas do setor passaram a atuar a partir do mesmo sistema básico de reservas de passagens, sistemas de gerenciamento de descontos e programas de milhagem, a base para a concorrência sofreu uma transformação radical. As companhias que tiveram sucesso foram aquelas que reduziram os serviços, aderiram a redes de distribuição em aeroportos centrais e derrubaram os respectivos custos. O quase perfeito mercado de informação sobre passagens aéreas, no qual cada concorrente sabe, por meio de seus sistemas de informação, o que todos os outros estão cobrando, reduziu consideravelmente as margens de lucratividade. Apenas uma empresa de aviação civil, a Southwest, abandonou essa estratégia, sendo a única do setor a se manter consistentemente lucrativa nos últimos 10 anos.

A menos que as empresas tenham um bom entendimento de como os seus SGEs sustentam suas estratégias, e vice-versa, poderão descobrir-se na mesma situação que hoje enfrentam as principais empresas aéreas dos EUA (as quais, graças a uma economia em expansão, apresentam um bom desempenho – embora ninguém saiba quanto tempo esta situação irá durar). Podem surgir igualmente oportunidades de progredir mediante a rejeição dos sistemas generalizados de setores, como fez a Southwest com o seu sistema de reservas mínimas e seus processos manuais, porém altamente eficientes, de negócios. O que é claro em relação ao longo prazo é que as empresas terão de dedicar muito tempo e estudo à descoberta de como os SGEs afetam a base de concorrência em seus respectivos setores.

A estrutura deste livro

Neste capítulo, expliquei por que as empresas adotam os SGEs e apresentei uma visão geral do funcionamento desses sistemas. Informações mais detalhadas sobre a tecnologia do sistema podem ser encontradas no apêndice do livro. Este capítulo concentrou-se principalmente no quadro geral, em nível estratégico. Contudo, se você pretende realmente discutir como extrair valor dos sistemas empresariais às vezes precisa tornar-se específico com relação àquilo que dá lucros e àquilo que não dá. Nesta breve visão geral identifico quais capítulos são mais estratégicos e de alto nível, e aqueles que se preocupam especialmente com os detalhes.

No Capítulo 2, discuto, também em um nível amplo e estratégico, as perspectivas e os riscos dos SGEs, utilizando exemplos de empresas que implementaram ou, em alguns casos, tentaram implementar – tais sistemas. Nesse capítulo, abordo detalhadamente os tipos de benefícios de negócios que podem extrair dos SGEs e começo a mostrar como concretizar tais benefícios. No Capítulo 3, o foco está em implementar ou não um SGE no âmbito da sua organização, com uma discussão detalhada da elaboração de um caso de negócio e a seleção do *software* específico de um fornecedor. Anote a palavra "detalhada" – se você já decidiu instalar um SGE, o máximo que precisará deste capítulo será um rápido passar de olhos.

Nos Capítulos 4 e 5, continuo a mostrar como as organizações precisam pensar a respeito dos SGEs antes de implementá-los. O Capítulo 4 destaca questões de estratégia e estrutura organizacional. O Capítulo 5 volta-se para as mudanças em informação e os processos no âmbito de empresas orientadas a SGE: esses sistemas estão sendo usados para mudar a maneira pela qual as empresas fazem seu trabalho, e como se comunicam à base de informações comuns? Ambos os capítulos são escritos em um alto nível e não deveriam deixar ninguém desnorteado.

No Capítulo 6, parto do princípio de que você já decidiu o sistema e na verdade colocou um SGE em funcionamento. O capítulo é todo dedicado ao processo de implementação. Uma variedade de opções e questões de implementação é abordada, com vários exemplos de experiências vividas por empresas reais. Como você certamente já entendeu, trata-se de um tema que exige muito detalhamento; mais uma vez, se o seu sistema já está mais ou menos instalado, recomenda-se uma leitura mais do que dinâmica.

Os capítulos seguintes abordam aspectos específicos da organização que precisam ser mudados para que o SGE possa trazer valor aos negócios. Poucas empresas e gerentes podem afirmar que já dominaram por inteiro os assuntos desses capítulo, que são em geral de alto nível e orientados para o futuro. No Capítulo 7, concentro-me nas mudanças necessárias na maneira pela qual os administradores usam a informação do SGE para realmente começarem a administrar de maneira diferente. O Capítulo 8 aborda algumas mudanças atuais e potenciais para as cadeias de suprimentos – um benefício em potencial para muitas empresas.

O Capítulo 9 lança um olhar para o futuro – tanto dos SGEs quanto das organizações que os utilizam. Depois de completar essa leitura, pode ser que você não saiba se deve ou não comprar ações das empresas vendedoras de SGEs, mas pelo menos contará com uma idéia bem mais completa sobre por que elas estarão vendendo seus produtos ao longo dos próximos cinco a 10 anos.

No final do livro há um apêndice que discute como os SGEs funcionam e que descreve, com o perdão dos leitores, alguns dos seus aspectos mais técnicos. Ele se destina aos leitores não-técnicos que pretendam aprender um pouco mais sobre a tecnologia.

CAPÍTULO 2

As promessas e os riscos dos sistemas de gestão empresarial

Os projetos de sistemas de gestão empresarial podem, evidentemente, traduzir-se em fartos benefícios, principalmente na forma de processos mais eficientes de negócios. O risco é que não produzam benefício algum depois de terem consumido até mesmo algumas centenas de milhões de dólares para serem instalados. A escolha é sua. Qual será ela?

A maioria das empresas optaria, dentro de um quadro de igualdade entre todos os outros fatores, pelos benefícios. Mas nem sempre essa igualdade está presente. Optar por extrair benefícios da área de negócios de um projeto de SGE significa encará-lo como um projeto de negócios, não como um projeto técnico. Significa estabelecer objetivos claramente definidos desde o início, e monitorar a sua concretização ao longo de toda a duração do projeto. Significa igualmente entregar seu comando a executivos de negócios – nada de administradores técnicos – que tenham a capacidade de fazer as mudanças organizacionais indispensáveis para que os benefícios sejam alcançados. E, como em todos os projetos de negócios, extrair benefícios a partir de projetos de SGE impõe a existência de uma determinação que deve estar muito clara para todos os participantes: se os benefícios pretendidos não forem atingidos, os cheques de pagamento encolherão e cabeças irão rolar. Para falar de maneira mais otimista, é preciso existir incentivos para que um projeto tenha sucesso, benefícios extensivos a todos os gerentes e executivos, e não apenas àqueles diretamente envolvidos no projeto.

Há também uma receita muito clara para fazer fracassar o alcance dos benefícios em qualquer projeto de SGE. Em primeiro lugar, é preciso determinar que o objetivo maior do projeto é apenas a sua instalação do sistema. Depois, é só atribuir a inexistência de benefícios aos efeitos retardados do *bug* do milênio, ou a uma fusão de empresas que está pendente, enfim, motivos sempre existirão. Não chegar sequer a pensar em quais seriam os tipos de processos de negócios necessários ou pretendidos: basta adotar aqueles que se adaptem mais facilmente ao sistema. Manter a alta administração fora de todo o processo – envolvendo nele apenas a equipe de Tecnologia da Informação (TI). Entregar tudo aos consultores e, além disso, não lhes proporcionar qualquer incentivo para que concluam o processo rapidamente ou que venham a compartilhar seus conhecimentos com você.

Sei que estou fazendo parecer que é simples ficar no lado dos benefícios dos negócios. Acontece que muitas vezes não é; as águas podem ficar turvas com uma rapidez espantosa. Inúmeras empresas têm em mente objetivos múltiplos quando implementam um SGE, objetivos esses orientados simultaneamente para negócios e aspectos técnicos. Essas empresas buscam processos de negócios que sejam ao mesmo tempo mais práticos que os existentes e, simultaneamente, capazes de resistir a fenômenos como o *bug* do milênio. Querem conectar-se com os fornecedores e igualmente substituir aquele antiquado sistema de faturamento. Como o fato de se concentrar nos benefícios de negócios significa redefinir processos, estruturas organizacionais e estratégias, a implementação de um SGE pode se estender por muito tempo além do planejado quando o foco principal está em objetivos de negócios. Mas qual é a alternativa? Gastar alguns milhões simplesmente por causa dos benefícios técnicos não chega a constituir uma alternativa mais atraente.

Estudos de caso das promessas do sistema de gestão empresarial

Muitas empresas são obrigadas a manter um forte equilíbrio entre as etapas da implementação do sistema e a obtenção de benefícios a partir dele. Em algumas delas, a definição do sucesso ocorre em termos de colocar o sistema em funcionamento rapidamente e com o menor índice possível de perturbação dos negócios correntes. Para outras, o sucesso só existiria a partir da concretização de uma considerável melhoria dos processos de negócios ou do desenvolvimento de maneiras inteiramente novas de conduzir os negócios. Examinemos três exemplos concretos da maneira através da qual as empresas enfrentaram esses objetivos. Isto sempre mantendo em mente que mesmo as mais promissoras implementações de SGEs podem se tornar, às vezes, arriscadas.

Bay Networks

A Bay Networks, uma grande empresa de equipamentos de redes, formada a partir da fusão de empresas menores e recentemente adquirida pela Northern Telecom (originando-se a partir daí a nova empresa Nortel Networks), ilustra muito bem cenário da implementação de curto prazo.[1] O objetivo declarado do projeto não era qualquer alvo específico em matéria de processo ou negócio, mas, pelo contrário, instalar o sistema rapidamente e passar a operar a empresa resultante da fusão com o sistema. Os sistemas anteriores da companhia estavam no seu limite em 1995, sendo por isso mesmo tidos como uma barreira a qualquer futura expansão.

Os executivos da Bay tomaram a decisão explícita de desacelerar a reengenharia do processo em favor de uma instalação em curto prazo. Como disse o gerente do projeto, "adotamos a SAP e fizemos as mudanças [em nossos processos de negócios] por ela exigidas. Se a SAP tinha brechas em algumas áreas, fazíamos ali pequenas adaptações, mas em geral nos mantivemos fiéis àquilo que a SAP podia fazer". Esta não é a estratégia mais recomendada quando você deseja uma estratégia de operações exclusiva ou melhorias de processos em ordens de magnitude, mas é, provavelmente, essencial quando se pretende instalar um SGE complexo a curto prazo – a implementação na Bay foi parcialmente completada (sistema instalado e funcionando em várias áreas geográficas) em apenas nove meses.

A Bay Networks tinha vários objetivos de negócios, especialmente na área da administração dos pedidos e dos serviços aos clientes. A companhia, na verdade, aperfeiçoou sua capacidade de programar os pedidos e adequá-los à capacidade de produção – um objetivo que é comum a todas as implementações de SGE de alta tecnologia. A programação dos pedidos levava anteriormente entre quatro a cinco dias, mas, depois da instalação da SAP, tornou-se rotina nesse processo uma programação pronta no mesmo dia da apresentação do pedido. Devido às limitações dos sistemas anteriores, a empresa fora até então incapaz de gerar relatórios financeiros em épocas de acúmulo de transações (por exemplo, no encerramento dos trimestres financeiros), um problema que o novo sistema resolveu.

É mais do que óbvio que, da mesma forma que as empresas que buscam benefícios de negócios precisam administrar sua concretização com o maior carinho, ninguém conseguirá implementar a SAP em apenas nove meses se não contar com uma gerência de projeto extremamente cuidadosa. Cada etapa desse projeto foi cuidadosamente planejada, resistindo-se a várias tentativas de mudança de escopo. Modificações na SAP foram minimizadas. Os "combates das noites de sexta-feira" conseguiram encaminhar adequadamente todas as questões relevantes de escopo, uma vez que nenhum dos participantes podia sair dessas reuniões antes que todos encontrassem a solução do problema ali apresentado. E a Anderson Consulting, funcionando como integradora de sistemas da Bay para aquele projeto, recebeu incentivos especiais para colocar o sistema em funcionamento no prazo especificado.

Elf Atochem

A Elf Atochem North America, uma sucursal petroquímica de US$ 11 bilhões do conglomerado francês de petróleo, firmou um compromisso entre uma instalação em prazo razoavelmente curto e um forte foco em benefícios de negócios mensuráveis.[2] Na verdade, o projeto de SGE da empresa é um dos mais fortes que já vi em relação aos benefícios de administração e mensuração. A Elf estava em seu quinto ano de trabalho com o R/3 da SAP e já tinha aproximadamente 90% do projeto completado. Seu foco principal sempre esteve concentrado em benefício provenientes da melhoria dos processos. A companhia definiu quatro novos processos de negócios e estabeleceu metas de melhorias para todos eles. Em alguns dos casos, foi calculado quanto custava fazer negócios antes do novo sistema. Por exemplo, o ajustamento entre os vários e diferentes sistemas de custos funcionando na empresa ficava em US$ 3,4 milhões ao ano. Contratos de compras sem base em garantias creditícias, calculava a empresa, consumiam US$ 200 milhões por ano. A eliminação desses custos tornou-se uma grande parte da justificativa da Elf para o novo sistema.

Os mais importantes benefícios para a Elf, contudo, poderiam envolver questões de serviços a clientes. A empresa compete em muitos mercados de *commodities* químicas nos quais serviços e preços são as únicas fontes concretas de diferenciação. Por exemplo, um cliente da Elf antes precisava realizar vários telefonemas para solicitar e confirmar um pedido; agora "um telefonema faz tudo" na maioria dos casos. Com isso se espera tanto conseguir melhorar a retenção de cliente quanto obter um moderado crescimento das vendas.

Cada um desses benefícios do processo foi transformado em um retorno financeiro. Nenhuma categoria isolada é superior a todas as demais em termos de nível do benefício, mas no geral os benefícios decorrentes da mudança dos processos e do novo sistema que lhes dá sustentação devem aumentar os ganhos líquidos em mais de 20 por cento, ou US$ 45 milhões. A companhia já está economizando mais de US$ 10 milhões por ano e já obteve o retorno de tudo o que investiu antes mesmo de concluir a instalação do processo.

Certamente uma das razões pelas quais a Elf conseguiu semelhantes resultados é a sua abordagem com relação aos benefícios da administração. O dinheiro e outros recursos organizacionais necessários para instalar o SGE são vistos como um investimento igual a qualquer outro. Todo custo e todo benefício é identificado acompanhado. Desenvolveram-se novos indicadores para avaliar coisas que eram anteriormente imensuráveis, como, por exemplo, a exatidão, ou não, de uma previsão de negócios. Um integrante da equipe dedica-se exclusivamente a questões de mensuração dos custos e benefícios. As gratificações e outros privilégios dos executivos têm sua concretização condicionada à realização dos benefícios previstos e esperados.

Dow Chemical

A implementação da SAP da Dow Chemical é um dos projetos de SGE mais antigos, mais demorados e mais globalizados nos Estados Unidos, mas, ainda assim, o conglomerado atingiu com ele um alto índice de benefícios como compensação por este esforço. O objetivo da Dow era obter processos comuns e informação mundial nos seus processos financeiro e administrativo. O SGE substituiu um labirinto de sistemas existentes por um sistema global único e criou uma plataforma para a integração de suas inúmeras aquisições.

Nos processos que envolvem os clientes, como o gerenciamento de pedidos, os administradores da Dow passaram a depender do SGE para o estabelecimento e suporte de um novo conjunto de conceitos de serviços chamado "Diamond Service". Melhorias consideráveis nos processos de serviços surgiram a partir daí, sendo visíveis tanto internamente quanto pelos clientes.

A Dow conseguiu igualmente uma das maiores transformações proporcionadas por um SGE que eu jamais testemunhei em termos de utilização de seus dados de SAP para administrar a empresa. Os dados do sistema de gestão empresarial têm sido usados para abastecer uma ampla gama de repositórios de dados que dá sustentação a uma filosofia de processo da organização. Foram também usados como base para a sustentação informada de uma nova abordagem de gerenciamento chamada gestão baseada em valor, na qual são destacados o valor do acionista e a lucratividade. Literalmente milhares de usuários foram treinados no uso dos dados da SAP para entender operações de negócios e para tomar decisões mais apropriadas.

Em resumo, embora a implementação do SGE na DOW tenha sido muito cara e por demais demorada (o que pode ser parcialmente associado ao fato de ter sido essa uma das primeiras empresas a adotar tal tecnologia), os executivos da empresa mostram-se satisfeitos com os resultados. O SGE teve como resultado mudanças bem-sucedidas nos processos de negócios, uma estrutura organizacional consolidada e mais integrada, e uma administração de informação consideravelmente melhor do que antes. Os executivos da DOW concluíram há pouco uma avaliação pós-implementação (algo que é também uma raridade), que, usando uma abordagem conservadora da questão, não levou em consideração os custos evitados, apenas as economias realmente concretizadas em matéria de custos. A análise mesmo assim constatou que o projeto rendeu um retorno sobre o investimento (ROI) de 15% e um valor líquido atual positivo. A Dow espera que o projeto se traduza ainda em centenas de milhões de dólares de lucro líquido ao longo do ciclo de vida do sistema. O projeto é nitidamente uma história de sucesso e, também, um exemplo de que não se chega ao sucesso sem trabalho duro.

Estudos de caso associados aos riscos do sistema de gestão empresarial

Os estudos de caso a seguir apresentados dizem respeito às organizações que não conseguiram qualquer resultado positivo a partir dos seus projetos de SGE. São casos dramáticos na medida em que envolvem fracasso total de grandes iniciativas de SGE realizadas por inteiro. Contudo, mantenha em mente que existem inúmeros exemplos menos dramáticos de empresas que instalaram seus sistemas, mas conseguiram pouco ou nenhum resultado com isto. Esses fracassos quase que escondidos são quase tão preocupantes quanto os exemplos de fracassos maiores e mais retumbantes.

Uma empresa européia de petróleo

A Euroil (não é este o nome real da empresa, cuja identidade me comprometi a preservar), refinaria e entidade de *marketing* européia de uma grande empresa norte-americana de petróleo, estava com a implementação do seu modelo de SGE em andamento. Anteriormente, essa unidade de negócios fora uma colcha de retalhos de nada menos de 12 organizações em outros tantos países, com escassa coordenação central. Algumas delas certamente precisavam de novos sistemas, enquanto que outras dispunham de um ambiente adequado de informações. Coincidindo com a emergência da Europa como entidade comercial unificada no começo da década de 1990, a administração da Euroil decidiu "fundir" os vários países em uma operação única que deveria ser altamente consolidada. A primeira constatação foi a da necessidade de novo *software* para dar suporte à organização integrada, o que deu origem a um projeto-piloto com a versão *mainframe* (R/2) do SGE da SAP. No decorrer do processo, os executivos da Euroil constataram que o sistema precisava ser altamente similar ao longo de toda a Europa a fim de possibilitar eficiências de escala e objetivos comuns em processos de negócios. Quando variações em nível de país na maneira de implementar o SAP passaram a ser notadas, os executivos seniores da Euroil chegaram à conclusão de que, se não houvesse executivos nacionais, a administração central estaria livre de administradores em constante tentativa de adaptar o SGE às respectivas e por vezes diferenciadas necessidades de cada um deles. A solução simplista que encontraram para o problema foi eliminar as administrações nacionais.

Tudo ia relativamente bem na companhia até 1996, o oitavo ano de implementação da SAP na Euroil. Quase todos os empreendimentos europeus contavam com o suporte da SAP, tendo-se propagado por todo o continente processos e dados em comum. A Euroil começou a sentir concretamente os efeitos das economias de custos em processos comuns de larga escala, como as compras, que podiam ser feitos a partir de bases centralizadas. Em 1996, no entanto, executivos da empresa matriz decidiram fundir seus negócios de refinação e *marketing* com o de outra companhia de petróleo na Europa. Aparentemente as negociações para decidir qual sistema passaria a ser utilizado foram rápidas. O CEO da outra empresa era reconhecidamente contrário à utilização de SGEs complexos e de grande porte, preferindo aplicativos menores e interconectados. E a sua equipe técnica argumentou que os sistemas cliente/servidor por ela desenvolvidos eram tecnicamente superiores ao sistema de *mainframe* da Euroil. Se a Euroil tivesse insistido em preservar do sistema SAP, um dos executivos contou-me depois, "esse teria sido o fim da nossa sociedade". Para que isso não acontecesse, oito anos de trabalho e cerca de US$ 250 milhões foram simplesmente jogados fora com esta fusão.

Seria difícil afirmar que esse projeto rendeu benefícios a longo prazo. Devo, porém, destacar que as duas empresas garantem que esperam reduzir seus custos anuais conjuntos em US$ 500 milhões como resultado da fusão, e por isso aquele prejuízo monetário antes citado talvez não seja assim tão assustador. O mais interessante, porém, é que a empresa resultante da fusão das duas adquiriu uma terceira companhia, que também é usuária do sistema SAP, dando início a um estudo (ainda não concluído no momento em que escrevo este livro) sobre se deve ou não utilizar esse pacote de tecnologia ao longo de todos os departamentos da empresa mais uma vez ampliada.

Qual seria a lição a extrair disso tudo? Sabemos que tudo pode mudar quando duas ou mais empresas decidem fundir-se. No caso em questão, haveria condições de se antecipar o problema decorrente da fusão? Alguns executivos disseram-me que o projeto da fusão foi discutido nos mais altos escalões do grupo durante vários anos, mas que as implicações em relação ao sistema só passaram a ser abordadas quando a fusão já estava em fase muito adiantada. No passado, adiar a discussão de questões referentes a sistemas para a última hora não seria, evidentemente, a melhor das decisões, mas assim mesmo raramente chegaria a constituir um erro fatal. Com os SGEs, porém, esse risco experimentou uma considerável elevação. A empresa que não conseguir antever mudanças organizacionais passíveis de ameaçar seu projeto de SGE estará se arriscando a perder milhares de pessoas/ano e centenas de milhões de dólares.

Contudo, mesmo nesta história existe um pequeno espaço para o otimismo. Quando ocorre a fusão de empresas com diferentes pacotes de SGEs, e um deles é jogado fora, nem tudo está perdido. É provável que as duas empresas compartilhem algumas crenças comuns acerca do valor de um SGE para qualquer negócio: integração entre as funções, processos e dados comuns, e o valor da disponibilidade de informação em tempo real. Consolidar visões similares dessas questões em uma organização resultante de uma fusão pode ser bem mais difícil do que substituir um SGE por outro, mesmo sendo os custos da concretização desse consenso bem menos visíveis do que os da destruição resultante do cancelamento da instalação de um determinado sistema.

Uma empresa fabricante de PCs

A Computadores Anônima (nome fictício solicitado pela empresa verdadeira), uma bem-sucedida fabricante de PCs, conseguiu ser, no domínio dos sistemas empresariais, um fracasso quase total. Em 1994, a Anônima esteve na primeira onda de empresas dos EUA a adotar o *software* empresarial R/3 do sistema SAP. O projeto "BigSys" (igualmente um nome fictício) determinava a instalação do *software* em três etapas sucessivas em cada uma das unidades geográficas do conglomerado: em primeiro lugar a Europa, depois as Américas e, por fim, a Ásia-Pacífico.

A justificativa comercial para a instalação do SGE estava no fato de se tratar, a Anônima, de uma companhia global com operações consistentes em todo o mundo que poderiam tirar enormes proveitos da integração proporcionada por um ES. Em uma carta aos funcionários, o vice-presidente sênior e responsável pelas operações (COO, de *Chief Operating Officer* em inglês), que era também o maior incentivador do projeto, escreveu: "O Projeto BigSys é a pedra fundamental de duas das nossas quatro prioridades corporativas – infra-estrutura e sistemas e globalização". Ele e outros executivos da Anônima imaginavam que fosse possível avaliar as posições mundiais de estoques e prever as necessidades de produtos usando uma única visão de todas as várias regiões em que a companhia atuava. Para ajudar a criar essa visão única, a Anônima tentaria padronizar seus processos de negócios em todo o mundo e consolidá-los no R/3.

Mesmo sendo um objetivo meritório e ambicioso, não deixava de ser essencialmente técnico. A não ser pela criação de uma visão global por intermédio do sistema SAP, a Anônima não determinou outros objetivos operacionais que fossem além do propósito genérico de dar suporte ao seu crescimento. A impressão dominante de que a Anônima precisava substituir seus sistemas de computado existentes também contribuiu para distrair a liderança do projeto de uma firme racionalização em termos de negócios. O sistema de produção existente, por exemplo, tinha uma capacidade limitada de acomodar um grande número de dígitos nas partes numéricas. À medida que a Anônima crescia, o sistema teve suas partes numéricas esgotadas, forçando os gerentes a aposentar partes numéricas mais antigas para acomodar novos componentes.

Para piorar ainda mais a situação, a estratégia geral de negócios da Anônima sofreu alteração no decorrer do projeto SAP. O COO, que, antes da Anônima, trabalhara em outra empresa com estrutura altamente descentralizada, abandonou seu objetivo inicial de conseguir a globalização por meio da padronização de processos começando, em vez disso, a se concentrar em uma abordagem mais descentralizada na qual as unidades geográficas e de produtos poderiam conservar sua autonomia. Ele não conseguiu conciliar a nova visão da Anônima com o projeto SAP em andamento, pelo menos durante um período que se arrastou por vários anos.

Sem objetivos comerciais claros, a equipe do projeto SAP tinha dificuldade para se concentrar em benefícios definidos e atingíveis. Memorandos do projeto falavam de perspectivas vagas sem definir medidas claras para acompanhar e fiscalizar a progressão rumo a tais benefícios. "O BigSys terá como resultados consi derável redução de despesas, aumento das oportunidades de ganhos e a melhoria da satisfação dos consumidores", proclamava um dos memorandos do projeto. "Além disso, o BigSys proporcionará informações mais acuradas e atualizadas a respeito de nossos negócios, e estabelecerá um ambiente capaz de adaptar-se mais rapidamente às mudanças." A Anônima não definiu quaisquer números específicos para as suas expectativas de resultados financeiros, fossem relacionados a processos ou ao índice de satisfação dos clientes. Muito específico, no entanto, era o considerável nível de recursos dedicado ao projeto: 160 pessoas (100 funcionários, 60 consultores externos), todas trabalhando em regime de dedicação exclusiva. O custo em dólares atuais chegou a aproximadamente US$ 225 milhões, o que não incluía os prejuízos resultantes de se afastar todo esse contingente humano de suas funções normais em uma empresa de crescimento acelerado. Adicionalmente, esse seria o custo da conclusão de apenas um terço do projeto.

Enquanto isto, a maioria dos concorrentes da Anônima já estavam usando ou instalando um SAP. "De que maneira poderá a Anônima ganhar uma vantagem competitiva se outras empresas estão usando o mesmo *software* para fazer as mesmas coisas que ela faz?", era a pergunta de um integrante da equipe do módulo de vendas e distribuição em uma *newsletter* do projeto. "Para alavancar os pontos fortes da Anônima e maximizar nossas vantagens competitivas, é preciso que utilizemos o *software* para projetar e dar suporte aos nossos negócios de maneira exclusiva." Pura verdade, mas o problema é que ninguém tinha uma idéia mais clara a respeito da melhor maneira de atingir tal objetivo.

Elaborar e expressar esses processos exclusivos levou um longo tempo. Os consultores da Anônima recomendaram que a companhia adotasse três diferentes análises dos processos mais relevantes: onde estavam no momento, onde gostariam de estar no ponto ótimo e onde poderiam estar com os recursos do SAP. Foi preciso mais de um ano só para colocar todas essas análises no papel. Traduzi-las para processos compatíveis com o SAP no *software* prometia levar um tempo ainda maior.

À medida que a Anônima começou a consolidar esses processos no *software*, deparou com outro problema muito comum nos SGEs: o sistema acrescenta uma carga extraordinária às redes e aos servidores de computador da companhia. A maior bênção dos SGEs é também sua pior maldição tecnológica: à medida que os funcionários carregam transações no sistema, este começa automaticamente a fazer circular as informações por toda a empresa, desencadeando uma espécie de explosão de informação capaz de causar danos irreparáveis à rede e a uma arquitetura computacional que não esteja adequadamente dimensionada. A Anônima fez o *upgrade* de seus servidores por duas vezes (até mesmo evitando que seus produtos acomodassem essas tremendas sobrecargas), mas o tempo de reação dos aplicativos continuou muito lento. Ao final do projeto, restava algum otimismo no sentido de que fosse possível satisfazer as metas relativas à carga das transações européias, mas ninguém se atrevia a dizer coisa parecida em relação a metas de cargas relativas aos Estados Unidos, ou ao futuro.

Quando os funcionários da empresa começaram a improvisar com protótipos do novo sistema, não gostaram do que viram. Os representantes dos serviços para os clientes viram o número de telas que usavam para processar um pedido saltar de quatro para 12 com o novo sistema. Só então a junta de diretores da Anônima passou a dar sinais de nervosismo, chegando até mesmo a reduzir sensivelmente o alcance do projeto. Infelizmente, a equipe de projetos da Anônima não buscou a participação de usuários no processo de desenvolvimento, a não ser quando isso já era tarde demais. Eles poderiam ter economizado muito dinheiro simplesmente pelo fato de imaginar como teria sido conviver com o projeto, tal como ficou, logo nas suas primeiras etapas.

Em dezembro de 1996, o projeto foi cancelado, mesmo estando já instaladas algumas partes do SAP. O módulo de recursos humanos já fora instalado na Europa e ainda tinha sua instalação programada para os Estados Unidos. Mas, como é próprio de qualquer SGE em circunstâncias semelhantes, o projeto estava agonizante.

A lição existente no caso da Anônima ensina que não se pode mudar modelos de negócios no meio do processo de instalação. Os sistemas de gestão empresarial podem ser utilizados em empresas altamente centralizadas, e podem ser adaptados a organizações altamente descentralizadas. O que não dá certo é mudar de uma abordagem centralizada para uma descentralizada no mesmo projeto. Mesmo se a Anônima tivesse conseguido instalar com sucesso seu SGE, ela provavelmente não iria conseguir obter valor verdadeiro de negócio desse sistema, especialmente porque seus objetivos de negócios para o projeto nunca chegaram a ser definidos com a clareza indispensável.

General Semiconductor

A General Semiconductor (nome fictício de uma empresa real) é uma das maiores produtoras mundiais de equipamentos semicondutores (isto é, máquinas para a produção de semicondutores). De maneira geral, trata-se de uma empresa que vai bem em tudo o que faz; é inclusive uma das companhias de mais rápido crescimento em um setor de acelerada expansão. Contudo, e da mesma forma que a empresa do exemplo anterior, a Anônima, a General não pode ser considerada um caso de sucesso em matéria de implementação de SGEs, tendo já cancelado um grande projeto SAP e experimentado grandes atrasos em um segundo projeto envolvendo o *software* Oracle. Não estou a par de todos os detalhes que causaram o insucesso do projeto, mas acredito ter uma idéia geral bem razoável a respeito.

A General tem uma cultura muito diferenciada. Ela subentende que os engenheiros da empresa vão trabalhar muito, pensar criativamente e superar todo e qualquer eventual tipo de situação desagradável para concretizar uma venda ou para providenciar a entrega de um pedido. É uma organização dinâmica, agressiva e centrada no cliente – mas não se pode dizer que seja uma organização caracterizada pela disciplina. Esses engenheiros muito bem pagos têm pouca, ou ne nhuma, paciência para abstrações como processos, infra-estrutura ou informações comuns. Seu trabalho é uma espécie de impulso frenético para colocar o produto na rua e tirar o cliente da sua "cola". Nenhum deles pensa em perder seu precioso tempo relatando a um consultor ou analista de sistemas como faz o seu trabalho, o que talvez pudesse capacitar um sistema a ajudar a aperfeiçoar esse mesmo trabalho. Cada projeto é visto como um exercício de exclusividade e, previsivelmente, se transforma exatamente nisso.

Tenho certeza de que foi difícil explicar por que a General estava gastando mais de US$ 100 milhões em infra-estrutura, generalização e aperfeiçoamento dos processos quando, na verdade, ninguém ali acreditava nesses conceitos. Claro, alguém no ponto mais alto da pirâmide hierárquica deve ter acreditado suficientemente nesses conceitos para assinar os respectivos cheques, mas todo mundo na General parecia sentir, bem no fundo, que a organização ia muito bem, obrigado, dentro da cultura imperante, e assim, por que trocar? Naturalmente, a General é uma organização orientada tecnicamente, e o sistema SAP era criticado internamente justamente por carecer de funcionalidade técnica e por apresentar problemas potenciais relativamente à consecução dos objetivos de desempenho técnico. Minha opinião, no entanto, é que essa argumentação tecnicista simplesmente servia para disfarçar uma falta de vontade de mudar a organização de acordo com suas necessidades. Mesmo se tivesse ocorrido uma instalação bem-sucedida do sistema SAP, a organização iria certamente se desgastar ao longo da sua utilização no dia-a-dia. E eu tenho sérias dúvidas de que o sistema Oracle, menos estruturado e complexo, possa vir a apresentar melhores resultados do que os obtidos pelo SAP R/3 na General.

A lição aqui é que toda organização enfrentará sérios riscos quando o sistema que pretender instalar não se adaptar à sua cultura. Se a sua empresa não dava importância anterior aos processos de negócios, comprar um pacote de SGE não será o elemento capaz de mudar esse aspecto da cultura arraigada. Se a sua empresa não dá grande importância à informação, um SGE não é, igualmente, a melhor aposta. (O executivo responsável pelo setor de informação de uma grande empresa de vestuário, que está atualmente instalando um SGE, certa vez afirmou que sua empresa realmente não dava grande importância à informação, preferindo "atirar para ver no que acerta" na tomada de decisões e realização das ações. Alguém aí acha difícil prever o futuro de um semelhante processo de SGE?)

Aprendendo com o sucesso e com o fracasso

O que podemos aprender com esses casos? Como generalizar a partir do sucesso na criação de benefícios de negócios e evitar os fracassos claros ou discretos? O restante deste capítulo trata de lições específicas da implementação do SGE, do ponto de vista de perspectivas e benefícios de negócios.

Uma iniciativa de negócios

Na maior parte dos casos de fracasso quanto à concretização de benefícios de negócios, a culpa está em não conseguir transformar o projeto em parte integrante dos objetivos gerais do empreendimento e em entregar sua administração a gerentes de tecnologia, e não de negócios. Isto já está se tornando uma máxima ao longo do tempo na gestão empresarial; o problema é que não existe máxima mais exata do que ela no mundo dos SGEs. Significa que é indispensável dar ao projeto de SGE todas as roupagens características da participação de executivos seniores – em tempo dedicado, em compromissos emocionais e de mudança e em dinheiro posto à disposição.

Em uma empresa fabricante de equipamentos biotecnológicos, o projeto de implementação do SAP foi, desde o início, um projeto de negócios. A equipe do projeto de SGE trabalhou com gerentes de unidades de negócios para determinar os fatores de sucesso. O presidente da divisão deixou claro que o projeto era prioridade máxima, não apenas de um departamento, mas da divisão inteira. Muitas das gratificações dos gerentes foram condicionadas ao sucesso do projeto de SGE. Claro que alguns gerentes se mostraram menos envolvidos que outros, mas a virtude relativa ao SGE acabou sendo recompensada. "Era fácil ver que aqueles que apoiavam por apoiar ou porque essa era a opção politicamente correta acabavam não recebendo o mesmo nível de benefícios que os outros realmente empenhados no sucesso", comentou, mais tarde, o líder do projeto.[3]

Uma orientação a sólidos resultados

A mais importante lição individual é a necessidade de uma orientação a resultados e benefícios, seja qual for o seu conteúdo específico. Os resultados incluem benefícios como melhorias financeiras, melhorias de processos, redução de estoques, melhorias nos serviços para os clientes, ou a redução de defeitos em produtos ou serviços. Os resultados são definíveis em seu progresso e mensuráveis. Têm valor para a empresa ou para seus clientes.

Como é que se identifica a inexistência do foco em resultados? Trata-se de algo facilmente identificável nas empresas. Em primeiro lugar, seu único objetivo real parece concentrar-se em fazer o sistema funcionar, e mesmo isso pode não estar definido em prazos concretos ou em metas do projeto. Outro sintoma é notado quando as empresas justificam seu projeto de SGE à base de benefícios e custos documentados, mas todo mundo parece ter esquecido essa documentação toda quando o projeto já se arrasta há alguns anos. Em uma *workshop* envolvendo 12 empresas nas quais fora discutida a implementação de um SGE, os orçamentos e as justificativas anuais mais pareciam uma piada em metade dessas organizações.[4] A ausência de uma orientação a resultados também se faz notar em empresas nas quais é rotina abraçar critérios mais do que vagos para o sucesso: "Queremos que nossos processos tenham consistência em caráter global"; "Queremos informações melhores para nosso processo de decisão"; "Queremos aperfeiçoar o ambiente dos sistemas legados", etc.

Existe apenas uma orientação a benefícios aceitável que represente somente instalar um novo sistema e não concretizar a partir dele outros benefícios: é o caso em que uma organização precisa instalar um novo SGE sob pena de ser expulsa de um ramo de negócios. Esta lógica era mais comumente detectada em relação aos projetos relacionados ao *bug* do milênio. Talvez houvesse companhias destinadas realmente a serem expurgadas dos negócios no ano 2000 se não pudessem acertar seus sistemas. Contudo, é normalmente mais econômico ajustar sistemas existentes do que colocar em funcionamento um pacote de SGE inteiramente novo; o custo adicional de um SGE só se justifica quando o sistema comprovadamente representar melhorias na capacidade de uma empresa.

Se a instalação do sistema for condição indispensável para que uma empresa possa continuar no negócio, essa instalação deve passar do *status* de urgência para o de obsessão. Precisa ser concretizada com a maior rapidez e ao menor custo possíveis. Todos na organização devem ser informados de que colocar o sistema em funcionamento e adaptar-se às suas exigências passam a constituir o objetivo número um de todos; nenhuma dissensão ou discussão serão permitidas quanto a eventuais modificações do sistema ou à preservação de velhas maneiras de fazer negócios.

Para a maioria das organizações, contudo, o sistema não é necessário para que permaneçam vivas e presentes na sua atividade, e por isso a ênfase deve ser dada à consecução de resultados palpáveis. Tais resultados precisam ser definidos com antecipação por dirigentes que entendam o que se pode extrair de um SGE e do que a empresa necessita. Eles podem precisar de considerável estudo e treinamento no primeiro elenco de questões, por exemplo, o que se pode extrair de um SGE em termos dos melhores processos que ele apóia ou do melhor desempenho financeiro que ele possibilita. Esses dirigentes precisam tratar da decisão sobre instalar um SGE como se tratassem de qualquer outro grande investimento: ele precisa cumprir metas, ser examinado regularmente em reuniões da administração e passar a ser uma parte essencial dos planos de avaliação e compensações.

Além do estudo, existem vários outros meios de articular os resultados de uma organização. Os administradores podem ordenar os fatores críticos de sucesso da empresa, ou seja, tudo aquilo que precisa ser feito com êxito para que a empresa possa ter sucesso. Isto orientará as atenções da administração para os processos fundamentais que a implementação de um SGE irá apoiar. Outra filosofia é começar externamente – pesquisar entre os clientes ou analisar os competidores com relação às necessidades de negócios que precisarão ser atendidas. Uma empresa poderia realizar um exercício de planejamento estratégico para articular objetivos de um projeto de SGE, desde que, nesse caso, concentrasse a maior parte das prioridades em planos operacionais em vez de em objetivos de crescimento financeiros ou empresariais, uma vez que esses últimos podem ter uma adaptação complexa às implicações relativas a um SGE.

A responsabilidade da consecução desses resultados deveria caber a cada executivo sênior – de outra forma, a natureza difusa e multifuncional das mudanças de negócios engendradas por um SGE não seria bem administrada. Mesmo assim, o mérito pela consecução dos resultados não poderá ser efetivamente dividido entre todos os setores da organização. É preciso que algum executivo sênior sinta que sua carreira passou a depender do sucesso ou fracasso do SGE. Conforme os módulos ou a funcionalidade do SGE que se pretender instalar, o executivo certo será o diretor ou operações, o diretor de finanças ou, se a aplicação do sistema for adequadamente ampla, até mesmo o CEO da empresa. Na verdade, um levantamento realizado junto a 200 CEOs mostrou que eles são a função mais predisposta a patrocinar uma iniciativa de SGE, bem à frente dos diretores de finanças, de operações ou de informação.[5] É natural, porém, que cada um desses administradores entenda de maneira bem diferente o significado de "patrocinar".

Embora sempre deva existir um responsável único pelos benefícios, ele precisa contar permanentemente com o apoio incondicional da organização. Todos os participantes do negócio precisam entender que esse empreendimento de reengenharia orientado a sistemas é um dos mais importantes projetos dos nossos tempos. Todos deveriam entender que as mudanças precisarão ser concretizadas, não para o bem do próprio sistema, mas em benefício da melhoria do desempenho da organização e de um melhor ajustamento entre o sistema de informação e os demais setores da organização. Os resultados desse empreendimento deveriam ser divulgados não apenas entre os funcionários, mas igualmente entre o público externo com interesse direto no andamento da empresa, principalmente os acionistas e os analistas de mercados e de negócios.

Na Owens Corning, por exemplo, os resultados previstos para a implementação de um grande sistema SAP foram transformados em um pacote para consumo interno e externo, uma iniciativa batizada de "Advantage 2000". Os objetivos foram impressos nos cartões de visita de todos os funcionários, distribuídos entre analistas de Wall Street e com eles debatidos, e resumidos no relatório anual da companhia. O que se pretendia com tamanha publicidade e visibilidade dadas a esses resultados era exatamente manter a pressão sobre os gerentes da empresa para que conseguissem concretizar os objetivos para eles já determinados. E se o projeto não fosse relevante para o valor de ação da companhia, raciocinou o CEO Glen Hiner, nem deveria ser realizado. Portanto, um enorme esforço foi empreendido no sentido de convencer os acionistas da importância do projeto: as melhorias operacionais foram traduzidas em termos do que poderiam representar para os indicadores de desempenho financeiro da empresa.

Claro que em um projeto tão complexo quanto a implantação de um grande programa de SGE, mudanças de objetivos podem ocorrer ao longo do tempo. É correto alterar objetivos em meio à corrente à medida que a organização vai entendendo melhor seu próprio funcionamento e também o do sistema. O que não faz sentido é abandonar silenciosamente os objetivos e enterrar previsões mirabolantes anteriores sobre benefícios e sua relação com os custos. Um projeto de SGE é certamente uma viagem de descobrimentos; ninguém, não obstante, deve fingir que o viajante jamais chegou a escolher um porto seguro.

Uma visão clara de "Quem Somos"

Pelo fato de ser o SGE intimamente vinculado à estrutura organizacional e à função de uma empresa, torna-se de vital importância que as empresas tenham perfeitamente definido o que são e em que ponto estão antes de se lançarem a um projeto de gestão empresarial. São um conglomerado diversificado em que as unidades de negócios compartilham apenas informação financeira? Ou são um negócio integrado no qual as funções mostram-se fortemente entrelaçadas? Ou, se estão a meio caminho entre essas duas, exatamente onde se situam no espectro da integração e da coesão de seus negócios?

Em um seminário sobre a implementação de SGEs, nenhum dos administradores de 12 empresas participantes se atreveu a garantir que seus executivos tinham realmente uma visão clara de "quem eram" antes de começar seus projetos de SGE. Seis dessas 12 destacaram que a ausência de uma identidade corporativa clara já havia contribuído para o surgimento de problemas em seus projetos. Minha experiência no trabalho com outras empresas indica que este é exatamente um dos principais problemas em quase todas as organizações. Foi, por exemplo, um fator decisivo para o fracasso da implementação do SGE na Computadores Anônima: a empresa começou seu projeto com a convicção de ser, ela mesma, um negócio integrado globalmente, mas, na metade da implementação do projeto, a equipe de administração decidiu que a companhia era geograficamente autônoma.

Antes de começar a implementar um SGE, qualquer empresa precisa ter um bom domínio e entendimento do seguinte elenco de questões:

- Qual é atualmente a categoria em que se enquadra a nossa organização? Até que ponto está imersa na cultura nossa atual identidade, e qual seria o grau de dificuldade de uma mudança geral?

- Que tipo de organização pretendemos ser quando encerramos nosso projeto de SGE e as mudanças organizacionais a ele relacionadas?

- Que fatores do nosso mercado e do nosso ambiente de negócios nos impulsionam nessa direção? Que fatores poderiam retardar nossa movimentação?

- Qual seria exatamente a mudança necessária para podermos sair do ponto em que hoje nos encontramos e chegar exatamente ao nosso objetivo?

No Capítulo 4, detalharei algumas das mudanças fundamentais para a organização e a estrutura corporativas no que diz respeito aos SGEs. É importante deixar dito aqui, contudo, que as questões fundamentais relativas à organização envolvem até que ponto a comunidade – de informação, projeto e execução de processos e regras de negócios – existe e funciona ao longo da organização.

Se a organização é um conglomerado, o único elemento comum pode ser a utilização de dólares como moeda comum para a elaboração dos resultados financeiros. Um conglomerado europeu, por exemplo, instalou mais de 400 versões diferentes do mesmo SGE e não conseguiu consolidar sequer todas as informações financeiras sem uma pesada intervenção manual. No outro extremo, se a organização é uma empresa plenamente integrada, quase tudo precisará ser definido em conjunto para que seja possível coordenar operações ao longo de funções e unidades.

Algumas palavras sobre o processo para a determinação da identidade fazem-se indispensáveis. Embora a necessidade de saber o que você é enquanto organização pareça um ponto óbvio, o fato é que não existem, para a maioria das organizações, fóruns óbvios nos quais debater e discutir tudo isso. Uma questão de tamanha magnitude deveria ser discutida pela junta de diretores e o conjunto integral dos executivos seniores. A discussão não deveria ser em alto nível e sobre abstrações: alguém deveria colocar logo em debate um punhado de exemplos concretos sobre processos ou unidades de informação concretos. "O que representa, em termos de necessidades e perspectivas, o fato de ter uma lista mundial de clientes?": esse poderia ser um exemplo de uma questão adequada para semelhante debate.

Clareza estratégica

Na mesma categoria dos "pontos que precisam ser determinados com antecipação quando você pretende extrair valor de um ES" figura a noção da clareza estratégica – certeza sobre o negócio em que a companhia se encontra, como proporciona valor aos clientes e como se diferencia dos concorrentes no mercado. Discutiremos as implicações estratégicas dos SGEs no Capítulo 4. Aqui, o importante é destacar que as opções estratégicas precisam ser claramente definidas, sob pena de não serem levadas adiante por qualquer modalidade de SGE. Isto não é novidade: já faz alguns anos que as empresas vêm descobrindo, ao pensar sobre a estratégia da Tecnologia da Informação, que não dispunham de uma estratégia de negócios suficientemente clara na qual pudessem basear os aplicativos da TI. Os sistemas empresariais tão-somente aumentam as apostas, colocando-as em patamares sensivelmente maiores de custo e interdependência entre a tecnologia e o negócio.

Uma das maneiras mais simples de pensar este tema é saber se há ou não há clareza e concordância quanto à opção da empresa em *disciplina de valor*, ou objetivo estratégico primário. A organização se dedica mais à inovação em produtos, à excelência operacional ou à proximidade com o cliente? Afora o fato de que os SGEs podem facilitar algumas disciplinas de valor mais do que a outras (pelo menos até agora, nenhum vendedor de SGEs desenvolveu um alto grau de funcionalidade na categoria de inovação de produto), o mais importante é que existe um amplo acordo quanto à opção. Se o objetivo é a excelência operacional (uma boa comparação com um SGE na maioria dos casos), a empresa deveria trabalhar com afinco para definir, melhorar e mensurar os processos principais nos quais concorre, e buscar uma ajustada compatibilidade entre os processos de que necessita e aqueles aos quais o sistema dá suporte.

Se, por outro lado, a proximidade com o cliente constituir o objetivo principal, os processos nos quais a organização deve concentrar-se serão necessariamente aqueles que lidam diretamente com o cliente (*marketing*, vendas, serviços para os clientes), e o papel principal do SGE será funcionar como repositório de dados do cliente. Na origem da história dos pacotes empresariais, as capacidades para atividades de linha de frente envolvidas no desenvolvimento de um bom relacionamento com os clientes eram sobremaneira escassas. Agora, porém, vários vendedores de SGEs se dedicam totalmente a aplicativos sobre força de vendas, serviços e análises de *marketing*. Outra capacidade comum dos SGEs, a gestão de pedidos, foi sempre relevante para o objetivo da proximidade com o cliente.

A idéia das disciplinas de valor é apenas um exemplo de um conceito estratégico ao qual a organização pode dedicar-se. Seria igualmente de grande utilidade analisar quais os aspectos da cadeia de valores de uma organização mais seriam afetados por um SGE, ou sobre como o SGE poderia afetar o modelo das "forças competitivas" de Porter para o negócio. Com relação ao aspecto externo, a empresa operará diretamente no mercado ou preferirá trabalhar com distribuidores? Esta é atualmente uma grande questão no âmbito do mercado dos computadores pessoais, no qual empresas como a Hewlett-Packard, a IBM e a Compact (todas as quais se dedicaram a instalar SGEs) estão indecisas a respeito de ficar ou não ficar com o canal de vendas em decorrência de concorrência direta de fabricantes como a Dell. Poderia ser uma boa estratégia para elas questionar a viabilidade do canal, mas, se fizerem uma mudança, isto indubitavelmente significará percalços com os seus projetos de SGE. Mais uma vez, o ponto fundamental para este capítulo é a clareza, o que significa que a questão da estratégia precisa ser esgotada pelos executivos seniores, que algum consenso a respeito deve ser alcançado, e que, quaisquer que sejam as conclusões a que assim se tiver chegado, elas precisam ser amplamente difundidas e explicadas no âmbito da corporação. *

---

* N. de T. Em setembro de 2001, a Hewlett-Packard e a Compaq anunciaram sua fusão, para criar um conglomerado avaliado em US$ 87 bilhões que, na área dos computadores, ficaria atrás somente da IBM.

Constância de propósitos

Para que uma organização possa vir a extrair benefícios de seu projeto de SGE, é fundamental que tenha uma constância de propósitos a longo prazo. Esta é uma virtude não muito conhecida e muito menos celebrada atualmente. Nosso sistema de abastecer com capital as companhias de propriedade de acionistas força-as a adotar um foco de curto prazo, e nada parece ser constante ou inviolável. E um SGE exige que uma organização adote uma visão a longo prazo – uma década ou mais, para começar – de suas necessidades de informação e seus desejos relativos à maneira de comandar os negócios. Sabe-se que não gera bons resultados, por exemplo, para uma organização (como a Computadores Anônima) decidir em meio ao projeto que vai passar a dar maior autonomia às unidades de negócios. Nem é o movimento mais inspirado quando uma companhia como a Euroil escolhe um sócio para uma fusão cinco anos depois de instalar um sistema, especialmente um sócio que não gosta desse sistema.

Como a clareza estratégica, a constância de propósitos sempre foi uma virtude do ponto de vista dos sistemas de informação. Durante décadas, os especialistas de TI falaram sempre de jogar "concreto Cobol" sobre o método existente de negócios, e nunca é fácil mudar depois que um sistema foi implementado. Mas os SGEs são uma ordem de magnitude mais complexos que os sistemas do passado e muito raramente alguma empresa gastou com sistemas do passado os montantes de tempo e dinheiro que caracterizam os atuais projetos de SGEs. É hoje mais importante do que jamais foi no passado (e talvez também mais difícil do que nunca) dispor de uma base estável sobre a qual seja possível erigir uma plataforma de informação empresarial.

A constância de propósitos é um aspecto muito visível da cultura de uma organização. É muito fácil, por isso mesmo, diagnosticar se ela realmente existe. Quantas grandes reorganizações a empresa empreendeu nos últimos cinco anos? Se houve mais de uma ou duas, a constância de propósitos pode ter sido a vítima. Houve mudança no negócio básico da empresa na última década? Fusões ou aquisições foram realizadas com freqüência? Se a resposta a essas perguntas for "sim", não se trata necessariamente de algo desfavorável para a empresa, embora possa ser prejudicial ao projeto de SGE, pelo menos se se tratar de um projeto destinado a dar suporte à organização inteira. Uma filosofia de enfrentar a mudança rápida na estrutura corporativa é implementar um SGEs não no nível corporativo, mas, no lugar, ao nível da unidade individual de negócios. Contudo, essa estratégia só proporciona constância quando se tem total confiança em que a atual estrutura de unidade de negócios persistirá por um longo período – uma suposição que não encontra sustentação em inúmeras empresas.

Se a sua empresa possui uma constância de propósitos relativamente frágil e você, seja lá por que motivo, sente que mesmo assim um SGE é indispensável, tenha cuidado quanto à maneira pela qual irá instalá-lo. Se, por exemplo, unidades de negócios são freqüentemente adquiridas e têm seus propósitos alterados, será aconselhável instalar versões múltiplas e relativamente independentes do SGE cada uma na sua respectiva unidade de negócios. Se as equipes de gerência mudam freqüentemente, será melhor conquistar aquele tipo de apoio generalizado, para que, se um ou dois gerentes decidirem deixar a empresa, você possa continuar contando com o apoio dos demais. Se a sua companhia pretende adquirir muitas outras empresas, seria aconselhável discutir com a equipe de administração a idéia de fazer com que cada empresa adquirida seja prontamente convertida e adaptada ao tipo de SGE de que você dispõe.

Em resumo, as empresas precisam reconhecer que os requisitos para a implementação de um SGE estão freqüentemente em desacordo com o ambiente contemporâneo de negócios. Um SGE precisa de estabilidade, enquanto que o ambiente contemporâneo de negócios encontra-se em constante fluxo. Se a sua empresa ou setor for um daqueles especialmente assolados por mudanças, o que você deverá fazer, em primeiro lugar, será evitar qualquer projeto de SGE complexo e de longa duração.

Naturalmente que é difícil prever com antecipação o nível que uma mudança vai atingir. Às vezes a estrutura organizacional inteira pode mudar em meio à instalação de um projeto de SGE. Na Perkin-Elmer Analytical Instruments (AI), por exemplo, os administradores começaram a implementar um SAP com a idéia de que seu sistema seria em grande parte comum com o de outra grande divisão da mesma empresa, a Applied Biosystems (AB). Todo o processo foi trabalhado na suposição de que a AI compartilharia informações e processos com a AB. E, no entanto, poucos meses antes da data em que o sistema deveria começar a funcionar a pleno, os administradores da AI foram informados de que precisariam fazer uma implementação inteiramente em separado. Uma unidade de negócios menor deveria ser considerada parte da AI, mas na última hora foi transferida para a AB. O motivo de toda essa mudança estrutural é que a AI estava para ser vendida a outra empresa, a EG&G Inc. (que recentemente adotou o nome Perkin-Elmer).

Dada a estreita compatibilidade exigida entre a estrutura organizacional e o sistema SAP, torna-se por demais difícil configurar essa compatibilidade quando um dos alvos está em constante mudança. O preço pago na AI – e provavelmente em qualquer empresa com tantas mudanças em andamento ao mesmo tempo – é que a empresa precisou adotar modelos amplamente genéricos de processos e depois adaptar seus processos ao sistema, em lugar de proceder da maneira adequada, que é exatamente o contrário dessa já descrita. Contudo, na AI os administradores conseguiram colocar o sistema para funcionar, o que não deixou de ser, dadas as circunstâncias em constante mudança, um grande feito.

Táticas para a concretização do benefício

Além dessas questões estratégicas existentes no processo de obtenção de benefícios de um SGE, existem paralelamente diversas diretrizes táticas, menos vultosas, que as organizações podem adotar para aumentar a probabilidade de concretização do valor de negócio. A maioria dessas diretrizes já foi adotada por no mínimo uma organização. Na relação a seguir estão descritas essas orientações, junto com um exemplo concreto, sempre que possível.

- **Não considere o funcionamento como o objetivo maior ou a concretização do projeto.** Inúmeras organizações com projetos de SGE tendem a considerar a data da "virada" (aquela em que o sistema é dado como apto para realizar operações básicas de negócios) como o objetivo principal; há inclusive aquelas que consideram essa data o fim do projeto de gestão empresarial. Isto seria o indicativo de uma típica visão técnica, e não de negócios. O projeto só se encerra realmente quando concretiza os benefícios para os quais foi destinado. Pode ocorrer que alguns dos benefícios orientados a relatório de um SGE só se concretizem realmente vários anos depois da instalação do sistema. Na Dow Chemical, por exemplo, muito tempo depois do dia da "virada", a equipe SAP continuava trabalhando para integrar os dados SAP com sistemas de relatórios de desempenho e no desenvolvimento de medidas de valor do acionista e do negócio que pudessem ser produzidas automaticamente pelo sistema.

- **Deduza as reduções de gastos relacionadas com o SGE dos orçamentos.** É fácil relatar economias de gastos e outros benefícios nas justificativas financeiras de um projeto de SGE, mas muitas vezes esses benefícios não se concretizarão se não houver margem para eles. As organizações de contabilidade e de finanças corporativas deveriam simplesmente deduzir tais economias – sejam monetárias ou baseadas em números – dos orçamentos operacionais de unidades e funções. Esses grupos não terão outra saída a não ser implementar as planejadas mudanças e economias. A Monsanto, por exemplo, concentrou-se especialmente na redução do pessoal financeiro das fábricas quando da implementação de um SGE centralizado. Muitos contabilistas de fábricas e outras posições da contabilidade foram eliminados no papel, sendo, no momento apropriado, eliminados dos orçamentos das respectivas unidades. As fábricas ficaram sem outra opção a não ser eliminar as posições, a menos que contassem com meios de deslocar o pessoal atingido para outras posições que estivessem em aberto.

- **Providencie incentivos aos consultores para apressar a concretização dos benefícios.** Uma vez que os consultores são responsáveis por uma boa fatia da implementação da maioria dos projetos de SGEs, é uma boa idéia motivá-los a apressar a concretização dos benefícios para os negócios. Quando os alvos de desempenho do processo atingem, por exemplo, um determinado nível, os consultores podem receber uma gratificação. Isto os obriga a levar em consideração não apenas o lado técnico da implementação, mas igualmente os componentes humanos e o contexto predominante de negócios do trabalho. Na Farmland, uma cooperativa agrícola com faturamento anual de US$ 10 bi lhões, tanto os integrantes da equipe do projeto quanto os consultores externos são motivados por um plano de gratificações e de incentivos baseado na concretização de metas estabelecidas em um escore do projeto. Ele mede não apenas os custos e a oportunidade do projeto, mas igualmente a concretização de objetivos de negócios como o desenvolvimento de uma filosofia de compartilhamento de serviços nos procedimentos administrativos.[6]

- **Não implemente o *software* quando não houver perspectiva de altos benefícios.** Dadas as características altamente abrangentes dos SGEs contemporâneos, cresce a tendência de instalá-los em todas as áreas do negócio nas quais se adaptem e produzam resultados. Embora existam realmente benefícios a partir de um alto nível de integração, nem todos os domínios de um negócio irão se beneficiar igualmente da automação proporcionada pelo SGE. A filosofia mais lucrativa é a que trata de implementar SGEs nas áreas mais compensadoras em termos estratégicos e financeiros, e que deixa as outras para mais tarde, ou nunca. Na Owens Corning, por exemplo, o projeto de SGE era inicialmente muito amplo, envolvendo a maior parte das grandes funções de negócios. Mas, quando a empresa passou a enfrentar problemas com seu desempenho financeiro, os administradores concluíram que algumas das funções já contavam com um suporte de informação adequado, e que outras poderiam ser encaminhadas com menores custos e complexidade por meio de pacotes individuais. O projeto de SGE foi reservado para aquelas áreas do negócio nas quais a sua aplicação resultaria em benefícios realmente significativos.

- **Faça todas as avaliações possíveis antes de iniciar o projeto.** Como descrevo em maiores detalhes no Capítulo 5, atualmente as empresas se mostram menos inclinadas a participar de um grande teste só para entender os processos de negócios antes de modificá-los com um SGE. Todavia, continua sendo importante avaliar os processos existentes antes de um processo de SGE para que qualquer melhoria possa ser detectada. Não tem sentido avaliar todos os processos, apenas aqueles que são objetivos fundamentais para as melhorias decorrentes do projeto de gestão empresarial.

- **Não faça *upgrade* apenas por motivos técnicos.** Os vendedores de sistemas de gestão empresarial oferecem constantemente *upgrades* para os seus pacotes. Em alguns casos, eles realmente proporcionam nova funcionalidade aos negócios; em outros, porém, as melhorias são puramente técnicas. A decisão sobre optar ou não pelo *upgrade* deveria, como outros aspectos do projeto, basear-se em benefícios de negócios. Na maioria dos casos, não haverá benefícios de negócios suficientes para justificar cada novo *upgrade*. Mesmo no caso de um considerável *upgrade* técnico – da versão *mainframe* do *software* para uma versão cliente/servidor, para citar apenas um exemplo – pode ser melhor retardar esse *upgrade* por todo o tempo que for possível. Na Dow Chemical, por exemplo, uma das primeiras empresas a adotar a versão *mainframe* (R/2) do SAP, os administradores resistem à tendência de fazer um *upgrade* para a versão cliente/servidor simplesmente porque as despesas são muito altas e eles não conseguem divisar benefícios reais para o negócio a partir da simples efetivação dessa melhoria. Eles provavelmente chegarão a um ponto em que serão forçado a admitir a mudança em função de políticas de suporte do vendedor, mas, mesmo assim, estão adiando essa alteração por todo o tempo possível.

Sei que existem outras táticas possíveis para a consolidação de benefícios. C importante é considerar o projeto sempre em termos de negócio e verificar constantemente se existem maneiras melhores de atingir esses benefícios enquanto projeto está em andamento. As questões estratégicas e táticas interagem; é muito mais fácil, por exemplo, implementar apenas domínios de negócios de alto valor e avaliar os números básicos quando se tem uma estratégia muito clara de negócios e objetivos igualmente claros em relação ao objetivo no qual será focada força de um SGE.

Nada daquilo que há neste capítulo constitui um rompimento radical com que se presumia, no passado, serem as melhores práticas. Acadêmicos e consultores afirmam durante anos que os projetos de TI devem ser tratados como projeto de negócios, com uma filosofia concomitante de administração empresarial. Algumas empresas seguiram este conselho – não muitas, na verdade. O fato de inúmeras corporações terem literalmente gastado trilhões de dólares em projetos d TI com escassos benefícios aparentes em finanças ou em produtividade indic que a concretização de benefícios ainda não é suficientemente posta em prática Com a extensão e a complexidade das iniciativas de SGE, torna-se especialmente importante agir em conjunto tendo sempre este objetivo em mente.

CAPÍTULO 3

Vale a pena implementar um sistema de gestão empresarial na minha empresa?*

Apesar de todas as aparências indicarem que não existe, hoje, empresa que não esteja instalando algum tipo de SGE, fazer o mesmo não deve ser considerado inevitável. Você, por exemplo, pode estar entre os que se assustam com as proporções, a complexidade e os custos destas coisas. Quem sabe, até, tenha tomado conhecimento de casos de empresas que fracassaram nesse empreendimento. Ou, pior ainda, talvez não se considere em condições de tomar uma decisão bem fundamentada a respeito.

Se for este o caso, você veio ao lugar certo. Neste capítulo, descrevo todos os fatores que é preciso levar em conta antes de tomar a decisão quanto a instalar, ou não, um SGE, e apresento casos de empresas que decidiram a favor ou contra a implementação de sistemas semelhantes (admito que tem sido bem mais fácil encontrar decisões favoráveis). Se existe alguma coisa que posso dar por certa é que não estou tentando-lhe vender uma idéia fixa. Os SGEs não servem para todas as organizações, nem mesmo para todos os setores de uma organização. A chave, naturalmente, é pensar e repensar a respeito de como um sistema desses se enquadra no seu negócio e das respectivas necessidades em matéria de informação.

Talvez você já tenha tomado a decisão de implementar um SGE; quem sabe esteja até mesmo em uma etapa adiantada da implementação. Espere um pouco – não vá pular para o próximo capítulo só por este motivo. É provável que você

---

* Na preparação deste capítulo, foi valiosa a colaboração de Susan Cantrell, estudante da Boston University que reuniu materiais e idéias para o capítulo e entrevistou gerentes da Reebok e da Nike.

tire algum proveito deste capítulo, em especial das seções referentes aos benefícios. Saber especificamente quais os tipos de benefícios realizáveis em projetos de SGE pode ajudar a concretizar algum valor de negócio resultante do processo ou até mesmo da sua pós-implementação. Tenho certeza de que você é um ótimo administrador, mas acontece que até mesmo ótimos administradores podem deixar passar inadvertidas algumas fontes viáveis de benefícios.

Embora este livro se oriente basicamente a negócios, e não a questões técnicas, sempre estarei levando em conta os aspectos técnicos e os de negócios em tudo o que se relacionar à decisão de instalar ou não um SGE. A verdade é que muitas organizações tomam decisões baseadas pelo menos parcialmente em razões técnicas. As questões não se tornam especialmente difíceis ou complicadas do ponto de vista técnico, e por isso um leitor orientado a negócios certamente não encontrará dificuldades para entendê-las. No decorrer do capítulo, descrevo o processo de decisão de diversas empresas, entre as quais algumas das mais famosas produtoras de roupas e calçados esportivos (tênis), com o objetivo exclusivo de possibilitar comparações entre companhias que disputam fatias expressivas de um mesmo setor industrial.

Este capítulo aborda igualmente o tema de como escolher entre um dos vários vendedores de SGEs. Aceite apenas este conselho: se escolher o SGE é uma decisão que você já tomou, não perca tempo com esta seção — a menos que goste de sofrer e faça questão de conferir se tomou realmente o caminho certo ou acabou cometendo alguns erros!

Pré-requisitos do SGE

Antes mesmo de decidir que um SGE é realmente a melhor escolha para a sua empresa e de começar a planejar uma implementação, você precisa contar com um amplo e diversificado conjunto de informações. São muitas as organizações que não estão capacitadas a tomar uma decisão relacionada a um SGE informatizado pelo simples fato de não se tratar de uma daquelas decisões que tomamos todos os dias. Às vezes, gastam-se vários meses apenas na tarefa de reunir toda a informação necessária ao embasamento da decisão. Se, ao final deste processo, optar pela não-instalação de um SGE, não lamente o tempo perdido: a maior parte das informações assim reunidas lhe será de utilidade para outros propósitos. Todo esse conjunto de informações é necessário para que seja possível tratar adequadamente das seguintes questões:

▷ Em que formatação estão os seus dados? Até que ponto são divergentes, ao longo da organização, os dados principais? Por exemplo, quantos significados do termo *cliente* você pode encontrar?

▷ Em que estágio se encontram, relativamente ao SGE, as qualificações do seu atual grupo de funcionários? São eles capazes de formatar novos processos configurar novos sistemas, adaptar-se a novos métodos de trabalho, e de administrar um alto índice de mudança organizacional a longo prazo? Entendem o funcionamento de pacotes específicos de SGE? Quantos são os profissionais "classe A" à sua disposição para trabalhar em um projeto de SGE?

- Quais as condições da sua infra-estrutura tecnológica? Os seus atuais servidores, os sistemas de *desktop* e as redes poderão dar suporte a um novo aplicativo de grandes proporções?

- Quais as principais estratégias do seu negócio, tanto no nível corporativo quanto para unidades de negócios, regiões geográficas, produtos, etc.? Se você não consegue articular essas estratégias, certamente não poderá sustentá-las com um novo sistema de informação.

- Quanto a sua empresa estaria disposta e em condições de gastar em um novo SGE? Até que ponto um investimento de grandes proporções afetaria a sua planilha de equilíbrio financeiro?

- Qual é, de modo geral, o sentimento da maioria dos executivos em relação aos conceitos de um SGE? Eles entendem a natureza e o objetivo desses sistemas, e concordam com a necessidade de um conjunto principal de aplicativos mais integrados, comuns e funcionais? Quais são os comentários deles sobre a mudança em perspectiva, tanto em público quanto privadamente? Mesmo não gostando da idéia agora, poderão algum dia passar a promovê-la?

- Você consegue imaginar mudanças organizacionais, questões ou problemas que, ao longo dos anos, venham a transformar um grande projeto de SGE em uma má idéia?

Conhecer as respostas a estas questões pendentes será extremamente útil não só na decisão como também na implementação de um SGE. Providencie para que, quando você abordá-las, exista alguém encarregado de registrar as respostas e os comentários, a fim de que sejam de fácil acesso no futuro. A Monsanto, por exemplo, articulou sua estratégia básica para os processos de dados/tecnologia, finanças, ordens de cobrança, compras e produção em um documento resumido e enxuto antes de dar início ao seu projeto de SGE. O documento – batizado de "manifesto" do processo – estabeleceu, por exemplo, que o Finance utilizaria um registro mundial de contabilidade, abastecido de dados diretamente da fonte, em tempo quase real, intocado pela administração local. O formato de decisões de múltiplas áreas que este documento concretizou conseguiu reduzir consideravelmente – sem chegar no entanto a eliminá-los por completo – os subseqüentes debates a respeito da implementação.

Quem toma a decisão?

Implementar ou não um SGE jamais deve ser uma decisão primariamente técnica. Ou seja, é uma decisão que não pode ficar exclusivamente a cargo de tecnólogos. O processo de decisão precisa envolver pesquisas de um grupo de executivos das áreas técnica e de negócios da empresa – normalmente um trabalho que pode levar alguns meses, a menos que exista algum fator indicando uma decisão mais do que óbvia. Ao final, devido ao elevado nível dos custos e das mudanças nos negócios que um projeto de SGE representa, a decisão final deve ser tomada pelo CEO e pela sua equipe de executivos seniores, envolvendo inclusive a junta de diretores.

Os tecnólogos podem mostrar aos especialistas em negócios como a tecnologia funciona e as implicações de determinadas escolhas tecnológicas. Aos especialistas em negócios cabe determinar ou articular para onde irá o negócio e quais são as necessidades que determinados processos de negócios representam. Em conjunto, eles podem determinar a maneira pela qual a tecnologia influenciará a consecução dos objetivos de negócios. Esse grupo fechado deve então apresentar suas conclusões à equipe de executivos seniores. A junta de diretores precisa ser igualmente consultada, não apenas devido aos altos custos do projeto, mas especialmente em função das mudanças que o negócio mais do que com certeza apresentará em decorrência do novo sistema. Depois de tomada, a decisão deve ser comunicada a toda a organização, de preferência em termos de negócios, e não técnicos.

Entretanto, ainda que a decisão de adotar um SGE caiba aos especialistas em negócios, os tecnólogos precisarão desempenhar um papel verdadeiramente ativo na decisão da *escolha* de um determinado SGE. Somente *experts* em sistemas conseguem avaliar se determinadas especificações técnicas estão realmente incluídas; somente especialistas em TI acostumados a lidar com vendedores de *software* podem aplicar a dose correta de ceticismo em relação às imensas qualidades que estes últimos certamente alardearão na tentativa de vender o seu pacote. Os especialistas em negócios devem estar igualmente presentes na equipe de seleção do pacote, para garantir a continuidade da ênfase nos objetivos e no valor dos negócios.

Tanto os especialistas em negócios quanto em tecnologia que tomam as decisões a respeito de um SGE precisam ter a habilidade de pensar para a frente. Como um gerente muito bem definiu a questão, é preciso sempre antecipar os próximos passos quando se pensa em SGE. Uma empresa precisa planejar suas necessidades com uma antecedência mínima de dois anos, jamais ficar pensando somente nas necessidades de hoje. Não vale a pena esperar que o desafio se atravesse no caminho para só então começar a pensar em um projeto de SGE adequado para resolvê-lo.

Os responsáveis pelas decisões também precisam estar atentos e preparados para saber o que *não deve* ser feito em um projeto de SGE. Limitar o escopo trabalho será um dos detalhes fundamentais para o sucesso de todo o projeto. Alguns gerentes me confessaram que chegar a um acordo sobre não implementar um determinado aspecto do sistema, ou para não tentar acrescentar-lhe uma funcionalidade extra, sempre constituiu uma de suas mais difíceis decisões.

Para que se tenha uma rápida visão geral de algumas das questões presentes no processo de decisão sobre um SGE, passarei a descrever um estudo de caso relacionado ao processo de tomada de decisão de muitas organizações.

Decidindo implementar um SGE: um estudo de caso

A EMC, fabricante de produtos de armazenamento de dados com grande reputação e líder de mercado, decidiu, em 1998, por um SGE. Descrita pela *Business Week* como "um dos casos mais quentes de crescimento dos anos de grande crescimento da década de 1990", a EMC a rigor não necessitaria implementar um SGE para consolidar o crescimento de seus negócios. Além disso, sequer figurava entre as prováveis "vítimas" do problema do *bug* do milênio. Sua opção pela adoção de um SGE constitui, pois, um caso típico de oportunidade e crescimento.

No verão norte-americano de 1998, organizou-se um "Centro de Desenvolvimento dos Processos de Negócios" (BPCD, *business process development center*), de caráter interno, para fazer uma análise completa dos sistemas de negócios da companhia. Os sistemas de informação da EMC haviam evoluído com o passar dos anos sem vinculação a uma estratégia determinada. A companhia tinha problemas localizados em pontos específicos com aplicativos específicos; em 1998, havia mais de 250 aplicativos diferentes em uso na empresa, 70 dos quais suprindo as principais necessidades de informação. O diagrama da complicada arquitetura dos aplicativos existentes era chamado de "mapa do espaguete" na EMC. O *software* central dos programa de gestão de produção da empresa, instalado e funcionando a contento, estava sendo desativado por seu fornecedor. Se não fosse o bastante, havia duas versões diferentes dele, uma para negócios nacionais, e outra para os internacionais, o que impunha reconfigurações que exigiam intenso trabalho a cada novo exercício financeiro.

Apesar dessas questões, os sistemas da EMC não estavam quebrados e davam conta das necessidades da empresa, e qualquer questão relativa ao problema do *bug* do milênio porventura remanescente já tivera a respectiva solução encaminhada. A decisão de adotar um novo SGE foi motivada pela imensa expansão planejada pelos líderes da empresa. Michael Ruettgers, o CEO da EMC, havia informado à companhia e ao mundo exterior que a empresa atingiria um faturamento bruto de US$ 10 bilhões em 2001, a partir de uma base de pouco menos de US$ 4 bilhões em 1998. Na opinião dele, a empresa precisaria de uma infra-estrutura de TI reforçada para sustentar esse crescimento projetado de mais de 100 por cento.

No final de 1998, o BPDC recomendou a adoção de um SGE. Aconselhou igualmente que a empresa tivesse um SGE global como espinha dorsal, e que quaisquer sistemas já instalados e altamente funcionais (por exemplo, seu sistema de recursos humanos PeopleSoft) ou ainda necessários para concretizar funcionalidades exclusivas da EMC, deveriam ser interconectados ao SGE. A companhia também necessitaria, na opinião do BPDC, de alguns aplicativos exclusivos para processos determinados.

O BPDC contratou então uma consultoria para analisar os pacotes disponíveis. Depois de mapeados todos os principais processos e comparados com as funcionalidades de cada um dos pacotes de SGE, elaborou-se uma lista de três sistemas compatíveis com as necessidades. A EMC contratou também outra consultoria para preparar um negócio envolvendo a implementação de um SGE. Essa consultoria entrevistou todos os chefes de departamentos e compilou assim as reduções de custos processo a processo decorrentes da implementação de um sistema de gestão empresarial. A redução total de custos que se programou para um período de cinco anos chegaria a US$ 300 milhões. Quando, porém, com toda pompa e circunstância, esse dado foi apresentado a Ruettgers, ele não lhe deu menor importância. O motivo? Uma economia de custos desse porte representaria apenas um por cento dos níveis de gastos da EMC em cinco anos.

Ruettgers sugeriu, então, que benefícios bem mais suculentos poderiam ser identificados e concretizados mediante a atribuição aos gerentes de cada uma das áreas a responsabilidade pela concretização das metas pretendidas e necessárias para se chegar ao faturamento pretendido para 2001. Pediu ao departamento financeiro que calculasse os fundos remanescentes após a dedução de uma determinada margem bruta dos US$ 10 bilhões que a EMC teria como rendimentos em 2001. O total seria dividido proporcionalmente entre os departamentos. Com cada um dos chefes de departamento sabendo o quanto poderia gastar em 2001, foram todos incentivados a determinar de que maneira deveriam utilizar o sistema SGE para concretizar, até essa data, processos mais eficazes e mais eficientes. A equipe de gerentes da EMC havia se mostrado, a princípio, resistente à idéia de um SGE, mas, depois de participar de uma reunião preparatória com toda a alta administração e a equipe encarregada das mudanças, no início de 1999, os níveis de entusiasmo com respeito ao novo sistema experimentaram um sensível acréscimo.

Os gerentes da EMC esperam, obviamente, grandes lucros em todos os níveis da companhia, mas existem algumas áreas em que essa expectativa é particularmente acentuada. A eficiência no processamento dos pedidos, por exemplo, é um objetivo-chave. A empresa sente igualmente a necessidade de aprender a cuidar das vendas globais para um determinado cliente. Alguns desses benefícios resultarão em serviços aprimorados para os clientes; outros proporcionarão uma concretização mais rápida da eficiência que as metas da EMC exigem.

A EMC estava, quando este livro estava em sua fase final de preparação, prestes a escolher um determinado pacote de SGE. Era a intenção da companhia instalar seu sistema ainda em 2001, aperfeiçoando-o no decorrer do ano. Para a implementação do *software* já havia sido formado um novo grupo, junto com novos processos e as indispensáveis mudanças organizacionais. O grupo responderia diretamente a Ruettgers, tendo o mesmo *status* que as quatro unidades de negócio da companhia. A empresa estava igualmente programando uma infra-estrutura organizacional capaz de se equiparar à nova infra-estrutura técnica.

Fatores técnicos e de negócios na avaliação de um sistema de gestão empresarial

Como fica claro na história da EMC, é impossível – ou, pelo menos, indesejável – tratar fatores técnicos e de negócios em uma avaliação de SGE em separado. Os fatores de negócios criam a necessidade da funcionalidade técnica; as limitações técnicas criam riscos de negócios. Assim sendo, passarei a estudar os dois conjuntos de fatores em paralelo, e se você não conseguir distinguir a qual deles estou me referindo em um determinado momento, poderemos até mesmo considerar este fato um bom sinal.

Custo *versus* benefício e o caso-piloto

A análise mais comum que as empresas fazem é a dos custos *versus* benefícios: a implementação destes sistemas custará mais do que os benefícios que eles proporcionarão? Trata-se de uma análise feita normalmente com foco no negócio. Este pode incluir fatores não-financeiros, como ocorreu com a EMC, mas, normalmente, as questões e os cálculos financeiros são os fatores principais de tudo que se coloca em jogo.

É uma boa idéia fazer algum tipo de avaliação do negócio. Mesmo não sendo a justificativa financeira um fator de primordial importância na sua organização (e chega a ser surpreendente o número de organizações que pensam dessa forma), fazer um estudo do negócio servirá para focalizar você e sua organização no valor de negócios que esperam obter a partir de um SGE e das mudanças a ele relacionadas. É neste estudo que você especifica os tipos de capacidades de processos, de capacidades competitivas ou financeiras com que a organização contará quando estiver implementado e em funcionamento o sistema. Se você pretende tomar decisões melhores e mais rápidas com dados de SGE, isso deverá estar incluído no caso. Se você espera que seus clientes passem a fazer mais pedidos pelo fato de poderem encaminhá-los pela Internet, trate de fazer seus próprios pedidos em uma única transação, e verifique quais os itens indisponíveis no estoque no momento do pedido, a fim de poder incluir essa informação (e acrescentar quantos pedidos mais espera receber) ao caso-piloto. É certamente muito mais fácil prever esses benefícios antecipados em uma simulação do impacto no negócio do que chegar a concretizá-los na realidade. Contudo, é menos provável que você venha a conseguir benefícios se não tiver planejado antecipadamente a sua consecução e informado ao mundo esta disponibilidade no caso-piloto.

Apesar de todo esse potencial de benefícios, são muitas as empresas que não fazem sequer um estudo de negócio formal. A percentagem das empresas que faz e que não faz tal avaliação parece variar de acordo com as amostragens. Quando a Andersen Consulting entrevistou cerca de 200 CEOs a respeito de questões pertinentes aos SGEs, 62% disseram que suas empresas haviam desenvolvido um estudo-piloto de negócio. Este levantamento revelou também os grandes benefícios decorrentes do fato de se fazer um caso. Nas empresas que haviam preparado um caso-piloto 85% dos CEOs disseram sentir-se confortáveis quanto ao seu entendimento do SGEs; em empresas sem qualquer estudo, apenas 44% dos CEOs sentiam-se da mesma forma. Os CEOs que não haviam insistido em um caso-piloto tinham também 50% a mais de inclinação a manifestar-se insatisfeitos com os resultados de negócios dos SGEs.[1] Um segundo levantamento com 62 empresas descobriu uma percentagem ainda maior de estudos de caso de negócio – 72 por cento.[2] Um pesquisador, no entanto, relatou índices substancialmente mais reduzidos de virtudes dos casos estudo-piloto. Descobriu que apenas um terço das empresas por ele pesquisadas e que estavam realizando um projeto de SGE tinham uma justificativa formal e que apenas 39% daqueles que haviam feito um estudo do caso sentiam que já haviam extraído valor de negócios quantificável do âmbito de seu SGE.[3]

Embora não seja incomum deixar este fato de lado, são poucas as razões válidas para não se fazer algum tipo de estudo-piloto. Contudo, é possível fazer um deles depois de já se ter chegado à decisão de implementar um SGE. Nesse caso o objetivo para o caso-piloto passa obviamente a ser, em vez de implementar um sistema, entender como será possível extrair o máximo benefício possível dessa implementação. Na verdade, se você está na implementação há alguns anos, ou mesmo se já a completou, continua podendo ser útil avaliar formalmente os benefícios dos negócios que você pode concretizar com um SGE.

O processo do estudo do negócio

Os estudos de negócio são tidos normalmente como algo que acontece antes da implementação e em uma única oportunidade. Erradas – ambas as suposições. Em primeiro lugar, uma vez sendo impossível prever como concretizar os benefícios ao longo do processo, o estudo-piloto de negócio deve ser continuamente modificado. Em segundo lugar, mesmo no estágio inicial de uma implementação, o processo de negócio deve ser um tanto iterativo. Inicialmente é preciso determinar as exigências básicas de negócios da organização no mais alto nível, sem se levar em conta qualquer sistema em particular. É nesse ponto que se torna possível comparar os benefícios previstos e/ou desejados com a estimativa de custos da implementação de um SGE "genérico". O objetivo, naturalmente, é decidir, a partir de uma perspectiva financeira, sobre a implementação, ou não, do SGE.

Não é muito freqüente que se decida, a essa altura, pela não-continuidade do projeto, mas existem empresas que assim o fizeram. Os executivos de uma companhia de produtos de consumo decidiram não implementar o SGE previsto em seu projeto de benefícios – inclusive um aplicativo já formatado de otimização da rede de suprimentos – porque a análise não se adequava aos padrões de lucros da empresa. A Tabela 3.1 relaciona alguns dos custos e benefícios potenciais que a companhia projetava em seu estudo ao longo de cinco anos.

Neste caso, embora os benefícios superassem os custos, a disponibilização dos custos precederia a realização dos benefícios, colocando em cena um cálculo do valor líquido atual. Levando-se em consideração o valor do dinheiro no tempo, os custos e benefícios seriam praticamente iguais, e assim o investimento não preenchia o critério da empresa em relação aos investimentos. Na minha opinião, foi tudo conseqüência do fato de a empresa ter sempre colocado em prática uma política cujo resultado maior foi um pesado déficit de investimentos em sis-

TABELA 3 – 1

ANÁLISE DE CUSTO *VERSUS* BENEFÍCIOS PARA UM SISTEMA DE GESTÃO EMPRESARIAL

Item	Valor
Benefícios	**(em milhões de dólares)**
Economias em aplicativos que precisariam ser implementados sem um SGE	7
Economias com a inexistência da necessidade de resolver o problema do *bug* do milênio em separado	1
Economia em investimentos de infra-estrutura que seriam necessários sem a implementação do SGE	5
Economias sobre custos de estoque	11
Economias em aquisições	7
Economias derivadas dos aperfeiçoamentos em previsões e planejamento operacional	5
Economias derivadas do aperfeiçoamento no planejamento da demanda	4
Economias anuais derivadas da melhoria na produtividade do serviço de atendimento ao cliente	2
Melhorias anuais da produtividade financeira	5
Economias passadas com a redução das contas a receber	0,3
Total dos benefícios	47,3
Custos	
Força de trabalho (interna e de consultorias)	22,7
Hardware (produção, desenvolvimento e *desktops*)	8
Software (SGE, formatação da cadeia de suprimentos, ferramentas semimanufaturadas)	7
Melhorias na infra-estrutura de comunicações	2
Total dos custos	39,7

temas de informação, do qual decorreu a necessidade de investir ainda mais pesa damente no presente para que se tornasse possível uma equiparação aos concor rentes. Com base em considerações inteiramente financeiras, no entanto, o pro jeto foi rejeitado.

Quando se toma uma decisão no sentido de seguir em frente com o projeto, fa sentido determinar o que os vendedores de SGEs têm para oferecer e começar um processo de seleção de pacotes. Assim, quando se chegar finalmente à escolha de um determinado pacote, será possível começar a reunir informações detalhada de custos a respeito do ambiente de *software* e *hardware* para o SGE. Muitas em presas também costumam escolher parceiros de implementação neste estágio do processo, o que representa, para consultorias e outros serviços relacionados a SGE, dividendos procedentes dos custos de informação.

A essa altura é possível desenvolver um detalhado estudo de caso de negócio Como acréscimo à mais completa e minuciosa informação de custo disponível neste estágio, identificar *softwares* e consultores específicos ajuda a dar maior ex posição ao componente de benefícios da equação. Outras empresas podem se visitadas para que sejam estudados os resultados que alcançaram. Relacionamen tos com consultorias podem ser estruturados parcialmente à base de recompen sas para determinadas melhorias financeiras ou de processos. Este é o ponto em que a totalidade dos custos e benefícios da informação pode ser reunida e anali sada, tomando-se então a decisão quanto à continuação do projeto.

A análise sobre quais custos e benefícios são concretizados deve ser efetuad no decorrer do projeto, e cada estágio do processo precisaria abranger decisões respeito de *como* e *se* continuar com o SGE. Esta não é, normalmente, uma pro posta do tipo tudo-ou-nada; com milhões de dólares já investidos, quase sempr fará sentido dar seguimento ao processo. Contudo, também poderá fazer sentid optar-se pela mudança do escopo ou escala do projeto com base no estudo de ne gócio em desenvolvimento. Já mencionei a decisão da Owens Corning de recua em alguns aspectos da implementação de um SGE. Com o projeto SAP em se quinto ano, a empresa descobriu alguns problemas relacionados ao desempenh financeiro. A direção contratou, então, consultores para levar a cabo uma revi são estratégica do seu projeto. Levando em consideração o tempo e o dinheiro j investidos na implementação e o progresso apresentado até ali, os executivos d Owens Corning reavaliaram a questão de até que ponto o SAP precisaria real mente ser implementado no conjunto da empresa. Determinadas subsidiárias, po exemplo, poderiam render substancialmente mais com pacotes menos dispendio sos e menos integrados. Os administradores chegaram à decisão de que seria pre ciso colher a primeira onda de benefícios dos setores da companhia em que a im plementação estava prevista para mais cedo, e, a partir da mesma argumentação retardaram ou cancelaram os planos de instalação do sistema sempre que os be nefícios previstos se mostraram marginais.

Uma maneira de consolidar o conceito da análise permanente é empregar fórmula das *opções reais* para financiar o trabalho do SGE. Estas opções reais sã similares à utilização de opções no mercado de ações. Em vez de financiar o projeto inteiro de uma só vez, compra-se uma opção para avaliar o investimento e seu risco durante um determinado prazo. As opções reais constituem uma abordagem do tipo ver-e-aprender quanto ao financiamento de investimentos: investe-se um pouco, aprende-se alguma coisa sobre o progresso concretizado (ou a ausência dele), depois se investe um pouco mais e se aprende igualmente mais um pouco. Como o investimento é feito em estágios, o risco de sofrer grandes prejuízos fica substancialmente reduzido.

A fórmula das opções reais está se tornando comum entre os setores cujas empresas trabalham com investimentos a longo prazo, alto risco e grande volume, como ocorre, por exemplo, com os projetos de desenvolvimento de novos medicamentos (a Merck foi uma das primeiras indústrias do setor a adotar esta estratégia) e em mineração. Infelizmente, a idéia está sendo aplicada a projetos de SGE por um número ainda reduzido de empresários, e é muito cedo para falar dos resultados. Assim, se você quiser saber de resultados concretos terá de ser um dos pioneiros na aplicação do conceito. [4]

Tipos de custos

Os custos dos sistemas de gestão empresarial enquadram-se em três grandes categorias: o *software*, o *hardware* e as pessoas. Como você já deve ter percebido, o mais caro dos três, com folga, é aquele que envolve pessoas. Mesmo assim, vou descrever os outros dois em primeiro lugar, só para afastá-los do nosso caminho.

Os custos com *software* incluem as licenças para a utilização do pacote do SGE, tarifas de manutenção e de assistência pagas aos fornecedores do *software*, e o custo dos aplicativos utilizados para suplementar a capacidade do pacote-base. Dependendo do fornecedor que escolher, você poderá pagar por usuários, pelo número de exemplares do *software* do servidor, ou pelo módulo (por exemplo, se você utilizar apenas o gerenciador de finanças e de estoque, pode ficar isento do pagamento do módulo de recursos humanos), ou então uma tarifa global pelo licenciamento de um *site* para toda a empresa. Grandes vendedores de SGEs têm estruturas estabelecidas de preços; os menores tendem a barganhar, mas o comprador sempre estará se arriscando a pagar caro, mais tarde, pela economia que dessa forma tiver feito na hora da compra.

Os custos com *hardware* envolvem normalmente tudo aquilo que é gasto na montagem de uma nova tecnologia da arquitetura cliente/servidor. É improvável que o comprador disponha de todo o *hardware* e toda a capacidade de rede necessários. Os servidores para pacotes de SGEs precisam ser consideravelmente pesados, e, por motivos de confiabilidade e segurança, você provavelmente exigirá que a sua máquina de SGE fique isolada. Você irá necessitar de um servidor de *backup* que possa ser igualmente usado para testes. Os maiores fornecedores de tecnologia cliente/servidor (Compaq, Hewlett-Packard, IBM e Sun, em ordem alfabética) têm larga experiência na definição das necessidades de seus clientes, e receberão sempre com satisfação tanto o seu telefonema (mesmo se for a cobrar) quanto o seu pedido.

Normalmente mais vultosos do que os custos com *hardware* e *software* são os de implementação, que irei definir como os custos para configurar o sistema à sua organização, fazer sua instalação na empresa e (o mais importante e igualmente mais caro) concretizar as mudanças procedimentais, organizacionais, comportamentais e estratégicas necessárias a fim de que um SGE possa constituir um investimento comercial realmente válido. Os custos de implementação são geralmente custos humanos. As pessoas participantes do processo procedem da própria organização ou, mais comumente, de uma empresa de consultoria. Inúmeras ornanizações contratam consultorias pelo fato de não contarem com as qualificações internas necessárias à implementação de um SGE, e na verdade por não contarem sequer com sobra de recursos a ser investida no aprendizado das novas habilidades.

Os custos de implementação variam enormemente, dependendo em especial do alcance da mudança empresarial que você planeja, mas normalmente representam 10 vezes o total dos outros custos do projeto. Naturalmente, se você não estiver pensando na reengenharia de processos, nem em mudar a maneira através da qual sua empresa é estruturada, em aperfeiçoar sua capacidade competitiva, ou em familiarizar as suas equipes com uma nova forma de trabalhar, provavelmente conseguirá fazer com que os custos da implementação sejam apenas o dobro do que custaram o *hardware* e o *software*. Mas aí você terá também de considerar esse gasto estritamente um custo, em vez de um investimento, porque é improvável que venha a tirar muito proveito dele no futuro.

Mesmo quando os custos são amplamente superados pelos benefícios, as empresas precisam analisar se realmente dispõem dos recursos financeiros necessários para um projeto de SGE. A menos que você esteja instalando um novo SGE porque seus sistemas atuais não garantirão, seja qual for o motivo, sua permanência no negócio, este não é um projeto a ser feito pelo menor custo. Certifique-se de que você pode bancar não apenas os custos com *hardware* e *software*, e os de instalação propriamente dita do sistema, mas também aqueles investimentos indispensáveis para fazer a real mudança do negócio. Os resultados não começarão a aparecer antes de:

▶ estar implementada alguma parte do sistema ERP;

▶ todos os atuais sistemas estarem desativados;

▶ todos os projetos de novos processos de negócios estarem implementados;

▶ todos os executivos estarem utilizando o sistema para planejar e administrar os recursos da organização;

▶ todos os processadores de transações estarem utilizando o sistema para efetuar os negócios da organização.[5]

Os custos absolutos de um SGE podem ser inegavelmente muito elevados, mas sempre existem maneiras diferentes de levar os custos em consideração. A Monsanto, por exemplo, definiu o indicador "custo por usuário". Os líderes do projeto descobriram que, quando medidos desta forma, os custos do sistema de gestão empresarial poderiam representar 25% dos custos dos sistemas tradicionais, de escopo restrito. Eles acreditam que essa comparação se sustenta tanto para a implementação inicial quanto para o suporte continuado.

Os custos de um SGE não são, contudo, apenas financeiros. Implementar um sistema e compatibilizar as decorrentes mudanças de negócios sempre será algo a exigir custos humanos substanciais. O projeto de SGE monopolizará as atenções de muitos dos seus mais qualificados recursos durante anos. Praticamente todas as pessoas na organização precisarão aprender a entender o impacto que o novo sistema e as mudanças a ele relacionadas exercerão sobre seus métodos de trabalho. Gerentes seniores estarão permanentemente ocupados na reconfiguração de inúmeros aspectos do negócio. Se você não possui folga organizacional suficiente – principalmente em termos de tempo e vontade – para se concentrar em um projeto de SGE, nem se atreva a iniciá-lo. E muito menos trate de se enganar pensando que poderá *instalar* o sistema agora e se lançar às mudanças de negócio mais tarde. Isto significa que, se a sua organização tem em planejamento considerável atividade relacionada a fusões e parcerias empresariais, uma grande jogada financeira, uma significativa expansão geográfica, muitos lançamentos de produtos novos, e assim por diante, você não poderá contar com a atenção administrativa indispensável ao enfrentamento eficiente de todas essas questões ao mesmo tempo em que trata de concretizar uma transformação comercial proporcionada por um sistema de gestão empresarial.

Você pode igualmente incluir os custos políticos de um SGE na avaliação geral. Por exemplo, os líderes da empresa estarão engajados na defesa do sistema? Eles não podem apoiar tudo o tempo todo, você sabe disso. Então, trate de se certificar de que o consentimento e a concordância dos executivos seniores – se você não for um deles – estão mais para fervura do que para água morna. É até possível instalar o sistema sem o apoio dos executivos seniores; o que não se consegue é transformar os negócios sem esse apoio.

Tipos de benefícios

São muitas, e variadas, as maneiras pelas quais uma organização pode beneficiar-se com SGEs. Cada fonte possível de economia ou benefício deve ser levada em conta pela organização para ser incluída em programas de justificação ou "gerência de benefícios". A seguir descrevemos alguns tipos de benefícios alternativos em uma lista que se baseia fortemente (embora seja um tanto diferente) em outra compilada pelo Gartner Group.[6] Os benefícios são agrupados em três categorias diferentes:

Economias a partir de novas abordagens do trabalho

▸ Economias obtidas a partir da automação de tarefas antes realizadas por seres humanos. Um exemplo é a automação das pesquisas de satisfação de clientes e funcionários.

▸ Economias obtidas a partir da racionalização dos dados; ou seja, não precisa mais equiparar e agregar definições e valores diferentes para a mesma unidade ou informação.

▸ Economias obtidas a partir da mudança dos processos. Descritos no Capítulo 5, esses benefícios constituem, na minha opinião, a parte central dos benefícios que justificam a instalação dos SGEs.

▸ Economias obtidas a partir de mudanças organizacionais. Um exemplo é a adoção de grupos de serviços compartilhados para a realização de tarefas administrativas comuns a várias unidades de negócios.

▸ Economias obtidas a partir de estoques e outros fatores de produção. Muitas são as empresas que descobrem que podem ficar mais enxutas com um SGE, a partir da eliminação de gorduras em estoques, força de trabalho, instalações e equipamentos.

Economias a partir do desmantelamento de sistemas legados

▸ Economia a partir da dispensa da necessidade de mudanças obrigatórias nos sistemas. As empresas que implementaram os SGEs não precisaram fazer adaptações decorrentes do *bug* do milênio, nem das conversões à moeda européia, etc.; muitas, na verdade, optaram por um SGE por esse motivo específico, embora, na minha opinião, ele, sozinho, não proporcionasse os benefícios necessários para justificar o custo da mudança.

▸ Economias a partir de *upgrades* nos sistemas legados e do suporte proporcionado pelos fornecedores. Embora os usuários de SGE também estejam expostos a esses gastos, eles bem podem ser compensados pelas economias decorrentes dos gastos que deixam de ser feitos em sistemas legados.

▸ Economias a partir do fato de não ser mais necessário construir sistemas inteiros quando os fornecedores implementam ou põem à venda novos módulos.

Benefícios a partir da melhoria dos rendimentos

- Aperfeiçoamento dos serviços aos clientes. Melhores interfaces de pedidos com os clientes; melhoria das informações sobre disponibilidade, preços e margens de lucros; disponibilização de serviços aperfeiçoados ao cliente pode conduzir a significativos aumentos em matéria de receitas e lucratividade.

- Facilidade de expansão e crescimento. A implementação de um SGE pode facilitar os processos decorrentes do aumento do número de clientes, empresas compradas ou em processo de fusão, ou da reorganização para melhor se adaptar aos mercados de uma empresa.

- Decisões melhores. Embora seja um benefício de impossível quantificação, o SGE certamente proporciona procedimentos melhores de decisão e administração, como se descreve no Capítulo 7.

Os sistemas existentes e as futuras necessidades de negócio

Uma das análises mais importantes que qualquer empresa deve realizar antes de decidir por um novo SGE diz respeito à avaliação entre a capacidade dos sistemas existentes e as necessidades futuras de negócios. São, ambos, conceitos extremamente volúveis. Fazer previsões é sempre difícil, particularmente quando isto envolve o futuro – parafraseando Yogi Berra. Há inúmeras razões para se livrar de sistemas existentes, entre as quais se inclui o seguinte:

- Não-cumprimento das exigências decorrentes da passagem para o ano 2000 (se você superou essa etapa, claro que esse fator não tem mais importância para a sua empresa);

- Informação redundante ou inconsistente;

- Inexistência de integração;

- Não-cumprimento de todas as necessidades de suporte às decisões;

- Não ser de fácil utilização;

- Ter elevados custos de manutenção;

- Ter deixado de ser uma tecnologia atualizada;

- Representar duplicação de sistemas;

- Necessidade extrema de se adaptar ao modelo servidor/cliente;

- Sistemas adaptados e acoplados a partir de compras, crescimento, acréscimos etc.;

- Sistemas que já esgotaram o prazo de manutenção garantido pelos fornecedores;

- Sistemas que chegaram ao fim do seu ciclo de vida útil.

Praticamente todos os sistemas padecem de um ou mais dos problemas acima citados, mas não é isto, isoladamente, que deve alavancar automaticamente a opção por um sistema de gestão empresarial. A chave é pensar seriamente sobre todos os problemas que esses itens representam, e sobre a melhor maneira de consertá-los. Como se compara o custo do *upgrade* de sistemas existentes com aqueles decorrentes da instalação de um SGE? Se você está enfrentando todos esses problemas, claro que a implementação de um SGE é mais do que indicada. Você poderá estar enfrentando um momento crítico em matéria de sistemas, mas, pelo menos, a decisão quanto ao futuro fica facilitada.

Alguns estudos de casos de justificativas tecnológicas para projetos de SGE podem servir de ajuda. A Cisco, renomada fabricante de equipamentos de telecomunicações e para Internet, via seu crescimento como a principal incompatibilidade com os sistemas de que dispunha.[7] O crescimento acelerado e contínuo da empresa (por exemplo, a quintuplicação de receita prevista para três anos) não poderia mais ser sustentado por seu sistema de processamento de transações, típico de empresas com receitas medidas em centenas de milhões, e não em bilhões. Os próprios fornecedores da Cisco admitiam sua incapacidade de suprir as necessidades da empresa. Os sistemas da Cisco não proporcionavam o grau de redundância, confiabilidade e facilidade de manutenção necessário para dar suporte mesmo ao seu atual ambiente de negócios. A Cisco não conseguia mais fazer mudanças nos aplicativos que suprissem as necessidades do negócio. O sistema estava por demais reformado e customizado, necessitando incessantemente de novos remendos. Os executivos da Cisco anteciparam com grande acerto que a empresa viria no fim a negociar com seus clientes pela Internet, o que constituía um ponto adicional em desfavor do sistema existente, que não proporcionava aos clientes a possibilidade de encaminhar pedidos e acompanhar, posteriormente, todas as etapas de sua concretização e entrega.

Devido à imperiosa natureza das necessidades de negócios da Cisco e à clara insuficiência dos sistemas existentes, a companhia nem teve a necessidade de desenvolver um alentado estudo-piloto de negócio. A Cisco deparou-se com problemas substanciais por ocasião do início das operações do seu SGE (detalhado no Capítulo 6), algo que poderia ter sido evitado, tivessem os responsáveis prestado maior atenção às questões inerentes à mudança do rumo de negócios. Contudo, a combinação de um SGE na Cisco com a transferência das operações d atacado da empresa para o ambiente de rede no final acabou se traduzindo em consideráveis benefícios comerciais.

Na Chevron, uma das maiores companhias do setor petrolífero, a racionalidade da mudança derivava-se tanto do número de sistemas que utilizava quanto do pobre desempenho deles.[8] A Chevron tinha uma coleção de mais de 200 sistemas desenvolvidos internamente em *mainframe* – isto só na área financeira. O maior desses programas, um banco de dados de contabilidade e relatoria, havia sido escrito na década de 1960 e mais tarde convertido para a nova e excitante linguagem de negócios computadorizada, o COBOL. O código do programa passou por incontáveis modificações e atualizações ao longo das décadas seguintes e, em meados da década de 1980, continha cerca de três milhões de linhas (para vocês, não-técnicos, isso é certamente um número excessivo de linhas). O sistema principal tinha inúmeras interfaces com sistemas menores, todos eles de difícil manutenção e modificação. A extração de dados para análise e apoio a decisões era difícil e exigia linguagens de programas especializados. Os dados ficavam assim restritos a um punhado de *experts* em TI. A Chevron chegou a realizar um estudo de negócio formal, mas, em decorrência de todas essas dificuldades dos sistemas, o provável resultado podia ser adivinhado desde o princípio.

Uma palavra de advertência pode ser útil aqui. Descrevi, anteriormente, o caso da Computadores Anônima como exemplo de fracasso na implementação de um SGE. A Anônima, porém, não foi à falência nem se retirou do negócio – na verdade, é uma empresa que vai muito bem, obrigado. Como a Cisco e a Chevron, a Anônima justificou seu projeto de SGE no fato de que seus sistemas existentes (existentes em 1996, vejam só) não tinham capacidade de dar suporte ao seu crescimento. Já nessa época a empresa enfrentava problemas com necessidades básicas do tipo emitir números e componentes de novos produtos, manter o acompanhamento de informações de clientes dos mais variados perfis, e configurar produtos complexos. Quando as vendas com base na Web tiveram um grande impulso na Anônima, a empresa precisou transferir manualmente os pedidos recebidos pela Web para os seus sistemas; quando conseguiu, enfim, desenvolver um *link* automatizado, não foi nenhum *link* excepcional. Mesmo assim, a empresa continuou a crescer e a prosperar com base em sistemas supostamente antiquados e superados.

Atualmente, a Anônima está instalando um novo conjunto de sistemas que empregam tecnologia de decodificação de mensagens que se encarrega de separar as informações nelas contidas por um conjunto de sistemas do tipo *best-of-breed*. A equipe técnica da empresa ainda entende que os sistemas existentes não têm capacidade de dar suporte a todo o crescimento desejado. Eles argumentam até mesmo que o crescimento da companhia torna proibitivo que se trabalhe com apenas um fornecedor de SGE. Se eu fosse o CEO da Anônima, suspeitaria desse argumento. E se você é um executivo sênior avaliando um estudo-piloto de negócio de SGE, é melhor que tenha sempre cuidado para confirmar os argumentos no sentido de que os sistemas existentes ou as arquiteturas correntes de TI não terão condições de dar suporte ao crescimento de sua empresa.

Informação com qualidade e visibilidade

Uma deficiência comprovada dos atuais sistemas de informação é a que diz respeito à sua incapacidade de fornecer com facilidade informações sólidas e transparentes sobre processos de negócios e o desempenho organizacional em geral. Mesmo que os atuais sistemas sejam capazes de realizar transações básicas de negócios, não é com facilidade que reúnem informações para a análise do negócio e para o processo de decisões que ela envolve. Sistemas e bancos de dados incompatíveis – com definições múltiplas de elementos-chave de informação – prejudicam as comunicações e o entendimento globais. Não é possível administrar uma organização multinacional como uma empresa unificada quando ela é permeada por informações diversificadas que não se complementam nem se completam.

Na verdade, no levantamento feito entre os CEOs que mencionei antes, a superação desta deficiência é o benefício produzido pelos SGEs com maior número de citações. Quando se pergunta aos CEOs por que estão investindo em um SGE "melhorar a exatidão e a disponibilidade da informação" é a razão mais importante para dois terços dos entrevistados. Um benefício relacionado ao anterior, "melhorar o processo de tomada de decisão dos administradores", é a segunda razão mais citada, com cerca de 60% das respostas dos entrevistados. Essas e outras categorias de benefícios mencionadas na pesquisa são detalhadas graficamente na Figura 3-1.

Naturalmente, não é necessariamente indispensável instalar um SGE para conseguir essa informação comum, e é inteiramente possível que mesmo com um SGE você continue tendo um universo de informações desencontradas. As empresas conseguem criar informações comuns e integradas com tecnologia antiga. E se você dispõe de SGEs múltiplos, é boa a possibilidade de vir a trabalhar igualmente em um ambiente de múltiplos códigos de clientes, números de peças e identificadores de produtos. Contudo, inúmeras são as empresas que consideram a estrutura essencialmente centralizadora de um SGE, e a natureza de "campo verde" de um novo sistema, uma boa racionalização para o desenvolvimento de informações comuns no conjunto da organização. O caminho mais fácil para a implementação de um SGE é certamente a utilização de uma instância (exemplar) do sistema para o conjunto da corporação, a partir do qual será possível forçar a introdução de um elenco comum de elementos de informação. A chave está em entender que o trabalho pesado da informação integrada é mais uma tarefa humana do que técnica; é preciso convencer várias pessoas bem situadas na organização a falar a mesma coisa quando estiverem se referindo a uma entidade tão fundamental quanto o cliente.

A outra dificuldade relacionada a este benefício é a sua difícil mensuração. A informação de melhor qualidade e visibilidade beneficia principalmente os processos analíticos e decisórios, que raramente são medidos de uma forma rigorosa qualquer que seja ela. Poucas organizações, por exemplo, medem a qualidade ou a velocidade do processo decisório (com que freqüência se comprovaram acertadas as decisões tomadas por um determinado executivo?); para que isso fosse feito, seria indispensável existir um altíssimo nível de responsabilização dos executivos. A única alternativa a este tipo de benefício do acesso e da visibilidade da informação reside em simplesmente gerar a mesma informação disponível hoje, apenas com maior rapidez e com menor participação/intervenção humana. A informação pode ser produzida para fins de eficiência analítica, mas o benefício está em produzi-la da maneira mais eficaz. É isto, na verdade, o que a maioria das empresas têm feito com os dados do SGE, como pretendo discutir, em maiores detalhes, no Capítulo 7.

Ainda assim, são muitas as empresas ainda convencidas de que receberam substanciais benefícios a partir de uma maior visibilidade da informação. Por exemplo, a Productos Corinter, grande fabricante de produtos de consumo do México, entende que sua reputação e o bom relacionamento com seus clientes melhoraram muito porque a empresa dispõe agora de informações mais exatas e em tempo real sobre as vendas de todos os produtos, por marca, localização de loja, canalização e região. Os executivos e o pessoal das vendas dispõem, em conseqüência, de mais tempo para analisar os efeitos das novas promoções e para desenvolver outras que o público venha a considerar ainda mais atraentes que as atuais.[9]

FIGURA 3-1

RESULTADOS DA PESQUISA COM OS CEOs

Pergunta: por que a sua empresa investiu em uma solução à base de SGE?

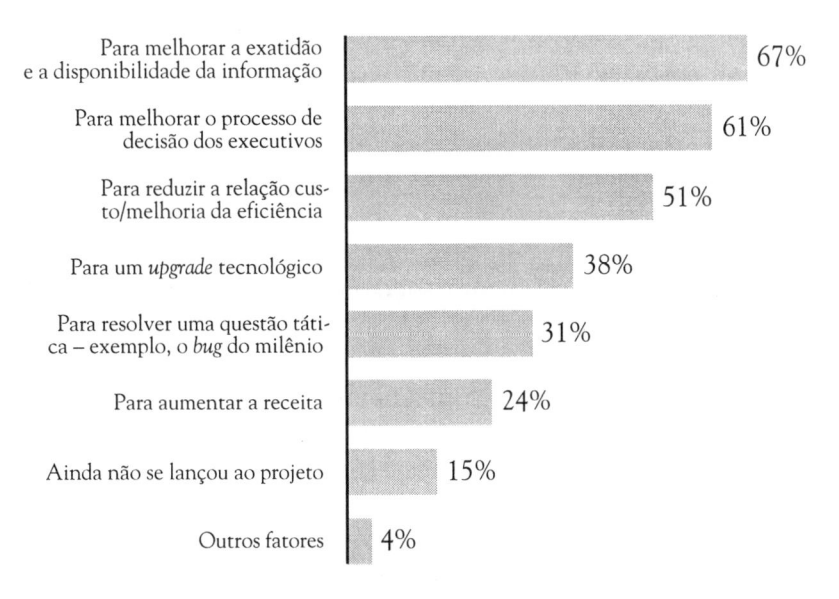

Motivo	%
Para melhorar a exatidão e a disponibilidade da informação	67%
Para melhorar o processo de decisão dos executivos	61%
Para reduzir a relação custo/melhoria da eficiência	51%
Para um *upgrade* tecnológico	38%
Para resolver uma questão tática – exemplo, o *bug* do milênio	31%
Para aumentar a receita	24%
Ainda não se lançou ao projeto	15%
Outros fatores	4%

Estrutura e mudança organizacional

Outro fator decisivo a ser levado em conta quando se estuda a instalação de um projeto de SGE é a maneira pela qual o sistema atende à estrutura atual e futura da organização. O pacote de SGE incentiva a mudança para uma organização centralizada, sendo a sua uma companhia descentralizada? A sua empresa é menor – ou, em alguns poucos casos, maior – do que o cliente típico de SGE, pelo menos para um determinado fornecedor? Sua empresa está passando por, ou se preparando para, uma série de fusões, aquisições ou desinvestimentos? Se este for o caso, até que ponto você terá a capacidade de integrar, utilizando o seu SGE, organizações que vierem a ser compradas? Uma organização desmembrada teria condições de se separar tranqüilamente? São, todas essas, questões de estrutura organizacional que você deveria analisar ao adotar um SGE.

Vamos avaliar inicialmente um exemplo simples. A Bay Networks surgiu a partir da fusão entre a Synoptics e a Wellfleet Communications, em 1994. A Wellfleet, fabricante de roteadores, e a Synoptics, produtora de conexões inteligentes, vinham, em separado, estudando os SGEs disponíveis. A Wellfleet estava mais adiantada no processo, tendo já identificado SAP como fornecedor preferido, inclusive adquirindo um dos sistemas dessa marca. A Synoptics também havia optado pelo SGE, com a decisão final oscilando entre SAP e Oracle. A questão óbvia que se apresentou à organização conjunta foi: o que nos impede de avançar com a SAP? A empresa queria um sistema que lhe desse condições de apresentar uma face única ao cliente. Se SAP pudesse oferecer uma validação rápida, a opção seria por ela. Se não o conseguisse, a busca seria reiniciada. Um processo de validação de 12 semanas identificou os processos centrais de negócios da Bay e verificou a capacidade da SAP de dar suporte a tais processos. Houve, é lógico, algumas brechas, mas o processo de suporte mostrou-se, no geral, razoável. Outro fator importante na época da análise do SGE foi a questão sobre qual dos sistemas melhor se prestaria para dar suporte ao crescimento. A receita da Bay, por exemplo, apresentou um aumento de 47% em 1995. Dados esses critérios, a companhia seguiu em frente e adotou o SAP.

Outra preocupação da Bay dizia respeito à sua capacidade de integrar organizações que viesse a adquirir ou a elas se associar por intermédio de fusões. Depois da fusão, a Bay adquiriu empresas ao ritmo de uma por trimestre, e por isso mesmo integrar as novas aquisições no R/3 era um dos pontos mais importantes em todo esse processo. Ironicamente, a própria Bay acabou sendo adquirida pela Northern Telecom em 1998, formando o novo conglomerado Nortel Networks. Até aí, os sistemas de informação da Nortel haviam permanecido em grande parte separados daqueles do restante da Northern Telecom, que empregava alguns pacotes de aplicativos, mas não tinha nenhum SGE de largo alcance instalado. A empresa, então, dedicou-se a fundir sistemas e informações na mesma medida das necessidades dos negócios, segundo executivos da Nortel com os quais conversei a respeito. A experiência da Nortel com os SGEs ao longo dessas inúmeras mudanças organizacionais pode situá-la no ponto mais ativo do *continuum*, mas quase todas as organizações deviam pensar antecipadamente sobre a maneira pela qual irão gerenciar este tipo de mudança organizacional relativa aos seus SGEs.

A indústria internacional do petróleo passa atualmente por reestruturações em massa decorrentes de fusões e aquisições, e está procurando aprender as facilidades proporcionadas pela transformação de dois ou mais SGEs em um único. Por exemplo, quando a British Petroleum (BP) completou sua fusão com a Amoco em 1998, e adquiriu a Atlantic Richfield (Arco) em 1999, os executivos do novo conglomerado enfrentaram importantes decisões a respeito de qual seria o melhor sistema, ou sistemas, a adotar. A BP havia desenvolvido um sistema próprio para todas as operações de refino e comercialização, à época feitas em parceria com a Oracle como "Oracle Energy Downstream". A Amoco estava quase concluindo a implementação de um SAP de amplo alcance; a Arco utilizava uma variedade de sistemas, tendo porém principalmente aplicativos Oracle nos seus negócios principais (exploração e produção). Os executivos da BP Amoco entendiam que seu próprio sistema industrial chamado ISP, tinha tanto um menor custo por transação e maior mobilidade e inserção no comércio eletrônico através da Internet do que outras alternativas externas de pacotes. Decidiram por fim padronizar com aplicativos financeiros SAP nos negócios principais (e terceirizar as operações nessa área para duas empresas de serviços profissionais) e continuar a utilizar sistemas próprios nas operações secundárias, passando ao mesmo tempo a transformá-las em tecnologias com base na Internet. Na indústria petrolífera em acelerada consolidação, é especialmente importante que os executivos seniores tenham uma filosofia bem-definida com relação aos SGEs e sobre como trabalhar com eles quando outras combinações de negócios se apresentam no todo das atividades dos conglomerados.

As fusões não são o único fator a ser considerado quando se pensa a respeito de questões organizacionais e de SGEs. O tamanho da empresa é um fator muito importante. Organizações maiores – digamos, faturando a partir de US$ 1 bilhão/ano – têm sido as mais ativas até agora na adesão aos SGEs. Dispõem da escala, da complexidade e da presença global necessárias para tirar vantagem dos muitos aspectos e funções de um SGE, sendo também aquelas mais propensas a necessitar da integração proporcionada pelo sistema de gestão empresarial. As grandes companhias podem ter dificuldade para apoiar sua complexidade em um sistema doméstico (embora sejam também as mais capacitadas a construir um sistema próprio com as mesmas características de um SGE). As grandes empresas talvés também sejam as mais capazes de desenvolver suas melhores práticas, algo que poderia conspirar contra a adoção de um SGE com seu elenco particular de melhores práticas.

Empresas menores (algo em torno de US$ 25 milhões, ou menos, de vendas anuais) por suas próprias características não irão colocar um SGE caro e consumidor de prazos entre suas prioridades. Assim, isso deixa as empresas médias – na minha definição, todas aqueles com rendimentos anuais entre US$ 25 milhões e US$ 1 bilhão – como uma imensa e importante categoria aberta à penetração dos fornecedores de SGEs. Na verdade, agir neste mercado constitui a principal estratégia atual da maioria dos vendedores de SGEs, e é por isso que quem trabalha em uma dessas empresas provavelmente irá ouvir falar de SAP, Oracle, PeopleSoft e outras muito em breve – isto se já não estiver ouvindo.

As médias empresas poderiam adotar SGEs por várias das mesmas razões que levaram as grandes a essa decisão, mas a principal e mais freqüente das motivações desse setor é o estabelecimento de uma plataforma para o crescimento. Essas empresas podem ser relativamente pequenas, admitem seus executivos, mas não ficarão nesse estágio para sempre, e não pretendem contabilizar obstáculos a esse crescimento justamente nas limitações dos sistemas.

Por exemplo, a Boston Beer (uma empresa com nome que consegue combinar, em duas palavras, a minha cidade e bebida preferidas), mais conhecida como a produtora das cervejas artesanais de Samuel Adams, resolveu instalar um sistema SAP apesar da advertência dos consultores contratados de que o pacote se destinava a empresas 10 vezes maiores (a cervejaria tinha receita anual de US$ 191 milhões na época da decisão, em 1996). Jim Koch, o CEO, decidiu por este tipo de sistema em função do esperado crescimento dos índices da Boston Beer; na época, a empresa já apresentava um índice composto de crescimento anual de 46 por cento. Koch entendia que a companhia estaria mais bem servida a longo prazo com um sistema mais abrangente, mesmo se ele fosse duas vezes mais caro que o crescimento esperado (o que, na realidade, era). Ele pretendeu evitar a penosa conversão que se faria indispensável dentro de dois ou três anos ao adquirir no presente tecnologia capaz de acompanhar e dar suporte ao crescimento da empresa.

Quanto aos sistemas existentes, já se havia tornado mais do que claro que a Boston Beer ficara bem maior do que eles. Tantas haviam sido as adaptações feitas nos sistemas existentes que convertê-los para as versões mais recentes equivaleria a uma reconversão em escala total. A Boston Beer estava gastando a maior parte do seu orçamento de TI em códigos para analisar e entender o que acontecia na empresa. Substituir esses sistemas era uma opção claramente óbvia, embora na época poucas empresas do mesmo tamanho se aventurassem a selecionar um pacote tão imenso e complexo quanto o R/3 da SAP. A Boston Beer instalou finalmente o seu sistema, que certamente tem se mostrado capaz de acompanhar e dar suporte ao significativo crescimento da cervejaria.

Um resultado bem menos positivo foi registrado na Power Computing. Lembram-se dessa empresa? Ela crescia a um índice bastante veloz em meados da década de 1990, vendendo clones dos computadores Macintosh da Apple. O presidente da empresa (um discípulo da Anônima) disse-me, certa vez: "Eu nunca quis ver nosso crescimento limitado devido aos nossos sistemas de informação." Por isso ele decidiu implementar um SAP na época em que a sua empresa apresentava uma receita total que não chegava aos US$ 100 milhões por ano.

O projeto de implementação do SGE da empresa foi relativamente rápido e bem-sucedido, e o presidente teve seu desejo atendido. Viu-se limitado no cres cimento não pelos sistemas de informação, mas, sim, pela negativa da Apple a renovar um licenciamento de tecnologia. A empresa foi basicamente dada como pagamento de uma dívida com a Apple e abandonou os negócios em 1997. Na época da decisão, eu insisti que a Power era uma organização pequena demais, com um futuro incerto demais para ter condições de instalar um SGE das proporções e da complexidade presentes naquele que era o preferido do presidente. Se eu fizesse previsões de negócios tão acertadas como aquela com maior freqüência, garanto que não precisaria mais continuar trabalhando para ganhar a vida...

Em resumo, organizações médias normalmente dispõem de recursos orçamentários e humanos insuficientes para adquirir e operar um SGE. Elas normalmente têm menos capacidade de enfrentar riscos e um SGE que exija significativas adaptações e prolongada implementação. Precisam ter retorno a curto prazo para os seus investimentos. Seus critérios em relação à escolha de um SGE privilegiam a facilidade de uso, a capacidade de suporte e de serviço do fornecedor, e o custo do produto, e dedicam bem menor atenção à detalhada funcionalidade do sistema. As empresas médias devem ser cautelosas em relação às expectativas de nível de evolução dos seus negócios. Com todas essas precauções, um SGE ainda pode acabar dando certo nesse tipo de empresa.

Por exemplo, a PC Connection, fornecedora pelo correio de *hardware* e *software* de computadores pessoais, com faturamento bruto de US$ 700 milhões ao ano, decidiu implementar o *software* WorldERP, da J.D. Edwards, em 1998.[10] A PC Connection já estava utilizando o *hardware* AS/400 da IBM, um tipo de minicomputador conhecido por sua simplicidade e confiabilidade. O *software* da J.D. Edwards era compatível com o AS/400, ao contrário da maioria dos outros pacotes de SGE. Os executivos da PC Connection entenderam que tanto o *software* quanto o *hardware* que escolheram eram relativamente simples, e evitaram fazer modificações significativas no *software* do SGE. A companhia não tinha recursos sobrando para instalar e manter o sistema, e assim manteve tudo tão simples quanto possível. Os executivos da empresa estão satisfeitos com o sistema, que vem alavancando o crescimento acelerado da PC Connection.

Flexibilidade

O grau da mudança organizacional previsto para um ambiente de SGE está diretamente relacionado ao potencial de flexibilidade do próprio sistema. Não há dúvida de que as empresas desejam que seus sistemas sejam flexíveis, sejam SGEs ou quaisquer outros. É impossível prever com exatidão todas as necessidades técnicas ou de negócios que se pode solicitar que um sistema supra. Maior ou menor flexibilidade a partir de SGEs é uma questão complexa e cheia de paradoxos, como já foi visto no Capítulo 1. Mas é também um tema para este capítulo, em relação à questão de ser ou não ser um SGE a escolha certa para uma organização que passa por aceleradas transformações.

Uma vez implementado, o SGE e, em grau ainda maior, a organização a que dá suporte, dificilmente podem ser mudados. Devido à rigidez existente na conexão entre o SGE e as estruturas e processos organizacionais, uma mudança no negócio exige uma mudança no sistema, e vice-versa. Mais ainda, a natureza integrada do SGE torna extremamente difícil fazer mudanças em uma determinada área sem que venham a afetar outras áreas da mesma organização.

Falando mais positivamente, no entanto, os SGEs tornam determinadas mudanças organizacionais mais fáceis e devem, portanto, ser vistos como grandes promotores da flexibilidade. Como muitas organizações substituem múltiplos sistemas e interfaces diferentes por um único SGE, uma mudança nas necessidades de negócio e informação pode ser feita mais facilmente com um único sistema global. Os SGEs tendem a armazenar configurações e relacionamentos fundamentais para as estruturas da organização em tabelas, que são relativamente fáceis de editar. Os SGEs conseguem igualmente aumentar a flexibilidade ao proporcionar funcionalidade a quase todos os novos negócios em que uma organização venha a se envolver.

Por exemplo, os executivos da Fujitsu Microelectronics sentiram que, como resultado da instalação de um SGE, estavam em uma posição melhor do que em qualquer outra ocasião da história do conglomerado para entrar em novos negócios. Uma grande limitação anterior, na opinião deles, residia na falta de condições para elaborar sistemas com a rapidez suficiente para dar suporte a negócios novos. O fato de o seu SGE proporcionar apoio semelhante a uma ampla margem de processos e modelos de negócios instilou em todos eles uma sensação de confiança em que muito rapidamente passariam a contar com todos os tipos de informação de apoio a qualquer novo negócio no qual pretendessem se lançar.

Os sistemas SGE podem igualmente facilitar o processo de sair de negócio por meio de desmembramentos (formação de filiais) e alienações. As unidades de negócios desmembradas podem ou se valer da funcionalidade do SGE (comprando uma licença própria e configurando o sistema de maneira similar ao sistema matriz) ou terceirizá-lo para a companhia de que foram separadas. A Dow Chemical, por exemplo, entende que seu sistema SAP facilitou enormemente as alienações das unidades de negócios, no montante de cerca de US$ 10 bilhões, ao longo de uma década. Os executivos da Monsanto garantem que o desmembramento que resultou na subsidiária Solutia, unidade de produtos químicos, foi completado tecnicamente com sucesso porque os sistemas foram "organizados com clareza e precisão no SAP". Além disso, a nova empresa passou a operar quase que imediatamente em seguida à criação com plena capacidade – aumentando assim o seu valor para os acionistas – e não precisou continuar dependendo da empresa matriz.

Elos da cadeia de suprimentos

Um aspecto do processo decisório baseado em SGE relacionado à flexibilidade é a facilidade de criar elos com os clientes, fornecedores e parceiros na cadeia de suprimentos. Trata-se de uma questão que vai ocupar o foco central do Capítulo 8, mas vale a pena mencioná-la aqui como parte do arrazoado dos que criticam os objetivos de negócios com um SGE. Para a maioria dos componentes, um SGE tem uma enorme capacidade de facilitar os elos na cadeia de suprimentos, especialmente se outros integrantes da cadeia de que você faz parte estiverem implementando um pacote igual ao da sua empresa. Mesmo sem um pacote idêntico, contudo, o foco geral dos SGEs em processos de cadeia de suprimentos e informação pode ajudar a estabelecer sólidos elos com outras empresas. Entretanto, em tempos de rápida transformação tanto na estrutura dos negócios quanto do *status* do SGE, trabalhar com o fator cadeia de suprimentos pode ser fonte de confusão, especialmente pelo fato de se tratar da principal área para as conexões Internet-SGE, um domínio tecnológico no qual as transformações se processam de maneira cada vez mais rápida.

Algumas das empresas que já abordamos dedicaram-se a esta questão. Não é surpreendente, portanto, que companhias fornecedoras de equipamentos para a Internet estejam entre as principais na sua utilização para fazer interface com seus SGEs e a conexão com as cadeias de suprimentos. Tanto a Nortel Networks quanto a Cisco Systems implementaram uma infra-estrutura impressionante para clientes, fornecedores e distribuidores, para realizar pedidos, gerenciar níveis de estoques, acompanhar a entrega e verificação de remessas, receber produtos de *software* pela Internet e, de maneira geral, sincronizar seus negócios com os dessas duas companhias de equipamentos de comunicações. Ambas as firmas têm conexões diretas para os seus SGEs a partir da Web – a Nortel com seu sistema SAP e a Cisco com o seu sistema Oracle.

A Nortel precisava de "integração e sinergia entre distribuidores e fornecedores, e nós precisaríamos compartilhar informações além-fronteiras como nunca até então".[11] Os executivos queriam que cada cliente, funcionário e fornecedor tivesse condições de obter toda a informação de que precisasse, quando fosse necessária e no formato mais adequado. Viram o seu SGE, em conjunto com a Internet, como a ferramenta capaz de possibilitar esse extraordinário nível de acesso externo à informação. A Cisco calcula que gastou cerca de US$ 100 milhões para "re(de)habilitar" seus grandes aplicativos, um montante que, ainda segundo a empresa, retorna em dobro, a cada ano, em termos de redução de custos com estoque, distribuição e serviços aos clientes. Embora essas companhias tenham como um de seus principais negócios ajudar seus clientes a utilizar (bem) a Internet, a única coisa que outras empresas não conseguem fazer com igual facilidade é, talvez, embarcar seus produtos por meio de uma cadeia de comunicações.

A Boston Beer pretendia se transformar na empresa líder da "cerveja artesanal" utilizando a Internet como rede de baixo custo que interligava os atacadistas e as fábricas com franquias para abreviar o tempo decorrido entre a apresentação dos pedidos e a programação da fábrica. Isto era especialmente importante para a Boston Beer, que terceirizou grande parte de suas operações para outras empresas. O que a Boston Beer pretendia, ao habilitar seus sócios a acessar determinadas seções do banco de dados SAP da companhia e a fazer pedidos com base semanal ou de menor intervalo, era acabar com as compras excessivas ou insuficientes de insumos e aperfeiçoar sua capacidade de suprir as necessidades de seus clientes sem precisar, para tanto, manter excesso de estoque. Outro efeito buscado com esse sistema era um aumento nas vendas; estoques esgotados muitas vezes decepcionaram clientes que buscavam a cerveja Sam Adams. Desde a implementação do sistema, a companhia apresentou um aumento de vendas, embora continua sendo difícil atribuir tal melhoria a uma causa única. Este é o aspecto mais difícil da implementação de SGEs com lógica da cadeia de suprimentos: são muitos os fatores que precisam ser modificados, em acréscimo a um novo sistema, para que se possa vender mais, reduzir estoques, mudar o comportamento dos clientes, e assim por diante.

Uma última palavra a respeito dos elos em cadeia de suprimentos. Se você está estudando a possibilidade de instalar um SGE para poder conectar-se a outras empresas em sua cadeia, faz sentido, sim, e muito, descobrir o que elas estão fazendo em relação aos SGEs. Como irei discutir mais detalhadamente no Capítulo 8, conectar a cadeia de suprimentos de uma empresa à de outra pode ser uma tarefa consideravelmente fácil se as duas estiverem usando o mesmo SGE. Sistemas que traduzem de um SGE para outro estão surgindo atualmente, mas o certo é que irão acrescentar outra camada de complexidade a uma situação que já é complicada pela própria natureza.

Por exemplo, a Elf Atochem N.A., a subsidiária petroquímica norte-americana da multinacional francesa de petróleo Elf, decidiu implementar um SGE e optou pela SAP como seu vendedor, em parte porque quase todas as outras empresas desse setor estavam fazendo a mesma coisa. "Pensamos que chegaria o momento em que poderia ser muito útil estar em condições de conectar nossos sistemas SAP com os SAPs das outras empresas do ramo de uma forma relativamente incessante", destaca Bob Rubin, o principal executivo da área de informações da Elf Atochem e líder do projeto de SGE.[12] Embora esse tipo de conexão possa levar vários anos para se materializar (como acontecerá com a Elf Atochem), é provável que um SGE permaneça em funcionamento por uma década ou mais, e a tendência mais transparente na gestão de cadeias de suprimentos aponta para sólidas conexões interorganizacionais.

Seleção do fornecedor do SGE

Muito bem, você completou pelo menos um estudo de alto nível sobre os benefícios e, no momento, continua decidido a seguir em frente com seu projeto. O próximo passo, então, é verificar o que o mercado tem para lhe oferecer. Decidir entre implementar ou não implementar um SGE e, em caso afirmativo, escolher um dos vários sistemas existentes no mercado são duas decisões inteiramente diferentes, certo? Bem, nem tanto. São realmente duas decisões, mas às vezes uma pode ficar dependente da outra. Já mencionei uma dessas dependências, ou conexões, na qual a obtenção de benefícios na cadeia de suprimentos e na vantagem competitiva significam não apenas instalar ou não um SGE, mas também que tipo de SGE você e os seus parceiros e competidores da cadeia pretendem instalar.

Outra conexão-chave entre as duas decisões é a que pretende saber se existe realmente algum fornecedor oferecendo *software* que esteja diretamente focado na sua indústria. Como a configuração de um sistema especialmente para um determinado setor pode atingir custos proibitivos, a existência ou não de uma solução pré-configurada de SGE deveria ser decisiva não apenas na sua escolha do vendedor, mas inclusive na própria decisão de implementar um sistema.

Por exemplo, a Home Depot, uma rede nacional de varejo de materiais de construção, decidiu esperar por mais funcionalidade antes de instalar o sistema SAP Retail em suas lojas nos EUA. Esse sistema, projetado especialmente para o setor pela SAP e alguns parceiros, havia sido instalado em apenas duas empresas quando a Home Depot tomou sua decisão, e não contava com funcionalidades que os executivos da companhia consideravam essenciais. A SAP Retail, constataram esses executivos, não se coadunava com o sistema da companhia de incentivar cada uma das lojas da rede a negociar com fornecedores diferentes. A Home Depot pretendia trabalhar com a SAP para permitir a padronização de combinações de produtos nas lojas e para introduzir a ligação direta dos relatórios de varejo de cada uma das lojas a módulos financeiros. No entanto, e embora o pacote não estivesse pronto para implementação nos EUA, a Home Depot instalou o *software* SAP de administração de finanças, logística e armazenamento para ajudar a gerenciar suas lojas na Argentina e no Chile, porque os mercados desses países são um tanto menos exigentes e, desta forma, seria aperfeiçoada a curva de aprendizado da organização em matéria de instalação e uso do *software*. A Home Depot pode esperar por um sistema que preencha melhor suas necessidades nos Estados Unidos justamente por não enfrentar a necessidade de substituição imediata de seus atuais sistemas com base em *mainframes*.[13]

Apesar de todos esses entrelaçamentos e complexidades, o melhor ainda é focar justamente os fatores que diferenciam um fornecedor dos demais. Os fatores a serem considerados não são assim tão diferentes daqueles usados quando de outras decisões sobre *software*, mas a escala e o escopo da decisão são, normalmente, muito maiores. Por isso mesmo, a escolha de um vendedor realmente eficaz e eficiente é algo que faz muito sentido, especialmente se você leva em consideração a sua própria carreira.

Fatores a serem considerados na escolha do fornecedor

A escolha do pacote de SGE de um determinado fornecedor é algo que consegue levar muitas empresas à beira de um ataque de nervos. Contudo, não precisa ser uma decisão difícil nem arrastada, e, no meu entendimento, é na verdade bem menos significativa em comparação com várias outras questões relativas à implementação e às mudanças comerciais ligadas a um SGE. Todos os grandes vendedores de SGEs oferecem *softwares* que funcionam e que abrem a possibilidade de integração entre informação e negócios; todos os pacotes de SGE são complexos e de difícil instalação. Quaisquer diferenças entre grandes pacotes são apenas marginais. Acredito que você não acrescentará valor ao negócio pelo fato de gastar muito mais do que dois ou três meses até tomar essa decisão. Há igualmente vários fatores brutos – por exemplo, seu setor econômico, funções específicas que devem ser enfatizadas, o porte de sua empresa – capazes de contribuir bastante para facilitar esse processo de decisão.

Em determinados setores industriais, a escolha de um determinado pacote não chega a apresentar grande complexidade. Se você está, por exemplo, nas indústrias de petróleo ou produtos petroquímicos, somente uma vontade muito forte poderá impedi-lo de instalar o R/3 da SAP, pois grande parte das empresas desses setores já fizeram a mesma coisa, e esse pacote tem muitos itens que foram projetados especialmente para estes setores. Mesmo assim, existem segmentos dessas indústrias (por exemplo, os de exploração e produção e o componente de varejo focado na gasolina das empresas de petróleo) nos quais ainda não ficou claro o legítimo ganhador da loteria dessa seleção, e em que não será fácil decidir pela adoção ou não de um sistema diferente para esse componente de uma grande empresa integrada de petróleo.

Em alguns setores existem também os chamados SGEs *best-of-breed*, que podem apresentar ofertas integradas para esse setor ou, ainda, oferecer uma seqüência de aplicativos. No setor de varejo, por exemplo, existem vários provedores diferentes desse *software*, entre os quais a JDA e a Richter Systems. Representantes dessas empresas argumentam com os varejistas que soluções genéricas não se adaptarão às suas necessidades. "Em virtude de fazerem tudo isso, esses provedores de ERP não estão se concentrando nos aspectos verticais do varejo. Essas soluções não tendem a ser tão ricas em funções quanto os aplicativos específicos para setores selecionados. Nós nos concentramos exclusivamente no varejo", explica Brent Lippman, CEO da JDA *Software*.[14] "Sai extremamente caro comprar uma solução genérica e depois configurá-la para servir às suas necessidades específicas", argumenta Jim Soenksen, gerente geral para as Américas da Richter Systems.[15] Se a sua empresa é relativamente pequena e pretende ficar restrita a um determinado setor industrial pelo menos por um futuro previsível, faz sentido examinar os pacotes *best-of-breed*. De outra forma, melhor seria ficar com os SGE mais convencionais.

A seleção de um pacote pode ser igualmente facilitada pela dependência total em um determinado módulo no âmbito de um pacote de SGE. Se, por exemplo, os aplicativos de recursos humanos são os seus principais motivos para a implementação de um SGE, levar em alta consideração a PeopleSoft faria sentido. Isto é válido em muitos setores de governos, serviços e serviços profissionais, por exemplo, e a PeopleSoft provavelmente detém a liderança nesses segmentos. Os sistemas financeiro e de cadeia de suprimentos SAP são muito fortes; e o Baan é conhecido por seu *software* de manufatura flexível.

Há também vendedores funcionais *best-of-breed* que incentivam os clientes a comprar aplicativos individuais para funções específicas e a encontrar depois meios de colocá-los em rede. Se você pensa que esta é uma boa idéia, duvido muito que ainda esteja me lendo. Contudo, com a proliferação de aplicativos complementares menores e mais focados, e com a adoção, pelos fornecedores de SGEs, das chamadas estratégias de *montagem de componentes* (com as quais descrevem seus sistemas como os eventuais centros para a acoplagem de todos os componentes), continuaremos a ver a expansão dos *softwares* funcionais *best-of-breed* que, a uma certa altura, poderão ser capazes de ser integrados da mesma forma que um SGE atual. Esse ponto, contudo, não é de maneira alguma visível ainda. O que não significa que boas companhias não estejam prestando atenção à idéia. A Cisco originalmente pretendeu seguir este caminho, permitindo a cada uma de suas áreas funcionais a escolha de um sistema próprio, mas, exatamente por terem essas áreas entendido que justificar um novo sistema representaria trabalho demais e um índice muito grande de perturbação do trabalho, nunca chegaram a escolher novos sistemas funcionais. Eventualmente, os sistemas disponíveis ficaram sobrecarregados e passaram a não funcionar direito, o que fez com que os executivos da Cisco optassem por instalar, no menor prazo possível, um SGE.

O porte da sua empresa também pode ser um fator a conduzi-lo a escolher um determinado vendedor; a SAP é, por exemplo, normalmente escolhida pelas maiores empresas multinacionais. Empresas de menor porte tendem a escolher vendedores como J. D. Edwards, Lawson e Ross. A Oracle e a PeopleSoft ficam entre os extremos; a Baan tem um cliente de grande porte (a Boeing), e as demais são em geral empresas médias.

Análise detalhada das características

Além de compatibilidade básica com o setor em que a empresa atua, do seu porte, do modelo de negócios e das ênfases funcionais, as companhias normalmente procuram um SGE com características técnicas específicas ou exclusivas de um determinado negócio. Nesta seção, descreverei alguns dos acessórios mais procurados. Contudo, é fácil ser levado de roldão na análise das características especiais. Mesmo quando um fornecedor não os oferece, sempre existe um meio de trabalhar sem eles ou de modificar seus processos de negócio de maneira a que não sejam mais necessários. É preciso pensar que, se milhares de empresas usam um determinado SGE (como sabem muito bem os vendedores dos principais pacotes), elas já devem ter pelo menos imaginado alguma maneira de trabalhar sem uma determinada característica. Nada impede, porém, que você pergunte aos fornecedores concorrentes se os complementos de que você necessita fazem parte do pacote, e em que proporção. Como a presença ou a inexistência de acessórios em diferentes pacotes de fornecedores fica sujeita tanto à interpretação quanto à mudança, eu não detalho aqui quais pacotes apresentam quais características.

Propriedade dos dados: central ou local? Esta característica se refere a quem é responsável pela manutenção e atualização dos dados em nível mundial. O ponto principal não é quem pode fazer alterações dos dados, mas, em especial, quem tem a responsabilidade por essas mudanças. Muitas empresas têm organizações de TI descentralizadas e heterogêneas nas quais a responsabilidade é dividida entre suas várias áreas. Esta prática pode continuar com alguns pacotes de SGEs; outros forçam a centralização da responsabilidade pela mudança de dados. Este último arranjo é preferível quando mudanças em dados fundamentais afetam muitas áreas de uma organização. Ele também proporciona facilidade na auditoria de mudanças em registros, algo que é particularmente atraente para os auditores e entes reguladores.

Procedimentos: autônomos ou comandados? Em sistemas autônomos, os procedimentos de trabalho podem ser adaptados às condições locais. Esta abordagem proporciona ao usuário um grau de flexibilidade em relação a quais procedimentos instalar, e como. Em um pacote de SGE, por exemplo, políticas corporativas para o pagamento de fornecedores não podem ser implementadas no *software*; as funções de pagamento de fornecedores dão ao usuário muitas alternativas, e o usuário voluntariamente segue a política corporativa sem ser forçado pelo sistema. As empresas para as quais esta modalidade é atraente presumivelmente entendem que as condições e exigências de pagamentos variam amplamente e, mais ainda, querem que a pessoa que gerencia os pagamentos assuma um controle inteligente do sistema.

Como seria de se esperar, sistemas mais diretivos especificam e delimitam mais amplamente a execução de um procedimento. Alguns sistemas permitem um *mix* de modalidades. O SGE usado pela Chevron, por exemplo, proporciona a flexibilidade necessária para que sejam seguidas diferentes estratégias de centralização/descentralização. Quando e como cada transação é processada pode ser determinado com base nas características inerentes a cada caso. Em algumas instâncias, a Chevron optou por centralizar; em outras, por distribuir. O processamento financeiro para várias unidades menores de negócios foi consolidado em um centro de serviços financeiros compartilhado que também controla os dados centrais da corporação.

Visibilidade da transação: agregada ou rastreável? Esta questão aparentemente enigmática diz respeito ao grau de facilidade de acesso dos usuários de um sistema a dados originais sobre determinados estoques, finanças, vendas ou transações de compra em um SGE. Os sistemas de transações rastreáveis permitem ao usuário penetrar detalhadamente em qualquer transação; a adequada implementação desta característica proporciona uma penetração *on-line* muito fácil. Por exemplo, na Hoechst Marion Roussel (HMR), uma multinacional farmacêutica, um gerente latino-americano relata que, "tendo sido possível esmiuçar e analisar as vendas por região, pude reorganizar a rede de distribuição e agrupar alguns farmacêuticos que estavam fazendo pedidos menores, ou menos freqüentes, em cada uma dessas regiões", e assim identificar os clientes mais lucrativos para a HMR.[16]

Os sistemas que possibilitam apenas acesso a dados agregados reportam apenas resultados globais às demais partes componentes do sistema. Com um sistema desses em uso, você pode, a qualquer momento, ser informado de que "pode tomar conhecimento dos fretes das cargas se for indispensável, mas o relatório *on-line* dos custos dos fretes na Ásia não lhe permitiria a mesma investigação em relação aos que imperam na Tailândia". Esta abordagem de gestão de informação é mais barata e de utilização mais fácil, mas proporciona uma inspeção não tão detalhada dos dados (o que, dependendo de como você se sente em relação ao seu chefe e de sua inclinação a investigar todos os detalhes relacionados à situação da empresa, pode até se transformar em um ativo).

Estrutura global ou multilocal? Como é a organização da companhia em relação a fronteiras nacionais, e como ela se posiciona para cumprir os requerimentos e regulamentos dos mercados locais? Muitos pacotes de SGE proclamam ser "sistemas globais", no que se incluem, evidentemente, todos os grandes sistemas líderes de mercado. Eles apresentam interfaces de cliente em vários idiomas e permitem que se façam transações em várias moedas. São vendidos e têm manutenção em vários países e fazem algumas tentativas de satisfazer as exigências locais em matéria de regulamentos e imposições. As empresas devem confirmar se um SGE supostamente global não apenas dá suporte a telas e faturamentos em vários idiomas (isto é relativamente fácil), mas oferece também campos de descrição, de endereços, de comentários e outros campos de texto em múltiplos idiomas. As empresas globais também precisam de bancos de dados em vários idiomas com campos de nomes que proporcionem que os programas escritos em inglês e os escritos em finlandês, por exemplo, sejam interoperacionais. Companhias multilocais precisam dispor da capacidade de fazer o seu faturamento em qualquer idioma ou moeda, e a tela de seus computadores tem de apresentar rótulos no idioma do usuário. Fornecedores de menor porte de SGEs normalmente não dispõem dessas características globais.

As empresas podem usar SGEs de capacidade global de duas formas: em um estilo verdadeiramente global que ignora, pelo menos até certo ponto, a geografia como princípio de organização, ou com uma filosofia multilocal que organiza a companhia por país ou região. As empresas multinacionais que ignoram as fronteiras são complexas em termos de regulamentações e administração (por exemplo, como se faz para obter licenças? Como se administram as listas de componentes e se analisam os custos do roteamento quando as condições nas diversas partes do mundo são inteiramente diversas?) Empresas verdadeiramente globais ou multinacionais, devem ter um SGE realmente global, ou pelo menos, se existirem múltiplas instâncias, os SGEs não devem ser estabelecidos tendo por base a geografia. As empresas multilocais, por outro lado, são mais propensas a instalar sistemas inteiramente diferentes em países diferentes e dirigi-los individualmente a partir de cada um deles, com um banco de dados por país.

Vários processos fundamentais de negócio também podem ser tratados de maneira global ou multilocal, o que igualmente se reflete nas necessidades em relação aos SGEs. Nos processos financeiros, por exemplo, as áreas por eles responsáveis podem considerar as exigências legais em um país e mesmo assim realizar outras operações financeiras globalmente, entre as quais o câmbio de moedas. As empresas multilocais tratam cada entidade corporativa nacional como responsável por sua unidade. Fechamentos financeiros são feitos em cada país, sendo os resultados enviados à sede. A administração de transações cambiais é deixada a cargo das empresas nacionais.

Administração de dados: centralizada ou distribuída? Uma corporação que pretende dispor de um único repositório-mestre de dados, mas acaba possuindo múltiplos bancos de dados para a mesma informação, certamente não cumpre seu objetivo. Uma corporação que pretende que cada divisão estabeleça e administre suas próprias relações com os clientes pode constatar que um arquivo-mestre de clientes atravanca os diversos estilos de lidar com o cliente que fazem o sucesso dessas divisões. Outra possibilidade combina a administração central e distribuída de dados em uma abordagem federalista: alguns dos dados são comuns a todos e outros variam. A maioria dos SGEs organiza um banco de dados único e comum; quem pretender que os dados sejam administrados de maneira distribuída ao longo da organização, que garanta, em primeiro lugar, que o seu vendedor tenha condições de assegurar essa modalidade. Certamente que a administração e o conhecimento profundo do SGE é mais complicado do que isso, mas um nível simples de análise pode ser o suficiente para tomar a decisão sobre o SGE.

Modificações: parâmetro ou programa? Os pacotes dos sistemas SGE possibilitam modificações de duas formas diferentes. Uma é pelo estabelecimento de parâmetros em um arquivo separado de parâmetros. Quando existem várias maneiras diferentes de fazer as coisas, os projetistas de sistemas fazem sua programação em todas elas, e então permitem que o instalador determine seu comportamento pela definição de parâmetros. Isto prolonga o desenvolvimento, coloca enorme pressão sobre os testes e a documentação, e dificulta a implementação do sistema. Mas isso também proporciona flexibilidade, e os clientes não precisam reescrever *softwares*. A outra modalidade envolve a modificação do próprio código do programa. As empresas que compram este tipo de sistema não vêem o fornecedor de *software* como fonte de grande funcionalidade nova. As empresas podem igualmente fazer *upgrade* em grau menor com esta modalidade, pois ela é a mais difícil. Alguns fornecedores que oferecem modificações de programa gastam tempo e dinheiro demais para disponibilizar as ferramentas da modificação.

Orientação pelas melhores práticas: fornecedor ou cliente? De que forma uma empresa aprende e incorpora as melhores práticas à sua maneira de fazer negócios? Alguns fornecedores acreditam ter o acesso às exigências e especialidades de cada setor industrial necessárias para se capacitarem a levar seus clientes às melhores práticas. Para eles, seus clientes esperam que conheçam as melhores práticas muito mais do que os próprios clientes. Outros fornecedores crêem que seus clientes sabem o que precisa ser feito, e procuram lhes proporcionar a flexibilidade necessária para comandar o *software* e para alavancar o conhecimento central do negócio de que esses mesmos clientes já dispõem.

O processo de escolha do fornecedor

Além da cuidadosa análise dos fatores capazes de levar à decisão entre um ou outro SGE, temos que considerar o processo da escolha do fornecedor. Trata-se de um processo complicado, envolvendo o estabelecimento de relações que irão provavelmente se estender por vários anos e envolver desde alguns milhões até várias centenas de milhões de dólares. Vale a pena, portanto, desenvolvê-lo com cuidado, mas não vale a pena fazê-lo eterno. A maioria das organizações deveria estar capacitada a completar a escolha dos principais vendedores, entre eles os de *software* e *hardware*, e os sócios na implementação, em seis meses ou menos. A decisão propriamente dita não é em geral uma atividade agregadora de valor ao seu negócio, por isso deveria ser tomada sempre no menor prazo possível. Você, no entanto, acabará aprendendo que tanto os gerentes internos quanto os fornecedores externos com os quais você gostaria de fazer contato estão todos ocupados, e por isso mesmo será preciso trabalhar duramente para fazer o processo avançar. Uma consideração adicional: não se esforce para encontrar a perfeição na compatibilização entre as suas necessidades e aquilo que os fornecedores estão oferecendo. Raramente você a encontrará.

O que fazer em primeiro lugar?

Qual deveria ser a primeira escolha de qualquer empresa – o *software*, o *hardware* ou o parceiro na implementação? É muito claro que o *software* precisa ser escolhido antes do *hardware*, uma vez que é o pacote escolhido que determina o tipo de ambiente de *hardware* necessário, enquanto que o *hardware* do cliente, do servidor e da rede assume cada vez mais as características de um artigo de utilização prática. A decisão com respeito ao parceiro de *software* em relação ao parceiro de implementação, ou consultor, é um pouco mais complexa. Se o seu objetivo for uma implementação orientada principalmente a aspectos tecnológicos, deixando os aspectos do valor de negócio e de mudança em segundo plano, faz sentido escolher em primeiro lugar um fornecedor de *software*. Aquele que você escolher provavelmente saberá recomendar-lhe uma empresa de consultoria para participar da etapa da implementação.

Se a sua opção principal for pelo aperfeiçoamento do seu negócio com um SGE (e a essa altura você já terá detectado que, na minha opinião, esta é a opção adequada), o melhor será escolher em primeiro lugar um parceiro para a implementação. O consultor pode assessorá-lo na definição de quais devem ser os objetivos de sua mudança de negócio, e de tudo o que significam em termos da escolha de um fornecedor. Você poderá descobrir igualmente que faz sentido empregar um consultor no próprio processo de escolha do fornecedor – ou uma empresa de consultoria em administração geral que tenha condições de prestar assessoria tanto na escolha do vendedor quanto na implementação, ou uma das novas represas que se concentraram especificamente em pesquisa de vendedores de SGEs e em consultoria de escolha.

Reduzindo as opções

É em geral relativamente fácil reduzir as opções quanto aos fornecedores de SGE a um pequeno número (dois ou três) de principais candidatos, com base nos fatores "macro" que mencionei anteriormente, tais como o setor industrial, o porte da empresa, ou sua orientação funcional. Chegar a uma lista reduzida de fornecedores no menor prazo possível poupa muito tempo e trabalho porque a partir daí não se tem mais a necessidade de explorar detalhadamente a funcionalidade e a capacidade de um grande número de fornecedores. Se a sua empresa atuar em algum segmento no qual não é costume a utilização de um SGE, você poderá ver-se reduzido a uma lista muito curta – ou seja, composta por apenas um vendedor.

É igualmente possível diminuir a relação de fornecedores sobre os quais é preciso fazer uma cuidadosa análise pela identificação dos processos de negócios que serão os fatores decisivos na escolha. Por exemplo, é altamente improvável que você pretenda usar as funções básicas em diferentes pacotes de SGE como o critério decisivo, uma vez que eles são todos muito similares e que poucas empresas consideram a excelência em funções gerais como uma vantagem competitiva. Já a funcionalidade da cadeia de suprimentos tem inúmeras variações no universo dos fornecedores de SGEs e pode ser facilmente considerada uma capacidade estratégica.

Não vá, porém, considerar os estereótipos de fornecedores como fator principal de sua decisão. Alguns pacotes têm a reputação de serem de difícil implementação, mas nem sempre isso é verdade com todos eles. Uma recente análise a respeito de 60 implementações de SGEs, por exemplo, comprovou que os pacotes com reputação de "implementação cara demais" nem sempre são realmente os mais custosos, pelo menos quando os custos da implementação são calculados em termos de percentual sobre a receita de uma companhia.[17] O mesmo estudo também comprovou que nem todos os pacotes supostamente mais complexos e difíceis são realmente aqueles de instalação mais demorada.

Da lista reduzida para o fornecedor escolhido

Como tive a oportunidade de destacar anteriormente, não entendo que a análise detalhada da "característica 'n' funções" sirva adequadamente para a maior parte das empresas. Se você optar por esta abordagem, provavelmente estará enfrentando um processo demorado de pedidos de informação e apresentação de propostas, e no final terá em mãos apenas uma longa e complicada planilha que dá a qualificação de cada um dos fornecedores em cada um dos critérios possíveis. Inevitavelmente, desta forma não haverá uma indicação clara, e a empresa que você desde o começo pretendia escolher não ficará em primeiro lugar. (Então, é claro, você decide mudar os critérios da avaliação!)

A maior parte das empresas deveria sempre conduzir o processo de seleção de maneira um pouco menos estruturada. Mais uma vez, você pode querer analisar detalhadamente o que o fornecedor tem a oferecer em relação a processos que lhe são críticos, mas não em relação a todos os processos. A estrutura e abordagem gerais do pacote de SGE devem, de qualquer forma, compreender mais solidez do que as características complementares, uma vez que estão sempre passando por alterações devido ao tempo do seu ciclo e aos novos lançamentos.

Conversar com fontes de referência do fornecedor e visitá-las é um passo muito importante neste processo. Você certamente irá querer várias fontes com características similares às da sua organização. Não é preciso limitar-se às referências indicadas pelos próprios fornecedores. Participe de conferências e apresentações dos grupos de usuários dos pacotes e de outros setores interessados. Acompanhe a mídia de economia e negócios em busca de referências de companhias que estão implementando SGEs. Telefone para as companhias mencionadas neste livro – só não lhes conte que a sugestão foi minha!

Além disso, você certamente irá querer uma demonstração dos principais pacotes. Mas, a menos que detalhe para o vendedor as necessidades técnicas e comerciais que pretende ver (o *roteiro*), todos eles tenderão a fazer uma apresentação padronizada que não lhe servirá para grande coisa. Preparar demonstrações roteirizadas exige muito trabalho, e por isso pode ser difícil consegui-las por parte dos fornecedores. Mais fácil será você convencer um fornecedor a fazer uma demonstração utilizando uma amostra dos seus próprios dados.

Além da funcionalidade e dos critérios de seleção filosoficamente orientados, você deve igualmente levar em conta os fundamentos da escolha do vendedor para qualquer tipo de produto ou serviço. Entre esses critérios podemos incluir:

- Custo (muitas companhias, no entanto, relatam que diferenças muito substanciais de preços acabam se diluindo ao longo do processo de licitação);

- Suas convicções de que as promessas do vendedor estejam dentro da realidade e com garantias sólidas;

- Alternativas de financiamento e formas de pagamento;

- Indícios de que o vendedor vai permanecer no negócio;

- Níveis de investimento da companhia no aperfeiçoamento de seu sistema;

- Atributos de suporte ao cliente;

- Disponibilidade de consultoria técnica e de implementação para o sistema.

Os critérios para a seleção dos parceiros de implementação são, em geral, um tanto diferentes. Esta é uma questão delicada, pois sou funcionário de tempo parcial de uma empresa de consultoria. Mesmo assim, posso lhes revelar quais foram os critérios que os CEOs de 200 empresas que implementaram os SGEs afirmaram ter utilizado na escolha de seus respectivos parceiros de implementação.[18] Os mais citados foram, pela ordem:

1. Custo;

2. Porte/reputação da empresa;

3. Referências;

4. Comprometimento com a sua visão;

5. Capacidade de lidar com mudanças;

6. Conhecimento do seu setor econômico;

7. Experiência com o *software*;

8. Disponibilidade de recursos qualificados;

9. Conhecimento abrangente dos processos de negócios.

O único critério desta lista ao qual faço objeções é exatamente o primeiro. O custo, na minha opinião, é certamente importante; mais importante ainda, porém, a relação custo/benefício. Talvez você possa dizer que os outros fatores são todos relacionados a benefícios, e nesse caso eu colocaria pelo menos alguns deles no topo da lista se fosse o encarregado desse *ranking*.

Concluirei este capítulo com alguns estudos de caso: um deles trata de uma empresa que chegou à conclusão de que não precisava de um SGE; outros dois, dizem respeito a companhias que decidiram instalá-lo.

Estudos de casos associados à decisão de implantação de um sistema de gestão empresarial

Uma empresa que não implementou o SGE

A Air Products and Chemicals é uma empresa de US$ 5 bilhões, com sede em Allentown, Pennsilvânia, que atua no ramo de gasolina e manufatura de produtos químicos. Não se trata de uma empresa elegante, mas certamente é bem administrada – solidamente lucrativa, com um respeitável crescimento. A empresa sempre foi inovadora em tecnologias de produção e de conservação ambiental, da mesma forma que em seus sistemas de informação de negócios. A Harvard University tem mais estudos de casos sobre os sistemas de informação da Air Products do que de qualquer outra empresa, e nenhum deles trata de um projeto que não deu certo.

Os executivos da Air Products, no entanto, sentem-se ultimamente um tanto solitários. Acontece que comandam a única grande empresa do seu setor que não tem um SGE instalado ou em implementação (um dos concorrentes tem um SGE limitado no setor de produção, mas não um sistema plenamente integrado). Mesmo assim, seus gerentes acreditam realmente que não precisam de um SGE, e eu concordaria com eles. A empresa conseguiu desenvolver com sucesso pacotes próprios e pacotes de função única de tal maneira que já alcançou a maioria, senão todos, dos benefícios que um SGE poderia proporcionar-lhe.

A Air Products simplesmente não tinha uma motivação urgente forçando-a a adotar um SGE, nenhuma plataforma pegando fogo. A companhia precisou gastar menos de US$ 20 milhões para remediar os efeitos do *bug* do milênio, e assim deixou de ser uma grande motivação para um SGE. Serviços financeiros compartilhados com o apoio de aplicativos financeiros padronizados foram adotados em 1982, e por isso a capacitação de novos procedimentos na área financeira também não era fator de urgência. A Air Products é particularmente concentrada nas aquisições como processo estratégico, e até por isso já dispõe de um sistema global de novas aquisições.

Os gerentes de TI da Air Products adotaram uma filosofia de "escala, simplicidade e uniformidade". Quase todos os seus aplicativos são comuns nos EUA; a Europa tem alguns sistemas financeiros próprios, talvez por nunca ter visto surgir uma necessidade urgente para sua consolidação. Os sistemas de contato direto com os clientes, envolvendo ordens e pedidos, encontram-se em processo de consolidação. Os sistemas de *desktops* estão sendo padronizados em toda a empresa. As interfaces entre os sistemas são minimizadas. Um programa de reinvestimento gerenciado em aplicativos de negócios manteve o portfólio razoavelmente atualizado e racionalizado. Não existem questões sérias envolvendo intercâmbio de dados com outras companhias: a Air Products participa de uma associação d[e] intercâmbio eletrônico de dados das indústrias químicas, e tem sido capaz de fa[-]zer esse intercâmbio de dados sempre que necessário.

O maior desafio ao sistema sem SGE da Air Products talvez esteja na dificul[-]dade de integrar a informação ao longo das funções de negócios. Para cuidar des[-]sa questão, os gerentes de TI da empresa passaram a dedicar considerável atençã[o] e esforços à gestão e à integração de dados. Por exemplo, empregam amplament[e] bancos de dados que reúnem informações dos mais diversos aplicativos para aná[-]lise e compartilhamento dos resultados. Cada vez mais, as definições de entida[-]des fundamentais de informação são tomadas em conjunto ao longo da empres[a.] Além disso, é intensa a dedicação ao planejamento de dados.

Ninguém na Air Products se opõe ativamente aos SGEs; ocorre apenas qu[e] nenhum dos estudos de negócios até agora apontou a necessidade de um sistem[a] de gestão empresarial. Os executivos da empresa, no entanto, estão permanente[-]mente reexaminando sua situação com relação às mudanças da tecnologia e d[os] negócios. A questão mais delicada atualmente a esse respeito é a do comércio el[e-]trônico. Conseguirá a Air Products proporcionar a clientes e parceiros acesso dados fundamentais para tais transações? Até agora, a empresa conseguiu progr[e-]dir em algumas unidades de negócios e funções em matéria de suporte do comé[r-]cio eletrônico; é porém concebível que um SGE venha a ser eventualmente ad[o-]tado para melhorar o acesso eletrônico externo.

A Air Products é um excelente exemplo da maneira pela qual os sistemas [de] informação permanentemente bem administrados atenuam a necessidade de u[m] SGE. Infelizmente, existem poucas empresas de porte semelhante tão bem situ[a-]das a esse respeito quanto a protagonista deste nosso estudo de caso.

Duas empresas do mesmo setor industrial que implementaram sistemas de gestão empresarial

Para muitos setores econômicos, os SGEs estão se tornando cada vez mais a n[or-]ma do que a exceção. A avaliação de duas companhias do mesmo ramo industr[ial] lança um novo ponto de vista sobre a dúvida entre implementar ou não impl[e-]mentar aplicativos de missão crítica com um SGE. Esta seção pretende ser de e[s-]pecial ajuda na consideração sobre escolher um SGE com a esperança de concr[e-]tizar uma diferenciação competitiva e a capacidade de estabelecer fortes relaç[ões] com fornecedores de SGEs quanto ao critério de seleção. Também é abordado o *ming* dessa seleção.

As duas companhias que irei descrever a seguir são os dois gigantes da indú[s-]tria de calçados e vestimentas esportivos – a Reebok International e a Nike Ambas têm processos praticamente similares e competem pela liderança em p[ro-]dutos. Por isso mesmo, não surpreende que tanto a Nike quanto a Reebok [te-]nham escolhido um SGE como o melhor caminho para manter a paridade ind[us-] trial em processos que não são responsáveis nem proporcionam vantagem competitiva. Ambas as companhias entenderam que com pacotes de aplicativos poderiam concentrar-se melhor em seus processos inovadores, que são o centro da indústria, em vez de dedicarem tempo e energia ao planejamento e manutenção de *software*. Ambas as companhias usam *software* padronizado para dar suporte aos seus processos de criação de produtos e módulos adicionais de SGE para dar suporte a outros processos de vantagem competitiva.

Embora a Nike e a Reebok considerem o desenvolvimento de produtos o seu principal processo de vantagem competitiva, alguns processos baseados em SGE são tremendamente importantes para a manutenção desta vantagem. O tempo para vender, ou a capacidade de fazer o produto no menor prazo possível e encaminhá-lo pela cadeia de suprimentos, garante sua capacidade de manter a liderança em produtos por intermédio da reação favorável do mercado. Devido à complexidade e ao amplo alcance das possibilidades de configuração, ambas as companhias sustentam que este processo é feito de maneira diferente em cada uma delas, apesar do fato de ambas terem escolhido pacotes similares. As duas empresas também garantem que o fato de terem adotado o mesmo SGE provavelmente não chegará a afetar consideravelmente o panorama de sua mútua concorrência.

Como a Reebok decidiu implementar um sistema de gestão empresarial. Da mesma forma que em tantas outras empresas, o impulso da Reebok em direção à implementação de um SGE cresceu a partir do reconhecimento de que os sistemas que tinha em funcionamento eram inflexíveis, e cada vez mais incapacitados para a função de dar suporte ao processo de crescimento da empresa. A maioria desses sistemas fora instalada quando a Reebok tinha menos de um décimo do seu porte atual. Como a Reebok havia crescido principalmente por meio de aquisições, foi igualmente adquirindo muitos sistemas sem perspectiva de conectividade e de integração quase impossível. A Reebok se transformara, a essa altura, em uma empresa multinacional, mas os seus sistemas continuavam a construir ilhas de automação e uma inexistência global de comunicação e entendimento. Um plano estratégico de TI sugeriu que se pensasse em um SGE pela primeira vez em 1991, embora nenhum dos sistemas então disponíveis fosse considerado suficiente para as necessidades da companhia.

Os executivos da Reebok voltaram novamente suas atenções para o mercado de SGEs em 1995, apenas para constatar que nenhum dos fornecedores existentes tinha condições de prover as necessidades muito especiais de sua produção – informações detalhadas sobre tamanhos, cores e estilos dos tênis. Embora esses executivos tenham chegado a avaliar a possibilidade de construir um sistema próprio, ou de montar um a partir da abordagem *best-of-breed*, a Reebok decidiu que só um SGE permitiria à empresa concretizar um de seus principais objetivos: a integração global plena. Além disso, um SGE proporcionaria as condições para que a empresa se mantivesse atualizada com respeito às melhores práticas existentes no setor. A Reebok considerou a compra de um SGE pronto e a sua adaptação à necessidades do conglomerado. No entanto, muito rapidamente se chegou à con clusão de que o montante de codificação exigido e a dificuldade que significari aperfeiçoar e manter um sistema tão modificado acabaria não valendo o tempo o dinheiro investidos para tanto.

A essa altura já angustiada com a necessidade de um SGE, a Reebok decidi procurar a SAP com uma proposta de sociedade no desenvolvimento de uma ca pacidade vertical de *software* que pudesse sustentar as exigências exclusivas de su produção. A SAP, na época, estava ganhando fatias cada vez maiores em seu mer cado e parecia dispor do porte e da capacidade necessários para levar adiante se melhante projeto. Mais ainda, a SAP já havia realizado trabalhos anteriores par empresas especializadas como a Reebok. Em 1995, surgiu o Apparel Footwea Consortium, composto pela SAP, a Reebok e outro fabricante de artigos especia lizados, a Vanity Fair (VF).

Ao trabalhar com o Consortium, a Reebok pôde proclamar várias vantagen: Em primeiro lugar, os gerentes já haviam obtido valioso *insight* com relação ã melhores práticas do setor mediante um relacionamento muito próximo com Vanity Fair. A Reebok também se capacitou a alavancar suas relações com forne cedores de *hardware* e de itens gerais, que fornecem serviços a preços favoráve em troca da oportunidade de ganhar experiência com o *software*. No lado inst: vel da equação, contudo, a Reebok teve de suportar as conseqüências de lança um produto "beta", ou seja, não integralmente concluído nem testado. Os execu tivos da companhia entendem que foi a Reebok, e não a SAP, que descobriu maior parte das falhas que a SAP posteriormente corrigiu. Isso custou um mês d atraso na meta de funcionamento do sistema.

A Reebok possui uma vantagem sobre a Nike em decorrência do funciona mento pioneiro e do desenvolvimento compartilhado do sistema? Pode ser. A e) periência da Reebok no desenvolvimento do *software* significa que seus funcion: rios conhecem o sistema em quase todos os seus detalhes e podem, desta form maximizar suas potencialidades. Não se trata de uma vantagem insignificant longe disso. Os executivos da Reebok a comparam à arte de tocar piano. "Todc podemos ter um piano. Mas quem tiver mais prática certamente vai tocar melhc Nesse sentido, estamos com 18 meses de vantagem em relação à concorrência Até quando esta vantagem do primeiro movimento vai durar e quais serão set resultados de longo prazo são, todavia, questões abertas à discussão.

Mesmo demonstrando um certo nervosismo quando concorrentes como Adidas e a Nike começaram a comprar os mesmos sistemas, os executivos da Re bok chegaram ao entendimento de que isso só representaria para eles benefíci ainda mais fartos. Com novas empresas a bordo, a SAP teria maiores incentiv para continuar a aperfeiçoar seu produto, além de mais experiência a partir c qual poderia tirar benefícios ao procurar melhores práticas para o setor.

Como a Nike decidiu implementar um sistema de gestão empresarial. Quatro anos depois da criação do Consortium e bem depois do lançamento do sistema vertical da indústria, a Nike resolveu trabalhar com a SAP na condição de apoio aos seus planos de reengenharia. Praticamente entre as últimas empresas do setor, de porte parecido, a adotar um SGE, a Nike optou por esperar até que a capacidade vertical da SAP em matéria de calçados esportivos estivesse consolidada. Da mesma forma, os gerentes da Nike sentiram que seu explosivo crescimento registrado a partir de 1992 significava forte pressão em alguns dos seus processos mais fundamentais. Eles sentiram que precisavam deixar seus processos globais amadurecer um pouco mais antes de analisá-los com vistas aos projetos de reengenharia, que envolviam não apenas o desenvolvimento de produtos mas, igualmente, abrangentes mudanças em seus processos internacionais de cadeia de suprimentos.

Da mesma forma que acontecera com a Reebok, os sistemas inflexíveis em funcionamento e a ambição de se tornar uma companhia global foram as forças motrizes que conduziram a Nike à adoção de um SGE. Os executivos entenderam que a ausência de integração dos seus sistemas contribuía para seus silos funcionais. Chegaram então ao acordo de que, uma vez que a integração era, para a Nike, mais importante do que a robustez funcional, a empresa optaria por um único vendedor, em lugar da abordagem *best-of-breed*. Como na Reebok, o desenvolvimento de novos sistemas especiais jamais chegou a ser considerado uma opção viável.

Antes de decidir-se pelo SGE, contudo, a Nike levou em consideração os efeitos de um SGE sobre a flexibilidade. Tratava-se de uma preocupação especialmente penosa para a Nike, uma empresa dinâmica e em constante transformação que se acostumara a tomar decisões rápidas sem se preocupar com seus efeitos sobre os sistemas. Ken Harris, o executivo-chefe para informação, chegou a ser citado como se afirmasse que, embora pensasse que a administração superior da empresa entendia intelectualmente a idéia da redução da exclusividade tecnológica e da flexibilização através da padronização, estes fatores poderiam se transformar em "veneno emocional" para esses executivos.[21] Contudo, Roland Paanakker, diretor de programas de Tecnologia da Informação, manifestou sua firme crença em que um SGE teria efeitos extremamente positivos no processo de tomada de decisões da companhia. Ele acreditava que os gerentes se tornariam mais proativos e reflexivos em relação ao processo de decisões, e que um SGE iria tão-somente capacitar a Nike a facilitar a tomada de decisões, uma vez passando a contar com processos uniformizados em todo o mundo.

Ao contrário do que fez a Reebok, adotando o SGE mediante um plano orientado à Tecnologia da Informação, a decisão da Nike por um SGE foi movida por um programa de reengenharia que atingiu a empresa toda, em busca de mudanças fundamentais na sua maneira de fazer negócios. A fim de evitar a abordagem "planilha-em-branco" (pois você poderá precisar jogar fora essa planilha se o SGE não sustentar a sua visão), a Nike escolheu seu fornecedor muito cedo no decorrer do seu processo de reengenharia. Ela identificou as estratégias de reengenharia de alto nível, o "quê", e só então introduziu o SGE para determinar o "como". Embora quatro outros sistemas tenham sido analisados, a Nike optou pelo da SAP porque os integrantes da equipe encarregada dessa decisão viram nele o único realmente capacitado a funcionar corretamente no seu setor industrial.

Paanaker, o executivo da Nike anteriormente citado, sustenta que não é o SGE em si que possibilita significativo valor e diferenciação, mas, sim, o relacionamento plenamente integrado com clientes e fornecedores que o SGE tem condições de ajudar a formatar. E explica: "Todos temos os mesmos instrumentos (SGEs). Com eles podemos desenvolver processos diferentes. E justamente nos relacionamentos que esses processos proporcionam está o fator que torna uma empresa realmente única."[22]

De maneira muito similar àquilo que aconteceu com a Reebok, a Nike esforça-se para desenvolver um relacionamento mais próximo com a SAP. Ao exercer alguma influência junto à SAP, a Nike espera contribuir para futuros aperfeiçoamentos na funcionalidade do pacote. Se a Nike tem mudanças de processos que não atingem sua vantagem competitiva, ela pode então solicitar ao fornecedor mudanças no pacote básico. Quanto aos processos relativos à vantagem competitiva, a Nike espera incentivar a SAP a acrescentar uma ou duas funcialidades ao pacote básico, com isso reduzindo as modificações que a própria Nike seria obrigada a fazer. Uma parceria mais próxima envolveria igualmente a confiança de que o fornecedor não iria revelar segredos competitivos dos quais tivesse tido conhecimento durante a realização de qualquer trabalho de suporte a processos individualizados.

Tanto para a Reebok quanto para a Nike, decidir sobre um SGE e escolher um fornecedor foram decisões fundamentais, especialmente por seus efeitos potenciais sobre a competitividade. Executivos seniores tiveram ativa participação em ambos os casos. Gerentes das duas empresas analisaram cuidadosamente, e de todas as formas possíveis, como um SGE poderia chegar a afetar processos fundamentais de negócios. Contudo, adotaram abordagens diferentes quanto ao *timing* de suas decisões relativas aos respectivos SGEs e ao seu relacionamento no âmbito de uma associação do setor.

Outras empresas que atuam no mesmo setor viram-se compelidas a tomar a mesma decisão quanto ao fornecedor do pacote que adotariam. A Adidas, a concorrente alemã da Reebok e da Nike, escolheu a SAP. A New Balance, uma empresa norte-americana de menor porte, não quis adotar o sistema da SAP por entender que a parceria Reebok/VF/SAP demoraria demais até produzir um sistema viável. A New Balance também se preocupava demais com o fato de serem SAP e outros pacotes incapazes de trabalhar com informação sobre a amplitude do produto; acontece que a exatidão da amplitude constituía exatamente um dos itens de maior destaque no *marketing* dos tênis da New Balance. Em conseqüência, a empresa acabou selecionando um SGE da JBA International, que se concentra em trabalhar com companhias de médio porte.

Estes estudos de casos resumidos ilustram alguns dos fatores que mais influem na decisão sobre adotar ou não adotar um sistema de gestão empresarial em uma determinada empresa. Eles retratam a interação entre fatores técnicos e comerciais, entre capacidades atuais e futuras exigências de negócios, e entre a perspectiva particular de uma determinada empresa e a mais geral, do conjunto do setor em que se insere. Um fator quem sabe tranquilizador quando se toma uma decisão tão complexa é saber que dezenas de milhares de empresas já implementaram pacotes de SGE fornecidos pelos maiores fornecedores. Se você estiver na fila para tomar a mesma decisão, certamente encontrará outra organização que já enfrentou essas mesmas questões e tomou uma decisão com a qual você pode ter bastante a aprender.

CAPÍTULO 4

Ligando os sistemas de gestão empresarial à estratégia e à organização

Um dos aspectos relativos aos SGEs mais negligenciados é, sem dúvida alguma, a análise de suas implicações para a estratégia dos negócios e para a estrutura e a cultura organizacionais. As empresas em geral entendem que estão instalando um sistema de computadores e dedicam pouco tempo – quando o fazem – ao estudo das implicações estratégicas do seu SGE. Da mesma forma, não conseguem entender que o seu SGE poderá ter significativas implicações para a maneira segundo a qual a companhia se estrutura e para a cultura do dia-a-dia da organização. Aqueles que conseguem entender as implicações que o sistema representará para a organização, por sua vez, fazem elucubrações altamente simplistas a respeito de como esse sistema irá modificar a cultura existente – como se isso fosse ocorrer por um passe de mágica.

Tentarei lançar alguma luz sobre esses pontos aparentemente esotéricos. Toda empresa deve analisar em primeiro lugar a maneira através da qual os SGEs – tendo ou não adotado já algum tipo deles – afetam sua posição competitiva, bem como a forma como a empresa funciona. Embora seja ainda cedo demais para entender as implicações estratégicas e culturais de longo prazo dos SGEs, apresentarei alguns exemplos de empresas que se dedicaram a pensar um pouco a respeito da questão e ajustaram seus projetos de SGE.

Os sistemas de gestão empresarial e a estratégia competitiva

Não é novidade afirmar que os sistemas de informação têm grande impacto na estratégia dos negócios, mas, mesmo assim, quem quer que se dedique à busca de um corpo de conhecimentos a respeito de como os pacotes de SGE – os mais caros e abrangentes entre todos os sistemas de informação – influem na estratégia não conseguirá satisfazer essa tarefa. A implantação de um SGE significa liderança ou desvantagem competitiva? De que maneira ela altera a estratégia de um setor industrial quando todas as empresas nesse setor adotam um mesmo pacote de SGE Não terá o SGE se transformado simplesmente em um movimento de paridade entre empresas – apenas mais um dos custos do negócio? Ninguém tem ainda condições de dar respostas absolutamente certas a qualquer uma dessas questões; nesta seção, por isso mesmo, estaremos explorando dimensões principais de cada uma delas.

Quais são as modalidades pelas quais um SGE pode afetar a estratégia competitiva e comercial? Em primeiro lugar, devido aos altos custos de um SGE, é possível que venha a representar um significativo impacto na estratégia financeira. Alguém poderia argumentar que é muito difícil concretizar uma estratégia de "baixo custo" no momento em que uma empresa está investindo centenas de milhões em um complexo projeto de SGE, ainda que seja possível tentar uma modalidade de custos reduzidos na implantação do sistema de gestão empresarial. O que é inevitável, contudo, é que os custos do SGE sejam repassados aos poucos – ou de uma só vez – para os produtos e serviços da organização.

Outros aspectos da estratégia financeira da organização podem, ao final do processo, ser afetados positivamente quando da adoção de grandes mudanças em processos fundamentais. Por exemplo, a Elf Atochem N.A. espera, com a implementação do seu SGE, um aumento de 20 por cento – ou US$ 45 milhões – em seus lucros líquidos anuais. Neste caso, os progressos na situação financeira da empresa virão através da redução de inventário e força de trabalho, do aumento da capacidade de negociar com os fornecedores e da redução dos custos com a distribuição.

No entanto, as áreas mais suceptíveis a impacto positivo de um SGE são as que envolvem a estratégia operacional – a maneira pela qual a empresa encara o mercado, cria seus produtos e serviços e trabalha com fornecedores, clientes e parceiros de distribuição. Os sistemas de gestão empresarial podem representar um enorme impacto na estratégia operacional devido aos seus efeitos sobre os processos fundamentais dos negócios. Algumas estratégias operacionais muito populares são viáveis exclusivamente mediante a contribuição de um SGE. Por exemplo, a idéia da produção enxuta. Esta forma de estratégia operacional, introduzida pela indústria automobilística do Japão, acabou predominando em inúmeros setores industriais.[1] Trata-se, em resumo, do método do "venda um, fabrique um, solicite um", na qual o estoque é quase zero. Outra de suas características é o abastecimento global, em que fornecedores, plantas de manufatura e centros de distribuição encontram-se espalhados pelo mundo inteiro. Ainda que seja possível

vel concretizar semelhante estratégia sem um SGE (os fabricantes de automóveis japoneses não dispunham deles quando adotaram essa metodologia), torna-se difícil alcançar a coordenação intersetorial indispensável para a produção enxuta sem se estar dotado de sistemas integrados de informação. Em teoria, um SGE registraria a concretização de uma venda, faria o cronograma da produção, garantiria a disponibilidade de estoque e providenciaria para que todos os demais recursos necessários ficassem à disposição.

A implantação de um SGE pela Compaq Computer é o mais perfeito exemplo de consolidação de uma estratégia de produção enxuta.[2] A Compaq tem como objetivo evoluir do seu antigo modelo de produção para estoque rumo ao da produção contra pedidos. Isto lhe daria condições de concorrer com sucesso com empresas de venda direta de computadores, como a Dell, com seu esquema de menor tecnologia em relação à integração da informação. A administração da Compaq chegou à conclusão de que uma estratégia de fabricação contra pedidos – produzir computadores de acordo com a demanda confirmada – não seria possível, ou não seria eficiente, sem a instalação prévia de um sistema de informação capacitado a promover a integração de toda a escala industrial, compreendendo o processamento de pedidos, configuração, produção, gerência de estoque e distribuição. Assim, em 1994 a Compaq começou a instalar o pacote R/3 da SAP. Hoje, ela tem o sistema instalado em todas as suas plantas de produção, e na maioria de seus departamentos de vendas. Uma comprovação da estrutura enxuta da Compaq é a sua capacidade de encaminhar seus pedidos de materiais aos respectivos provedores em base diária, e de planejar a produção a partir das previsões de vendas para uma semana. Anteriormente, ambos os processos eram feitos para um ciclo mínimo de 45 dias.

Claro que não é o SGE o único fator determinante da nova estratégia operacional da Compaq. A empresa também passou a desenvolver novas relações com seu canal de distribuição, terceirizando a produção e construindo alguns aplicativos não-dependentes do sistema SAP. Em termos de canal de distribuição, a Compaq informou aos seus distribuidores que não seriam mais o canal exclusivo das vendas de computadores. A empresa passou também a trabalhar com alguns dos maiores distribuidores/revendedores (por exemplo, a Merisel e a Inacom) na implantação de novos processos de produção nos quais os revendedores podem personalizar o produto de acordo com as especificações dos compradores. A Compaq utiliza o sistema SAP em combinação com a Internet para intercambiar dados com os seus fornecedores e clientes em tempo real, e não mais a partir do estilo anterior baseado em lotes de dados. Finalmente, a Compaq desenvolveu aplicativos próprios nas áreas de previsão de produção e programação de pedidos, depois de chegar à conclusão de que os aplicativos para setores comuns não lhe dariam a indispensável margem competitiva. Não resta dúvida, porém, de que o SGE é parte integral da estratégia operacional da Compaq, e de que uma produção enxuta e relativamente completa sem ele não poderá ser concretizada.

As decisões da Compaq são um bom demonstrativo das questões que surgem quando se procura atingir a vantagem competitiva com base na utilização de um SGE. Os administradores da empresa precisam elaborar e responder, eles mesmos, uma série de perguntas antes de se sentirem capacitados a determinar de que maneira um SGE influenciará na vantagem competitiva. Entre tais perguntas, destacamos:

▶ Quais são as minhas fontes atuais de vantagem competitiva? Que efeitos o SGE terá sobre elas? A principal arma da minha empresa em relação aos concorrentes é a excelência dos serviços prestados aos clientes; a partir da implantação de um SGE, a tendência será no sentido do aperfeiçoamento dessa área ou, pelo contrário, o sistema será um obstáculo ao seu desenvolvimento?

▶ O SGE fará surgirem novas capacidades estratégicas que poderão ser úteis no futuro? Por exemplo, terei condições de me empenhar com sucesso em um sistema de produção enxuto? E, principalmente, será esse sistema enxuto realmente necessário para enfrentar a concorrência?

▶ Que efeitos terão, sobre os preços dos meus produtos e serviços no mercado, os custos de um SGE? Se sou atualmente o produtor com os menores custos, terei condições de manter essas vantagens depois de pagar a conta de um SGE?

▶ Quais empresas do meu setor estão em processo de implantação de SGEs? Como isso poderá afetar os pontos fortes e fracos dessas empresas? Como será a dinâmica da concorrência se todos os integrantes do setor passarem a trabalhar com um SGE? Qual dessas empresas tende a instalar um SGE da melhor maneira possível, e qual delas o fará da pior maneira?

▶ Se outras empresas do nosso setor estão implementando SGEs, isso quer dizer que, no futuro, provavelmente precisarei conectar-me eletronicamente a elas. Se eu já faço algum tipo de trabalho freqüentemente com os concorrentes, é provável que esse relacionamento venha a ser mais eletrônico e automatizado no futuro.

▶ Existem aspectos particulares do negócio nos quais pode ser amistoso possuir informações e processos–padrão de *commodities*? Posso separar esses do restante da implantação de um *site*?

▶ Existe, em um projeto de SGE, o potencial para me fazer desviar das reais necessidades do meu negócio? Se for necessário desviar centenas de funcionários para o projeto, ou contratar uma consultoria a peso de ouro, será que ainda me restarão condições de concretizar aqueles projetos sem os quais minha empresa não sobrevive?

Infelizmente, o que é bom a estratégia pode não ser válido para a implantação de um SGE. Quando os executivos da Compaq decidiram construir uma função nalidade própria em domínios importantes da competitividade, tinham conhecimento de que seria difícil desenvolver aplicativos de características especiais e conseguir depois a interação entre estes e o seu sistema SAP (mesmo tendo escrito esses aplicativos na linguagem de programação do sistema SAP para facilitar ao máximo a conexão). E assim mesmo decidiram que valia a pena enfrentar todos esses problemas. Da mesma forma, quando a Intel decidiu, motivada por questões de vantagem competitiva, que a implementação do seu SGE não abrangeria os sistemas de produção, seus executivos e gerentes tinham conhecimento de como seria difícil fazer a interface entre sistemas com direitos autorais exclusivos e o pacote de SGE da companhia. Ocorre que a excelência em produção é uma das marcas centrais da estratégia da Intel, e trabalhar com um sistema que estivesse ao alcance de um concorrente que pretendesse adotá-lo não seria uma decisão coerente com as metas do conglomerado em matéria de competitividade.

Quando um setor industrial inteiro está adotando os SGEs, como ocorre com as áreas do petróleo, produtos químicos, produtos de consumo e computadores (com raras exceções em cada um desses setores), a base para obtenção da vantagem competitiva sofre alterações. Não é mais o simples fato de ter um SGE funcionando que faz a diferença, mas, sim, implantá-lo com maior eficiência do que todos os outros concorrentes, ou da maneira que melhor se adapte aos objetivos da empresa. Uma empresa pode estabelecer vantagem ao implementar seu SGE com maior rapidez, custos menores ou eficiência superior ao das concorrentes: ela pode concretizar uma adequação maior entre seu sistema e a maneira pela qual pretende conduzir seus negócios. O risco, porém, está em que a implantação de um SGE venha a se transformar simplesmente em um movimento decorrente do lançamento de algo novo, ou seja, uma parte do custo do negócio. Não seria uma situação inédita na história da tecnologia da informação. É óbvio que os caixas automáticos no setor bancário e uma presença padronizada em Internet de indústrias de todos os tipos já se transformaram em investimentos não-competitivos que a maioria das empresas está hoje obrigada a fazer. Não se trata, porém, de uma condição a ser invejada. Uma análise muito criteriosa da necessidade da implantação de um SGE, e de quais os melhores aspectos do sistema de gestão empresarial a serem adotados, pode evitar que todo esse processo se transforme precisamente nisso – instalar alguma coisa só porque a concorrência já instalou.

Para entender adequadamente qual será a origem de sua vantagem competitiva no futuro, é importante conhecer a origem atual desse fator. Como mencionei anteriormente, é importante saber exatamente qual força competitiva a sua empresa aspira. As empresas orientadas a inovações em produtos não são as mais aptas a desenvolver uma vantagem competitiva por meio da utilização de um SGE, pelo menos no atual estágio do *software* (embora isto possa viabilizar-se no futuro, uma vez que os fornecedores de SGEs já estão incursionando no domínio do gerenciamento de dados de produtos). Por isso, o mais indicado para as empresas de inovação em produtos seria que tentassem minimizar os custos dos aplicativos relacionados à administração; a adoção de um SGE pode constituir a estratégia razoável para a consecução dessa meta. A adoção de um SGE pela Intel é um caso a ser estudado. A empresa claramente se destaca das concorrentes no desenvolvimento de novos microprocessadores, mais poderosos, com maior rapidez do que qualquer outra empresa, e a utilização de um SGE tem por objetivo dar suporte a este processo.

Isto permite a excelência operacional e a familiaridade do cliente. Além disso a vantagem baseada em excelência operacional é uma boa candidata a ser aperfeiçoada por um SGE. Os benefícios da cadeia de suprimentos que discuti anteriormente são muitas vezes fundamentais para as estratégias de excelência operacional. Uma forte administração de estoques e o inter-relacionamento bem-coordenado entre atividades de demanda e oferta são essenciais para uma empresa manufatureira operacionalmente focada. A excelência dos processos de administração financeira e informação é um fator que pode ser essencial para a obtenção da vantagem operacional em companhias de serviços financeiros, embora os SGEs ainda não tenham grande penetração nesse setor econômico. A Elf Atochem se inclui nessa categoria; seus produtos são em primeiro lugar mercadorias e ela pretende competir principalmente em serviços de excelência ao consumidor e em administração da cadeia de suprimentos.

A familiaridade com o cliente não é ainda o ponto forte dos usuários de SGEs mas trata-se de algo que começa a ser visto de maneira diferente. Fornecedores de sistemas de gestão empresarial e fornecedores externos como a Siebel Systems começaram a concentrar-se fortemente em acoplar aos seus SGEs características de informação sobre clientes. Se a sua idéia de familiaridade com o cliente inclui lhe proporcionar acesso a boa parte de sua informação, instalar um SGE pode se tornar essencial para uma estratégia alicerçada nessa familiaridade. Contudo, eu argumentaria que os SGEs ainda não são capazes de captar, armazenar e distribuir aquela formatação de conhecimento do cliente que move um relacionamento mais próximo com esses mesmos clientes. Neste momento, trata-se de um relacionamento que ainda exige aplicativos separados, que precisam ser integrados com a parte do SGE que trata da informação sobre o cliente. O integrador de toda esta informação diversificada ainda continua sendo um ser humano acostumado a lidar com clientes, e não, por mais aperfeiçoada que seja, qualquer forma de sistema de informação.

Não há duas implementações de SGE que sejam exatamente iguais, e por isso é possível conquistar vantagem simplesmente pela configuração do seu sistema ao seu modelo de negócio com a maior exatidão possível e pela escolha dos pacotes certos de acessórios para fazerem a interface com o seu SGE. Com mais de 8.000 configurações diferentes possíveis em um pacote de SAP, por exemplo, são incontáveis as maneiras idiossincráticas de fazer negócios que se torna possível acomodar. E as opções aumentam acentuadamente quando se acrescentam os pacotes específicos.

Por exemplo, a VF Corporation, fabricante dos *jeans* Lee e de outros artigos de vestuário, fundiu vários pacotes diferentes de maneira a criar algo verdadeiramente único.[3] O R/3 da SAP mantém todos os sistemas unidos e é a espinha dor sal do sistema geral (é bom lembrar que a VF se aliou à Reebok para trabalhar com a SAP no desenvolvimento de um SGE desenhado especificamente para a indústria de vestuário). Os processos de desenvolvimento de produtos, que não encontram um suporte muito grande dos fornecedores de SGEs, são no entanto apoiados pela WebPDM, que faz a conexão entre uma variedade de programas de projetos e gerencia esse processo. O controle de armazenagem e de manufatura é feito por aplicativos desenvolvidos por encomenda. O planejamento de capacidade e de matéria-prima é feito pelo pacote Rhythm da i2. A previsão fica a cargo da Logility. O *micromarketing* está aos cuidados da Marketmax, Spectra, JDA *Software* e aplicativos feitos por encomenda. Todos esses sistemas fazem a interface com o SGE da SAP (embora alguns o façam com muito maior facilidade – e menos intervenção manual – do que outros). A SAP e outros grandes fornecedores facilitam a interface com outros sistemas acrescentando *hooks* (ganchos), ou interfaces de programas aplicativos (APIs – *application program interfaces*), aos seus sistemas. Além disso, a VF não está utilizando os pacotes comuns de acessórios. Devido ao enorme porte da companhia, ela pôde convencer os fornecedores de *software* a desenvolver novos *softwares* voltados especificamente para o atendimento dos padrões da indústria do vestuário.

Se você entender que a vantagem será obtida principalmente a partir de outros aplicativos, sejam eles pacotes especiais ou sistemas desenvolvidos por encomenda, naturalmente precisará calcular e avaliar os custos necessários para desenvolvê-los e fazer sua interface com um SGE. Se você entender que o seu SGE poderá ser configurado para dar suporte total à sua empresa, tal configuração provavelmente custará bem mais do que a implementação básica de um sistema. E, como esses custos são elevados, você deveria garantir que a organização irá realmente cumprir as promessas até a concretização das vantagens e benefícios previstos.

Todas as fontes de vantagem competitiva que discuti até agora dizem respeito a estabelecer a diferença entre sua empresa e as concorrentes. Mas, como Michael Porter destacou mais de 20 anos atrás, é também possível concorrer efetivamente em matéria de custos. Sua empresa poderia consolidar uma vantagem de custos em relação aos concorrentes mediante à não-implementação de um SGE, ou implementando um sistema mais barato que o dos concorrentes. Já tive a oportunidade de descrever a opinião da Air Products and Chemicals a este respeito no capítulo anterior. Os administradores da empresa não instalaram um SGE porque, entre outros fatores, temiam que seus custos viessem obrigar a empresa a aumentar os preços, o que certamente conduziria à redução das vendas em alguns dos mercados nos quais opera.

Claro que determinadas implantações acabam custando mais do que outras. Embora o conceito de concorrer em custos e implementar um pacote de *software* de muitos milhões de dólares possa parecer contraditório, as duas idéias na verdade podem coexistir. Se você estiver optando por uma implementação de baixo custo, logicamente buscará um sistema simplificado e precisará estar pronto para tornar seus processos e informações relativamente genéricos. Como diz o CEO de uma grande empresa de produtos químicos: "A vantagem competitiva neste setor pode depender inteiramente de se fazer o melhor e mais barato quando da implementação de um SGE." Seria, porém, óbvio demais salientar que a simples instalação de um SGE não será o bastante para conseguir a vantagem com base no custo? Você também vai precisar de muita disciplina organizacional, programas de mensuração, fornecedores orientados a custos e gerentes que estejam com seu foco constantemente voltado para os custos.

A vantagem competitiva poderá igualmente resultar do estar ou não estar entre os primeiros integrantes do seu setor a implantar um SGE; por isso mesmo não deixe de levar em consideração, na deliberação relativa aos benefícios, qual a sua situação no *ranking* do pioneirismo. Se você for o primeiro a instalar o sistema, poderá igualmente ser o primeiro a implementar as mudanças comerciais que beneficiam clientes, sócios e inclusive os seus processos internos. A sua organização poderá tomar conhecimento do pacote e de como utilizá-lo com eficiência antes que os concorrentes o façam. Poderia ser ainda a primeira a instalar novos módulos orientados ao cliente ou relacionados ao desenvolvimento de produtos que realmente trazem vantagens naqueles domínios de valor para os negócios.

A vantagem competitiva não é resultado dos sistemas, mas, sim, de fazer alguma coisa melhor do que os concorrentes. Antes de se lançar à implementação de um SGE cuja justificativa esteja associada à base competitiva, trate de certificar-se do seu pleno conhecimento dessa vantagem, e de até que ponto ela será concretizada. "Passaremos a entregar os pedidos em três dias, em vez de em três semanas, e nosso levantamento dos principais clientes garante que um aperfeiçoamento nessas proporções nos garantirá 10 pontos percentuais do mercado" – esta é a espécie de linguagem que você precisa ouvir. Ouça também comentários como "nossos concorrentes não conseguirão se equiparar aos nossos aperfeiçoamentos porque nós temos algoritmos exclusivos de otimização da cadeia dos suprimentos", ou algo semelhante a respeito da maneira pela qual a concorrência reagirá aos seus movimentos.

Em alguns casos, logicamente, o melhor movimento em termos de competitividade poderá ser aquele de se evitar pacotes de SGEs, quaisquer que sejam os tipos. Se não houver vantagem estratégica imaginável em um SGE, o melhor que uma empresa poderá fazer será botar a funcionar uma série de sistemas *best-of-breed* ou até mesmo aplicativos desenvolvidos internamente, ou continuar trabalhando com os sistemas disponíveis e instalados.

Os sistemas de gestão empresarial e a estrutura e cultura organizacionais

Embora adaptar os SGEs à estratégia competitiva seja sem dúvida uma grande oportunidade de progresso, adaptar os SGEs à estrutura e à cultura organizacionais é quase sempre um problema. E não me interprete mal: são realmente muitas as oportunidades que os SGEs fazem surgir no âmbito de qualquer organização. As empresas podem implementar sistemas de suporte às estruturas organizacionais anteriormente inimagináveis, ou podem modificar a cultura da organização, encaminhando-a em uma direção planejada e desejada.

Uma abordagem comum é, por exemplo, usar um SGE para dar suporte à centralização de determinados serviços – quase sempre finanças, contabilidade, compras ou recursos humanos de uma organização. Semelhante abordagem de serviços compartilhados não é nenhuma revolução na estrutura organizacional, mas proporciona redução de custos mediante economias de escala e a adoção de uma modalidade unificada na realização dos trabalhos. Na Amoco (atualmente parte integrante da BP Amoco), por exemplo, os serviços compartilhados foram um dos principais resultados da implementação de um sistema SAP.[4] A Amoco reorganizou 14 serviços diferentes, que eram realizados por mais de seis mil funcionários, em um módulo de serviços compartilhados, e deu suporte a quase todos esses serviços com o seu SGE. Mais de mil empregos só nos setores financeiro e de contabilidade foram eliminados em conseqüência dessa mudança; antes de sua fusão com a BP, a Amoco tinha a expectativa de economizar mais de US$ 350 milhões por ano a partir do compartilhamento de serviços proporcionado pelo SGE.

Oportunidades como essas não são, porém, regra geral na relação entre um SGE e a organização na qual está sendo instalado. Pelo contrário, a organização de uma empresa normalmente surge como um problema na implementação. Ou a empresa não se dá conta de que os fatores organizacionais passarão a contar para valer, ou ela não faz o necessário para concretizar os objetivos organizacionais que se propõe a atingir. Tais objetivos, se é que existem, são, normalmente, integrar a corporação ao longo de fronteiras geográficas ou de unidades de negócios, ou criar uma cultura organizacional mais disciplinada na qual todos passem a utilizar processos e informação similares. No entanto, como muitas empresas em geral vêem em um SGE apenas mais um sistema computadorizado, não chegam nem a articular seus objetivos organizacionais com clareza nem a trabalhar adequadamente para concretizá-los.

São muitas as variações existentes em torno desses temas comuns, mas a maioria das organizações pode ser classificada ao longo de um (ou mais) deles. Nas próximas seções descreverei cada um desses temas, dando também um exemplo de onde e como ocorreu.

O problema da "ausência de aspirações organizacionais"

Muitas organizações não chegam a especificar quaisquer objetivos organizacionais quando da implementação de um SGE. Consciente ou (o mais provável) inconscientemente, elas separam o domínio da tecnologia da informação daquele da estrutura e da mudança organizacionais. No passado, quando quase todos os sistemas não assumiam um modelo organizacional específico, esta separação não constituía um problema. Hoje, contudo, a integração e o alcance dos SGEs quase que obrigatoriamente impõem novas fórmulas de organização àqueles que implementam tais sistemas. Falando no contexto geral, a organização que utiliza um SGE faz negócios de maneira semelhante no mundo inteiro. Limites funcionais em organizações que empregam SGEs são preteridos em favor de uma coordenação interfuncional. Conduzir ou relatar negócios de maneira muito individualizada passa a ser mais difícil. Crescem as exigências em matéria de qualificação para as funções que cada um exerce.

A organização que não tiver consciência desses tipos de mudanças e não agir no sentido de concretizá-las estará condenada a enfrentar crescentes dificuldades. Como foi o caso de um importante fabricante de artigos eletrônicos que implementou um SGE como solução técnica para problemas causados por sistemas legados tremendamente defasados. A empresa é altamente descentralizada, e na verdade acabou por implantar versões diferentes de um mesmo sistema ao longo da organização – mas não no seu todo. Não se tratava de algo que alguém pudesse qualificar de terrivelmente eficiente, apesar de ter possibilitado o efeito desejado de preservar a estrutura descentralizada da companhia.

Ocorre que, no nível de unidades de negócio, a empresa jamais olhou para a frente, tampouco articulou seu rumo organizacional. Por exemplo, várias das unidades de negócios tinham especial interesse na funcionalidade gerencial do SGE em compras e cadeia de suprimentos, pois atuavam em mercados de rápido crescimento e especialmente sensíveis à disponibilidade dos produtos da empresa. Essas unidades apostavam fortemente em que a função de compras da empresa – que nunca se destacara no passado por qualquer resquício de modernidade – pudesse tornar-se mais profissional como resultado do novo sistema. A empresa era fortemente orientada a processos e se referia às mudanças desejadas como reengenharia dos processos de compras; a organização e a cultura no âmbito da função jamais foram sequer mencionadas.

Quando o sistema começou a ser implementado, contudo, alguns gerentes deram-se conta da emergência de um problema. Os funcionários da função de compras simplesmente não estavam à altura de suas tarefas. Muitos deles tinham apenas o segundo grau; alguns tinham o certificado de profissional da função de compra fornecido pela entidade dos profissionais do setor (a APICS, nos Estados Unidos). Suas habilidades haviam sido formatadas de acordo com o velho estilo "vamos ver se tem no depósito" da gerência da cadeia de suprimentos, mas, diante das complexas informações propiciadas pelo SGE a respeito de estoques disponíveis para encomenda, ligações via EDI com os fornecedores, e os algoritmos de roteamento da distribuição, eles estavam simplesmente perdidos. Felizmente para os empregados (mas infelizmente para uma companhia nessa situação), a cultura paternalista da empresa simplesmente proibiu que se pensasse em resolver ta problema mediante a substituição desses trabalhadores por outros mais habilitados a desempenhar a função desejada. Os funcionários deveriam ser qualificados por intermédio de cursos, treinamento e certificação da APICS e paciência. Co mo resultado disso, o projeto de SGE de uma dessas unidades de negócios experimentou, conforme seu próprio gerente, um atraso de pelo menos dois anos.

Essas questões organizacionais poderiam ter sido antecipadas, caso a empresa as tivesse enfrentado de frente. Acontece que ela nunca foi considerada até que a inexistência de qualificação bloqueou o caminho fundamental do prazo da implementação. Quando não se sabe quais são os objetivos organizacionais da própria empresa, é uma aposta de ganho certo a emergência de obstáculos insuspeitados que se transformarão em pedras no caminho da procura do sucesso.

O problema do "agora vamos nos integrar"

O fracasso na concretização de um alto nível de integração organizacional é, talvez, o problema mais comum nas iniciativas de SGE. Como você já pôde constatar, os SGEs existem para dar suporte a empresas que têm, ou querem ter, integração entre suas unidades funcionais e comerciais. O sistema sozinho, porém, não garante a concretização da mudança. Além disso, são muitas as empresas que não dão os passos necessários para a concretização do nível almejado de integração.

Tomemos como exemplo uma empresa de recursos naturais que sempre fora altamente compartimentada. Tinha uma divisão que vendia para clientes por intermédio de varejistas, outra que vendia para clientes industriais, e uma terceira que produzia matérias-primas para outras divisões. Ao longo de toda a história dessa empresa, as divisões gozaram de alto nível de autonomia, tanto em relação a questões de sistemas de informação quanto à maioria dos demais aspectos das divisões.

Em 1994, o CEO da empresa começou a falar na necessidade de maior integração entre as várias divisões. Alguns de seus varejistas estavam também começando a distribuir para clientes industriais, e por isso exigiam maior coordenação entre as divisões. O CIO (*chief information officer*) da empresa, que já fora informado do esgotamento dos sistemas legados de algumas divisões, ouviu falar da integração de unidades comerciais e foi ao CEO com uma proposta sobre o tema. Se instalarmos um desses SGEs, ele disse, estaremos capacitados a dispor de informações e processos comuns em todas as unidades de negócios, e a integração ocorrerá naturalmente. O CEO, naturalmente, pouco sabia a respeito dos sistemas de informação, e acreditou piamente na palavra do CIO.

Assim, no final de 1994, a empresa deu início a um grande projeto de SGE. Todas as unidades de negócios foram incentivadas a substituir seus antigos sistemas, passando a depender do novo SGE. Desde o começo, no entanto, a integração não funcionou, pois cada unidade comercial foi autorizada a substituir os respectivos sistemas separadamente. Elas conseguiram convencer o CEO de que seus processos de produção, de gerência de pedidos e de estoques e outros processos operacionais eram diferentes demais das outras divisões para que se pudesse pensar em uma plena padronização. Os únicos sistemas comuns a toda a corporação seriam os aplicativos financeiros e de recursos humanos (RH).

A partir daí o nível da integração começou a deteriorar. Uma divisão, cujos sistemas eram irremediavelmente inadequados às respectivas necessidades, implementou o SGE com determinação. Seu diretor conseguiu convencer os gerentes da necessidade da mudança, e, uma vez conseguido o comprometimento deles com os objetivos do SGE, tornou-os responsáveis pelas mudanças de processos, informação e organização necessárias para que a implantação fosse completada com sucesso. As outras duas unidades, contudo, com urgência bem menor quanto à implementação dos sistemas, limitaram-se ao mínimo indispensável para satisfazer as determinações tanto do CEO quanto do CIO.

A não ser por ocasionais referências ao objetivo da integração em reuniões com as equipes (depois de ter dado a aprovação formal ao projeto do SGE), o CEO nada fez que pudesse incentivar um maior índice de integração. Nenhuma medida foi tomada no sentido de proporcionar a compatibilização, ou similaridade, da informação ou dos processos fundamentais. Nenhum dos gerentes que resistiram ao SGE foi punido ou sequer advertido. Não se fez curso algum para demonstrar os benefícios gerais da integração ou do sistema que lhe daria suporte nem, tampouco, treinamento relativo às melhores formas de concretizar essa integração.

No começo de 1997, o CEO se deu conta de que, apesar de já terem sido gastos mais de US$ 300 milhões com o SGE, pouco ou nenhum progresso no caminho da integração podia ser notado. O que ele fez então foi cancelar o projeto em nível de corporação, renegando publicamente seu comprometimento com o alvo da integração. A única divisão que havia conseguido progressos com o SGE – não por coincidência a única divisão com um alto índice de apoio executivo ao projeto – teve permissão de continuar com ele, mas as outras duas simplesmente cancelaram tudo o que já havia sido feito. O módulo de recursos humanos, que havia substituído um sistema de RH com graves problemas relacionados ao *bug* do milênio, também teve seguimento, e se tornou parcialmente funcional no começo de 1998. Em resumo, o projeto não chegou a ser um prejuízo total, mas evidentemente não chegou a concretizar um mínimo de realizações compatíveis com seus objetivos iniciais relacionados à integração.

Esta é uma história relativamente comum. Como os SGEs são relacionados com a idéia da integração, os gerentes de empresas muitas vezes dão como certo que a integração será uma conseqüência automática da implementação. A verdade é que só se conquista a integração de processos e da informação com base em um alto nível de mudança organizacional. Sempre haverá áreas da organização forçadas a adotar maneiras de conduzir negócios que representarão a subotimização de seus objetivos. Os gerentes não sentirão qualquer benefício nessa mudança, ou ficarão matutando sobre qual a lógica de uma mudança apenas para se adaptar a um sistema de computadores. Determinadas funções ou unidades chegarão mesmo a resistir ao projeto, ou não irão comprometer-se minimamente com sua concretização.

Talvez seja inevitável que corporações com sede nos Estados Unidos enfrentem dificuldades com o grau de integração que muitas delas estão tentando implementar mediante projetos de SGE. São inúmeras as empresas norte-americanas que deram às unidades de negócios considerável latitude na maneira de conduzir seus processos de negócios, definir suas necessidades de informação e consolidá-las em sistemas computacionais. Com o surgimento dos minicomputadores e, mais tarde, dos PCs e dos menores sistemas servidor/cliente, milhares de aplicativos surgiram como flores (alguns diriam sementes) ao longo da organização. A partir daí, mudar para um SGE definido e controlado centralizadamente, no qual tudo precisa ser comum, é realmente uma tarefa braçal, para dizer o menos. Talvez seja mais fácil em algumas áreas da Europa (a Alemanha logo é lembrada) e no Japão, onde o centro corporativo é quase sempre forte, e a autonomia das divisões menos pronunciada. Mesmo em empresas alemãs, contudo, eu já testemunhei modalidades altamente descentralizadas de implementação de um SGE.

Agora que sabemos quais dificuldades com a integração com base em SGE podem ser esperadas em qualquer empresa, a pergunta é: qual a melhor maneira de superá-las? A resposta deve ser praticamente óbvia a partir do estudo de caso recém-apresentado. Aqui vão algumas sugestões:

- O treinamento e o ensino são prioridades nesta área. Os gerentes precisam conhecer (de preferência antes da adoção de um SGE) o terreno em que estarão se aventurando. E isso só acontecerá se forem bem instruídos a respeito das implicações do sistema em termos de processos-chave, estrutura organizacional, da informação que utilizam e dos sistemas de que dispõem atualmente.

- O consenso a respeito da necessidade e do ritmo da integração é a etapa mais importante depois do treinamento e ensino. Se os gerentes se convencerem de que a integração é necessária, poderão ser encarregados das mudanças indispensáveis à sua concretização. Se não se convencerem, ou se não forem consultados a respeito, é provável que não demonstrem entusiasmo com as mudanças e, mais ainda, que venham a resistir ativamente à sua implementação.

- Um forte sentimento de "quem somos nós" é indispensável. Como discuti no Capítulo 2, é fundamental para as organizações que sonham com a integração ter perfeito entendimento de até que ponto a desejam e de como a organização passará a ser e a sentir quando ela for alcançada. Muitos dos problemas registrados em programas de SGE surgiram em empresas que pensavam que a integração era um sólido objetivo, mas que o abandonaram mal as implicações reais de tal integração ficaram claras.

- Outra exigência um tanto óbvia, mas, mesmo assim, freqüentemente desprezada: a existência de apoio pleno do mais alto escalão executivo. A integração organizacional só é viável quando conta com o forte comprometimento daqueles cujo comprometimento é realmente necessário. Como disse um gerente da Intel, utilizando linguagem arturiana, "a administração sênior deve ter pureza de coração" nessas questões. Os executivo seniores podem não se sentir como o rei Artur e os cavaleiros da Távola Redonda quando estiverem apreciando e decidindo sobre projetos de SGE, mas certamente precisará de níveis similares de comprometimento e sinceridade.

O problema do "vamos acabar com os resistentes"

Um problema organizacional relacionado com a implementação do SGE é o que tem por objetivo a criação de uma cultura mais disciplinada no que diz respeito a informações, processos ou sistemas. As empresas que adotam esse objetivo são em geral aquelas que no passado adotavam um estilo muito liberal neste terreno, e nas quais os contestadores sempre tiveram permissão de adotar o estilo que melhor lhes conviesse. O resultado disso é em geral uma proliferação de sistemas e modos de trabalho, cada um deles com a sua própria informação. As empresas constatam que alguns usuários e gerentes de sistemas gostam demais deste estilo, mas, também que ele torna quase impossível consolidar a integração entre as funções e unidades de negócios. Pode tornar-se extremamente caro construir e sustentar esse tipo de ambiente de Tecnologia da Informação, uma vez que implica a duplicação de funções básicas nas múltiplas áreas do negócio.

Um comentário típico dos gerentes de projetos de SGE – sempre que tiverem a garantia de não serem citados – a respeito deste ambiente sustenta que "tivemos muitos contestadores no passado, mas, com o nosso SGE, vamos botá-los na rua". Com isso comprovam a expectativa de que, quando houver um sistema abrangente e atualizado em ação (ou, em alguns casos, já quando se anunciar a proximidade de sua implementação), os contestadores se sentirão forçados, ou no mínimo fortemente incentivados, a abandonar seus sistemas renegados. Assim, entendem, o controle centralizado sobre a informação e os processos será finalmente restaurado.

Este tipo de ambiente é facilmente encontrável em empresas nas quais existem mais trabalhadores do conhecimento, em que a cultura corporativa geral é ao mesmo tempo liberal e empreendedora, e em empresas que tiveram sucesso desde o seu começo. É igualmente encontrado com maior facilidade em empresas do setor de tecnologia da informação, nas quais muitos funcionários e gerentes sabem que são especialistas em sistemas de informação (embora saber pouco se torne um perigo). Dois exemplos disso são a Apple Computer e a Intel. Essas duas corporações implantaram SGEs em parte por desejarem consolidar um controle central sobre sistemas renegados de computação disseminados pela organização. A Intel temia que a integração ao longo de tais sistemas se tornasse impossível, pois os custos com TI aumentavam a um ritmo mais veloz que o dos gordos dividendos da corporação. A Apple teve, a esse respeito, o incentivo extra do declí nio do seu desempenho nos negócios: os custos dos sistemas precisavam ser colocados em linha. Em ambas as empresas, os gerentes dos projetos esperavam que a perspectiva de instalação, ou até mesmo a concretização de um SGE, viesse a colocar os resistentes na linha.

Os gerentes em ambas as empresas descobriram, contudo, que, isoladamente, o SGE não consegue alterar uma cultura arraigada, nem implantar um modelo mais disciplinado. Nenhuma dessas empresas conseguiu concluir seu projeto de SGE, e é igualmente possível afirmar que nenhuma delas conseguiu colocar todos os resistentes sob controle. Ambas as empresas constataram que havia vários outros passos explícitos a serem dados para possibilitar o enquadramento dos resistentes, além de simplesmente se anunciar a concretização de um SGE. Em resumo, os aspectos culturais e organizacionais do projeto devem ser vistos também como um programa de mudança. Alguns dos elementos específicos dessa mudança são a seguir relacionados:

▶ É preciso realizar um minucioso levantamento de todos os sistemas existentes no âmbito da empresa, e de quais deles têm funcionalidades que serão substituídas por um SGE (mesmo que isso possa ser uma questão de opinião, sujeita a debate!) Descobrir os sistemas renegados será tarefa bem mais difícil e prolongada do que à primeira vista possa parecer.

▶ Os gerentes que são "donos" do sistema resistente devem receber uma oportunidade para defender sua posição. Nesse caso, quanto mais alta for a posição hierárquica do gerente encarregado de fazer o papel de "juiz" da questão, mais aparente se tornará o valor da integração. Na Nova Pharmaceuticals, uma corporação canadense fabricante de remédios, qualquer pessoa pode continuar a usar um sistema resistente – desde que se reúna com o CEO e obtenha dele a aprovação para tanto. Naturalmente, o CEO não é inclinado a dar tal aprovação. Na maioria das empresas, existem pelo menos alguns motivos válidos pelos quais um gerente ou usuário resistiria à transição para um SGE. Ouça sempre argumentos deles e deixe claro que existem exceções à regra de mudança dos sistemas para a órbita do SGE da corporação.

▶ Os gerentes de sistemas resistentes devem receber alguma compensação pelas perdas que terão em termos de processos e informação talhados conforme suas necessidades específicas. Por exemplo, os fundos economizados a partir da supressão da manutenção e atualização do sistema resistente poderiam ser realocados a outros objetivos no mesmo departamento.

▶ O calendário para a conversão do sistema resistente deve ser estabelecido mediante acordo entre a equipe do projeto do SGE, o gerente e os usuários desse sistema; e, se o cronograma do SGE vier a sofrer atrasos, não se surpreenda caso o calendário de transição do sistema resistente passe a apresentar atrasos ainda mais consideráveis.

A alternativa federalista

Existe uma alternativa à idéia de que todas as áreas de uma empresa devem ter informação e processos plenamente integrados e um SGE corporativo único. Eu a chamo de *federalismo da informação*, que seria talvez uma alternativa mais adequada para a maioria das grandes empresas norte-americanas do que o modelo da integração plena.[5] Nesta nação caracterizada pelo mais rústico individualismo, não é novidade constatar que é extremamente difícil levar todos a fazer a mesma coisa. O federalismo na política, é claro, está muito bem institucionalizado nos Estados Unidos. Significa que o governo federal comanda determinados aspectos da administração, sendo os demais deixados aos cuidados dos governos estaduais ou de instância governamentais de porte ainda mais restrito, para que deles tratem como melhor lhes parecer.

A analogia com a governabilidade corporativa é óbvia.[6] O centro corporativo controla determinadas políticas e também processos, e unidades remotas têm controle sobre os restantes. Naturalmente, o federalismo representa um *continuum* de estilos. Se o centro corporativo determina a maioria (mas não todos) os estilos de negócios e deixa às unidades locais apenas estreita margem de autonomia, temos aí um modelo que pode ser chamado de uma monarquia com ínfimo grau de federalismo. Se, tal como em uma corporação européia que estudei, a organização corporativa determina a utilização do pacote de SGE de um determinado vendedor, mas ao mesmo tempo permite que mais de 400 versões diferentes do SGE sejam instaladas em sua organização, estaremos falando de uma verdadeira anarquia de informação com um leve grau de federalismo. Sem surpresa alguma para os especialistas, essa mesma empresa gastou mais de US$ 1,5 bilhão nas várias implementações de SGE até agora realizadas.

Embora a idéia do federalismo não seja novidade nem mesmo no contexto dos sistemas de informação (mesmo nunca tendo sido descrita sob essa denominação), a maneira pela qual o federalismo funciona no contexto de um SGE é uma história ainda em desenvolvimento. Nem todos os fornecedores apóiam essa modalidade, e praticamente nenhum deles chega realmente a estabelecer um federalismo baseado em SGE. Existe também uma versão "automatizada" do federalismo, na qual a informação comum é agregada por um SGE de nível corporativo, e um federalismo "manual", no qual a informação mais compartilhada é sempre tornada plenamente comparável e agregável por meio de uma significativa intervenção humana. A partir destes esclarecimentos preliminares, a seguir apresento uma versão de como funciona esse federalismo.

O primeiro e mais difícil aspecto da instituição do SGE federalista é a decisão da organização quanto a quais informações e processos devem ser comuns globalmente. Ela pode decidir que o termo *dividendos* deve ter o mesmo significado em todas as áreas, por exemplo, pelo fato de que precisam ser agregados para fins de relatórios financeiros. No entanto, a mesma organização poderia decidir que, devido às relações diferenciadas das suas divisões com os respectivos fornecedores, a informação para esses provedores poderia igualmente variar ao longo dessas di visões. Uma vez que a informação é intimamente ligada aos processos de negócios, a flexibilidade em uma área normalmente implica flexibilidade em outra.

Depois de ter determinado o alcance da informação comum, uma empresa que busca o SGE federalista instala um estágio de, digamos, R/3 da SAP (um dos pacotes para os quais o federalismo é possível, embora apenas nas suas versões mais recentes) na sede da corporação. Trata-se do sistema em que são mantidos os dados financeiros da empresa, juntamente com muitas outras informações que necessariamente devem ser transmitidas até o mais alto escalão corporativo. Então, cada unidade de negócios pode ter um sistema próprio, capaz de dar suporte às suas necessidades específicas de informação. Somente aqueles elementos de dados sobre os quais houve acordo de compartilhamento precisam ser compatíveis com os demais no sistema corporativo. É até mesmo possível optar por sistemas não-corporativos de um vendedor diferente daquele do sistema corporativo, embora as questões de interface resultantes venham a ser obviamente mais complicadas do que se todo o *software* fosse do mesmo fornecedor.

Se as diversas unidades de negócios dispõem de tipos diferentes de clientes ou fornecedores, processos básicos de negócios e estilos de administração, podem igualmente dispor de informações diferentes sob a abordagem federalista. Esta é a situação dominante em muitas grandes empresas, e a capacidade de acomodar diferenças é exatamente a principal vantagem do federalismo no SGE. Modos anteriores de federalismo, nos quais cada unidade de negócios dispunha de sistemas exclusivos, dificultavam agregar a informação que precisava ser comum a todos.

O federalismo, no entanto, também tem suas desvantagens. O processo de decidir qual informação deve indispensavelmente ser comum pode se tornar embaraçoso, por demais alongado e litigioso. Sempre haverá gerentes argumentando que sua versão preferida do federalismo é aquela que abastece a sede com todas as informações por ela exigidas, utilizando, porém, seu próprio sistema. Esses mesmos gerentes poderão ainda sugerir a integração de fontes diversificadas de informação ao nível do banco de dados geral. Infelizmente, se a empresa pretende mesmo consolidar uma integração real e obter informações transparentes em todos os seus níveis, esses falsos modos de federalismo não funcionam. Além disso, os gerentes rebeldes poderão estar tratando das exigências de informação ao nível de empreendimento como uma tarefa extra de hoje que amanhã poderá muito bem ser abandonada. Se é assim, realmente não vale a pena implantar um SGE, a menos que o conjunto da organização leve às exigências de informações em nível de empreendimento muito a sério.

O federalismo com SGE significa igualmente um grau de dificuldades técnicas e de implementação bem maior do que a simples instalação do sistema. Em vez de implantação de um sistema para uma empresa inteira, federalismo significa instalar vários sistemas e fazer com que se comuniquem. Ao contrário de adaptar uma grande organização – com seus processos, estrutura organizacional e ambiente preferencial de informações – a um sistema, federalismo significa passar pelo processo de adaptação várias vezes. Em resumo, o federalismo significa maior flexibilidade nos negócios ao preço de imensa complexidade técnica. Torna-se viável e desejável tão somente quando for verdadeiramente importante para manter maneiras específicas de fazer negócios em diferentes setores de uma empresa. A maioria das empresas não deveria sequer mencionar a possibilidade de um federalismo orientado por SGE antes de ter realmente determinado que apenas um SGE não é o bastante para as suas finalidades.

Na Hewlett-Packard (HP), empresa com enraizada tradição de autonomia das unidades de negócios, tem sido exemplarmente escassa a reivindicação de compartilhamento ao longo das várias grandes divisões que estão implementando o sistema SAP. Nem todas as unidades comerciais implementam o sistema; não existe uma determinação da companhia obrigando a que o façam. Com exceção de uma pequena faixa de dados financeiros comuns a todas as divisões que estão implementando o sistema (e que são necessários para consolidar os relatórios financeiros em nível corporativo), o estilo federalista da HP dá todo o poder às divisões em matéria de decisões envolvendo o SGE. Este modo de proceder adapta-se perfeitamente à cultura da HP, mas, como não existe um compartilhamento dos recursos da implementação e da arquitetura do sistema é muito complexa, o processo todo fica excessivamente caro: os gerentes calculam que se gastará bem mais de um bilhão de dólares no conjunto da corporação até se completarem os vários projetos em andamento. A modalidade da HP se qualifica como federalismo, porém uma versão limitada do conceito.

Os sistemas de gestão e a delegação de autoridade

Pode até parecer incoerente falar dos SGEs e da delegação de autoridade em um mesmo espaço. Estes sistemas quase sempre são discutidos em termos de métodos padronizados de fazer negócios, de organizações hierarquizadas e de marcha forçada para o compartilhamento. Como, então, permitiriam qualquer espécie de delegação de autoridade?

O espaço para a liberdade de ação é reconhecidamente limitado. Não funciona muito bem, por exemplo, se determinados funcionários ou mesmo departamentos têm voz ativa na determinação da melhor forma de definir informações fundamentais, ou mesmo sobre como o sistema deve ser utilizado para dar suporte a uma determinada função de negócio. Esse tipo de delegação de autoridade imporia severas restrições ao funcionamento de um sistema ao longo de setores diversificados de uma organização.

Por este motivo, é importante deixar claro desde o começo da implementação de um SGE que nenhum funcionário ou departamento será autorizado a projetar seus próprios sistemas. Em uma empresa manufatureira, por exemplo, os funcionários estavam entusiasmados com o novo SGE em instalação. Memorandos do CEO haviam sido remetidos para todos os setores da empresa, prometendo basicamente que o novo sistema, extremamente dispendioso, significaria tudo para todos. Os trabalhadores da fábrica, que haviam passado dificuldades e padecido com sistemas inflexíveis e obsoletos de produção, estavam entre os mais entusiasmados, por acreditarem que finalmente chegaria a era de uma melhor informação ao nível de chão de fábrica. Cada fábrica anteriormente controlava seu ambiente restrito de informações (o que incluía o sistema de numeração de peças de cada uma delas), mas os sistemas da fábrica eram baseados em *mainframes* e extremamente difíceis de serem alterados. Pensando nos benefícios do novo sistema, vários grupos de fábricas elaboraram listas de suas preferências em informação e de funcionários que se apresentavam para trabalhar com o novo sistema. Coube infelizmente aos gerentes informar aos trabalhadores que toda essa disposição não tinha muita utilidade, e que o novo sistema não iria proporcionar qualquer delegação de autoridade em nível de fábrica. Não é difícil imaginar a reação dos trabalhadores: desapontamento, desorientação e revolta generalizada contra o empregador.[7]

Apesar de tudo, sempre existe, como você certamente deduziu a partir do título desta seção, alguma margem, mesmo restrita, para a delegação de autoridade a indivíduos e grupos com um SGE. Ela requer flexibilidade não na criação da informação ou processos, mas na sua respectiva utilização. A ampla disponibilidade de informação em um ambiente de SGE significa que os funcionários e departamentos podem contar com informações em quantidades incomparavelmente maiores do que em qualquer outro momento da história. Eles não precisam mais de um intermediário para obter do sistema qualquer tipo de informação, e a informação que eles podem acessar tem tudo para ser mais ampla, mais acurada e mais atualizada do que fora no passado.

Na Union Carbide, por exemplo, os gerentes do projeto de SGE adotaram um modo tipicamente estruturado na definição de processos e informações. A necessidade de conectividade global foi que ditou quais seriam os elementos de dados e processos de negócios comuns. A cultura da empresa havia exaltado a delegação de autoridade e a iniciativa individual, e por isso os gerentes não admitiram que o SGE estivesse na contracorrente dessa dimensão cultural. Os líderes do projeto, por isso mesmo, concentraram-se em "informações com autoridade", disponibilizando montantes incomparáveis de informações ao longo de toda a organização (e mesmo fora dela, para clientes e fornecedores). Trabalhadores dos níveis mais baixos da hierarquia funcional deixaram de ser proibidos de acessar todas as informações (com exceções óbvias como o banco de dados que continha as folhas salariais). Embora ainda seja muito cedo para julgar, na Union Carbide, se este tipo de delegação de autoridade é o suficiente para se ajustar àquela cultura mais ampla, ele obviamente não deixa de constituir um passo na direção certa.

É igualmente possível delegar alguma forma de autoridade aos funcionários mediante o compartilhamento e a utilização do conhecimento derivado do SGE e dos processos. Um novo SGE dá origem a uma variedade de novos processos de trabalho e transações de informação que os funcionários podem realizar. No começo, e às vezes para sempre, alguns funcionários saberão mais do que os outros como o sistema funciona e de que maneira ele se relaciona com os respectivos empregos. Se os funcionários puderem compartilhar seu conhecimento entre eles, e consolidar um banco de informações a respeito dos processos e das transações de informação a partir de suas próprias experiências, terão mais autoridade e poder para desempenhar suas funções com eficácia maior do que nunca.

Uma empresa de *software*, a Ventix Systems, desenvolveu um acessório que capacita os usuários de SGEs a captar, compartilhar e acessar informações sobre funções, processos e transações. Essas informações são organizadas a partir das etapas dos principais processos da organização. Se os funcionários têm acesso a um banco de conhecimentos relacionados ao SGE, seu trabalho pode obviamente se tornar mais eficiente e mais eficaz e, ao mesmo tempo, mais gratificante pela autonomia que lhes proporciona. Outro benefício importante de administrar este tipo de conhecimento é o fato de o pessoal interno de controle, ou "superusuários", ficar livre de um acúmulo de perguntas à medida que os usuários puderem consultar um banco de informações. Os fornecedores de pacotes de sistema de gestão empresarial estão trabalhando no desenvolvimento de acessórios semelhantes, e eu creio ser grande a probabilidade de que todos os pacotes de SGE incluam, no futuro, a condição de gerenciar o conhecimento durante a implementação e utilização.

Os sistemas de gestão empresarial e a cultura administrativa

Tenho descrito os SGEs como algo que afeta principalmente a cultura a partir da perspectiva dos trabalhadores de uma determinada empresa. Mas a verdade é que um SGE também tem importantes implicações para a cultura administrativa das empresas que adotam tal sistema. Infelizmente, tais mudanças não implicam delegação de autoridade, exigindo, pelo contrário, um maior grau de disciplina e responsabilidade administrativa. Muitos executivos e gerentes — pelo menos aqueles no nível sênior — podem logo juntar as informações necessárias ao cumprimento de suas funções, mesmo quando isto requer a participação de um grande número de analistas. A grande mudança com um SGE é que outros gerentes podem conseguir informações a respeito deles.

Quando converso com executivos de projetos de SGE e de organizações nas quais estão sendo implementados, sinto a emergência de um tema comum a todos. Dizem que há muitas ocasiões em que os gerentes conseguem esconder um mau desempenho de suas funções ou unidades de negócios valendo-se de sistemas deficientes de computadores, em geral não-integrados. Um desses executivos chegou a descrever a existência de uma cultura de "maquiagem eletrônica", na qual os resultados, quando desfavoráveis, podem ser facilmente manipulados. Quando processos e práticas de informação variam amplamente de um setor para outro da empresa, é muitas vezes verdadeiro que as únicas mensurações de desempenho verdadeiramente comparáveis sejam as da área financeira — e qualquer gerente experiente sabe muito bem como manobrar com dados de contabilidade para fazer com que pareçam mais impressionantes do que na realidade.

Depois de instalado um SGE, "não resta mais lugar algum para se esconder", como disse outro executivo que entrevistei. Dados de desempenho têm o mesmo significado em toda a empresa e são relacionados sem intervenção humana. Qualquer pessoa tem condições de descobrir a qualquer momento o real desempenho de uma determinada unidade de negócios. Fica fácil ver como se desenvolve uma cultura de maior responsabilidade dos gerentes. Embora seja ainda cedo demais para dizer com que rapidez ou com que facilidade essa tendência irá se impor, ou como os gerentes a ela reagirão, as empresas que estão adotando projetos de SGE devem levar na devida consideração essa dimensão de mudança cultural, e preparar os seus gerentes para trabalhar com ela.

A mudança organizacional durante a implantação

Algo que os gerentes de projetos de SGEs devem realmente lamentar é o fato de não poderem dedicar o tempo adequado às pessoas e às mudanças organizacionais durante a implantação. Estabelecer a estrutura organizacional ideal para o projeto, como descreverei no Capítulo 6, faz parte do processo de mudança. Da mesma forma que em qualquer outra grande mudança de negócios, os líderes de um projeto de SGE precisam identificar os principais papéis nesse empreendimento: os líderes da mudança, os agentes, os alvos, os resistentes. É sempre uma boa idéia identificar claramente os tipos de comportamentos e atitudes indispensáveis entre todos os participantes de um projeto de SGE e avaliar sua disposição a adotar esses novos atributos. Esses princípios são as idéias das "101 Mudanças Administrativas", todas especialmente relevantes em projetos de SGE devido às proporções e à escala das mudanças que abarcam. Um promotor e líder de projeto de SGE deveria consultar regularmente textos autorizados sobre mudança administrativa em um contexto de sistemas de informações.[8]

Os mais importantes aspectos de mudança organizacional em qualquer projeto de SGE têm tudo a ver com educação e treinamento. É de bom tom, quase banal, destacar que a maioria das organizações subestimam o quanto de treinamento e educação precisam tanto o pessoal técnico quanto os usuários de negócios de um novo SGE. Mesmo sendo banal, é verdadeiro, e nunca é demais ser acentuado. Poucas foram as empresas que não subestimaram essa questão, e vale a pena destacar que gastaram altas percentagens – entre 25% e 50% – do orçamento geral de seus projetos em questões diretamente ligadas ao desenvolvimento dos estudos e qualificações necessários.

Quais são os temas nos quais as pessoas necessitam de treinamento? A seguir, apresento alguns exemplos:

- Os técnicos precisam aprender a natureza do pacote, das características de *hardware* e de rede necessárias para fazer com que funcione, e também das características gerais de desempenho do sistema;

▶ Os projetistas de processos precisam aprender a quais processos o sistema po[de] dar suporte, e quais seriam as implicações de se buscarem mudanças na con[fi]guração do projeto;

▶ Cada usuário precisa aprender a utilização diária do sistema, saber como ele d[á] suporte ao processo que desempenha e de que maneira a organização no se[u] todo pode ser afetada pelo simples clicar de uma tecla do novo sistema;

▶ Executivos seniores precisam conhecer as implicações do sistema em relaçã[o] aos processos de estratégia, organização e negócios, e como uma organizaçã[o] dotada de um SGE pode competir com mais eficácia no seu campo.

Mesmo a empresa que contrata consultores para ajudá-la a implantar um SG[E] precisa ter certeza de que essa consultoria irá treinar um número suficiente d[e] pessoas da organização nas particularidades do funcionamento do sistema n[o] contexto do negócio principal e sobre a melhor maneira de trabalhar em sua ma[-]nutenção ou modificação. Isto deve ser especificado no contrato de consultori[a] em vez de ficar ao sabor da boa vontade das respectivas partes. E se você decid[ir] não contratar consultores para a instalação do seu sistema, poderá acabar desco[-]brindo que eles são a melhor forma de qualificar o seu pessoal com o treinamen[-]to adequado ao desempenho dessas novas tarefas.

É comum que o treinamento comece tarde demais, mas ele também pode te[r] início cedo demais. É preciso disponibilizá-lo na hora certa, pouco antes de s[e] manifestar a sua necessidade. Isto em geral significa que boa parte do treinamen[-]to deve ocorrer depois da instalação do sistema, a fim de que os usuários possa[m] tirar o melhor proveito de suas possibilidades. Treinamento realizado antes de [o] sistema ficar plenamente disponível em geral não dá certo.

Vale a pena pensar em construir ou em comprar um *sistema de suporte ao d[e]sempenho*, ou tutoriais, que tenha condições de proporcionar aos usuários treina[-]mento em seus locais de acesso ao sistema, sempre que dele necessitarem. Esse[s] sistemas podem ter o foco voltado para a tecnologia, como ocorre com os trad[i]cionais módulos de ajuda. Podem, no entanto, ser muito sofisticados em questõe[s] comerciais, ajudando os usuários a aprender bastante a respeito da tecnologia, d[o] processo e do objetivo de negócios, tudo ao mesmo tempo.

A Intel, por exemplo, colocou um grupo de tecnólogos avançados a prepara[r] um elenco de ferramentas de suporte de desempenho enquanto implementav[a] um SGE. Devido ao fato de tanto o sistema quanto os processos aos quais dá su[-] porte serem de alta complexidade, os desafios do treinamento são igualmente po[r] demais complexos. Os especialistas da Intel em aprendizagem às vezes sugeria[m] aos implementadores do sistema que uma mudança no processo ou no sistema se[-]ria a melhor e única maneira de amenizar consideravelmente o problema do tre[i]namento. A Intel agiu com brilhantismo ao desenvolver essas ferramentas d[e] treinamento enquanto ainda havia possibilidades de efetuar mudanças no siste[-]ma. O erro mais comum que detectei em matéria de treinamento e ensino – alé[m] daquele de não lhes destinar recursos suficientes – foi justamente o fato de se começar tarde demais, quando o sistema já está praticamente instalado.

Uma palavra final sobre o lado humano da implementação. Mencionei antes que projetos de SGE quase sempre significam que as empresas passam a precisar de um número menor de funcionários em um ambiente comandado por um SGE, e que tais pessoas precisam ser consideravelmente mais qualificadas e ter conhecimentos mais profundos sobre os negócios: é o fenômeno chamado de "metade em números, mas o dobro de capacidade". Os funcionários precisam aprender a realizar suas velhas funções com um sistema novo. Precisam conhecer as implicações de suas ações com o SGE para o restante da organização, o que só pode ser alcançado por meio de uma perspectiva ampla e interdepartamental. É indispensável que passem a dominar novas habilidades analíticas e de transmissão de informações. Em resumo, precisam aprender a viver em um mundo novo que é muito diferente e bem mais complexo do que o antigo. Nem preciso reafirmar, por tudo isso, o quão difícil é formar ou encontrar pessoas que tenham o "dobro em capacidade" e estejam em condições de enfrentar todas essas questões. Se você estiver realmente determinado a aperfeiçoar as qualificações do pessoal que trabalha em sua empresa – e eu sou decididamente um partidário dessa posição –, precisará começar a agir em tal sentido em um estágio muito preliminar do processo de definição do SGE.

Os sistemas de gestão empresarial como estilo de vida

A maior parte das organizações entende que, apesar das dificuldades existentes na implantação de um SGE e das substanciais mudanças organizacionais que ela implica, há luz no fim do túnel. Ou seja, o período das complicações chegará ao fim e a organização poderá novamente sentir-se realizada em termos de mudanças estratégicas, organizacionais e técnicas. Em outros termos, um pouco de sofrimento agora será recompensado pela paz no futuro.

Mas, embora seja provável que os tipos de mudanças existentes nos projetos de SGEs venham a experimentar uma redução, até certo ponto, com o passar do tempo, eu diria que serão pouquíssimas as empresas capazes de proclamar encerradas as mudanças decorrentes da implementação de um SGE. As empresas não estão adotando um projeto, mas um estilo de vida. As grandes mudanças características da etapa da implementação vão, é claro, diminuir, só para serem sucedidas por outras, como, por exemplo:

- Adaptar o sistema às mudanças na estrutura e função do negócio (por exemplo, fusões ou aquisições, desenvolvimento de novos produtos e serviços);

- Instalar novas versões de *software*, que poderão incluir novos módulos e acessórios;

- Treinar novos usuários no sistema, ou de usuários antigos em novas funções o habilidades;

- Conduzir novas unidades de negócios na utilização do SGE;

- Lidar com as opiniões de novos gerentes sobre a melhor maneira pela qual sistema deveria adaptar-se ao negócio, ou vice-versa.

Para se adaptar a essas mudanças em andamento, as empresas terão de garantir a disponibilidade dos recursos necessários para equipar e dar suporte ao que é em essência, uma função permanente. Os gerentes da Intel garantem que precisam de 12 pessoas, em caráter permanente, só para efetuar no sistema as mudanças correspondentes à criação de novas unidades de negócios ou de finanças; muito mais gente será necessária para instalar novas versões e módulos. Dar suporte ao sistema no dia-a-dia também constitui uma tarefa interminável; são inúmeras as evidências no sentido de que muitos "superusuários", que esperavam retornar aos seus cargos em funções de negócios, acabarão se tornando indispensáveis in definidamente em funções de suporte do SGE. As empresas podem igualment ser levadas a manter gerentes de projetos e um escritório inteiro de projetos a fir de enfrentar as muitas questões derivadas das mudanças relacionadas aos SGI que não param de surgir.

Mesmo sem mudanças no sistema ou no negócio, é preciso contar com recu sos atualizados para manter e colocar em funcionamento novas estruturas e con portamentos organizacionais. Digamos, uma empresa resolve que toda a sua ir formação relativa aos clientes será comum no mundo inteiro mediante o se SGE, e que o controle de dados dos clientes será mantido na unidade central. N entanto, para que essa pretensão possa concretizar-se, é preciso estabelecer un sólida função central encarregada de criar, modificar, expurgar e manter os dad dos consumidores. Além disso, será necessário algum tipo de "força de polici mento da informação" para garantir que funções e unidades remotas não venha a estabelecer seus próprios bancos de dados sobre os clientes. O compartilhame to de funções ou de processos é uma virtude na qual é preciso investir com o pa sar do tempo.

Embora seja do conhecimento geral a máxima de que "só a mudança é con tante", muitos executivos empresariais não chegam a entender que ela se este de igualmente aos projetos de SGE. Antes de se lançarem a um projeto de SG eles deveriam chegar à plena convicção de que estão adotando um meio de vi irrevogavelmente diferente do até então conhecido. A necessidade de recurs organizacionais, de atenção e de gerenciamento das mudanças é algo que jama se esgotará.

CAPÍTULO 5

Ligando os sistemas de gestão empresarial à informação e aos processos de negócios

A característica que mais distingue os processos de gestão empresarial talvez seja o fato de se orientarem para processos de negócios interdepartamentais e abrangentes e para a informação comum. Ao contrário de sistemas anteriores de informação, os SGEs conseguem transmitir informações livremente ao longo das principais funções comerciais de uma organização. Não é necessário aplicar-lhes nenhum tipo de cartola funcional. Ao longo de intermináveis décadas, as empresas sonharam com a possibilidade de integrar seus sistemas de informação em processos abrangentes; durante outras tantas décadas, elas construíram ou instalaram sistemas com capacidade de suprir apenas uma parte escassa das necessidades da organização. O pessoal de vendas era sempre incapaz de detalhar os estoques disponíveis para entrega porque essa informação residia, inacessível para eles, em um sistema de produção. A produção, por sua vez, não conseguia fabricar apenas o montante negociado pelo pessoal de vendas porque não havia conexão entre a função de produção e o sistema utilizado pelo pessoal de vendas. Pelo fato de terem acabado com essa segmentação, os SGEs se transformaram no fator mais importante para a consolidação de uma nova visão dos negócios por processos.

Existe, porém, uma armadilha. Ou melhor, várias armadilhas. Este capítulo estará voltado principalmente para tais armadilhas e para o que fazer em relação a elas. Como preliminar, uma armadilha está relacionada ao fato de ficar muito difícil começar a trabalhar como se a organização fosse orientada a processos tãosomente porque um sistema de informação faz com que isto seja possível. Outra é que a complexidade e a integração dos SGEs são fatores que tornam inviável modificá-los substancialmente; por isso mesmo, não é, de maneira geral, possível dar suporte a projetos de processos altamente idiossincráticos. Um terceiro problema reside na dificuldade de determinar com exatidão as possibilidades e os limite que o projeto representa para os seus processos de negócios. Uma quarta armadi lha é certamente a dificuldade de se obter informação comum a toda a organiza ção. Debaterei cada um desses problemas com maiores detalhes e descreverei sc luções, ou ao menos promessas, para ajudar a enfrentá-los.

O grande compromisso geral da utilização de processos de negócios do SG relaciona-se com o elenco de alternativas de implantação que descrevi no Cap tulo 1. Situa-se entre os objetivos gêmeos, que são: 1) colocar em funcionamen to um sistema que dê suporte ou funcionalidade à estratégia da companhia e 2 colocar rapidamente em andamento um sistema com uma funcionalidade técn ca básica. Leva muito tempo – em uma grande empresa, alguns anos – chegar-s ao melhor ajuste possível entre os parâmetros do sistema e os projetos estratég cos "possíveis" dos muitos processos de negócios proporcionados por um SGI Trata-se, igualmente, de uma espécie de trabalho que normalmente requer ou contratação de consultores, sempre caros, ou a identificação, na própria empres interessada, de funcionários com alta especialização e capacitados a empreend essa missão. Em conseqüência, são inúmeras as empresas que irão inevitavelmer te enfrentar grandes pressões no sentido de seguir em frente apenas com um aju te aproximado entre processo e sistema. Mais adiante, vou discorrer a respeito c melhor maneira de abordar esta questão, sempre mantendo em mente que o con promisso é algo quase que inevitável.

Além de criarem mudanças nos projetos de processos, os SGEs também repr sentam mudanças substanciais na informação. Como destaquei no capítulo ante rior, é mais do que normal o fato de as empresas quererem dispor de informaçã comum – fazer, por exemplo, com que os termos *cliente, produto* e *tubo de flange* 6,5 *polegadas de diâmetro* signifiquem a mesma coisa em toda a organização. N última parte do presente capítulo, abordarei algumas das questões inerentes criação de uma informação comum, ou compartilhada.

Os sistemas de gestão como ferramentas do processo

Uma vez que pensar em termos de processos é algo ainda ausente do cotidiano c muitas pessoas do mundo dos negócios, é sempre útil rever conceitos básicos d processos e suas relações com os SGEs. O que torna os SGEs orientados a proce sos? Quais são os processos de negócios a que um SGE típico proporciona suport e a quais deles não proporciona? É possível utilizar-se um SGE e não fazer um ve dadeiro gerenciamento dos processos de negócios?

Em 1993, publiquei um livro – se é que isso interessa, foi o primeiro livro s bre o tema – tratando da "inovação de processos", ou reengenharia.[1] Não me c gulho muito da forma pela qual muitas empresas fizeram suas respectivas reeng nharias, mas ainda gosto muito da definição de *processos* contida naquele livr "Um processo é, portanto, uma ordenação específica de atividades de trabalho âmbito de tempo e lugar, com um começo, um fim e *inputs* e *outputs* claramente definidos: uma estrutura para a ação ".[2] Em termos menos formais, definiria os processos como a maneira pela qual se supõe que determinado trabalho deva ser conduzido em uma organização. Esta segunda definição deixa claro que os processos são uma abstração; ninguém na verdade faz o seu trabalho o tempo todo exatamente como especificado no projeto do processo. Alguns pesquisadores definiram a maneira pela qual o trabalho é na verdade realizado como a *prática*; seja qual for, porém, o nome a ela dado, a diferença entre abstração e realidade na concretização do trabalho é importante, e a ela irei me referir mais tarde.[3]

Existe o projeto do processo e depois vem a sua implantação. A implementação pode ser vista como a tentativa de colocar os projetos em prática. São inúmeras as evidências factuais, existindo também pesquisa empírica a respeito, sugerindo que ocorreu uma grande brecha entre o projeto e a implementação em incontáveis projetos corporativos de reengenharia.[4] Ocorre que não poucos projetos incluíam objetivos muito ambiciosos de mudança na etapa da elaboração, objetivos esses que, na etapa da implementação, acabaram sendo abandonados por inteiro ou consideravelmente diluídos. Um dos problemas em que muitas organizações esbarraram ao longo desse processo foi a dificuldade de dar suporte a novos projetos de processos com sistemas de informação orientados a processos. Construir seus próprios novos sistemas era impraticável, e os pacotes disponíveis não foram explorados em todas as suas possibilidades porque não davam suporte a projetos que representassem um recomeço integral.

Nos primórdios da reengenharia, os SGEs não eram tão conhecidos como hoje; poucas empresas (a Dow Chemical, por exemplo) fizeram, no começo da década de 1990, uma ligação explícita entre seus projetos de reengenharia e um SGE. Eu mesmo fiz apenas breves referências aos SGEs no livro de 1993 sobre a reengenharia (pags. 63-65, para quem estiver altamente interessado), e não tenho conhecimento de outras menções a eles na literatura da época sobre reengenharia. Em meados da década de 1990, quando os SGEs já eram mais comuns, passaram a ser vistos como os salvadores da reengenharia. Desde então, os SGEs vieram sendo cada vez mais vistos (por seus criadores e por seus usuários) como ferramentas do processo.

Quais são os atributos dos SGEs que os tornam compatíveis com uma orientação por processo? São vários, a saber:

▶ Os sistemas de gestão proporcionam uma estrutura de trabalho semelhante àquela do processo do pensamento; o fluxo de atividades e informações ao longo da organização é orquestrado pelo sistema;

▶ Os sistemas de gestão são integrados e estabelecem a plena ligação entre as mais variadas funções e subprocessos de negócios;

▶ Os módulos dos SGEs correspondem mais ou menos ao modo pelo qual as organizações subdividem seu trabalho entre grandes processos;

- Os sistemas de gestão permitem que o desempenho dos processos seja mensurado (especialmente em termos de tempo e de custo) à medida que vão sendo realizados;

- Os sistemas de gestão ligam o projeto e a implementação do processo mediante funcionalidades (*templates*) que orientam uma organização a projetar processos de melhores práticas, para as quais o suporte de sistemas de informação está disponível quando da implementação do sistema resultante;

- A documentação dos SGEs e da configuração específica dos sistemas escolhidos por uma empresa exige um determinado nível de conhecimento sobre os processos comerciais dessa empresa; esse nível de disciplina não é muito presente nas empresas antes da implementação de um SGE.[5]

Quais os processos a que o SGE dá suporte? E a quais processos ele não dá suporte? A maioria dos grandes processos operacionais pode contar com o apoio dos maiores e mais sofisticados SGEs, o que inclui aqueles das marcas SAP, PeopleSoft e Oracle. Embora existam variações entre os pacotes dos diversos vendedores, entre os processos aos quais um SGE dá suporte incluem-se os seguintes:

- Todos os processos financeiros e de contabilidade, inclusive tesouraria, controladoria, contas a pagar e a receber, gestão de investimentos e relatórios financeiros;

- Todos os processos da cadeia de suprimentos, entre eles a especificação da fonte, a obtenção, a expedição, a cobrança e o pagamento, bem como o planejamento e a otimização nos mais sofisticados SGEs;

- Todos os processos de fabricação (embora muitas empresas tenham sistemas separados loja-fábrica, cuja interface é realizada com seu SGE);

- Os processos relacionados aos clientes e à entrega de seus pedidos;

- Os processos de serviços ao cliente (sejam eles integrados no SGE de um fornecedor ou em sistemas que, mesmo separados, admitem a interface);

- Gerência da força de vendas (mais uma vez, integrada ou com interface);

- O gerenciamento de recursos humanos;

- A manutenção da fábrica e dos equipamentos;

- O gerenciamento da fábrica e do equipamento;

- O gerenciamento de projeto e de construção;

▶ Alguns processos de gerenciamento (relatório, análises *ad hoc*, etc.).

Como você certamente se deu conta, a lista inclui a grande maioria dos processos que as empresas pretendem aperfeiçoar ou submeter a uma reengenharia à base de sistemas de informação (além de outros que raramente são adotados e aperfeiçoados em empresas ocidentais, tais como os processos de gerenciamento). Alguns processos, como o gerenciamento da força de vendas e os serviços ao cliente, só recentemente vêm sendo acrescentados aos SGEs, não sendo ainda, portanto, de uso generalizado.

O único dos grandes processos ainda, de maneira geral, não afetado pela maioria dos SGEs é o do desenvolvimento de novos produtos. Ao passo que esse processo tem o suporte de alguma forma de tecnologia, os sistemas de projetos auxiliados por computador (CAD – *computer-aided design*) utilizados são quase sempre separados *de*, e não se comunicam *com*, pacotes de SGE. Contudo, mesmo nessa área mais recente, os fornecedores já começaram a dar suporte para os chamados sistemas de gerenciamento de dados de produtos, que mantêm o registro das especificações e componentes dos projetos de produtos, e são muitas vezes um elo entre os departamentos de desenvolvimento de produtos e engenharia e os grupos de fabricação.

Por isso, a adoção de um SGE inevitavelmente predispõe a empresa a se autogerir ao longo dos processos de negócios. Será a orientação a processo incentivada pelos SGEs alcançada automaticamente após a implementação do sistema? A resposta é não. Pode a empresa que acaba de implementar um SGE continuar a fazer negócios por funções, geografias, produtos e todas as outras dimensões não orientadas a processo da estrutura organizacional? Até uma grande extensão, sim, pode. O gerenciamento de processos é muito mais do que os sistemas de informação orientados a processos, como Michael Hammer bem argumenta em um livro sobre o pós-reengenharia.[6] Ela inclui o gerenciamento e estilos de liderança orientados a processos, as estruturas de avaliação e compensação orientadas a processos, as estruturas organizacionais que refletem a propriedade e gerenciamento de processos, e muitas outras facetas. Não é a simples instalação de um sistema SAP, PeopleSoft, um Oracle ou qualquer outro sistema de SGE que vai fazer emergir qualquer desses outros tipos de mudanças. Na verdade, poucas organizações entre as milhares que estão implementando SGEs deram paralelamente a maior parte desses outros passos orientados a processos. Tudo o que um SGE verdadeiramente faz no contexto da gestão do processo é afastar uma grande barreira para a realização dessa gestão. A organização que realmente pretender gerenciar-se e mensurar-se de acordo com as diretrizes de um processo precisará empreender um fenomenal e abrangente programa de mudanças em paralelo com a implementação de um SGE.

Uma corporação que fez tudo isso foi a Owens Corning. Essa fabricante de isolamento de fibra de vidro e outros materiais de construção efetuou inúmeras mudanças simultaneamente quando instalou seu sistema SAP, entre as quais a adoção de uma orientação a processo. Os processos principais foram identificados –

com destaque para a identificação das fontes, o financiamento e a satisfação d clientes –, sendo então iniciados projetos de reengenharia para cada um des três. "Executivos de processos" foram nomeados para se adonarem deles e lide rem os projetos de mudanças (embora alguns desses executivos também ostent sem títulos funcionais, pois o executivo do processo financeiro, por exemplo, e também o CFO – executivo-chefe das finanças do grupo). Um executivo Owens Corning destacou, contudo, que determinar exatamente quais eram funções dos executivos de processos, especialmente em relação às hierarqu funcionais existentes, com base em produtos e na geografia, foi um dos aspect mais difíceis da jornada do conglomerado para o gerenciamento de process Uma das responsabilidades dos executivos de processos era determinar com sistema SAP poderia dar suporte aos seus respectivos processos. O executivo e carregado da satisfação das exigências dos clientes, por exemplo, destacou:

> *O fator decisivo da nossa nova organização por processos é a capacidade dos sis mas Advantage 2000 de gerar dados. Com os dados que ele propuser em todo o n so negócio, as oportunidades para o aperfeiçoamento dos processos são enorm Nosso processo de satisfação das necessidades dos clientes, que abarca todas as u dades unidades e regiões de negócios, produzirá mais de US$ 30 milhões em econ mia de gastos nos próximos dois anos, mediante ganhos na produtividade em c uma das etapas do nosso processo.[7]*

Além de determinar a reengenharia dos três processos fundamentais rece mencionados (e sobre os quais iremos falar mais ainda neste capítulo) e de es belecer a propriedade do processo, os executivos da Owens Corning empreen ram medidas orientadas a processos, como a mudança do edifício de sua sede p ra proporcionar maior comunicação interfuncional, a criação de um novo sis ma de mensuração, e até mesmo o desenvolvimento de uma nova estratégia produto. O Advantage 2000, como foi batizado o projeto, representou mudanç radicais em praticamente todas as áreas do negócio, e foi preparado para dese volver-se no ambicioso e exíguo prazo de dois anos (o que não deu certo, cla quando este livro era redigido, a previsão mais viável para sua duração já esta em cinco anos). Somente as mudanças dos sistemas de informação da empre custaram cerca de US$ 200 milhões; a reengenharia e a reorganização dos cus fizeram aumentar consideravelmente esse total. Mas não há dúvida de que es mudanças se mostraram valiosas e indispensáveis para a Owens Corning.

Outro exemplo de um conglomerado que caminhou no sentido de se torr uma organização mais orientada a processos paralelamente à instalação de u SGE foi a NEC Technologies, a divisão da gigantesca empresa japonesa de e trônicos. Uma vez estando o sistema SAP da NEC quase todo instalado, a emp sa começou a organizar-se em torno de processos de negócios, em vez de em tc no das tradicionais funções de negócios. Por exemplo, um conjunto de equipes definido com base na sua utilidade para determinados grupos de clientes – va jistas, integradores de sistemas, etc. Cada equipe comandava todo o processo do relacionamento com os clientes, desde a aprovação dos créditos até o cronograma da expedição dos pedidos e do recebimento das contas. Os executivos da NEC Technologies destacam que foram necessários dois anos de treinamento e persuasão dos diferentes integrantes da organização para consolidar a mudança. Alguns executivos perderam parte de suas atribuições, outros ganharam maiores responsabilidades. Os executivos seniores, no entanto, sabem que os programas de gestão de mudanças organizacionais valeram o sacrifício em termos de maior satisfação dos clientes e de processos com sua eficiência em muito aumentada.

A implementação orientada a processos de sistemas de gestão empresarial

O fundamental na criação de sistemas de informação orientados a processos – e, a propósito, de processos orientados a informações – é uma implementação eficiente. A implementação, por seu turno, tem vários aspectos fundamentais, que discutirei nesta seção. Um deles é a nova concepção da reengenharia proporcionada pelo SGE que incorpora aquilo que muitas organizações aprenderam pela experiência com esses conceitos. Discutirei também o papel da reengenharia de "começar do zero" e as razões que a tornam quase que obsoleta neste contexto. Descreverei a natureza crítica do processo de configuração – o ponto no qual os SGEs são alinhados com os processos e as estruturas organizacionais das empresas que os implementam. Irei também discutir a questão do compartilhamento dos processos, e de até que ponto se faz necessário. As análises de processos deste capítulo concluirão com um debate sobre até onde é preciso estreitar a lacuna entre processo e prática depois da instalação de um SGE.

O que significa a reengenharia no contexto do SGE?

No começo da década de 1990, quando a reengenharia era uma idéia nova, o conceito de dispor de um sistema de informação restringindo as opções de projetos não foi bem entendido nem bem recebido. A retórica do projeto de processo na verdade não envolvia qualquer limitação, e sim a noção de "começar do zero". As empresas eram incentivadas a começar a partir do zero, a pensar inteiramente fora dos parâmetros conhecidos, e a jogar pela janela todos os sistemas existentes e quaisquer outros tipos de limitações. A reengenharia, conforme Hammer e Champy, significava "avanços radicais, não mediante o aperfeiçoamento de processos existentes, mas pela sua desconsideração e substituição por outros inteiramente novos.... A reengenharia significa começar de novo a partir do zero. Significa rejeitar a sabedoria convencional e as noções estabelecidas do passado. A reengenharia é a invenção de novos modos de lidar com a estrutura dos processos que sejam pouco ou nada parecidos com os de eras passadas."[8] Óbvio que, com um receituário assim tão revolucionário, pouco espaço restava para estudar os limites que os SGEs iriam impor aos projetos dos processos; eles apenas iriam aparecer ao longo do caminho.

Problemas na PaperCo e na Computadores Anônima

O que acontecia quando as empresas tentavam construir sistemas de informação destinados a dar suporte aos seus novos e revolucionários processos? Permitam-me dizer apenas que elas descobriram toda a importância dos bons sistemas, e a dificuldade de conciliar o pensamento do "começar do zero" com a necessidade de construir e usar sistemas. Exemplos disso são o que aconteceu com a PaperCo e a Computadores Anônima. Os problemas dessas duas empresas são emblemáticos daqueles que tantas outras companhias igualmente enfrentaram.

A PaperCo (os executivos que entrevistei solicitaram a não-divulgação de suas identidades) enfrentou um processo de reengenharia total, de começo a partir do zero e idéias inovadoras inteiramente fora de quaisquer parâmetros estabelecidos, no qual pouca ou nenhuma consideração foi reservada aos sistemas de informação que eventualmente seria obrigada a utilizar (não havia representante da função de TI na equipe). Uma equipe da PaperCo trabalhou com uma empresa de consultoria em reengenharia muito famosa na identificação e reengenharia de processos fundamentais.

O projeto demorou mais de um ano para focalizar e reordenar os novos processos de cadeia de suprimentos e de gerenciamento dos pedidos de clientes. Os objetivos dessa parte do projeto exigiam redução de prazos e custos até 10 vezes maiores, até uma colossal melhoria nos serviços ao consumidor. Novos projetos específicos de processos foram penosamente desenhados em papel adequado nos quadros de salas de conferência. Além da reformulação propriamente dita dos projetos, foram abordadas várias outras atividades organizacionais, tais como:

▸ Redefinir o sistema de compensação e gratificações para acabar com as gratificações para ciclos de produção indevidamente prolongados;

▸ Estratificar a base de clientes para uma focalização em segmentos mais lucrativos;

▸ Aperfeiçoar a mensuração dos serviços aos clientes.

Todas essas atividades foram projetadas para criar uma organização inteiramente nova e para mudar a identidade básica da empresa, elevando-a da condição de produtora comum de papel ao *status* de empresa verdadeiramente voltada a produtos de consumo. Outro objetivo geral foi fazer a empresa mostrar e comprovar uma suscetibilidade total, até então não detectada pelo público, às exigências dos clientes. Obviamente, transformações de tamanho alcance impunham um amplo programa de mudanças.

Depois da criação de tão ambiciosos novos projetos de processos, os executivos naturalmente chegaram à conclusão de que necessitariam de sistemas muito melhores de informação para poderem compatibilizar a capacidade de produção com os processos de vendas e para conseguirem reagir prontamente às exigências dos clientes. Em muito pouco tempo se constatou que o único sistema capaz de dar suporte a este conjunto de demandas seria um SGE, e a empresa acabou escolhendo um R/3 do sistema SAP.

Todo esse trabalho foi feito com a supervisão e a aprovação de uma consultoria, pelo menos até se chegar ao ponto de pensar seriamente em *software*; a consultoria não era tecnicamente orientada. Na verdade, foi necessário contratar outra empresa para gerenciar a escolha e a implementação do sistema SAP. E, quando se completou o trabalho no projeto dos processos, coube ainda a uma terceira equipe descobrir a melhor maneira de dar suporte aos processos com informação e tecnologia.

Previsivelmente, os objetivos de mudança comercial do projeto de reengenharia foram sendo deixados de lado ao longo do caminho. Colocar o sistema em funcionamento tornou-se o objetivo único; as únicas mudanças de processos concretamente implementadas foram aquelas necessárias para colocar o sistema em funcionamento. A única mudança orientada ao cliente foi transferir o maior e mais importante consumidor da PaperCo para o novo sistema na etapa inicial do processo. Incrivelmente, o cliente não foi informado dessa mudança, o que só aconteceu poucas semanas antes de o sistema começar a funcionar, quando um funcionário de baixo escalão da PaperCo, que não tinha conhecimento dessa falha de comunicação, solicitou ao cliente que desse início a algumas mudanças no processamento de seus pedidos a fim de se ajustar ao novo sistema. Nem é preciso dizer que o cliente não ficou nada satisfeito, e que a PaperCo perdeu parte de seus negócios durante um ano.

Conforme um executivo que participou no projeto de reengenharia, "nosso projeto de reengenharia dos processos de negócios (BPR – *business process reengineering*) foi um fracasso total. Nenhum dos pontos que chegamos a discutir foi concretizado, e nenhuma das mudanças chegou a ser implementada". Integrantes da equipe de projeto do processo sentiram-se traídos; pior ainda, não houve mudança real alguma nos processos comerciais.

O que não funcionou na PaperCo? O problema foi a separação entre o projeto de reengenharia e o trabalho de implantação do SGE, e a utilização de uma filosofia de começar do zero em relação à reengenharia que nada tinha a ver com os sistemas de informação. Além disso, a utilização de duas consultorias diferentes – uma das quais tinha imensos conhecimentos sobre estratégia e reengenharia, mas era zero em TI, sendo a outra exatamente o inverso – também em nada ajudou no projeto. A instalação do sistema foi um sucesso, com a primeira etapa do sistema SAP pronta e funcionando em escassos nove meses. O empenho pela transformação da empresa em um sentido mais estratégico foi o que não deu certo. Como se não fosse suficiente, a PaperCo enfrentou problemas ainda maiore dois anos depois quando de sua fusão com outra grande empresa. Assim, o proje to de SGE ficou em compasso de espera até a nova empresa resultante da fusão dar por superados seus problemas associados ao *bug* do milênio.

Já a Computadores Anônima enfrentou um problema diferente com relação reengenharia. Mencionei anteriormente que o grande compromisso na compati bilização entre o SGE e os processos está relacionado aos prazos e um ajuste ade quado com os projetos e objetivos do processo. A Anônima errou realizando um ajuste exagerado com os processos; gastou tempo e dinheiro demais para determi nar o que pretendia fazer. Em princípio, seria uma posição a ser admirada, mas, n prática, acabou levando ao fim do projeto do SGE.

Os executivos da Anônima e seus consultores decidiram que precisariam d três estágios diferentes na análise dos seus processos-chave. A primeira análise se ria buscando visualizar "como é". O objetivo desta etapa seria identificar os pro cessos fundamentais, determinar o fluxo real de trabalho e mensurar os processo existentes em termos de custo e prazos.

O segundo corte nos processos da Anônima, feito depois da conclusão do pri meiro, foi uma análise de "poderia ser", focada na determinação das melhores ma neiras possíveis de desempenhar os processos fundamentais. Os executivos d Anônima acreditavam que, em decorrência das restrições impostas por um SGE que já sabiam que pretendiam usar, a empresa não poderia começar com o proje to ideal de processo. Mesmo assim, os executivos pretendiam descobrir qual seri o prazo ideal, na esperança de que a empresa fosse evoluir em direção a ele com passar do tempo.

Finalmente, a equipe de projeto da Anônima desenvolveu igualmente um análise "vai ser assim" sobre os projetos possíveis de processo, dadas as restriçõe do *software* SAP que pretendia instalar. Este passo foi visto como uma verdade ra conciliação entre o que a Anônima pretendia e o que poderia fazer com o sis tema SAP como seu SGE. Como exemplo, os gerentes de estoques da Anônim poderiam pretender dispor da capacidade de realocação de componentes escasso ao receberem pedidos, mas o sistema SAP compromete o estoque com os cliente e com produtos acabados à medida que os pedidos vão chegando, limitando a ca pacidade de realocá-lo. Assim, o projeto de processo "vai ser assim" poderia nã incluir a realocação dos estoques.

O que estava errado nesta análise ampla de processos de múltiplos níveis Nada – com exceção do tempo e dos recursos que ela consumia. Completar três análises de processos levou cerca de um ano e meio e consumiu uma gord fatia dos US$ 225 milhões que a Anônima gastou em seu projeto. Em retrospec to, o executivo do projeto sentiu que todos os três níveis eram "exagerados". E tempo e o custo do trabalho de análise do processo certamente contribuíram pa ra a decisão a que a Anônima chegou, de cancelar grande parte do projeto, co mo vimos no Capítulo 2.

No caso da PaperCo, a empresa não deu atenção suficiente às relações entre processos e sistemas, pelo menos no começo. Na Anônima, seria possível dizer que os executivos deram atenção demais a esse tópico. É preciso que se encontre um meio-termo satisfatório!

A nova reengenharia

Não precisa ser como foi na PaperCo e na Anônima. Na verdade, aumenta consideravelmente o número das empresas que utilizam um método de mudança de processos que envolve tanto as oportunidades para significativos aperfeiçoamentos dos processos quanto as restrições de um sistema de informação padronizado, isso ao mesmo tempo e com relativa rapidez. Chamemos a este método de *reengenharia movida a SGE*; mesmo que se venha tornando generalizado, o método ainda não tem um nome definitivo, pelo menos que seja do meu conhecimento. A Owens Corning denominou a sua escolha "reengenharia suficientemente eficiente". Como tantas outras, essa empresa simplesmente precisava colocar um sistema em funcionamento com rapidez sem que houvesse ao mesmo tempo a necessidade de modificar seu SGE para adaptá-lo a projetos de processos com peculiaridades exclusivas. Mas o termo "suficientemente eficiente" implica uma abordagem de não muita exigência, em que pouca importância é dada à maximização do ajuste entre sistema e organização. Existe, porém, uma maneira de concretizar a maioria dos objetivos do processo pelos quais uma organização se empenha, e simultaneamente gastar nisso um período elástico de tempo. Ela será descrita com detalhes nesta seção, e em nível de visão geral na Figura 5.1.

É fundamental, para a reengenharia movida a SGE, que se decida já nos primeiros estágios do processo de mudança qual será o pacote de SGE utilizado na condição de principal veículo de suporte de informação para o processo. A Anônima chegou a empregar esse aspecto da abordagem. Enfrentemos o problema; se a sua organização pretende contar com sistemas interfuncionais e você não dispõe hoje de nenhum deles, e se você não pretende ficar na margem de risco da tecnologia, é quase certo que você vá necessitar de um SGE. Você pode estar também predisposto a usar um SGE se outras empresas no seu setor de negócios já tiverem adotado um deles. Em muitos casos, é possível para uma empresa decidir logo se irá ou não precisar de um SGE e, também, qual será o pacote mais adaptado às respectivas exigências entre os apresentados pelos vários vendedores. Mais uma vez, pode haver um pacote dominante em um determinado setor, ou pode existir uma compatibilidade evidente entre um pacote e o porte e a estrutura da empresa. De qualquer maneira, se a empresa puder decidir antecipadamente não apenas que precisa de um SGE como qual deles irá provavelmente utilizar, ela estará à frente da concorrência em matéria de nova reengenharia.

Paralelamente à consideração das várias razões pelas quais um SGE faria ou não sentido, a empresa deve, na maior parte dos casos, efetuar uma rápida análise dos processos de negócios de que dispõe no momento. Trata-se de uma questão

FIGURA 5.1

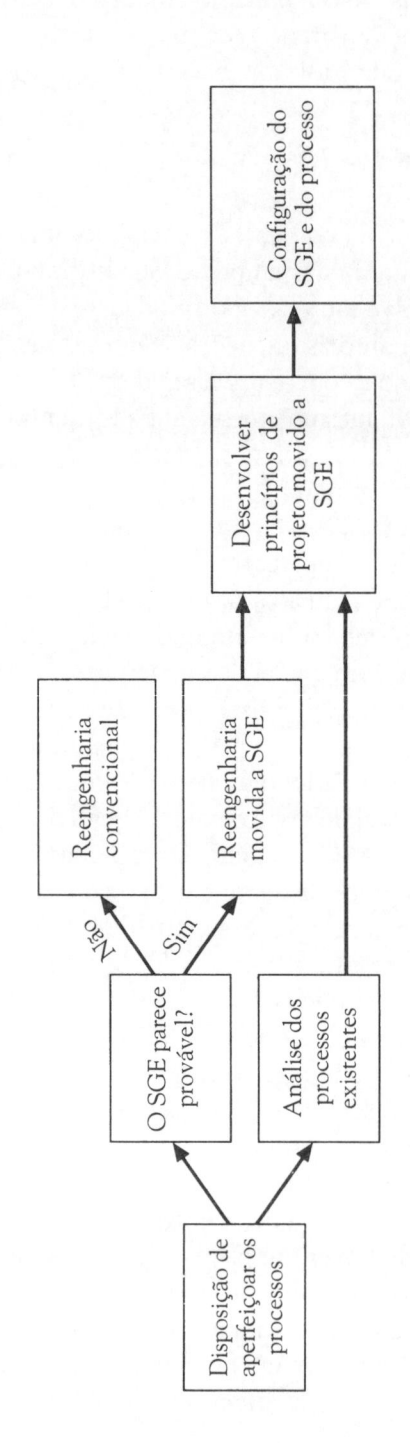

VISÃO GRÁFICA DA REENGENHARIA MOVIDA A SGE

```
                                                    ┌──────────────┐
                                                    │ Configuração │
                                                    │   do SGE e   │
                                                    │  do processo │
                                                    └──────────────┘
                                                           ▲
                                                           │
                                   ┌──────────────┐        │
                                   │ Desenvolver  │
                                   │ princípios de│
                                   │projeto movido│
                                   │    a SGE     │
                                   └──────────────┘
                                      ▲        ▲
                    ┌──────────────┐  │        │
                    │ Reengenharia │  │        │
                    │ convencional │  │        │
                    └──────────────┘  │        │
                            ▲         │        │
                    ┌──────────────┐  │        │
                    │ Reengenharia │──┘        │
                    │ movida a SGE │           │
                    └──────────────┘           │
                      ▲        ▲               │
                    Não       Sim              │
                      │        │               │
                  ┌──────────────┐   ┌──────────────┐
                  │   O SGE      │   │  Análise dos │
                  │   parece     │   │  processos   │
                  │   provável?  │   │  existentes  │
                  └──────────────┘   └──────────────┘
                         ▲                 ▲
                         │                 │
                         └────────┬────────┘
                             ┌──────────────┐
                             │ Disposição de│
                             │aperfeiçoar os│
                             │  processos   │
                             └──────────────┘
```

que tem levantado muitas controvérsias desde o início da reengenharia. Por que gastar tempo tentando entender os processos existentes quando é óbvio que eles serão modificados? Minha argumentação é sempre no sentido de que compensa dedicar algum tempo e esforço ao mapeamento e à mensuração dos processos existentes, pelas seguintes razões:

1. Esse mapeamento e essa mensuração proporcionam uma base para a avaliação eficaz dos avanços concretizados;

2. Possibilitam detectar problemas e restrições que acabarão afetando a formatação final do processo;

3. Com isso se constrói um "caso que exige ação", pois os processos existentes não conseguirão suprir as necessidades de negócio do futuro;

4. Torna-se viável identificar questões que interferem na realização do trabalho na forma que você determinou – são as questões de "processo *versus* prática" já descritas neste mesmo capítulo.

Por isso, vale a pena fazer a análise, mas mesmo em uma grande empresa seus benefícios se estenderão apenas por alguns meses.

O próximo passo importante será começar a compatibilizar o processo que você deseja ter com aquele que o pacote de SGE lhe permitirá implementar. É uma etapa a ser concretizada de várias formas, e, seja qual for a escolha, a única certeza absoluta é que será um tarefa difícil. Um importante ponto de partida é ter em mente alguns dos principais objetivos ou princípios do projeto do processo – a maneira pela qual sua empresa gostaria, se possível, de empreender seus negócios. Talvez você já tenha descoberto alguns deles nos primeiros passos, ou quem sabe esses princípios sejam de alguma forma o que motivou sua empresa a esse tipo de pensamento. Se não for, você precisará fazer muitas pesquisas e muito estudo de grupo. Eis algumas amostras de princípios de projeto que sua empresa poderia articular:

▶ Gostaríamos de poder, ao receber telefonema de cliente com pedido de algum de nossos produtos ou serviços, acertar todos os detalhes instantaneamente – determinar os preços, garantir a entrega, verificar as condições de crédito do cliente e marcar a data da expedição;

▶ Gostaríamos de completar nosso balanço contábil na metade do tempo que isso nos custa atualmente;

▶ Gostaríamos que nossos fornecedores estivessem aptos a determinar quando a expedição de seus produtos é necessária, mediante o gerenciamento, da parte deles, do nosso estoque desses mesmos produtos.

- Ao comprarmos de fornecedores, gostaríamos de determinar nesse momento como e quando esse produto será usado em nossos próprios produtos e serviços;

- Sempre que concretizássemos uma aquisição de empresa, gostaríamos que essa pusesse em prática, em relação aos pedidos de seus clientes, todos os procedimentos e normas do restante da empresa dentro de exatos três meses.

Esses exemplos de princípios de projeto de processo nos proporcionarão algumas diretrizes de alto nível sobre como o processo deverá estar funcionando quando você o der por concluído. Você pode ser forçado a fazer concessões em alguns deles, mas pelo menos não terá passado tempo em excesso criando tais princípios. Você raramente consegue o que quer quando, em primeiro lugar, não tem a convicção do que pretende. A atividade de criação desses princípios de projeto é uma boa forma de ocupar os executivos seniores. Eles podem até não entender todas as complexidades de um SGE, mas pelo menos precisam conhecer o que a sua utilização lhes possibilitará fazer.

O processo crítico de configuração

A configuração eficaz do sistema ao processo desejado é difícil e, mais do que isso, uma parte central da concretização dos processos de negócios movidos a SGE pretendidos, mas já foi bem mais difícil no passado. *Configuração* é a etapa do processo de nova reengenharia na qual os detalhes do sistema são mapeados e adaptado aos detalhes do processo, e vice-versa. Nos primórdios dos SGEs, a configuração de um sistema exigia que as empresas decidissem meticulosamente como ligar cada um dos milhares de comutadores de um sistema. Esse processo ainda é necessário, embora seja caracteristicamente mais fácil e mais rápido do que então.

A configuração é uma questão bem mais importante do que o projeto do processo, pelo fato de começar com a decisão sobre a quais processos a organização pretende dar suporte. Em termos de SGE, significa decidir quais dos módulos de aplicativos de um fornecedor a organização pretende instalar. Por exemplo, uma empresa de serviços pode não ter quaisquer processos de produção, não fazendo muito sentido a instalação de módulos de manufatura e manutenção de fábrica. Decisão bem mais difícil está relacionada à adoção ou não das disponibilidades de um fornecedor na área de recursos humanos ou optar pela utilização de um pacote de RH *best-of-breed* que tenha mais características pretendidas pela empresa.

Em muitos casos, a decisão sobre implantar um módulo de aplicativo de SGE depende do nível da importância de ter esse aplicativo integrado com o restante da organização. Outros fatores que pesam nessa decisão podem ser o estado de funcionalidade de aplicativos disponível na área, a capacidade da empresa de empreender as mudanças necessárias de negócios em um domínio específico de processos, e, naturalmente, se o fornecedor oferece ou não funcionalidade razoável nesse mesmo processo.

A configuração pode igualmente envolver decisões sobre quando implementar um determinado módulo. A empresa pode, por exemplo, decidir que, mesmo sabendo que irá no final necessitar de funcionalidade em RH, não irá implementá-la de imediato. Como argumento no Capítulo 6, contudo, não é em geral boa idéia adiar a integração de aplicativos múltiplos e informação em um projeto de SGE, simplesmente porque essa integração é considerada uma das principais razões que conduzem ao desenvolvimento do próprio projeto.

Logo que a empresa tiver conseguido definir quais os processos para ela mais importantes, deve começar a tarefa bem mais detalhada de determinar de que maneira cada um desses processos irá funcionar quando o novo sistema estiver instalado. Isto pode significar uma ampla gama de decisões diferenciadas – desde a estrutura organizacional e de relatório da empresa até a maneira pela qual são tratados determinados ativos em termos de impostos. Como me disse certa vez o executivo de um projeto de SGE em uma companhia de petróleo, "nesses projetos a pessoa encarregada chega a sentir uma espécie de desorientação. Em um minuto se está falando sobre a estratégia e a estrutura de alto nível da companhia, e no seguinte já é preciso cuidar de um detalhe aparentemente insignificante de informação".

No princípio da era dos SGEs, uma empresa poderia ver-se forçada a tomar literalmente milhares de decisões de configuração. Era preciso especificar cada um dos detalhes mínimos de um processo. Queremos detalhamento do estoque por FIFO (primeiro a entrar, primeiro a sair) ou LIFO (último a entrar, último a sair)?* Precisamos de um código para o nome deste produto, e, se for o caso, qual será ele? A quem será endereçado este relatório específico? Em muitos casos, levava-se anos para tomar todas essas decisões. Em algumas situações, não se conseguia esclarecer se um projeto de processo especial seria ou não possível. Abordagens de processos que apresentem alguma idiossincrasia provavelmente apresentarão enormes dificuldades de concretização com um SGE. Até mesmo descobrir o que pode e o que não pode ser feito com processos de negócios movidos a SGE pode transformar-se em uma verdadeira batalha.

A Visio, uma empresa relativamente modesta de *software*, com faturamento de menos de US$ 100 milhões, tinha dois processos idiossincráticos que deram todos os indícios de serem de difícil acomodação em seu projeto de SGE.[9] Um deles era o do processo de reconhecimento da receita da empresa; antes, a empresa tinha uma receita reconhecida quando o produto era expedido para os distribuidores, mas então passou a ajustá-la com base nas vendas reais para os consumidores finais. O outro lidava com a propriedade dos estoques. A Visio terceirizava a produção e lidava com produtos que tecnicamente não eram de sua propriedade no processo pré-SGE. O modelo do processo de SGE exigia ou que a empresa fosse proprietária de todos os estoques ou que emitisse duas faturas para cobrir as mudanças na propriedade ao longo do processo. Nenhuma das duas opções era vista como a melhor escolha. Depois de muitos meses de análise e estudo, che-

---

* Um método de contabilidade de estoque no qual se entende que os itens mais antigos remanescentes serão os primeiros (FIFO) ou os últimos (LIFO) a ser vendidos.

gou-se à conclusão de que as duas idiossincrasias poderiam ser ajustadas, mas só ao custo de um aumento substancial de programação.

Na Compaq Computer, os executivos sempre faziam a dupla contabilidade dos lucros no âmbito de dimensões separadas da estrutura organizacional: grupo de produtos e geografia. Ao longo da implementação do seu SGE, porém, eles ficaram sem condições de prever se essa prática poderia ter continuidade. Depois de seis meses de investigação, que incluiu muito trabalho no próximo sistema, em toda a documentação disponível e com especialistas da organização do vendedor, chegou-se à conclusão de que a continuidade não seria possível. Contudo, no momento em que o sistema estava prestes a funcionar com contabilidade única, alguém descobriu uma combinação de parâmetros do sistema que possibilitaria a continuidade do antigo sistema.

Templates

A configuração tornou-se hoje muito mais fácil em parte graças à disponibilidade de *templates* para processos ou para setores industriais. Esses *templates*, ou modelos, constituem um elenco de respostas pré-definidas às inúmeras questões que outrora atormentavam uma empresa quando da configuração de um sistema aos seus processos. Os *templates* são normalmente estruturados por setor econômico, de tal forma que, quando se trabalha para uma companhia de petróleo, seja possível começar com um conjunto de decisões de configuração que são típicas de uma companhia de petróleo. Se existirem alguns aspectos do *template* que não se ajustam, a empresa poderá fazer uma análise detalhada do caso e encaminhar as alterações necessárias.

Claro que tais modelos representam para as empresas o risco de se conformarem com um ajuste que não o ideal entre seu sistema de gestão empresarial e a maneira pela qual gostariam de conduzir seu negócio. Aderir a um *template* de setor industrial pode significar que a empresa está sujeita a perder uma maneira melhor, talvez mais competitiva, de conduzir um processo de negócio vital para suas aspirações. Como ocorre com a maior parte das soluções padronizadas, o que a empresa ganha em conveniência pode ser valorizado transformando-se partes da organização em *commodities*. Algumas empresas garantem que uma de suas prioridades será a instalação de um *template* mas, mais tarde, depois de instalado o sistema, voltam atrás e criam um elenco melhor de processos e uma configuração mais aperfeiçoada de sistema. Eu, no entanto, temo que o esgotamento que muitas empresas experimentam depois de implementarem "com sucesso" um SGE acabe prevenindo grande parte dos aperfeiçoamentos personalizados com efeito retroativo.

Modelagem do processo

Outra forma de aperfeiçoar a compatibilização entre uma empresa e seu SGE ocorre pela utilização da modelagem dos processos e pelas ferramentas de modelagem. Para ser inteiramente honesto, porém, não estamos tratando aqui de nada tão bem desenvolvido quanto os *templates* que acabei de descrever, e é preciso também dizer que no conjunto será mais onerosa tanto em termos de prazos quanto de esforços, a configuração de um sistema pela utilização de ferramentas de modelagem, em lugar daquelas dos *templates*. Mesmo a esse custo alto ainda poderá ser a melhor opção, pois a utilização da modelagem pode conduzir a um processo de negócios sob medida.

A idéia motriz da modelagem é a de que projetos de processos podem ser criados e manejados a um nível mais alto e de visão mais geral pela utilização de modelos gráficos e interfaces de *software* interativas. Você projeta o processo ilustrando a maneira pela qual pretende ver o trabalho e a informação fluindo ao longo da organização. A maior parte das ferramentas de modelagem válidas está ligada a determinados pacotes de SGE, para que você possa identificar com rapidez se chegou a violar alguma restrição do sistema. Várias ferramentas de modelagem chegam a oferecer diretrizes quanto às melhores práticas na área de processos específicos. Uma vez que você projetou o processo de acordo com as suas exigências, o *software* da modelagem se encarregará de lhe passar as implicações de mudanças de determinada configuração e das opções.

A atração maior destas ferramentas não deixa de ser uma obviedade: fica bem mais cômodo projetar processos neste nível de visão gráfica geral do que precisando detalhar o emaranhado das opções do sistema. E, na verdade, é realmente atraente especificar o projeto de processo que melhor serve à organização e ver como ele se transforma, pelo menos dentro de determinados limites, em um sistema inteiramente funcional. O problema está em que a força dessas ferramentas é também a sua debilidade. As empresas precisaram dar considerável atenção à maneira pela qual pretendem fazer negócios, algo que é sempre difícil. O analista de processos sempre precisará ser paralelamente um especialista em SGE, na ferramenta de modelagem e no próprio processo – não sendo difícil imaginar o número reduzido de pessoas dotadas de todas essas qualificações. Além disso, em comparação com um *template* de processo, essas ferramentas de modelagem podem não ser tão bem integradas com pacotes de SGE. Elas são em geral fornecidas por empresas que não as fornecedoras de SGE. Mas, se o que você deseja é a melhor compatibilidade possível entre processo e sistema, bem que vale a pena investigar e investir nessas ferramentas de modelagem.

A modelagem de processos pode ser igualmente vista como um veículo para a *gestão do conhecimento do processo*. A idéia é que o fluxo do processo e a adaptação do projeto do processo ao SGE representam uma forma de conhecimento que deveria ser captada, salva e reutilizada. Uma empresa que transformou este conceito em realidade é a Dow Corning, empresa na qual a modelagem foi utilizada para captar os fluxos dos processos, práticas úteis ou "interessantes" e visões diferentes de um mesmo processo.[10] Como a Dow Corning estava também implementando um sistema SAP nessa mesma época, a modelagem revelou igualmente o relacionamento entre os processos e o suporte do sistema. As modelagens da Dow Corning mostraram, por exemplo, quais eram as atividades no processo realizadas com funções do sistema SAP, quais delas eram desempenhadas com outros sistemas legados e quais eram realizadas manualmente.

A Dow Corning começou a trabalhar com modelagens de processo utilizando uma ferramenta gráfica (Visio), mas em seguida passou para a modelagem de processo e *software* de repositório baseado em pesquisas feitas no Massachusetts Intitute of Technology (MIT) e comercializadas pela empresa Phios.[11] Depois que os modelos da Visio foram embutidos no repositório Phios, sua manutenção e atualização tornaram-se mais fáceis e passaram a ser vistas em novos contextos. Um exemplo: quando os executivos da Dow Corning quiseram ver seus processos ligados ao sistema SAP no contexto de uma cadeia de suprimentos integrada utilizando o modelo SCOR, do Supply Chain Council*, os processos baseados no Phios foram modificados para proporcionar a criação de uma versão específica para a Dow Corning do modelo "planeje, determine a fonte, produza e entregue" do Council.

A Dow Corning seguiu vários princípios aceitos da gestão do conhecimento em relação ao seu entendimento dos processos. Estabeleceu uma "rede de processos" de proprietários e executivos de processos, cuja tarefa era manter as modelagens atualizadas. Dois "executivos de conhecimento de processos" foram postos à disposição da rede para ajudar a modificar o conteúdo da modelagem do processo. Os executivos da Dow Corning acreditavam que o principal valor das modelagens no repositório se faria notar quando a empresa, no futuro, modificasse os seus processos. A empresa passou a investigar a possibilidade de utilizar o repositório e as modelagens para sua formatação com vistas ao ISO 9000 e também em relação a processos regulamentados, como aqueles que normatizam o manuseio de materiais de risco.

Até onde o comum é comum?

Um dos pontos principais na configuração de SGEs e processos de negócios é determinar até onde um sistema ou processo deve ser "comum", ou compartilhado em uma organização. Em empresas pequenas, de atividade única, não existe, em geral, decisão a ser tomada a respeito. Cada um dos principais processos coberto pelo sistema e cada extrato de informação usado no seu âmbito devem ser iguai em toda a organização. No entanto, em organizações maiores e mais complexas, compartilhamento é igualmente uma decisão bem mais complexa. Quando produtos, clientes, regulamentos do governo e motivações dos funcionários estão espalhados ao largo de boa parte do mundo, não é razoável esperar que cada processo e cada informação possa ser comum e compartilhado no âmbito da organização do mundo.

---

* Referencial de Operações de Cadeia de Suprimentos, do Conselho de Cadeias de Suprimentos.

Como já apresentei no Capítulo 4, a noção do federalismo implica que alguns processos e informações podem variar ao longo da organização. A boa notícia é que isto proporciona flexibilidade à empresa; a notícia ruim é que se torna necessário decidir sobre o que é local e o que é global. Há ainda uma outra notícia ruim, segundo a qual deixar que alguns fatores variem significa que a sua organização provavelmente necessitará de várias e diferentes instâncias do pacote SGE. Isso complementará o seu complexo ambiente de informação e processo com um ambiente técnico ainda mais complexo!

Pretendendo-se optar por uma configuração federalista, a primeira e indispensável providência será a determinação de quais dos processos serão comuns, e quais deles, variáveis. Como a variação local tem ao mesmo tempo um custo e um benefício, é melhor começar com a suposição de que, a menos que exista um argumento irretorquível no sentido de que alguma coisa deveria ser diferente, ele permanece comum. O método para essa análise do caráter comum vai ao ponto de revisar a maneira pela qual as tarefas são realizadas nas áreas principais da corporação. Quando se descobre alguma variabilidade, o analista deve recuar e questionar se o compartilhamento será mesmo uma alternativa viável. A área da organização que deseja uma abordagem "não-comum", ou não-compartilhada, precisaria documentar seus argumentos e os benefícios que poderia alcançar a partir da exclusividade.

Outra forma, ainda mais simples, de calcular a necessidade de soluções exclusivas é declarar, no começo da implementação, que o sistema geral e os processos a ele relacionados serão comuns, a menos que uma unidade de negócios, uma função ou um departamento faça uma solicitação convincente em contrário. Neste método, a fundamentação para levar a fazer algo em sentido diferente precisará ser realmente sólida. Lembremos o caso da Nova Pharmaceutical, que exigiu que tal solicitação fosse apresentada e justificada diretamente perante o CEO da empresa. De maneira não muito surpreendente, acabou prevalecendo, nesse episódio, uma solução altamente compartilhada.

Pode parecer óbvio demais, mas cabe lembrar que os processos comuns e a informação comum são intimamente interligados, embora não no sentido da perfeição. É possível que duas áreas de uma empresa tenham processos similares e, mesmo assim, precisem definir a informação de maneira diferente, e vice-versa. Uma vez que não são sempre as mesmas, é importante pensar a respeito do compartilhamento em ambos os contextos. Mais adiante, neste mesmo capítulo, serão descritas algumas questões concernentes às informações compartilhadas e apresentados vários exemplos da maneira através da qual as empresas afetadas encaminharam as respectivas soluções.

Prototipagem, pilotagem e assim por diante

A última etapa na configuração de um novo sistema de SGE é sempre testá-lo na prática. Seja ele chamado de piloto, protótipo, sondagem ou qualquer outra palavra do gênero, é extremamente importante testar em um ambiente real o sistema e o processo e, mais importante ainda, as pessoas que irão utilizá-los. Nenhuma empresa, nenhum executivo é suficientemente brilhante para pensar e dar conta de todas as complexidades e complicações inerentes a um projeto de SGE interfuncional.

É preferível fazer esse protótipo o mais cedo possível no projeto de um SGE. Se o sistema ainda vier a demorar algum tempo para ficar pronto, o melhor é testar todo o processo utilizando reproduções impressas das telas de computador com as quais os usuários irão trabalhar (isto é chamado de *protótipo de sala de conferência*, ou piloto). Se forem constatados problemas sérios – o que é algo muito provável no cruzamento entre sistema e seres humanos – você poderá ainda contar com o tempo necessário para modificar o sistema ou o processo, ou para treinar os usuários no desenvolvimento de novas habilidades que vierem a se mostrar necessárias. É, por isso mesmo, de vital importância utilizar as pessoas que serão as usuárias reais do sistema como cobaias do seu projeto de SGE.

O ideal será testar em primeiro lugar cada módulo principal do SGE com seu correspondente processo e, depois, a interface entre os diferentes módulos e processos. O teste isolado de qualquer das atividades principais bastará para revelar a existência de problemas ou dúvidas a serem resolvidos. Tenho conhecimento dos casos de pelo menos três corporações (a Anônima, a Owens Corning e uma distribuidora de produtos industriais que prefere não ser identificada) que enfrentaram problemas significativos no começo (no caso da Anônima, em uma fase mais avançada) dos seus processos e módulos de processamento de pedidos. Cada uma dessas empresas recebe tais pedidos por telefone. Imagine a preocupação do gerentes ao constatar que seu novo módulo de processamento de pedidos não era mais rápido e eficiente do que o antigo; pelo contrário, chegava a ser mais lento. Na verdade, os encarregados da formalização dos pedidos precisavam, para completar sua tarefa entre as várias (em alguns casos, até 12) telas para tanto necessárias, de três a oito vezes o tempo anteriormente consumido nessa mesma tarefa.

A Owens Corning e a distribuidora descobriram esse problema em uma fase razoavelmente inicial do desenvolvimento de seus projetos de SGE, e conseguiram simplificar suas exigências em matéria de processos e informação, com isso dando mais rapidez aos seus sistemas (embora, pelo último relatório do qual tive conhecimento, ainda estivessem mais lentos do que os sistemas antigos). A Anônima, como você provavelmente poderá lembrar, cancelou seu projeto de SGE e contabilizou na coluna dos prejuízos algumas centenas de milhões de dólares. O problema do processamento dos pedidos foi um dos últimos pregos na tampa do ataúde desse projeto.

A vida depois da configuração

Infelizmente, não há vida depois da configuração. No momento em que conseguem terminar de configurar e instalar seus SGEs, são inúmeras as empresas que gostariam de abandonar tudo o que foi feito e nunca mais voltar ao assunto. O problema delas é que, se existe algo que jamais se pode dar como realmente concluído, é exatamente a configuração. Em primeiro lugar, é preciso fazer o ajuste fino (ou, em alguns casos, o ajuste bruto) do sistema para que, com o passar do tempo, ele venha a se adaptar ao modo de funcionamento da organização. A própria organização pode sofrer alterações mediante fusões, aquisições ou alienações; fatos externos (clientes, leis, etc.) podem impor a obrigação de alguma forma de mudança; ou, quem sabe, o sistema talvez nunca se adapte aos processos da organização. A organização pode ter assoberbado o sistema com exagerada rapidez, e talvez não esteja disposta a conviver para sempre com os resultados desse movimento.

O próprio sistema tão cuidadosamente escolhido também irá passar por mudanças com o decorrer dos anos. Fornecedores de sistemas de gestão empresarial estão sempre anunciando novos lançamentos ou módulos cada vez mais sofisticados, e se existe algo que não pára de experimentar melhorias e atualizações são os *software* de SGE, que, naturalmente, precisam ser vendidos. Quem tem um sistema pode naturalmente querer aumentar sua capacidade. E aí, cada novo programa, acessório ou módulo com certeza precisará de algum nível de configuração ou reconfiguração.

A fim de evitar ter de estar trocando tudo o tempo todo, a organização experiente determinará um prazo para a reavaliação das exigências do processo e as mudanças do sistema. Não é preciso instalar cada novidade em matéria de lançamento ou módulos; a análise das mudanças do sistema e dos processos deve incluir uma avaliação de quais espécies de benefícios de negócios devem acompanhar uma nova etapa de configuração.

Em resumo, ajustar seus sistemas aos seus processos é uma questão de constante aperfeiçoamento movido pelo interesse do negócio. Mas o fato é que o gerenciamento de processo trata justamente disto. Além de criar melhor suporte de informações para os seus processos em todas as etapas do negócio, você deve igualmente estar continuamente reavaliando e reajustando os outros fatores que levam a um gerenciamento de processos. Sua estrutura de transmissão, os sistemas de avaliação e compensação, as qualificações dos funcionários e outros aspectos da organização também precisam de refinamento constante e devem ser igualmente aperfeiçoados e modificados para se ajustar aos novos processos e sistemas de informação.

Buscando informações qualificadas e compartilhadas

Além do tremendo impacto que representaram em relação aos processos de negócios, os SGEs já tiveram um efeito radical sobre a informação das empresas. Um dos principais objetivos das corporações desde o advento dos sistemas de informação tem sido o de conseguir definições e significados comuns de entidades de informação ao longo de uma organização diversificada. No passado, muitas empresas batalhariam pela informação comum mediante uma detalhada modelagem de dados, ou "engenharia da informação", ao longo de sistemas múltiplos e diversificados. Normalmente isso não dava certo; muito pelo contrário, consumia a disponibilidade de tempo de funcionários regiamente pagos e de consultores igualmente caros. Desde o advento dos SGEs, as empresas chegaram à conclusão de que dispor de um único sistema de grande porte é uma maneira muito mais viável de conseguir informação comum.

Como ocorre com os processos, é normalmente necessário para as empresas pensar com muito cuidado sobre o tipo de informação que desejam, e como um determinado ambiente de informação se ajustará à estrutura e à energia da corporação. A situação mais eficiente será aquela em que houver informação comum e compartilhada em toda a corporação. Dessa forma, será fácil agregar ou comparar informações entre as diversas áreas da empresa, e dois relatórios sobre a mesma informação não terão resultados diferentes.

Contudo, a situação mais eficiente não será necessariamente a mais eficaz. Os ambientes de informação das empresas devem refletir sempre seus ambientes de negócios. Se os mercados, produtos, fornecedores, empregados, clientes, etc., de uma divisão forem completamente diversos dos da empresa no seu todo, poderá não dar certo a utilização das mesmas unidades de informação para descrever elementos de tal maneira diversificados. Ou, se algum executivo decretar que todos devem usar informações compartilhadas, ela poderá ser uma informação de mínimo denominador comum – definida tão genericamente que acabe por não suprir as necessidades de ninguém. O termo *cliente* pode precisar ser definido como alguém que compra ou pode vir a comprar alguma coisa da empresa, o que inclui clientes (ativos e em potencial), distribuidores, varejistas, consumidores, concorrentes e às vezes até mesmo o pessoal de vendas (quando forçado a comprar o estoque para poder vendê-lo). A empresa que decidir acabar com todos esses diferentes tipos de clientes para englobá-los em uma categoria única acabará ficando sem condições de aprender alguma coisa a respeito de cada um deles.

A primeira tarefa, por isso mesmo, é decidir se a sua organização deseja que tudo seja feito em comum ou se alguma informação poderá variar entre as unidades comerciais, departamentos e funções. De maneira geral, cada área da organização dotada de um ambiente diferente de informação precisará de suas próprias especificidades em matéria de *software* de SGE. Quanto maior for o número de instâncias, maior será o processo de instalação e de suporte, e por isso mesmo você não deve se apressar na tomada da decisão. É preciso estar seguro de que as variações de informação são realmente necessárias antes de permitir que aconteçam.

Para ilustrar os vários aspectos relacionados ao processo de decidir sobre o compartilhamento das informações, citarei três exemplos de empresas diferentes. A primeira delas, Millipore, decidiu que tudo deveria ser compartilhado. A segunda, Monsanto, optou pelo compartilhamento da maior parte das informações. A terceira, Conoco, concluiu que pelo menos no começo não haveria grande compartilhamento de informações entre os vários setores da organização. Tentarei explicar tanto os processos quanto o contexto pelos quais cada uma dessas organizações optou. Disponibilizar as informações, contudo, não é o único objetivo em matéria de gerenciamento de informação de SGE. Depois de debater o compartilhamento, debaterei questões como as do aperfeiçoamento da qualidade e da integridade dos dados – um dos piores problemas em matéria de implementação de SGEs.

Informações comuns na Millipore

No começo da década de 1990, a Millipore, empresa de sistemas de filtragem, decidiu que estava na hora de implantar um nível maior de flexibilidade organizacional.[12] Os executivos da empresa – e em especial o CEO, John Gilmartin – concluíram que a melhor maneira de conquistar essa flexibilidade seria mediante a utilização de processos de negócios, de informações e de sistemas de informação comuns. E assim essa empresa foi uma das primeiras a adotar a seqüência do aplicativo de SGE da Oracle, firmando ainda com o fornecedor uma parceria para o desenvolvimento desse sistema.

Gilmartin sentiu que para chegar ao compartilhamento desejado seria necessária uma administração forte, sempre presente e ativa. Para tanto, nomeou uma série de todo-poderosos em matérias de sistemas comuns em áreas como as de entrada de pedidos, manufatura, serviços de campo e finanças. O papel desses diretores fortes era conseguir subsídios em matéria de processos de negócios e informação e, principalmente, decidir sobre um método em âmbito geral de organização. Os diretores enfrentaram forte resistência organizacional ao compartilhamento. Na área financeira, "todos tinham informações detalhadas e complexas sobre a razão pela qual o processo de mensuração financeira lhes era absolutamente essencial". Na força de trabalho para projetar o novo sistema, "o nível dos debates gerados pela escolha de códigos para produtos ou processos chegou a ser tão acalorado que quem os assistisse desavisadamente poderia pensar que estivesse em jogo um pedido para que as pessoas trocassem seus próprios nomes".[13] Contudo, acredito ter sido a existência de um diretor todo-poderoso o fator que tornou possível superar todas essas resistências.

A informação compartilhada e os processos de negócios realmente levaram a uma melhoria dos negócios na Millipore. A função logística, por exemplo, reduziu seus custos e, ao mesmo tempo, melhorou o índice de entrega no prazo. O nível dos serviços aos clientes melhorou consideralmente depois de um breve período de problemas com o novo sistema e os processos. Nas finanças e na administração, sistemas e práticas comuns levaram a um enxugamento de 21% no pessoal, reduzindo em US$ 2 milhões a folha anual de pagamento. A Millipore também constatou que ficou mais fácil reorganizar a estrutura da organização de produção, reeestruturar os territórios da força de vendas e combinar divisões anteriormente separadas, desta forma concretizando o objetivo da flexibilidade. Contudo, os gerentes consideraram muito difícil mensurar o valor de uma flexibilidade com a qual não estavam acostumados.

Informações quase comuns na Monsanto

A Monsanto decidiu, nas fases iniciais da implementação do seu SGE, que os dados e processos não poderiam ser inteiramente compartilhados ao longo de seus negócios químicos, biotecnológicos e farmacêuticos. Cada um desses setores tinha clientes, mercados e processos de negócios diferenciados. Como se isto não bastasse, durante a implementação a empresa alienou seu setor químico, que passou para uma nova empresa, a Solutia.

Para determinar até que ponto a informação deveria ser comum no conjunto da corporação, o executivo-chefe do setor financeiro formou uma equipe de "gestão dos dados de referência" para estudar o problema e tentar maximizar os dados comuns. A equipe buscou saber junto aos gerentes das unidades o que precisaria ser absolutamente exclusivo. A equipe concluiu que mais de 85% dos dados do SGE poderiam ser comuns à corporação. Dados sobre fornecedores, por exemplo, antes espalhados por 24 codificações ao longo da organização, foram condensados em apenas uma. Todos os dados financeiros tornaram-se comuns. Todos os dados sobre materiais tornaram-se compartilhados por intermédio da utilização de um novo esquema de códigos de identificação de substâncias.

Alguns dados sobre clientes permaneceram exclusivos somente porque unidades diferenciadas têm tipos diferentes de clientes. Vender para produtores de lácteos, os principais clientes dos hormônios de produção de leite da Monsanto, exige informação registrada em bancos de dados diferente daquela que diz respeito às empresas de alimentos que fazem suas compras na divisão Nutrasweet. Alguns dados de fábrica serão também locais devido a processos idiossincráticos de produção (embora processos de manutenção e dados das fábricas sejam comuns). O ordenamento dos dados – por exemplo, os códigos usados para prazos de crédito – pode variar entre os vários setores. Mas até mesmo os dados gerenciados mais localmente precisam obedecer a determinadas convenções de denominação e gerenciamento. Em resumo, os executivos da Monsanto deram toda força possível ao compartilhamento, abrindo, porém, exceções sempre que necessário.

No final do processo, os executivos da Monsanto criaram cinco níveis diferentes de compartilhamento para toda a informação baseada em seu SGE. Começando com o máximo até o mínimo de compartilhamento, foram os seguintes níveis:

1. Determinado pela sede da corporação (exemplo, o Plano de Contas corporativo);

2. Escolhido entre uma lista de opções (exemplo, códigos de prazos de compra);

3. Aberto, mas com formato especificado (exemplo, hierarquia dos produtos);

4. Formato aberto, mas de utilização obrigatória (exemplo, descrições);

5. Opcional (exemplo, nome do contato).

Em alguns casos, os gerentes das unidades da Monsanto impunham regras adicionais à função de administração de dados. Em nenhum dos casos, porém, as regras locais podiam entrar em contradição com as do sistema de gestão empresarial.

Informações comuns em boa hora na Conoco

A Conoco, companhia de petróleo com faturamento de US$ 23 bilhões (em 1998) recentemente separada da DuPont, tem uma cultura típica do setor petrolífero. A Conoco nasceu em Oklahoma e cresceu no Texas, e seus principais dirigentes muitas vezes gerenciavam campos de petróleo no sudoeste rural dos EUA com uma autonomia quase que imperial. Este forte senso de independência persiste entre os executivos que hoje comandam as unidades de negócios geográficas, funcionais (exploração e produção, ou refino e comercialização) ou à base de produtos (químicos, lubrificantes). Cultural e historicamente, jamais alguém no topo da pirâmide da organização precisou ensinar esses executivos a comandar os seus negócios.

No começo da década de 1990, os executivos das unidades em toda a Conoco começaram a identificar a necessidade de sistemas de informação mais instrumentados e mais integrados. Os seus gerentes de sistemas de informação, espalhados por todas as áreas da empresa, começaram a falar com vendedores de vários SGEs sobre a possibilidade de utilizar seu *software* nas diversas unidades da Conoco que cada um deles representava. Algumas unidades até mesmo começaram a planejar aplicativos próprios, por conta própria ou com a assessoria de consultores, a fim de fazer frente a exigências funcionais específicas do negócio.

A função corporativa dos sistemas de informação da Conoco, que tinha uma pequena equipe dedicada a analisar a empresa e a projetar padrões sempre que fossem viáveis, tomou conhecimento dessa inclinação pelo novo *software* e decidiu verificar se existia algum pacote capaz de atender às necessidades de toda a corporação. Os analistas mapearam os processos das diversas unidades de negócios, e as funções dos sistemas existentes e dos novos, e confrontaram esse conjunto de informações com as possibilidades do sistema R/3 do sistema SAP, concluindo que grande parte das exigências em matéria de informações e processos na Conoco (pelo menos aqueles que eram levados em consideração com relação a um possível SGE) poderia ser preenchida por esse pacote. Com pouca dificuldade, os administradores das unidades de negócios da Conoco foram convencidos de que a solução estava na adoção do pacote SAP.

Contudo, não existia inclinação a tornar a informação comum a todas as unidades. No lugar, cada uma das unidades que pretendesse contar com um ambiente próprio de informações ganharia uma versão própria do R/3. Ficou claro que os executivos entendiam que seus negócios eram diferentes entre si e que, portanto, a informação também deveria ser diversificada. Várias unidades da Conoco, em especial aquelas localizadas na Europa, começaram a implementar o SGE, com versões diferentes em cada país. Nem todas as unidades implementaram os mesmos módulos do sistema SAP. Alguns países em que esse pacote havia sido instalado mais cedo fizeram a configuração que melhor se adequava às respectivas necessidades, e depois a ofereceram a outra unidade no país vizinho, para que dela fizesse o uso que bem entendesse. A maior parte modificou ligeiramente os sistemas para que se adaptassem às respectivas necessidades. A unidade do Reino Unido, uma das primeiras a completar a implantação, passou seu sistema adiante e mais tarde adotou uma versão que outra unidade havia modificado a partir daquela versão originária do Reino Unido.

Em 1999, a Conoco tinha pelo menos oito versões diferentes do sistema SAP instaladas em toda a empresa. Algumas unidades de negócios trabalhavam no sentido de obter definições comuns de informação no contexto de cada uma delas. Na unidade de refino e comercialização dos EUA, os analistas trabalhavam com os executivos das quatro refinarias participantes para conseguir definições comuns de materiais e suprimentos.

A essa altura as unidades européias começavam a discutir se uma solução comum poderia dar resultado, mesmo tendo elas insistido, desde o começo, na necessidade de individualização. Parte do seu novo interesse no compartilhamento derivava da determinação da empresa de que fossem economizados US$ 50 milhões em custos de aquisições. Se todos conseguissem definir a informação sobre aquisições de maneira similar em um único sistema, argumentavam os executivos, seria possível alcançar economias de escala e melhor gerenciamento das relações com os fornecedores dos sistemas, algo que proporcionaria o cumprimento das metas de redução de custos de aquisição. Parecia enfim possível que um sistema comum de aquisições fosse instalar-se em toda a Europa.

Os executivos de informação corporativa da Conoco acreditam que um maior compartilhamento será eventualmente concretizado ao longo da organização à medida que sentirem a necessidade de lutar pela eficiência. Mas o processo rumo a esse compartilhamento não pode ser forçado nem apressado, acrescentam. A cultura de independência da empresa obriga-os a permitir que os executivos da unidades cheguem sem interferência externa à conclusão de que a informação compartilhada é a melhor solução para todos. Eles acreditam piamente que uma batalha pelo compartilhamento, tendo como comandantes os escalões superiores da pirâmide hierárquica e imposta de cima para baixo desde o começo da iniciativa do SGE, jamais poderia dar certo na corporação.

Outros objetivos da informação além do compartilhamento

Depois do compartilhamento, o principal objetivo com relação à informação é a qualidade. Uma vez que os SGEs quase sempre exigem a integração dos múltiplos sistemas anteriormente utilizados em uma organização, o processo de instalação de um SGE significa muito trabalho no sentido de combinar e integrar diversos bancos de dados. Abastecer um SGE com dados de alta qualidade pode não parecer uma atividade estratégica ou de agregação de valor, mas é absolutamente essencial para dar ao sistema condições de proporcionar informações úteis.

A tarefa da higienização dos dados não pode ser deixada para mais tarde. As várias atividades necessárias – colher, enxugar, comparar, converter, carregar, testar e manter os dados – podem levar até mesmo um ano inteiro. A maior parte dessas tarefas pode, e deve, ser efetivada ao mesmo tempo que outras atividades de implementação de um SGE, para que o ambiente dos dados esteja em boa forma quando dele surgir necessidade.

O gerenciamento e o abastecimento de dados do sistema de gestão empresarial estão em andamento, jamais concluídos, quando o sistema entra em funcionamento. Organizações mais modernas já contarão com uma função de abastecimento de dados ativa antes da adoção de um SGE; poderão até mesmo diminuí-la um pouco com um ambiente racionalizado de dados, mas jamais pensarão em eliminá-la. Na Monsanto, a função de alimentação de dados pós-SGE tinha apenas três pessoas em nível corporativo (que se reportavam ao superintendente, e não à função da TI), alguns *experts* em determinadas áreas exclusivas (por exemplo, dados sobre compras e/ou produção), e muitos administradores de dados dispersos pelas unidades funcionais e comerciais da empresa.

Da mesma forma que ocorre com os processos comerciais, é possível projetar um ambiente de informação destinado a concretizar objetivos diferentes da qualidade e do compartilhamento, mesmo que as empresas ainda não estejam particularmente qualificadas no projeto de ambientes de informação.[14] O mais moderno e atualizado nessa área é simplesmente deixar que cada uma das unidades ou funções de negócios decida o tipo de informação mais adequado aos seus objetivos; foi o que se fez na Conoco. Uma abordagem como essa poderia ser vista como algo visando a um ajuste fino entre o ambiente de informação e a empresa propriamente dita.

Eu ainda argumentaria que algumas empresas estão tentando maximizar a eficiência com a qual a informação é repassada aos executivos para análise e a tomada de decisões. Quando as empresas instalam um SGE pensando em melhorar a análise e a difusão da informação, normalmente não dão atenção específica ao tipo de informação que querem. Como descrevo no Capítulo 7, elas muitas vezes usam a mesma informação que era utilizada antes de terem o SGE, simplesmente produzindo a informação com mais rapidez e menor intervenção manual. Não há nada de errado com semelhante eficiência, mas as empresas deveriam se dedicar com igual empenho a obter informações mais eficazes.

Uma maneira de alcançar essa eficácia seria articular exatamente que tipo de informação é o mais importante para a organização. As empresas que implementam SGEs normalmente pensam no alcance total da informação, e não apenas em um determinado tipo. Entretanto, assim como as estratégias de negócio estão relacionadas à definição das opções, a boa estratégia de informação significa escolher o tipo de informação que melhor se ajusta ao negócio. Uma organização em fase de implantação de um SGE poderia decidir, por exemplo, que seu principal objetivo em informação é obter a melhor informação possível sobre os clientes. Isso poderia ditar que as unidades de negócios tenham informações próprias sobre clientes, em vez de uma abordagem mais comum. Poderia igualmente sugerir a necessidade de novos aplicativos para o gerenciamento da informação sobre os clientes. A empresa poderia ter maior cuidado na elaboração de um repositório de informação sobre os clientes usando o SGE e outros dados. E se houvesse uma opção entre os tipos de dados a serem abordados em primeiro lugar – em termos de desenvolvimento de definições claras, de enxugamento dos dados e de integração das diversas fontes – a empresa poderia começar justamente com os dados sobre os clientes.

Tanto para os processos quanto para a informação, o fundamental é projetar o ambiente desejado, em lugar de simplesmente esbarrar em alguma coisa. Atingir um bom ajustamento entre um SGE e a organização significa fazer escolhas explícitas sobre aqueles dois aspectos fundamentais do negócio, juntamente com os demais descritos em outros capítulos. Nunca houve, na história dos sistemas de informação, um momento em que a qualidade e o projeto dos processos e dos sistemas de informações estivessem tão estreitamente ligados com um sistema. Se você não conseguir dar a devida consideração às questões de informação e aos processos ao implementar um SGE, é bastante improvável que consiga concretizar os ambientes de processo e a informação que deseja.

CAPÍTULO 6

Adicionando valor durante a implementação do sistema de gestão empresarial

A implementação de um sistema de gestão empresarial é sempre a etapa mais difícil do projeto. Trata-se de uma tarefa tão dura, tão árdua, que muitas organizações chegam a perder de vista os objetivos comerciais e financeiros no desenrolar dessa etapa. Quando algumas empresas completam a metade da implementação, as preocupações sobre lucros, orçamento e cálculos de retorno sobre investimento (ROI – *return on investment*) aparentemente perdem toda a relevância. Mas, como espero que todos vocês estejam acreditando a esta altura, a implementação do SGE não é um objetivo em si mesmo. As empresas instalam esses sistemas em decorrência das mudanças que eles possibilitam nos negócios e dos benefícios financeiros que irão (pelo menos no final) alavancar. Os passos dados durante a implementação constituem os alicerces fundamentais do valor definitivo que uma organização consegue extrair da íntegra do projeto. Quando se perde de vista este objetivo durante a implementação, ele pode se tornar irrealizável.

Neste capítulo, abordarei as várias e diversificadas questões que a organização precisa levar em conta durante a implementação de um SGE. Esta discussão inclui um grande número de tópicos, nenhum dos quais, no entanto, com grande profundidade. Se é que isso pode servir de consolo, existem vários livros que focalizam a implementação de um SGE que normalmente abordam as especificidades da instalação de determinados tipos de *software*. Meu foco neste capítulo estará nos processos e métodos que ajudam a garantir a realização do valor. Naturalmente, como venho argumentando ao longo de todo o livro, as empresas precisam continuar pensando sobre valor antes e depois da implementação. Devido às inúmeras distrações surgidas ao longo da implementação, contudo, darei ainda maior destaque ao assunto neste capítulo.

Admitirei aqui que alguns aspectos de uma implementação de alta qualidade de um SGE são simplesmente um bom gerenciamento do projeto. Outros são histórias de mudanças organizacionais ou comerciais dos mais variados tipos. Para que possamos ter um quadro o mais completo possível, precisarei mencionar algumas táticas de implementação e estilos de administração de projetos que são sinônimos de bom senso. Sempre, porém, procurando concentrar-me nos aspectos diretamente relacionados aos SGEs dessas estratégias.

O modelo para implementação

Para que a implantação seja bem-sucedida, a empresa precisa de um modelo de como ela se dará em alto nível. Uma vez que os projetos de SGE são mais extensivos que os de outros sistemas e exigem níveis superiores de risco técnico e de negócio do que a maioria deles, não seria uma boa idéia ver os projetos de SGE em uma dimensão semelhante à de outras iniciativas de Tecnologia da Informação. Uma alternativa é considerar os projetos de SGE como se fossem novos empreendimentos de negócios. Outra é considerar um projeto de SGE no contexto de um programa bem mais abrangente de mudança. Não são, as mencionadas, perspectivas mutuamente excludentes, embora devam ser aqui discutidas em separado.

Em um recente ensaio, Rob Austin e Dick Nolan, professores da Harvard Business School, argumentaram que é um erro ver a implementação de um SGE simplesmente como mais um projeto de sistemas ou gasto de capital. A natureza da atividade do SGE, argumentam, não se enquadra muito bem nas tradicionais técnicas de projetos de administração. "A administração de sistemas de Tecnologia da Informação, com sua ênfase em exaustiva definição de exigências e planejamento detalhado, nunca funcionou tão bem nos grandes projetos de TI para os quais foi projetada e simplesmente não constitui uma base realista para administrar as altas e multidimensionais incertezas existentes em ERP."[1] (ERP é, como você deve lembrar se prestou atenção no Capítulo 1, outro acrônimo dos SGEs.)

Como alternativa para o tradicional gerenciamento de projetos, Austin e Nolan afirmam que o estilo de administração apropriado para projetos de SGEs é similar àquele empregado na condução de novos empreendimentos empresariais. Adotar um estilo orientado ao empreendimento em um projeto de SGE significaria dividir a implementação em estágios para que o capital necessário tenha condições de ser a ele destinado parceladamente com o passar do tempo. Acordos para empreendimentos exigem que se dêem aos participantes substanciais incentivos para que possam ter sucesso, e compartilhar o risco financeiro e as recompensas da maneira mais ampla possível. Austin e Nolan também afirmam que qualquer capitalista empreendedor dedica uma forte atenção às pessoas do empresa participantes dos seus projetos; um projeto de SGE orientado a empreendimento deve ser conduzido de maneira idêntica.

Concordo com muitos dos aspectos da idéia central de Austin e Nolan. Eles estão indubitavelmente certos em qualquer caso sobre os efeitos a curto prazo de um gerenciamento tradicional de projetos de sistemas, e as incertezas sobre risco e benefício nos projetos de SGEs parecem induzir à administração do estilo empreendedor. Minha única preocupação é com a questão da implantação por estágios. Como veremos mais tarde neste mesmo capítulo, a implantação por estágios é apropriada desde que não prejudique nem impeça o desenvolvimento de uma integração interfuncional.

Outro modelo geral para a implementação compreende considerar um projeto de SGE no contexto de uma ampla mudança de negócios envolvendo não apenas a sua implementação, mas também mudanças na estrutura organizacional, nos projetos de negócios, na cultura e na maneira de agir. Como já destaquei, qualquer empresa que estiver implementando um SGE enfrenta a decisão entre maximizar ou os sistemas ou uma mudança geral na maneira de fazer negócios. Concentrar-se na instalação do sistema terá como resultado uma implementação mais rápida, sob controle, mas com isso se estará deixando em compasso de espera um enorme potencial de mudança no estilo de fazer negócios. Embora o corpo de jurados ainda não esteja entre as maneiras de avaliar estas mudanças de larga escala, a maior parte das pesquisas feitas nesta área sugere que as empresas que combinam mudanças de negócios e sistemas simultaneamente têm melhor desempenho do que aquelas que instalam sistemas e não mudam mais nada.[2]

Uma implementação que envolve grandes mudanças comerciais será sentida de maneira notavelmente diferente em relação àquela centralizada apenas na instalação de sistemas. A quantidade de pessoas e funções de negócios, o montante de comunicações organizacionais e os papéis dos executivos seniores são todos substancialmente incrementados no decorrer de um esforço voltado unicamente para sistemas. Em teoria, as mudanças deverão envolver não apenas atividades internas, mas igualmente aperfeiçoamentos em estratégias de produtos e serviços. A maior parte da organização precisará ter consciência daquilo que está em andamento, pois o objetivo maior será a obtenção de mudanças em processos de comportamento e trabalho. É provavelmente uma boa idéia multiplicar o aparato de comunicações para tais mudanças, incluindo um vistoso nome de projeto, declarações de objetivos, *slogans*, memorandos, videoteipes, mensagens do CEO, etc. Os executivos seniores de várias funções precisam estar apoiando por inteiro as mudanças, uma vez que deverão apoiar e dirigir os aspectos de mudança da iniciativa. Mudanças de negócios de semelhante magnitude devem certamente ser revisadas com a junta de diretores de toda a empresa, e até mesmo debatidas com analistas externos. Afinal de contas, o objetivo é melhorar o desempenho, algo que deve ser uma das maiores preocupações dos analistas.

O programa Advantage 2000, da Owens Corning, é um exemplo de iniciati va de amplas proporções. As mudanças internas que descrevi em capítulos ante riores foram condicionadas a uma estratégia externa envolvendo a compra d materiais de construção não individualmente, mas como um sistema coerent ("Sistema de Pensamento"). A nova estratégia de produtos tirou proveito da ca pacidade derivada do SGE de configurar soluções para materiais de construção a longo das áreas de produtos e das funções da empresa. O Project Infinity, da Cc ca Cola, é outro exemplo, por envolver não apenas a instalação de um nov SGE, mas também por criar ligações organizacionais e de informação mais sólida com outras empresas engarrafadoras.

Esses programas abrangentes de mudanças normalmente exigem vários anc até poderem dar bons frutos, e raramente conseguem ser bem-sucedidos em todo os seus aspectos. Como em qualquer outro programa de mudança de amplo alcar ce, sua empresa já poderá proclamar sucesso se conseguir concretizar uma boa fa tia dos objetivos. Alguns dos mais importantes fatores de sucesso para tais progra mas são a administração das expectativas e a administração da jornada de long prazo. Não se vence nenhuma dessas corridas sendo o mais rápido ou o mais o gulhoso. Embora eu recentemente tenha endossado um amplo padrão de comu nicações para esses programas nos quais estão enquadradas iniciativas de SGE, sempre útil não dizer muita coisa a respeito dessas iniciativas para as pessoas qu não chegarão a ser verdadeiramente por elas afetadas.

O plano de implementação

Você não se surpreenderá ao ouvir que para um projeto com custo de dezenas c centenas de milhões de dólares (ou libras esterlinas, ou euros, ou ienes, ou seja c que moeda for) e milhares de pessoas/mês, a organização precisa de um bom plan para fazer uma boa implementação do projeto. Uma das questões mais importan tes no planejamento é a decisão sobre quanto da corporação se pretende abarc com a implementação de um SGE (Figura 6-1). Os dois extremos a esse respei são as modalidades *incremental* e *big-bang,* com uma multiplicação gradual de pe meio. Como você certamente já entendeu, uma abordagem incremental impl menta o sistema e as mudanças de negócios a ele relacionadas por partes; já a m dalidade *big-bang* exige que se implemente tudo de uma vez só. Uma multiplicaçã gradual implementa alguma funcionalidade em um âmbito mais amplo, ou a fu cionalidade plena em âmbito menor. Se você dispõe da capacidade de lidar co inúmeras mudanças simultâneas, as etapas podem ser desenvolvidas de manei paralela, com o projeto e a coordenação em nível de sistema de gestão empresaria

Não recomendo uma implementação totalmente incremental. Leva temp demais e tende a ser muito cara. A menos que exista uma extrema necessidade examinar cada área do negócio com o máximo cuidado antes da implementaçã a modalidade incremental acaba exigindo análise demasiada das diferenças ent

FIGURA 6 – 1

OPÇÕES DE IMPLEMENTAÇÃO

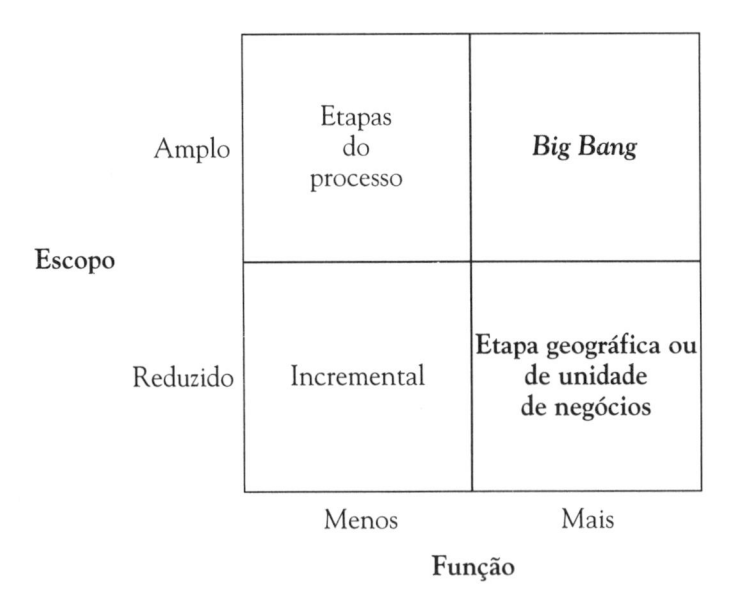

	Função: Menos	Função: Mais
Escopo: Amplo	Etapas do processo	*Big Bang*
Escopo: Reduzido	Incremental	Etapa geográfica ou de unidade de negócios

as unidades comerciais e geográficas. Em uma grande empresa química, implementou-se um SGE de maneira diferente para cada combinação de unidades de negócios geográficas, função de negócios e base de produtos. O gerente do projeto batizou o processo de "batalhar cubo por cubo", em referência à natureza tridimensional dos três fatores em pauta. Foram necessários 10 anos para completar a implementação (embora a empresa fosse reconhecidamente uma das primeiras a adotar o *software*, o que fez se estender o fator tempo), e o custo chegou a centenas de milhões de dólares.

Dividir o processo em etapas mais prolongadas e mais compatíveis constitui um método mais razoável – e produz uma melhor adaptação entre a rapidez da implementação e a dificuldade de empreender as mudanças movidas a SGE. O processo por etapas pode ser concretizado ao longo de algumas dimensões diferentes:

▶ **Implantação por área geográfica.** A suposição é de que nem todas as locações geográficas de uma empresa precisam ter seus SGEs implementados ao mesmo tempo. A lógica da implementação por estágios pode residir em concretizá-la em primeiro lugar nos locais mais importantes – ou nos menos importantes, se a empresa estiver preocupada com os riscos da implementação. A Conoco, por exemplo, iniciou a implementação de seu SGE na Europa, onde os processos eram mais simples e os negócios em geral de menor vulto que nos Estados Unidos. A Home Depot, a rede de varejo de materiais de construção, decidiu implementar o seu SGE em lugares mais distantes (a Argentina é um deles) em primeiro lugar para poder identificar e eliminar gradativamente as falhas do seu processo de implementação e mudança.

- **Implantação por processos.** Alguns processos de negócios são mais importantes do que outros para o sucesso do empreendimento como um todo. Uma estratégia de SGE por estágios é implementar processos centrais em primeiro lugar e deixar os auxiliares para mais tarde. Não faz muito sentido, contudo, implementar somente alguns dos processos centrais, pois a justificativa principal para a utilização de um SGE é exatamente a possibilidade de concretizar a integração de processos e funções de negócios. Poucas são as organizações, por exemplo, que deveriam implementar um módulo financeiro do sistema de gestão empresarial sem terem os respectivos módulos de manufatura e processamento de pedidos. Esta implementação por estágios pode ser feita, mas acaba destruindo o objetivo geral e o valor da tecnologia.

- **Implantação por unidades de negócios.** Algumas unidades de negócios são mais centrais, ou isoladas, do que outras. Pode ser razoável começar a implementação em uma unidade que seja relativamente pequena ou da qual não dependa o negócio principal. Uma grande empresa farmacêutica decidiu dar início à implementação de um novo SGE em uma pequena unidade de negócios de equipamentos de diagnóstico médico, em vez de começar a partir do centro de seus negócios, a produção de medicamentos. Se, por questões de negócio, uma organização decide começar a partir de uma unidade central, pode beneficiar-se ao concentrar todos os esforços ali e deixar as unidades auxiliares para mais tarde.

A implementação estilo *big bang* inclui tanto altos riscos quanto altos lucros. Um *big bang* rápido coloca o sistema em funcionamento rapidamente, o que se traduz na obtenção dos benefícios com maior velocidade. A implementação rápida pode ser necessária para concretizar prazos de negócios ou sistemas, como ocorreu com os problemas do *bug* do milênio. A implementação *big bang* pode ser menos cara porque os consultores ou funcionários dos sistemas internos gastam menos tempo com o projeto; os custos, contudo, ficam assim concentrados em um prazo menor. As mudanças comerciais podem ser minimizadas simplesmente pelo fato de não haver tempo para fazê-las (embora não seja necessariamente um benefício, pode se transformar em um, o que irá depender exclusivamente das circunstâncias). Assim, se o seu objetivo principal com um SGE for em primeiro lugar garantir que as mudanças no negócio sejam concretizadas, leve em consideração que uma implementação rápida ao estilo *big bang* pode às vezes levar à concentração total nos objetivos de instalar e tornar um sistema funcional, ficando, em conseqüência, outros objetivos também importantes relegados ao esquecimento.

Os projetos *big bang* são aqueles com mais probabilidade de apresentar problemas quando o sistema for utilizado na prática. Um recente estudo sobre a implementação de SGEs constatou, por exemplo, que muitas empresas enfrentam alguma espécie de "mergulho do desempenho" pouco depois de implementar seu sistema.[3] O estudo não entra em detalhes sobre o estilo de implementação adotado por essas empresas, mas eu me arriscaria a dizer que tudo indica que empregaram, em esmagadora maioria, o *big bang*. Ocorre apenas que é difícil demais prever todos os problemas e mudanças que podem ocorrer durante uma implementação quando tudo está sendo modificado de uma vez só.

Um exemplo disso é o que ocorreu com a A-Dec, uma fabricante de equipamento dental do estado norte-americano de Oregon. Ali, um corte *big bang* para um sistema Baan em 1997 levou a mais de um ano de problemas de desempenho.[4] A empresa não conseguia processar seus pedidos, completar seus produtos nem embarcá-los para os clientes. "Perdemos muitos negócios", admitiu o executivo-chefe de informação da empresa. Os funcionários precisavam concentrar-se em torno do sistema, pois não conseguiam entendê-lo, e o desempenho inicial não preencheu as necessidades da empresa. Depois de um prolongado período de adiamento, a empresa experimenta agora substanciais benefícios a partir do seu sistema.

Um lançamento em estágios dá tempo à organização para se ajustar ao sistema e às mudanças que ele traz consigo – tempo para configurar o sistema a fim de adequá-lo à organização, tempo para os testes, tempo para o treinamento. Permite igualmente a quem o adota mais tarde aprender com quem o adotou primeiro. Não põe em risco a capacidade de receber pedidos, emitir folhas de pagamento ou concluir o balanço anual no prazo certo. Proporciona ainda uma infinidade de mudanças nos negócios – talvez até, em algumas organizações, mudanças em excesso. Como se viu anteriormente, um lançamento em estágios permite que a organização programe os investimentos e os riscos dentro de prazos adequados, algo que é quase sempre a melhor forma de negociar.

A mensagem genérica aqui é que o sistema de estágios é preferível quando a empresa ou organização pode administrar o tempo adicional até chegar ao funcionamento pleno. Claro que existem outras questões sensacionais capazes de tornar o estilo *big bang* necessário; para muitas empresas, o problema do *bug* do milênio foi uma questão desse estilo. Mesmo nesses casos, contudo, é normalmente importante e benéfico limitar as mudanças de escopo ou sistema tanto quanto possível e concentrar-se em tomar decisões com rapidez.

Já argumentei no sentido de que as implementações podem ser incrementais, por estágios ou de *big bang*. Em projetos reais de SGE, contudo, as opções raramente são tão definitivas quanto estes termos significam; são muitas as posições intermediárias entre os extremos. A empresa pode escolher um lançamento relativamente lento de alguma funcionalidade, e a implementação *big bang* de outros itens. Partes diferentes da empresa podem ter cronogramas de implementação igualmente diferentes. Muito dificilmente surge uma implementação na empres[a] que se possa caracterizar por inteiro como pertencente a uma determinada cate[-]goria.

Na Bay Networks, por exemplo, a equipe de implementação adotou conscien[te]temente uma orientação híbrida para poder combinar o melhor de uma imple[-]mentação rápida a um risco relativamente baixo. A equipe utilizou o processo po[r] estágios de unidades de negócios em algumas unidades com o de estágios por pro[-]cessos em outras. Como a planta de produção da companhia na Califórnia esta[-]va crescendo rapidamente e já contava com alguns sistemas sofisticados, ela nã[o] foi incluída na fase 1 do projeto de implementação. O gerenciamento de pedido[s] em subsidiárias relativamente isoladas também foi deixado de lado até a fase 2. O administrador do projeto descreveu assim o processo: "Nós implementamos siste[-]mas financeiros no mundo inteiro. Lançamos o funcionamento global de algun[s] (não de todos) módulos. Além disso, em alguns lugares implementamos todos [os] módulos".[5]

O tempo de implementação

A questão relacionada a quanto tempo se leva para instalar um SGE é um dos tó[-]picos mais controvertidos neste campo. Já argumentei no Capítulo 1 que a dimen[-]são tempo é um dos dois mais importantes fatores no planejamento da implemen[-]tação. Em meados da década de 1990, muitas empresas descobriram que seus pro[-]cessos de implementação estavam se estendendo ao longo de vários anos, e passa[-]ram a se queixar disso aos seus fornecedores de SGEs e aos consultores. Os forne[-]cedores, em reação a este fator novo, lançaram abordagens de *marketing* e imple[-]mentação destacando a velocidade da instalação (entre outros, o ASAP do si[s-]tema SAP e o Express da Oracle). As empresas de consultoria desenvolveram te[m-]*plates* para projetos de processo e modelos de sistemas que tornavam a configura[-]ção do sistema muito mais fácil do que até então.

Como resultado desses "melhoramentos", os fornecedores puderam afirma[r] com alguma credibilidade, que os ciclos de implementação haviam sido encurta[-]dos. São incontáveis os comunicados à imprensa com histórias de implementa[-]ção integral de SGEs em prazos de seis a nove meses. É verdade que se pode en[-]trar no ar com um sistema em questão de alguns meses, mas também é verdad[e] que jamais o sistema, nesse prazo, estará completo e funcionando integrado e[m] toda a organização. É igualmente verdade que uma implementação rápida imp[ede] de o surgimento de um sistema que seja estreitamente configurado de acordo co[m] as maneiras idiossincráticas de uma empresa fazer negócios. O mais important[e] porém, talvez seja o fato de que uma implementação extremamente rápida lim[i-]ta a capacidade de se conseguir mudanças substanciais no processo de negócios.

Tendo trabalhado com muitas empresas durante a era da reengenharia [em] meados da década de 1990, sei que é impossível reprojetar e implementar plen[a-]mente novos processos interfuncionais em apenas alguns meses. O projeto [de] processos leva um tempo ainda mais prolongado quando eles precisam ser sincronizados com um SGE. É preciso desenvolver novas estruturas organizacionais. É preciso treinar funcionários em novos processos, e novos papéis e responsabilidades devem ser claramente estabelecidos antes que a empresa possa dar-se como pronta para fazer negócios dentro da nova formatação. Em resumo, no que diz respeito a amplas mudanças na maneira de fazer negócios ao longo de vários processos e mediante módulos de SGE, é preciso falar em termos de anos, e não de meses. Na minha opinião, o importante é não se render às mudanças de sistemas só pelo fato de estarem disponíveis com brevidade. O principal valor dos SGEs reside nas mudanças de negócios que tornam possíveis. Dito isto, um sentido de urgência também tem importância. É muito fácil gastar anos na investigação de todas as potencialidades dos SGEs, só para constatar que uma fatia muito pequena dessas investigações é tudo aquilo realmente capaz de adicionar valor ao negócio.

Existem fórmulas para se apressar um projeto de SGE sem sacrificar a mudança nos negócios. Por exemplo, um dos principais fatores na duração do projeto é quanto tempo se leva para tomar uma decisão. Boa parte do tempo nos projetos de SGE é gasta em várias questões (importantes e não tão importantes), e um ciclo de decisão prolongado não é necessariamente sinônimo da melhor decisão possível. As empresas podem definir uma política estabelecendo quais decisões sobre configuração ou qualquer outro item deverão ser tomadas em um prazo determinado – um dia ou dois, quem sabe. Os executivos podem igualmente definir um caminho de escalada para uma decisão: se um grupo de linha de frente não pode tomar a decisão, quem, então, irá assumir a questão depois?

Na Bay Networks, os gerentes de projetos resolviam todas as questões pendentes no final de cada semana. Eles encaminhavam a questão pendente mediante a emissão de "vales", ou compromissos de satisfação das exigências, aos gerentes e departamentos que, durante o projeto, tinham comprovadas necessidades de funcionalidade, mas cujos pedidos eram rejeitados pelo fato de que a adição de tais funcionalidades representaria atrasos inaceitáveis na concretização do projeto. Alguns desses "vales" foram pagos na primeira etapa do projeto, mas a grande maioria precisou ser retardada até a segunda fase.

É especialmente importante tomar decisões com rapidez e firmeza no começo de um projeto. Em decisões como a escolha do pacote de um determinado fornecedor ou a contratação de um consultor, a escala de tempo é quase sempre muito mais suave no começo do que mais tarde no projeto. O tempo disponível para a íntegra do projeto é o que realmente importa, embora muitas vezes seja somente o prazo necessário para a instalação do *software* que as empresas buscam acelerar.

É importante instilar um sentido de urgência entre os componentes das equipes de implementação do SGE e os executivos seniores. Compensação financeira e outras recompensas devem ser condicionadas à concretização do projeto dentro do prazo, juntamente com a concretização dos objetivos referentes à mudança nos negócios. As mudanças de escopo devem ser, sempre que possível, limitadas. Quando se acrescenta uma nova tarefa ao cronograma já existente, é preciso eliminar alguma das até então programadas. Se não houver urgência nem limitações, qualquer projeto poderá acabar se arrastando por uma década, ou mais.

A Cisco Systems é um bom exemplo de uma empresa de marcante desempenho na instalação acelerada de um SGE, embora tudo tivesse ocorrido no contexto de uma abordagem de implementação técnica, ao invés de estratégica.[6] Os executivos conseguiram concretizar a implementação em nove meses. A Cisco enfrentava considerável pressão de prazos em decorrência de um sistema legado que já estava causando dificuldades (na verdade, o sistema literalmente, e muito convenientemente, deixou de existir no dia em que a proposta de SGE foi apresentada à junta de diretores). Um dos fatores que levaram a fazer predominar a mudança de sistemas em relação à mudança de negócios foi que a Cisco necessitava ter os sistemas de transação em funcionamento antes de ter condições de oferecer aos clientes acesso direto, pela Internet, aos processos de encaminhamento de pedidos e de cadeia de suprimentos.

O projeto foi então encaminhado na abordagem *big bang*, com todos os sistemas e processos sendo implementados ao mesmo tempo. O gerente do projeto comentou:

> *Eu sabia que nós queríamos completar o projeto muito rapidamente. Não iríamos fazer uma implementação por estágios, mas, sim, tudo de uma vez só. Também não estávamos em condições de permitir muita especialização. Existe uma tendência em sistemas de MRP (o predecessor do SGE) no sentido de que as pessoas façam com que o sistema reflita seu método de operação, em lugar de retreinar as pessoas para capacitá-las a fazer tudo da maneira pretendida pelo sistema. E isto leva muito mais tempo para ser atingido.*[7]

A equipe da Cisco levou 75 dias escolhendo um pacote (o que foi rápido em comparação com a maioria das empresas, mas lento em comparação com o alcance do projeto propriamente dito), e apenas dois dias desenvolvendo uma configuração inicial do sistema escolhido, da Oracle. O esquema do prazo de implementação foi orientado especialmente pela necessidade de estar pronto antes do quarto trimestre do exercício financeiro da Cisco, quando os resultados financeiros são relatados e consideráveis quantidades de produtos são enviadas.

A equipe de implementação utilizou uma série de *pilotos de salas de conferência*, nos quais o sistema e os processos eram discutidos e tinham seus protótipos desenvolvidos no papel. Cada piloto refinou consideravelmente os protótipos, buscando criar uma melhor adequação às necessidades da Cisco. Mesmo quando os primeiros pilotos revelaram que o sistema precisaria ser modificado para suprir algumas das necessidades de negócios da empresa, o cronograma foi preservado. As modificações foram limitadas tanto quanto possível; todas precisavam ser submetidas ao comitê de orientação do projeto, para aprovação.

O cronograma acelerado também levou a uma problemática transição imediata para o novo sistema. Conforme explicou o CIO da empresa:

[Depois dessa transição] eu não diria que a empresa chegou ao fundo do poço, mas que passou a enfrentar desafios diários que precisavam ser resolvidos velozmente para evitar grandes impactos negativos para o nosso negócio, isso passou. Por exemplo, nossa fatia [percentagem] de remessa em dia, ou a remessa no dia prometido, ao cliente, caiu de 95% para cerca de 75%. Não se podia ainda falar em tragédia, mas também não era possível dizer que estava tudo bem, muito pelo contrário.[8]

Este é um exemplo das grandes possibilidades de surgimento de problemas com a implementação na modalidade *big bang*. Neste caso, muitas coisas deram errado; por exemplo, o *hardware* escolhido para o sistema não conseguiu, inicialmente, dar conta do volume das transações. A Cisco no fim recuperou-se destes problemas, mas o certo é que um prazo um pouco maior para a implementação poderia ter evitado a possibilidade do surgimento de tais dificuldades.

Pré-implementação; criando uma estrutura organizacional

A implementação de um SGE é um evento tão significativo que exige o estabelecimento de uma estrutura organizacional própria. Um quadro de funções especializadas deve ser criado para garantir não apenas o sucesso da concretização do projeto, mas também que ele tenha condições de produzir significativo valor de negócio. Todas as funções fundamentais são descritas nas subseções a seguir. Naturalmente que não se trata de preencher as vagas com "qualquer um". Todos os que conseguiram implementar SGEs com sucesso sempre fazem questão de destacar os indivíduos com talentos especiais e suas respectivas contribuições pessoais ao projeto como fatores decisivos para o êxito do empreendimento.

Apoio executivo

Projetos de gestão empresarial quase sempre precisam de um executivo sênior como defensor do empreendimento junto a esse nível da hierarquia da organização. A natureza radical das mudanças de negócios, os altos custos da implementação do sistema e a importância dos projetos para o sucesso a longo prazo da organização são fatores que justificam a liderança ativa de um executivo sênior. Colocar um executivo sênior de negócios na função de apoiador, em lugar de um CIO ou de outro executivo sênior de TI, faz circular a mensagem de que o projeto de SGE é uma iniciativa de negócios, e não meramente um projeto de tecnologia.

O patrocinador executivo deve ser escolhido no âmbito da maior área da organização em que o sistema será implementado, ou seja, da mesma divisão ou unidade de negócios. Os promotores são quase sempre, segundo a minha experiência, executivos-chefe (os quais, de acordo com as constatações de inúmeras pesquisas, sentem-se mais à vontade quando em posição de mando), administradores de alto nível de finanças e operações e, de vez em quando, vice-presidentes de logística, serviços aos clientes e vendas. A escolha de um patrocinador deve ter por base não apenas qual a área funcional mais afetada pelo projeto, mas também restringir-se àqueles executivos que se sentem mais confortáveis com relação à tecnologia da informação e aos integrantes desse mesmo grupo (se é que algum deles dispõe dessa qualificação), donos de um currículo em que se inclua compro vadamente a administração e a conclusão bem-sucedida de projetos de grande porte, orientados a sistemas.

São atribuições do patrocinador do programa, entre outras, as seguintes (ilus tradas por citações ou exemplos do CFO da In Focus Systems, que foi o patroci nador de um sistema Oracle nesse fabricante de projetores de vídeo):[9]

- Estabelecer a relação do sistema com a estratégia geral da empresa ("Ter a ca pacidade de aprender mais depressa do que qualquer outro.");

- Comunicar o valor e a importância do projeto ao restante da organização ("Cuidamos do projeto sempre de perto, com muita ajuda, com muita divul gação e reuniões mensais dos dirigentes seniores.");

- Desenvolver e divulgar os objetivos em matéria de melhorias no desenvolvi mento. (Redução das despesas de operação de 30% do faturamento para 18% ganho em termos de fatia de mercado.);

- Comprovar e colocar em pauta a inevitabilidade do sistema e dos processos ele relacionados. ("Esta ferramenta está chegando; ou vocês aprendem a utili zá-la, ou começam a procurar outro lugar para trabalhar.");

- Criar as indispensáveis mudanças organizacionais. (Uma nova posição de "su perusuário".);

- Garantir que a implementação tenha andamento de acordo com o cronogra ma acertado. (Nisto se destaca a concretização da implementação sobre acréscimo de funcionalidade suplementar.).

O patrocinador executivo deve igualmente assumir a liderança no sentido de passar aos demais executivos todas as informações possíveis sobre o projeto de SGE e sobre o papel que poderiam desempenhar na desejada mudança de negó cios. Algumas empresas organizaram essa participação dos executivos mediante criação de um comitê formal de orientação; outras utilizaram meios mais infor mais de participação. O que os processos bem-sucedidos têm em comum, contu do, é um alto nível de participação e de entendimento pela equipe sênior de di reção.

Na Union Carbide, por exemplo, o promotor e líder do projeto convocou di versas reuniões dos 20 principais administradores da empresa ao longo do ciclo de projeto SAP. A finalidade dessas reuniões era deixar os administradores a par das mudanças organizacionais e comerciais que acompanhariam a implementação do SGE. Alguns dos integrantes do grupo visitaram outras empresas que já estavam conseguindo sucesso com seus SGEs. Em cada um dos principais processos de negócios da empresa, os executivos consideraram quais espécies de modelos de alto nível seriam possíveis ou mais viáveis. Eles igualmente analisaram o grau de compartilhamento global que seria necessário em cada processo e de que maneira as decisões sobre processos e fluxos de informação seriam tomadas. A ênfase ao longo dessas reuniões, e de maneira mais ampla no todo do projeto, foi que a implementação eficaz do sistema seria de responsabilidade de toda a equipe de administração, e não apenas da função de TI ou do patrocinador executivo.

Líder ou gerente de projeto

Devido às suas proporções e à sua complexidade, os SGEs estão redefinindo a natureza do gerenciamento de projetos. Em nenhuma outra área de negócios existem tantas questões tão difíceis e interligadas com relação à mudança de negócios, de tecnologia e de organização. Os líderes dos projetos de sistemas de gestão empresarial terão de lidar, em determinado momento, com questões tão detalhadas e complexas como são as dos volumes de transação, para, no momento seguinte, já estarem envolvidos com mudanças de alto nível na estrutura e cultura da organização.

Algumas organizações entendem que não há pessoa capaz de conduzir sozinha tamanha diversidade de questões, e por isso mesmo acabam nomeando vários líderes de projetos. Na Monsanto, o projeto de SGE tem um líder de mudanças de processos e de negócios, um líder de tecnologia e um diretor geral do projeto. É especialmente importante que todos os líderes tenham familiaridade e compatibilidade com a tecnologia da informação, mesmo que os objetivos gerais sejam relacionados a negócios. Para poderem concretizar esses objetivos de negócios, eles precisam ter também um sólido currículo de negócios e credibilidade junto aos principais homens de negócios da corporação.

Um artigo descreveu o diretor de projeto ideal de SGE como uma combinação de tecnólogo, *expert* em negócios, sargento instrutor, orador motivacional, político e psicólogo. Os primeiros papéis nem precisam de grande explicação; falemos, então, dos demais. O político é necessário devido à importância de mediar entre os muitos e diferenciados grupos que são inevitavelmente afetados por um SGE. Da mesma forma como os políticos precisam fazer uma série de acordos para conseguir a construção de uma estrada ou de uma escola, os líderes de um projeto de SGE também necessitarão costurar muitos acordos nos bastidores para fazer com que o sistema seja instalado a contento ("Eu configuro o sistema da maneira que você acha melhor e você me cede três dos seus melhores funcionários para trabalhar na implementação"). Eles precisarão também trabalhar com o "salão de conferências" e articular – como o faria um orador motivacional – os princípios gerais, ou máximas, de acordo com os quais o sistema está sendo justificado e posto em prática. A qualquer momento poderá surgir algum clima de tensão entre esses princípios e os acordos feitos nos bastidores.

O fator psicológico da função de líder do projeto é necessário para que ele possa administrar as expectativas da organização em relação às mudanças no sistema e nos negócios que estão sendo implementadas. As expectativas são inevitavelmente ambiciosas em relação a tudo o que um projeto de SGE poderá concretizar simplesmente em função do vulto – em termos de custos e tempo – do empreendimento. O líder deve "prometer o mínimo e realizar o máximo", no entendimento de várias organizações nas quais fiz entrevistas com os encarregados.[10] Isto é válido em muitos projetos, mas adquire especial importância nos SGEs. O líder do projeto deve também tentar comunicar as relações e as diferenças entre as mudanças de negócios e as mudanças de sistemas no projeto, pois se tornará indubitavelmente uma fonte de confusão.

Os donos do processo

Como argumento no Capítulo 5, os SGEs são orientados a processos, mas não tornam, por si, uma organização inteira orientada a processos. Uma mudança importante pela qual a organização deve passar, e um aspecto fundamental da estrutura organizacional para a implementação do SGE, é o estabelecimento da função de donos do processo. Foram várias as organizações que me confirmaram ter sido esta uma das mudanças mais difíceis em todo o processo de implantação do SGE. uma dificuldade relacionada à natureza arraigada das estruturas organizacionais existentes com base em funções e departamentos. Embora não se inclua entre os propósitos deste livro iniciar uma discussão plena do processo de propriedade (recomendo o livro *Além da Reengenharia*[11], de Michael Hammer, que inclui um capítulo inteiro sobre este tópico), vamos debatê-lo aqui no contexto da implantação do SGE.

Por que os donos de processos são necessários durante a implantação do SGE. É que alguém precisa assumir a responsabilidade pela forma mediante a qual processo se adaptará ao sistema. Os lucros devem ser atribuídos por grupos de produtos ou grupos geográficos? Pergunte ao dono do processo financeiro. E com respeito aos estoques: quando serão dados como pertencendo oficialmente ao cliente – quando forem remetidos, ou quando chegarem ao seu destino? Uma boa pergunta para o dono do processo da cadeia de suprimentos. O desenho de processos de negócios por donos de processos em um ambiente de SGE não é exatamente um exercício do estilo "começar do zero", mas existem decisões a serem tomadas. Se não existir nenhum proprietário de processo para tomá-las, a empresa gastará um tempo excessivo lutando com decisões que dizem respeito a várias linhas funcionais; não haverá gerente funcional suficientemente bem situado para tomá-las.

Qual o tipo de pessoa mais propensa a ser um bom dono de processo movido a SGE? Durante a implantação, não precisa ser ninguém com experiência na administração de grandes grupos de pessoas. A menos que a organização tenha adotado a gerência orientada a processo muito antes da implementação do SGE, a propriedade de processos é uma atividade relativamente solitária. Durante a implementação, o que importa mais que as qualificações das pessoas são as qualificações em projetos de negócios – a capacidade de reunir dados, analisar alternativas e conseguir ver a situação no seu todo. A essa altura, os donos de processos devem estar abertos a todas as possibilidades em relação ao desenho dos processos. Se eles comandam um elenco existente de pessoas e atividades, podem ser menos inclinados a dar suporte a mudanças radicais no processo.

Depois da implantação, é claro, faz sentido que a pessoa que executa um processo elabore e encaminhe um relatório ao dono do processo (embora existam vários exemplos no sentido contrário), e então a capacidade de gerenciamento das pessoas assume importância muito maior. Não deixa de fazer sentido pensar em trocar os donos dos processos depois de se completar a implantação do sistema. O comando do processo pode ser uma função de tempo parcial durante a implantação, mas todos os comandantes devem dispor de pelo menos metade do seu tempo útil para desempenhá-la. Uma armadilha a ser evitada envolve garantir que a propriedade do processo não entre em conflito com a gerência de uma função de negócios (por exemplo, colocar o gerente de produção no comando do processo de gerenciamento dos pedidos). Em primeiro lugar, comandar uma função deve ser uma missão de tempo integral; em segundo lugar, um gerente funcional pode encontrar dificuldades em tomar decisões objetivas sobre a melhor maneira de fazer com que um processo interfuncional trabalhe com eficiência.

Superusuários

Um papel da implementação do SGE que não é amplamente conhecido em outros contextos é o dos *superusuários*. São, em geral, funcionários de nível médio ou gerentes das funções ou departamentos de negócios que serão afetadas pelo projeto de SGE. Seu papel durante a implementação é o de determinar de que maneira o sistema afetará seu setor na organização, recomendar configuração e detalhes de projeto do sistema, servir como usuários "típicos" durante as fases de teste e pilotagem do sistema, e treinar outros empregados com funções semelhantes. Quando o sistema é ativado e tem sua utilização iniciada, os superusuários serão talvez as pessoas mais importantes na empresa para fazer com que os novos sistemas e processos entrem realmente em funcionamento.

Com tamanha responsabilidade, esses superusuários precisam ser realmente fora de série, isto é, devem ser os melhores nas funções e nos departamentos que representam. Os superusuários não irão apenas tirar o melhor proveito dos diversos detalhes que farão o sistema ter a melhor implementação possível, como também ajudarão a "vender" o sistema e o impacto que terá sobre os negócios aos seus colegas de empresa. Por definição, os superusuários de alto desempenho são raros e por isso mesmo, importantes para as suas organizações no desempenho das funções existentes. Esta é normalmente uma fonte de tensão para as organizações: uma das razões pelas quais os gerentes resistem aos projetos de SGE é que eles acabam perdendo seus melhores funcionários para esses empreendimentos. *C'est la vie...*

Não existem diretrizes dos fabricantes sobre quantos superusuários um projeto necessita; eu já vi casos com quatro a cinco ou mais de uma centena em um único projeto. É um número que deveria ser determinado pela diversidade de funções e de organizações que o sistema abrangerá. Se um departamento não tiver superusuário algum representando-o no projeto, aumentarão em muito as possibilidades de que alguma coisa na implantação não venha a dar certo. Este quadro deve incluir, como argumento no Capítulo 7, representantes da função administrativa – aqueles que irão ajudar a determinar a melhor maneira de usar o SGE para um gerenciamento realmente eficiente do negócio.

O que ocorre com os superusuários depois da implantação? Você provavelmente já chegou à conclusão de que não existe o "depois" em uma implementação. Os superusuários muitas vezes acabam não retornando às funções não relacionadas ao SGE com a pressa necessária. A presença deles continuará sendo indispensável à reconfiguração do sistema e dos processos, para solucionar questões sistema/processo no âmbito de suas respectivas áreas de especialidade, e para otimizar o desempenho dos novos processos de negócios. Além disso, eles se tornam ainda mais importantes para a empresa em suas novas funções. Sabem como extrair toda a informação em um SGE, e entendem nos mínimos detalhes a maneira pela qual o trabalho flui ao longo da organização. Quem poderia ser mais valioso do que eles? As empresas podem preferir desenvolver novos caminhos de progresso rápido para essas pessoas; você pode apostar que os caçadores de talentos e outras empresas irão apreciar e valorizar todas as qualificações por eles desenvolvidas.

A equipe de visão e planejamento

Todo o programa de implantação é dividido em duas categorias: a equipe de visão e planejamento e uma ou mais equipes de implementação. A equipe de visão planejamento, que tem de incluir indivíduos com qualificações e habilidades tecnológicas e administrativas de alto nível, determina o ajustamento geral entre SGE e a organização. As deliberações dessa equipe poderão, inclusive, determinar a maneira pela qual a empresa passará a trabalhar no futuro. É uma responsabilidade muito grande e, como tal, reservada para pessoas de alta qualificação.

A equipe estará sempre atarefada. Uma de suas principais responsabilidades será estabelecer critérios sobre questões como:

- A margem geral de prazos para o projeto;

- As principais categorias de benefícios e valores;

- De que maneira a empresa quer se organizar em relação ao sistema;

- Como os processos-chave devem ser estruturados e colocados em funcionamento;

- De que maneira se comportam ao longo da organização os processos e a informação comuns;

- De que maneira a organização movida a SGE poderá levar a empresa a uma melhor estratégia e a um posicionamento competitivos;

- De que maneira as mudanças do SGE devem ser programadas em relação aos prazos e aos processos e unidades de negócios;

- Até que ponto o sistema será modificado para se adaptar aos processos idiossincráticos.

Se esta equipe for realmente dotada das qualificações técnicas para tanto indispensáveis, poderá igualmente selecionar o pacote de SGE a ser instalado pela empresa. E é também mais razoável que seja a equipe de planejamento e visão a responsável pela escolha dos parceiros de implantação, ou consultores, com os quais a empresa trabalhará. Depois da escolha dessa consultoria, alguns de seus integrantes, evidentemente aqueles de mais alto nível, poderão passar a ser integrantes da equipe de visão e planejamento. O ideal é que esta seja uma equipe de tempo integral, não sendo impossível, porém, trabalhar de outras formas. A menos que se trate de um projeto realmente de grande porte em vias de instalação, o ideal é contar com uma equipe de cerca de 10 integrantes.

As equipes de implementação

Quem realmente trabalha nos projetos de SGEs são as equipes de implementação. Bem, criar visões e planos também é trabalhar, mas não aquele trabalho detalhado, com o qual as equipes de implementação terão de se ocupar. Projetos detalhados de processos, mudanças minuciosas de configuração dos sistemas, planos esmiuçados de treinamento – tudo isso faz parte dos domínios das equipes de implementação.

Essas equipes precisam trabalhar em tempo integral, e devem ser consideravelmente maiores do que as equipes de visão. Algumas das maiores implementações acabam envolvendo centenas de pessoas espalhadas por dezenas de equipes. Tenho ouvido reclamações no sentido de que equipes com mais de 20 componentes sempre se tornam difíceis de controlar. A alternativa é criar equipes separadas para cada uma das unidades de negócios ou processos de vulto que façam parte da implantação.

Alguns integrantes da equipe de visão devem passar a fazer parte das equipes de implementação a fim de que os princípios fundamentais do projeto do sistema e do processo sejam preservados e monitorados. De outra forma, é comum que a ênfase total da equipe de visão se concentre nos objetivos comerciais, enquanto que, nas equipes de implementação, ela se preocupe exclusivamente em fazer o sistema funcionar.

O papel da organização de TI

A organização interna de TI de uma empresa pode desempenhar vários papéis durante a implementação. A opção menos desejável é, naturalmente, que ela não desempenhe papel algum. Algumas empresas entregam todo o trabalho relativo ao SGE a terceiros, presumindo que seu pessoal de TI esteja por demais ocupado no suporte dos sistemas existentes, ou que não disponha das qualificações necessárias para lidar com o SGE. As duas suposições podem estar corretas, mas, igualmente as duas podem ser remediadas. O treinamento em funções e habilidades relacionadas aos SGEs é facilmente disponibilizado. E é igualmente possível terceirizar o suporte do ambiente existente de TI, como descreverei mais adiante neste capítulo. Depender integralmente de terceiros para a implementação de um SGE condena a organização a uma vida inteira de dependência, e se transforma em algo também injusto para com os funcionários verdadeiramente envolvidos com a TI.

A maioria das organizações emprega um misto de seus próprios funcionários de TI, outros funcionários de funções de negócios não dependentes da TI e consultores externos. Os funcionários ligados à tecnologia da informação podem desempenhar papéis importantes na configuração, nos quais eles se aproximam das funções de negócios que estão configurando e podem até mesmo continuar trabalhando em caráter permanente nessas funções depois da implementação. Podem ser especialistas técnicos, projetando a arquitetura da TI na qual o SGE irá se desenvolver e ajustando o desempenho do sistema. Este papel também será necessário depois da implementação. Em qualquer das hipóteses, o pessoal da TI terá de ser capaz *de* e estar disposto *a* desenvolver novas habilidades com a maior rapidez.

Teoricamente, a adoção de um SGE significa que as empresas, no fim, necessitarão de um número menor de pessoal de TI. Eu faço questão de destacar as expressões "teoricamente" e "no fim". Uma empresa de semicondutores calculou que 60% de seus funcionários de TI estivesse desempenhando tarefas que seriam substituídas pela funcionalidade do seu SGE. Todos esses 60% – e mais alguns contratados – continuam nessa empresa, trabalhando na implementação do SGE ou em outros sistemas. Em apenas uma organização constatei reduções reais de pessoal de TI posteriores à implementação de um SGE. Ocorre que, além de o projetos de SGE necessitarem de suporte a longo prazo, as empresas passam a expandir continuamente os aplicativos não-ligados ao SGE, como páginas da Web, sistemas de força de vendas e serviços aos clientes, e ferramentas de computadores pessoais. Devido a isso mesmo, tenha muita cautela antes de procurar justificar seu investimento em um SGE a partir de uma eventual redução de custos com pessoal de Tecnologia da Informação.

Buscando as melhores pessoas

Seja qual for a maneira escolhida para estruturar suas várias equipes, a única certeza é que será difícil encontrar um número de pessoas eficientes à altura das necessidades do seu projeto em matéria de pessoal. Não tenho nenhuma resposta ideal para esse problema: a única coisa que espero é que você irá realmente encontrar dificuldades. E a única solução está no sacrifício: transferir seu melhor pessoal para a equipe de projeto, pagar muito bem para contratar e manter os melhores, contratar consultores caros. As qualificações indispensáveis para conseguir mudar tudo ao mesmo tempo e fazer com que as mudanças dêem resultados não são aquelas de menor preço...

Opções de tecnologia em sistemas de gestão empresarial

Mesmo depois de ter escolhido um fornecedor de SGE, a empresa interessada não pode dar como encerrado seu processo referente às opções de tecnologia. Uma das principais escolhas é entre empregar um único pacote de SGE ou uma variedade de sistemas interligados em uma solução de sistema de gestão empresarial. Os projetos de SGE várias vezes – até se poderia falar em "geralmente" – implicam uma variedade de *softwares* que se precisa acrescentar ao pacote de SGE. Na verdade, uma expressão comum para o futuro do *software* de SGE é *montagem de portfólio*, em que as empresas unirão uma ampla variedade de programas tendo módulos de SGE como o centro, ou a coluna dorsal.

Na verdade, cada empresa que implanta um SGE precisa pensar na melhor maneira de satisfazer as necessidades de toda a organização, e que percentagem dessas necessidades o pacote básico do SGE abrangerá (Figura 6-2). Parte da funcionalidade necessária dos sistemas não será preenchida por um pacote ou aplicativo disponível (o espaço em branco no alto da figura), obrigando as empresas a desenvolver essa capacidade por conta própria ou a trabalhar sem ela. Obviamente, pacotes básicos de SGE incluem uma grande fatia da funcionalidade da qual a organização se beneficiará. Contudo, ela pode optar pela não-adoção de todas as funções disponíveis. Alguns sistemas legados perfeitamente funcionais na organização podem estar cumprindo a tarefa (os blocos de funcionalidade na base da figura). Nesses casos, pode ser mais fácil fazer a interface do sistema existente com o pacote de SGE do que obrigar os usuários a enfrentar todas as mudanças que um novo sistema impõe (embora construir interfaces semelhantes também não seja exatamente algo descomplicado). Em outros casos, a organização pode entender que uma solução apresentada por um segundo fornecedor é melhor do que qualquer das apresentadas pelo fornecedor principal do SGE. Pode haver considerável superposição entre a proposta do segundo fornecedor e a do fornecedor principal, tanto quanto essa superposição pode ser escassa ou nula. Como é sugerido pelos blocos na Figura 6-2, a superposição pode ser profunda ou rasa, estreita ou ampla.

O que a organização precisa fazer durante a implantação é optar – exclusivamente por um pacote básico de SGE, ou complementado por aplicativos legados e acréscimos de terceiros. Como você já deve ter percebido, a opção deve ser orientada mediante fatores comerciais, não mediante fatores tecnológicos. Se estiver instalando um SGE basicamente para controlar aplicativos de conforto, será preciso continuar com a implantação de um pacote de SGE e evitar sistemas complementares sempre que possível. O objetivo, nestas circunstâncias, não é otimizar a funcionalidade, mas, pelo contrário, preencher as necessidades básicas com a maior rapidez e o menor custo possíveis.

Se, pelo contrário, o objetivo for utilizar um SGE para dar suporte a um objetivo fundamental de negócios e conquistar uma vantagem competitiva, uma mistura de um pacote de SGE com acréscimos de sistemas de terceiros e os seus próprios sistemas legados pode representar a melhor opção. Suponhamos que exista interesse em avançar em excelência em matéria de projeto e execução de cadeia de suprimentos. Talvez já se disponha de uma configuração de sistema que seja melhor que qualquer coisa que um fornecedor de SGE tenha condições de oferecer. Além disso, parte dos sistemas de planejamento e otimização de cadeia de suprimentos disponível em outros vendedores parece constituir algo novo e realmente maravilhoso. A implantação comum de um pacote básico não irá proporcionar-lhe a funcionalidade necessária para competir com possibilidade de sucesso desta forma. De maneira semelhante, se o seu objetivo for utilizar um SGE pa

FIGURA 6-2

MAPA DAS OPÇÕES DE FUNCIONALIDADE DE *SOFTWARE*

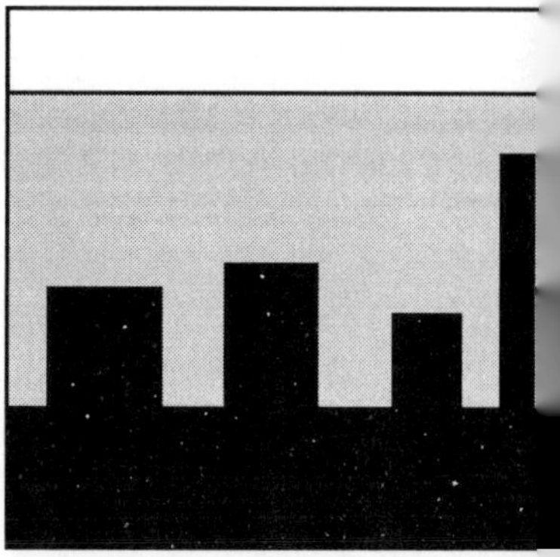

Funcionalidade necessária mas não disponível em qualquer dos sistemas existentes

Funcionalidade disponível em um pacote básico de SGE

Funcionalidade disponível junto a outros fornecedores, sistemas legados, etc.

ra ser mais eficiente no gerenciamento de risco financeiro do que qualquer outra empresa atuante no seu setor, é fácil ver que você não ficará satisfeito com um sistema padronizado. E aí surgem os sistemas de análise e relatórios financeiros de fornecedores separados que você não poderá se conformar em excluir do seu sistema.

Claro que trabalhar com sistemas de terceiros e sistemas legados aumenta um pouco a sua aposta no projeto de SGE. Significa que será preciso gastar tempo e energia decidindo o que deve ser mantido e o que deve ser descartado, da mesma forma que avaliando os pontos fortes e os pontos fracos de uma grande variedade de aplicativos de terceiros. Além disso, elaborar interfaces entre o seu SGE e sistemas de terceiros ou sistemas legados não será nada fácil, não importam as promessas que seu pessoal de TI ou os especialistas do fornecedor façam a respeito. Acontece que ser o melhor nunca foi fácil...

Montando a infra-estrutura da tecnologia de informação

Há inúmeras facetas relacionadas à infra-estrutura da TI que é preciso avaliar até se tornar viável a instalação de um SGE. Essa avaliação pode ocorrer paralelamente ao processo de implementação, mas deve estar concluída antes do começo do funcionamento do sistema, ou com grande antecipação, devido à necessidade e à complexidade dos testes exigidos. Para a maioria das empresas, o SGE será o maior e mais complexo aplicativo cliente/servidor que jamais tiveram. Alguns dos componentes técnicos indispensáveis dessa infra-estrutura são, como se descreve a seguir:

- Como é óbvio, poderosos PCs servidores e clientes serão necessários para toda a população usuária (em uma organização de grande porte, estamos falando com isto de vários milhões de dólares);

- Redes de comunicações precisarão ser aperfeiçoadas para que o SGE possa ser acessado de todas as partes do mundo;

- O lado humano das qualificações técnicas exigirá considerável aperfeiçoamento, principalmente em termos de operações, manutenção, suporte técnico e áreas auxiliares.

Uma questão técnica fundamental diz respeito a quantas instâncias diferentes, ou versões diferenciadas, do sistema será necessário instalar. Trata-se de uma decisão com implicações técnicas e comerciais. Tecnicamente, quanto maior for o número de instâncias instaladas, maiores serão sua complexidade e seu custo. Embora os fornecedores de SGEs proporcionem uma integração cada vez maior da informação ao longo de várias e diferenciadas instâncias de um mesmo pacote –

ou até mesmo de pacotes diferentes –, trata-se ainda de algo bem mais complexo que um sistema único.

Do ponto de vista do negócio, o sistema de múltiplas instâncias torna bem mais fácil que as unidades geográficas e/ou comerciais tenham seus centros próprios de informação. Quando se determina que uma unidade de negócios não precisa estar profundamente integrada com as demais (talvez pelo fato de dispor de clientes ou processos de negócios substancialmente diferentes das outras, ou talvez pela iminência de ser vendida), é sempre uma boa idéia lhe dar uma instância separada no sistema. Mesmo com algumas unidades contando com instâncias separadas, continua sendo possível compartilhar aquela informação comum a todas – exemplo, informação financeira para o registro geral de contabilidade – ao longo de instâncias separadas. Como já descrevi no Capítulo 4, esse ambiente de informação movida a SGE pode ser chamado de *federalista* e é, na minha opinião, apropriado para muitas das grandes corporações ocidentais, apesar de sua complexidade técnica.

A partir de um ponto de vista do valor do negócio, no entanto, o único objetivo da maioria das capacidades técnicas é dar suporte ao *software*, e como tal nunca deveriam se transformar no foco principal de um projeto. Servidores, PCs e redes de comunicações estão rapidamente se tornando produtos e serviços de conveniência, não sendo, assim, necessário consumir tempo demais em sua seleção. Não é incomum – e, na minha opinião, talvez até mesmo seja uma boa idéia – que as empresas terceirizem alguns aspectos do ambiente técnico, a fim de liberar recursos humanos e financeiros para outras preocupações mais diretamente relacionadas aos negócios de cada empresa.

A Owens Corning, por exemplo, terceirizou não o seu novo ambiente de SGE, mas seus antigos sistemas legados e as operações do centro de dados para a Hewlett-Packard. A idéia era permitir que, com isso, todos os recursos técnicos da empresa estivessem focados no funcionamento do novo sistema. A Dow Corning (que em comum com a Owens Corning tem apenas o nome) decidiu terceirizar a instalação e manutenção de todas as estações de trabalho multimídia incluídas no seu projeto de SGE.[12]

Gerência financeira e objetivos de mudança de negócios

Como foi possível aprender até aqui, muitas decisões no campo financeiro são necessárias para determinar se um SGE tem realmente sentido para uma organização. Por ocasião da implementação, já se concluiu que é preciso seguir em frente e por isso mesmo não vale mais a pena torturar-se pensando nos custos do projeto. Durante a implementação, no entanto, a organização precisa de outro estágio de análise financeira capaz de monitorar os níveis dos gastos e estabelecer as bases para o tipo e montante de valor de negócios que recebe do projeto de SGE. É aí que se calculam os custos e os benefícios em andamento, e os benefícios reais começam a ser concretizados. Os tipos de atividades durante a implantação incluem a insta lação de uma infra-estrutura de finanças e benefícios, a determinação de como os benefícios serão concretizados com o passar do tempo e como mensurá-los, e, ainda, pensar sobre a melhor maneira de estruturar e motivar a realização desses benefícios.

Concretizar uma infra-estrutura para a análise financeira e o gerenciamento de benefícios é algo que lida principalmente com funções e disciplinas. Para uma implantação de grande porte (digamos, custando US$ 50 milhões, ou mais, ou que seja superior a 2% do faturamento anual de uma empresa de médio ou pequeno porte), vale a pena ter alguém em tempo integral como encarregado da gerência financeira e de valor durante todo o projeto. Essa função inclui o controle dos gastos com *software*, *hardware* e consultoria (incluindo talvez a negociação de contratos para esta última função); a atualização constante do orçamento em relação aos gastos e, talvez o mais importante, o cálculo dos benefícios e as providências necessárias para que eles sejam concretizados.

A disciplina financeira na organização é que comanda este último tópico da concretização dos benefícios. É fácil enumerar benefícios em uma análise de custos e benefícios; concretizá-los, porém, já se trata de algo inteiramente diferente. Como destaquei anteriormente na seção sobre a gerência de um SGE como um novo empreendimento de negócios, ajuda muito quando todas as partes envolvidas têm algum interesse em jogo no empreendimento. Toda a equipe de executivos seniores deveria fazer a promessa de gratificações condicionadas à concretização dos benefícios derivados do SGE (e isso não deveria terminar quando da implantação plena do sistema, sendo, pelo contrário, mantido paralelamente à manutenção e ao aumento dos benefícios a ele relacionados). Na Fujitsu Microelectronics, 25% da gratificação da equipe de executivos estava amarrado à concretização do processo do SGE e de metas de desempenho financeiro. É também boa idéia criar incentivos de desempenho para gerentes de nível intermediário cujo trabalho é afetado pelo SGE, membros da equipe do projeto, e até mesmo consultores. Claro que se o objetivo for mensurar a melhoria do desempenho, alguém deverá estabelecer metas básicas antes da implantação do sistema, pois, do contrário, nenhuma comparação antes x depois poderá ser feita. Mesmo os consultores podem ser motivados pelo estabelecimento de gratificações baseadas na concretização de benefícios, embora aí seja essencial cuidar para que não se passe a avaliá-los a partir de fatores sobre os quais não têm controle.

O estudo-piloto de negócio não deveria jamais se igualar a um penduricalho qualquer, mas, pelo contrário, precisaria ser revisto e revisado (se necessário) com freqüência – até mesmo mensalmente. Os custos apresentarão variações à medida que o escopo variar e que os problemas crescerem, e à medida que as mudanças de negócios levarem a mudanças de sistemas. Mais importante ainda, os benefícios terão variações regulares. Novos aspectos do sistema e os processos a que ele dá suporte também passarão a ser conhecidos. Os benefícios prometidos, na verdade, não se materializarão; fontes inesperadas de valor irão emergir. O constante monitoramento dos custos e benefícios, e amplas informações acerca dos resultados, incentivarão a organização e seus funcionários a alcançar os objetivos traçados.

A impossibilidade de especificar com antecipação e na plenitude os benefícios é uma das razões principais para que se adote um procedimento de opções reais no financiamento do projeto. Esse procedimento foi debatido resumidamente no Capítulo 3, mas merece nova menção aqui devido ao seu relacionamento com o gerenciamento de benefícios durante a implantação. A abordagem de opções reais determina que os benefícios venham a ser avaliados a intervalos regulares em relação ao financiamento da etapa seguinte do projeto. Cada etapa é vista como a compra de uma opção para aprender um pouco mais sobre o sistema e sua adaptação ao negócio. Embora uma discussão detalhada das opções reais fuja ao escopo deste livro (e igualmente vá muito além do meu conhecimento sobre finanças), acredito que provavelmente serão muitas as empresas que virão no fim a adotar este procedimento em matéria do financiamento de projetos de SGE.

Componentes da implantação

Uma descrição detalhada de todo o processo de implantação precisaria variar de acordo com o tipo de SGE em instalação. Contudo, pode ser bastante útil descrever alguns dos passos principais do processo, particularmente aqueles intimamente ligados à concretização de valor de negócio. Na discussão a seguir, procedo como se o pacote e seus respectivos componentes de sistema já estivessem adotados, a TI estivesse em construção, e a estrutura financeira e organizacional estivesse em fase de criação.

Configuração

A configuração do SGE está no coração do processo de implementação. É ali que se ajusta o sistema para que se adapte ao negócio, e que o negócio é simultaneamente configurado para se adaptar ao sistema. Trata-se do ponto em um projeto de SGE no qual é preciso tomar algumas decisões realmente difíceis a respeito de como o negócio pretende se configurar e utilizar o sistema para desenvolver seus objetivos. No Capítulo 5, falei do processo de configuração com maiores detalhes em relação aos processos de negócio e às questões de informação.

O ponto mais importante a ser entendido aqui é que não faz o menor sentido regatear no processo de configuração quando se pretende realmente concretizar valor de negócio com o sistema. A menos que a organização esteja altamente pressionada pelo fator tempo, já é má idéia simplesmente mencionar a hipótese de que todos os processos deveriam contar com o suporte de um sistema improvisado. Nada de diferenciação em SGEs, nada de diferenciação em (aspectos principais) estratégia de negócios. Colocar o sistema em funcionamento com rapide é importante, mas um sistema plenamente implantado que não tenha valor de negócio é... bem, um sistema sem valor de negócio.

Desenvolvimento de interfaces

Boa parte do tempo da implementação será ocupada com a construção de interfaces entre o SGE e os sistemas existentes, dos mais variados tipos. Os detalhes desta atividade não são pertinentes a este livro. O que importa destacar é que determinadas interfaces proporcionam maior valor de negócio que outras, e deveriam ser o foco dos primeiros esforços de construção. Por exemplo, interfaces com o mundo exterior – clientes, fornecedores e parceiros de objetivos –, tenham elas base na Internet ou utilizem qualquer outro meio de acesso, permitem que a organização passe a utilizar seu SGE para ganhar dinheiro e chegar ao topo por intermédio do aumento de suas vendas. É grande demais o número de organizações que protelam as interfaces externas para só depois estarem completadas todas aquelas interfaces internas, mais prosaicas.

A mesma argumentação pode ser usada a respeito de interfaces com sistemas de análise e relatório. Muitas empresas sentem que precisam ter toda a sua informação básica de transações em perfeita forma antes de se aventurarem a encaminhar interfaces com capacidades analíticas. E isso apesar do fato de que possibilitar a administração cada vez melhor do negócio constitui o principal e primeiro motivo para a implantação de um SGE. Assim, interfaces com armazém de dados (*data warehouse*), sistemas de apoio a decisões e ferramentas de busca e relatório de informações não deveriam jamais ser deixadas só para o fim de um projeto.

Na Bay Networks (atualmente Nortel Networks), a idéia de interfaces externas e analíticas foi incluída nos primeiros projetos e na preparação de todo o seu SGE. Fazer com que os usuários se capacitassem a gerar indagações próprias em relação aos dados do SAP foi visto como um componente fundamental do valor do novo sistema. A Nortel desenvolveu um "Armazém de Informações" com dados sobre itens como reservas de mercadorias, acúmulo de pedidos em carteira não expedidos e situação da expedição. Logo depois da instalação do SGE, os gerentes puderam analisar as vendas de acordo com linhas de produtos ou área geográfica, ficando assim em condições de entender melhor os efeitos das promoções ou canais alternativos.

Da mesma forma, os gerentes da Nortel sentiram desde o começo a importância de proporcionar o acesso de clientes e parceiros ao seu sistema por intermédio da Internet. O projeto de implementação havia incluído o desenvolvimento de um banco de dados de comércio eletrônico que pudesse ser acessado pela Web. Conforme o depoimento do CIO da companhia à época:

> *O comércio eletrônico é uma parte muito importante de nossa estratégia a longo prazo. Os clientes podem verificar a situação dos pedidos, fazer o download de suas reservas em planilhas, verificar quem fez o pedido de um produto já expedido. Os da-*

dos têm sempre, no máximo, um dia de atraso, e nós estamos trabalhando com a meta de estabelecer transações em tempo real.[13]

Os sócios podem acessar os dados do sistema SAP da Nortel mesmo que não disponham de um sistema semelhante; tudo de que precisam para estabelecer essa ponte é um navegador.

Conversão e padronização de dados

Os dados que irão abastecer um novo SGE advêm em geral dos velhos sistemas. É raro o caso em que se consegue transferir facilmente informações dos formatos e definições de um para outro sistema; quase sempre é preciso fazer limpeza, ajustamento, reformatação e atualização. Muitas empresas subestimam o tempo e o trabalho que isso requer; inúmeros projetos de SGE tiveram seu andamento retardado porque a organização não destinou ao planejamento antecipado da conversão dos dados os recursos indispensáveis. Ainda bem que já existem inúmeros especialistas externos aos quais é possível recorrer para a concretização dessa tarefa.

Como ocorre em outras áreas, contudo, é de grande importância não sacrificar o valor do negócio em proveito da agilidade na conversão dos dados. Podem existir razões válidas pelas quais a informação não deva ser tão organizada quanto um tecnólogo venha a desejar. Como ilustração, suponha que um diligente conversor de dados descubra que uma unidade de negócios especialmente minuciosa tenha dois campos de endereçamento para cada cliente. "Delete um dos campos", vai logo gritando o tecnólogo mais organizado. Espere um pouco – pode ser que o cliente que paga a conta dos produtos e serviços desta unidade tenha outro endereço para o qual são expedidas as encomendas. Talvez a empresa faça com que seus vendedores despachem diretamente para os distribuidores. Antes de agir rapidamente para apagar os dados aparentemente irracionais, vale a pena consultar quem os organizou dessa forma.

Gerenciamento de teste e desempenho

Algo de que realmente se necessita é muita gerência de teste e desempenho. Os sistemas de gestão empresarial lidam com tecnologia de *hardware* e *software* com a qual não se está familiarizado, sendo impossível antecipar todas as confusões e problemas decorrentes. Mais ainda, está sendo testado não apenas um sistema, mas uma forma de fazer negócios. Se uma deficiência em matéria de testagem significa que uma empresa agora não consegue receber os pedidos nem fazer contato com os seus provedores, a maior certeza nessa questão é que alguém importante nesse processo acabará tomando conhecimento da deficiência. Então, como se contrata gerência de testes e desempenho? Como, e eu agora tenho de saber até disso? Afinal de contas, para que existe o pessoal técnico?

Protótipos

Já foi dito que a melhor maneira de entender plenamente um SGE é instalar um deles. Fazer um protótipo em pequena escala é uma maneira inacreditavelmente eficiente de aprender tudo sobre o sistema no contexto de um negócio. As lições aprendidas em um protótipo têm grande utilidade na implementação mais ampla, e, como os erros assim cometidos são de pequena escala, claro que representarão menores custos. Um protótipo é também uma boa maneira de aperfeiçoar o grau de precisão dos orçamentos e planos para um projeto de larga escala. Na maioria dos casos, a preferência para fazer protótipos será por uma parte do negócio que seja relativamente pequena, simples e autônoma. Mas não pode ser tão afastada da corrente central do negócio a ponto de impedir que as pessoas possam aprender alguma coisa a seu respeito (por isso mesmo, esqueça aquela filial nas Bahamas...)

A Dow Corning fez o seu protótipo de implementação com o seu processo de cadeia de suprimentos de borracha no Reino Unido. Vinte e cinco integrantes da equipe global de implementação foram para lá enviados a fim de treinar os gerentes e explicar-lhes novos fluxos de negócios. Concentrar-se cuidadosamente em alguns dos antigos processos (que não era o plano da equipe, que deles tomou conhecimento em reuniões com funcionários dos setores) familiarizou a equipe com algumas das principais questões a serem levadas em conta nos novos processos, como explicou o líder da equipe de "foco no cliente" do projeto:

> *Não sabíamos que a pessoa que ostentava o título de supervisor de produção fazia também pesquisa, planejamento e cronograma. Não tínhamos qualquer pista sobre o que mais essa pessoa fazia. Não conhecíamos os papéis de cada um no ambiente anterior e não estávamos preparados para dizer à gerência que tais eram as funções que essas pessoas desempenhavam, e que é desta forma que tais funções evoluem com os novos fluxos de trabalho. E isto tem sido um grande impedimento para todo o sistema.*[14]

Esta citação ilustra a importância de um exame direto dos processos existentes (e das discussões diretas com as pessoas que os comandam) antes da implementação de novos processos. A melhor maneira de ganhar esse conhecimento direto é quase sempre um protótipo.

Gerenciando o conhecimento da implantação

Você ficará conhecendo bastante sobre o SGE e a melhor maneira de instalá-lo no decorrer de um projeto. A questão é: você lembrará de tudo o que aprendeu, e estará em condições de aplicar esse conhecimento mais tarde? A maior parte das grandes organizações certamente instalará SGEs mais de uma vez. Como recomendei antes, elas podem fazer um protótipo de projeto e depois um empreendimento de grande porte. Podem igualmente adotar a abordagem dos estágios, pelo qual se implanta o mesmo pacote de SGE múltiplas vezes em diferentes unidades de negócios e locais geográficos. A importância de gerenciar o conhecimento da implementação está em captar as lições aprendidas nas primeiras implementações e aplicá-las em projetos posteriores. Mesmo se você pensar que nunca irá fazer isso mais do que uma vez, talvez esteja enganado – sua empresa pode, por exemplo, comprar outra empresa –, por isso não deixa de ser uma boa idéia captar o conhecimento do seu próprio projeto.

Não pretendo entrar aqui nos detalhes da gestão do conhecimento.[15] Para os nossos propósitos, basta afirmar que todos os princípios gerais do gerenciamento do conhecimento são aplicáveis. Você precisa de gerentes do conhecimento, uma cultura orientada a conhecimento, processos para a captação, manutenção e distribuição do conhecimento, e de tecnologia orientada a conhecimento. Sua empresa consultora pode se dispor a colocar à sua disposição parte dos seus conhecimentos sobre instalação de SGE guardados em um repositório, mas nem isso deveria fazer com que você desistisse de captar e aplicar conhecimento que é específico da sua empresa.

A primeira organização que, segundo observei, gerenciava conhecimento de implantação de SGE foi a Hewlett-Packard. A Tests and Measurements Organization da HP (em fase de expansão e transformação em empresa autônoma) estava instalando um sistema SAP e havia escolhido e indicado pessoas, processos tecnologias para uma base de conhecimento de implantação do sistema SAP. Elogiei a gerente desse projeto, comentando que várias outras unidades de negócios da HP planejavam implantar o mesmo *software*, e certamente seriam beneficiadas pela base de conhecimento. Ela respondeu, porém, que o propósito dessa iniciativa era utilizar o conhecimento no âmbito de sua divisão, não o de compartilhá-lo com outras unidades. Isso não deveria ter sido surpresa para mim, devido ao conhecimento que tinha da forte cultura e prática de autonomia divisional existentes na HP. Ainda assim, acredito que, quanto mais abrangente for compartilhamento de conhecimento em uma empresa (seja em relação à implantação de um SGE ou a qualquer outro assunto), maiores benefícios essa mesma empresa terá.

CAPÍTULO 7

Transformando a prática da administração com os sistemas de gestão empresarial

Quando as empresas vêem os sistemas de gestão empresarial como projetos tecnológicos e não como iniciativas para a mudança dos negócios, estão cometendo vários erros fundamentais. Um desses erros, que já destaquei, é o fato de não se concentrarem suficientemente nas mudanças de processos, nas mudanças organizacionais e nas estratégias que deveriam acompanhar a implementação do sistema. Em segundo lugar, elas dão o projeto por encerrado no momento em que o sistema entra em funcionamento, algo que limita consideravelmente suas possibilidades de tirar benefícios da nova situação. Em terceiro lugar, entendem o produto do sistema como um conjunto de transações de informação, e não tiram proveito dessa informação para gerenciar seu negócio de uma forma diferente, mais lucrativa. Corrigir este terceiro erro é o principal objetivo deste capítulo, embora deva também sobrar algum espaço para a discussão do segundo problema.

Os sistemas de gestão são extremamente úteis na automação de incontáveis transações, desde o recebimento de pedidos até os pagamento aos fornecedores e a transformação do *status* dos benefícios dos recursos humanos. Há, no entanto, outro conjunto de benefícios em potencial a serem extraídos dos SGEs e que ainda não foi suficientemente explorado. O *software* de gestão e, mais importante, a informação tornam igualmente possível o aperfeiçoamento e até mesmo a transformação dos processos de administração e notificação. A informação fornecida por SGE é global em seu escopo, enviada em tempo real e estruturada em torno de processos de negócios interfuncionais. Para a maior parte das organizações, trata-se indubitavelmente da informação mais qualificada e abrangente sobre o que acontece em suas respectivas áreas. A questão é, porém, a seguinte: o que as organizações fazem com ela?

Fiz esta pergunta a mais de 50 empresas em uma pesquisa de 1998 sobre o que as empresas fazem com a informação proporcionada por um sistema SAP.[1] A maioria das participantes pouco ou nada tinha a dizer sobre a questão; ou jamais havia dado importância a esse aspecto da questão, ou não considerava encontrar-se em uma etapa tão adiantada da implementação que lhe desse a impressão da posse de uma fonte de informação. Isto me convenceu, no plano geral, de que muito raramente se leva em consideração essa questão e, mais ainda, de que, quando as empresas chegam a dar importância a esse ponto, é por já se encontrarem em uma fase muito avançada do processo de implementação.

Ainda assim, consegui identificar 14 empresas que chegaram a desenvolver uma forma qualquer de trabalho para usar a informação do SGE como uma ferramenta para o aperfeiçoamento da administração de seus negócios; depois de encerrado o levantamento, surgiram mais algumas empresas com essa mesma disposição. Nem preciso dizer que se tratavam, todas, de empresas situadas em uma etapa bem avançada da implementação de seus sistemas SAP (com pelo menos uma parte substancial dos negócios sendo conduzida por um ou mais módulos de SGE) e que concordaram em analisar de que maneira isto se refletia tanto no uso da informação quanto nos processos de administração. Essas 14 empresas podem ser consideradas relativamente avançadas e modernas em termos da utilização da informação quando comparadas com a média das empresas que estão implementando um SGE. As companhias incluídas no estudo estão relacionadas na Tabela 7.1.[2]

TABELA 7.1

EMPRESAS INCLUÍDAS NO ESTUDO DO SISTEMA SAP

Allegiance Healthcare	Georgia-Pacific
Amerada Hess	Intel
Autodesk	Microsoft
DEKALB Genetics	Monsanto
Dow Chemical	Owens Corning
Elf Atochem	Rockwell International
Fujitsu Microelectronics	Union Carbide

Principais constatações do estudo

As principais constatações desse estudo são descritas em resumo a seguir, e também, em maiores detalhes, ao longo deste capítulo. No final do capítulo, apresento um modelo que corporifica essas constatações em uma modalidade abrangente para a transformação da administração com informação do sistema SGE.

- Embora a maioria das organizações tenha atribuído sua decisão de implementar um SGE à expectativa de com isso aperfeiçoarem seus processos de administração e tomada de decisões, poucas foram as que comprovaram estar aproveitando plenamente a informação que o sistema proporciona;

- O aperfeiçoamento da administração e do processo decisório com base no sistema SGE pode ser uma segunda ou mais tardia etapa do trabalho com o sistema, depois da instalação de processos básicos da transição e de se tornar possível obter informações substancialmente comuns;

- Os que progridem com o novo sistema estão conseguindo essa transformação de baixo para cima, com o aperfeiçoamento do processo rotineiro de tomada de decisões;

- Os principais benefícios concretizados até agora a partir dos SGEs têm sido no sentido de produzir informações de conteúdo similar em menor tempo e menos esforço dos funcionários;

- Algumas empresas projetaram novos sistemas de indicadores e relatórios a partir dos dados de seus SGEs;

- Algumas empresas começaram a concretizar melhorias consideráveis nos negócios a partir da melhor utilização da informação do SGE, especialmente mediante a redução dos níveis de gerenciamento de pessoal;

- Como é verdade em outras funções básicas dos SGEs, um marco divisório fundamental na implementação de novas capacidades administrativas é aquele em que ou se levam em conta as abordagens de notificação do pacote de SGE quando do projeto de novos métodos de administração, ou se começa tudo de novo;

- A utilização eficiente da informação do SGE no gerenciamento do negócio exige a presença de um elenco de fatores organizacionais como acréscimo às múltiplas capacidades tecnológicas que a maioria das empresas reconhece;

- Mesmo depois que a informação do SGE passa a ser usada para a tomada de decisões, outros fatores devem estar igualmente presentes para se garantir de que a organização venha efetivamente a agir e a conquistar bons resultados;

- O treinamento dos administradores e a participação dos superusuários podem ser de extrema utilidade na implementação eficaz do uso da informação do SGE, embora até agora o emprego desses fatores continue sendo raro;

> Quem quiser tirar todas as vantagens possíveis dos benefícios administrativos proporcionados por um SGE, deve visualizar o uso desses sistemas não como um projeto com um objetivo rigidamente definido, mas como um modo de vida em contínua evolução.

A importância da transformação pela informação através do SGE

Sabemos que muitas empresas estão a essa altura obtendo benefícios substanciai a partir da informação transacional existente em um SGE. Por questões de oportunidade e de pressão administrativa, é importante que as empresas façam valer o potencial de informação dos SGEs em benefício de objetivos administrativos. Quase todos os participantes do meu estudo inicial indicaram que haviam justificado a adoção de um SAP com base parcialmente na melhoria da informação administrativa. Mais cedo ou mais tarde, os executivos começarão a perguntar se essa perspectiva foi concretizada. Duas empresas relataram que os executivos seniores estavam começando a fazer perguntas quanto ao estado das alardeadas melhorias na informação; um dos participantes da pesquisa, trabalhando em uma empresa que ainda não adotara grandes mudanças em informação administrativa, destacou que seu CEO já havia comentado, nada satisfeito: "Estarei enganado, ou é verdade que estamos gastando todo esse dinheiro pela mesma informação de antes?"

Não há razão alguma pela qual o potencial dos SGEs para mudanças nos processos de gerenciamento – notificação e monitoramento de desempenho, comunicação com os interessados, administração das relações com os clientes – deixe de ser levado com a mesma seriedade quanto às oportunidades para os aperfeiçoamentos do processo operacional. A informação provida por SGE pode conduzir um processo de decisão mais rápido e qualificado, a relações mais compactas d gerentes e a uma série de reduções nos custos para a notificação das informações Utilizar um SGE para gerar os mesmos relatórios providos por sistemas legados como várias companhias relataram acontecer em seus domínios – "E tentar fazer com que parecessem todas iguais, você tentaria? – não passa de um desperdício d capacidade do negócio.

A situação atual

Como indica a discussão anterior, a situação atual da transformação pela informação gerada por SGEs em muitas das empresas pesquisadas não é a melhor das visões. Muitas das empresas com as quais fiz contato, algumas delas relativamente adiantadas nas respectivas implementações, ainda não haviam dado início a substanciais transformações de relatórios de informação e dos processos de mensuração. Em algumas delas, o argumento foi no sentido de que não poderiam se lançar às mudanças nessas áreas antes de se dar início a outros blocos de construção – instalação plena do sistema, a efetivação de mudanças nos processos operacionai básicos e a concretização do compartilhamento dos dados principais, por exemplo. Um gerente chegou a ilustrar sua justificativa com a afirmação de que abordar as questões do relatório antes de se completar as outras fases seria algo semelhante a "comprar o vinho e pôr a música romântica antes de conseguir uma namorada".

Portanto, utilizar os dados do SGE para propósitos que não sejam os de completar transações básicas de negócios é em geral visto como um segundo – ou até mesmo terceiro – estágio da implementação eficaz do pacote. Naturalmente as mudanças nos relatos e na tomada de decisões não seriam viáveis antes da instalação do sistema. Além disso, no fim da década de 1990, muitas empresas estavam procurando implementar o SGE com rapidez em conseqüência dos antecipados problemas do *bug* do milênio, os relatórios e o aperfeiçoamento da informação para a tomada de decisões não mereceriam certamente os primeiros lugares nas listas de suas prioridades. Verdade é que uma das empresas dentre aquelas incluídas na minha pesquisa estava recém se instalando na sua mais recente região geográfica; o processo completo de implementação do conjunto da empresa levou quase uma década, e eles só passaram a lidar seriamente com o relatório e a mensuração com dados SAP a partir do sétimo ano desse projeto. O tempo, por isso mesmo, é comprovadamente um fator fundamental para possibilitar um melhor gerenciamento da informação proveniente de um SGE.

As empresas que haviam começado as transformações na sua maneira de utilizar a informação o estavam fazendo de baixo, ou no mínimo do meio, para cima. Funcionários de determinadas áreas, como planejamento da produção, atendimento ao cliente e contabilidade e finanças, constituíam o grupo mais inclinado a utilizar a informação do SGE no processo de tomada de decisões operacionais diárias. Os gerentes mais intimamente ligados a um determinado processo ou tipo de transação – por exemplo, estoque disponível de acordo com o pedido aceito – eram os que mais provavelmente teriam, e/ou estariam usando, relatórios a respeito dessa área do negócio.

Os gerentes gerais seniores eram menos inclinados a dispor de informações extensivas a respeito de pacotes de SGE. Isso poderia representar um problema, porquanto exatamente esses gerentes seriam os mais conscientes dos custos e dos recursos exigidos pela implementação de um projeto de SGE. Se eles estão sempre entre os últimos a se convencer dos benefícios da informação, sua paciência pode esgotar-se antes do tempo hábil. Devo admitir, no entanto, que até agora tem sido escassa a demanda gerada por gerentes seniores em relação a melhor informação ou novos processos de gerência movidos a SGE. Na Dow Chemical, conglomerado no qual se desenvolveram sofisticados sistemas de relatórios e novas mensurações de desempenho, os executivos seniores ainda dependem e confiam principalmente nos gerentes de nível médio para análises e notificações *ad hoc*, embora muitos deles tenham sido treinados na utilização do sistema.

Algumas empresas estão redesenhando seus sistemas operacionais e de mensurações financeiras tendo como base as capacidades dos pacotes SAP ou outros SGEs, e mesmo assim a maior parte das empresas participantes do levantamento aparentava satisfação com seus processos existentes de mensuração e indicadores. A maioria das empresas utilizava, em seus relatórios, o mesmo conteúdo de informação de antes da implementação de um SGE, fosse por projeto ou por ignorância das novas possibilidades. A maioria dos participantes do estudo igualmente relatou ser relativamente pobre a consciência da informação disponível mediante seu SGE, e também quanto à melhor maneira de ter acesso a ela. Embora o conceito das melhores práticas seja claramente entendido com relação ao suporte oferecido por um pacote aos processos de negócios transacionais, as empresas pesquisadas não aparentam um bom entendimento das melhores práticas com respeito ao uso dos relatórios e informações proporcionadas por SGE.

Algumas boas notícias, apesar de tudo, existem. O baixo índice de mudança no projeto de sistemas de mensuração não significa que tais empresas não tenham usufruído benefício algum de seus SGEs relativamente ao uso dos relatórios e informações. O conteúdo e o projeto do processo para mensuração e notificação podem não ter mudado, mas o desempenho do processo mudou. Ou seja, os principais benefícios da informação dos SGEs até aqui significam eficiência em acesso à informação e na sua produção. A mesma informação é atualmente de mais fácil acesso, distribuída ao longo de um processo mais automatizado e fornecida com maior rapidez. Muitas empresas destacaram que, anteriormente, a notificação da gerência era um processo casual, com muita mão-de-obra e exigindo muitas interligações; atualmente, ela tem funcionalidade e eficiência bem maiores. Talvez esta mudança represente o valor agregado para sua instituição.

Um exemplo relativamente comum desse tipo de mudança é o dos aperfeiçoamentos nos processos de fechamento financeiro; empresas que levavam anteriormente dez dias para tanto, agora os concluem em apenas dois dias. Na Cisco Systems, sistemas de gestão empresarial financeira podem ser usados para efetuar um "fechamento virtual" diário, se isto for indicado. Um fechamento financeiro encontra-se no vértice da curva entre um processo transacional e um processo gerencial. Essas mudanças e benefícios encontram-se no momento num estágio de evolução e poderão levar a transformações de grande porte com o passar do tempo.

Os benefícios da transformação administrativa movida a SGE

O que poderia motivar uma empresa a adotar mudanças no gerenciamento de seus negócios com um SGE? Os benefícios de transformar ou aperfeiçoar os processos de gerenciamento podem ser algo de difícil documentação, uma vez que a maioria das empresas não dispõe de processos mensuráveis, ou mesmo estruturados, para a atividade administrativa. Em alguns casos, porém, os benefícios são óbvios e facilmente mensuráveis.

As reduções de pessoal para o gerenciamento podem ser o mais mensurável desses benefícios. Várias organizações sonham com tais reduções; outras já o concretizaram. A maior parte dos registros a tal respeito, no entanto, é mais casual do que sistemático. Em uma planta da Monsanto, por exemplo, nove dos 15 contabilistas tornaram-se dispensáveis quando da implantação de processos de contabilidade, sendo, por isso, transferidos para outros postos ao longo da corporação. No geral, a empresa eliminou cerca de 40% do pessoal da contabilidade devido à implementação de uma organização de serviços compartilhados com base em um SGE. A Amerada Hess e a Elf Atochem igualmente notificaram benefícios mensuráveis em matéria de redução ou deslocamento de pessoal; a redução de gastos resultante figurou entre os benefícios utilizados para justificar a adoção de seus sistemas SAP, sendo, por isso mesmo, cuidadosamente mensurada e fartamente documentada no âmbito da organização.

Outros benefícios são teoricamente mensuráveis, mas, na prática, as empresas que estudei se mostravam menos inclinadas a quantificá-los. Nessa categoria de benefícios se inclui a racionalização dos processos de notificação. Fluxos mais ajustados de dados, redução da complexidade dos dados e menos transferências de dados de gerenciamento poderiam produzir economias de tempo e custos, mas nenhuma das empresas incluídas no estudo que notificaram tais melhoramentos chegou a quantificar essas economias até agora. Os gerentes de finanças da Microsoft relataram que o fácil acesso a dados de qualidade de seu SGE do sistema SAP havia facilitado consideravelmente a carga *ad hoc* para a organização financeira; os usuários podem agora ter acesso aos seus próprios relatórios. Embora seja difícil quantificar o tempo e o dinheiro anteriormente gastos na notificação centralizada, a mudança é indubitavelmente benéfica para o setor financeiro. Os gastos descentralizados, no entanto, são de quantificação ainda mais difícil.

Outro benefício igualmente importante, embora de difícil mensuração, é o fato de se passar a adotar uma visão orientada a processos na organização, ou uma visão realmente global. A Owens Corning, por exemplo, está recorrendo ao seu SGE para o fornecimento de informações sobre os seus processos de negócios. Um gerente citou o exemplo da busca global de fontes de procedência como um novo processo que seria impossível administrar sem os melhores dados proporcionados por seu SGE. A nova organização de fontes globais de procedência pode poupar muito dinheiro mediante a monitoração mais próxima dos níveis mundiais de estoques, a negociação em termos mais favoráveis de contratos globais e a diminuição de gastos com a estocagem de *commodities* que, de outra forma, poderiam ser compradas em excesso. Claro que o simples fato de ligar o SGE não garante uma orientação do processo, mas torna-a possível.

Os benefícios de mensuração mais difícil envolvem, certamente, o aperfeiçoamento na tomada de decisões. São muitas as empresas de hoje que não avaliam com o devido rigor o impacto econômico mesmo das suas grandes decisões, sendo improvável que venham a começar quando os dados do SGE passarem a ser usados no processo decisório. Mesmo assim elas não poderão negar que os dados mais abrangentes e atualizados proporcionados por um SGE certamente conduzirão a decisões mais razoáveis ao longo de toda uma série de processos de negócios. Na verdade, diversas empresas neste estudo relataram exemplos de aperfeiçoamento do seu processo decisório. A Fujitsu Microelectronics, por exemplo, descobriu, por meio da análise dos dados do seu sistema SAP, que os canais de distribuidores autônomos eram mais lucrativos que os canais diretos da corporação, e por isso decidiu alocar mais recursos e atenção às vendas feitas por distribuidores. A Amerada Hess constatou que, desde que se tornou possível obter dados sobre o valor de determinados poços de petróleo com muito mais rapidez, seus gerentes passaram a estar em condições de decidir melhor a respeito dos investimentos a eles destinados. Estes são apenas dois exemplos da miríade de instâncias em que o processo decisório pode ser aperfeiçoado e incrementado graças aos SGEs.

O processo da notificação e da mudança de mensuração

Um dos aspectos mais importantes do processo utilizado pelas organizações para extrair valor da informação proporcionada pelo SGE talvez tenha sido o fato de que, na maior parte delas, não havia um processo consciente neste sentido. "Utilizar a informação do SGE com maior eficiência" raramente foi o foco de um projeto específico, da força de trabalho ou da etapa de implementação. Mais ainda, em geral não havia executivo algum encarregado de levar a cabo tais objetivos. As duas exceções de maior destaque, na Owens Corning e na Dow Chemical, foram comandadas por uma organização de gerência de processos e por um grupo de planejamento estratégico, respectivamente. A Microsoft, que também foi uma espécie de exceção, tinha uma iniciativa liderada pela organização controladora. Na maioria dos outros casos, a idéia de gerenciar de forma diferenciada com a informação do SGE não foi planejada e ocorreu somente de baixo para cima. Talvez outras organizações venham a criar projetos formais à medida que se aproximarem da conclusão dos seus processos de implementação, especialmente agora que o fator *bug* do milênio foi enfrentado e superado.

Ao longo deste livro, tenho me preocupado em salientar que uma questão fundamental para quaisquer organizações é aquela de optar entre considerar seus processos básicos de negócios como algo inteiramente novo ou ter as capacidades de um SGE como uma restrição de projeto. A mesma questão surge com relação aos processos de notificação e mensuração com os SGEs. Embora nenhuma das empresas neste estudo tenha qualificado suas análises de processos de relatórios como "reengenharia", fica clara a necessidade de novos processos e estruturas de informação. Deveriam, então, as empresas projetar seus sistemas e processos de mensuração voltadas somente para aquilo que é fácil e prático concretizar com um SGE, ou, pelo contrário, deveriam projetar mensurações, relatórios e fluxos de informação sem quaisquer restrições, fazendo a devida adaptação da abordagem por elas desejada com o SGE somente em uma fase posterior?

As empresas pesquisadas mostraram-se, a este respeito, divididas quase que metade a metade. A Union Carbide, por um lado, está fazendo seu planejameto sobre a questão a partir das capacidades de notificação e mensuração do sistema SAP; já a Monsanto começou seu foco no processo levando em consideração o melhor sistema possível de mensuração e notificação. Uma maneira de garantir que o problema venha a ser realmente abordado a partir de uma nova maneira de pensar é eliminar todos os relatórios anteriormente existentes. Esta foi a maneira pela qual os gerentes da Fujitsu Microelectronics enfrentaram a questão. Se as estruturas de notificação não forem alteradas, as empresas poderão acabar procurando informação desatualizada em sistemas legados que pretendiam abandonar, como pelo menos duas empresas pesquisadas relataram ter ocorrido em seus domínios. Devido ao fato de a maioria dos fornecedores de SGEs estar atualmente aperfeiçoando suas capacidades de fazer relatórios e análise, poderá se tornar mais razoável no futuro começar com aquilo que um sistema torna mais fácil concretizar.

Outra questão de importância decisiva na mudança nos relatórios e na mensuração é aquela que envolve a criação e a adequação dos respectivos cronogramas em matéria das reformas organizacionais ligadas às primeiras. Há duas áreas diferentes em que as organizações destacam a necessidade de reformas organizacionais antes que os processos de mensuração e notificação à base de SGEs possam tornar-se eficazes. Um aspecto do problema é o que diz respeito à eliminação de gerentes e profissionais participantes do processo de notificação. Várias empresas adotaram um SGE com o objetivo de reduzir seus efetivos de pessoal nos processos de notificação e mensuração. Duas dessas companhias, a Monsanto e a Amerada Hess, destacaram a necessidade de concretizar reduções de pessoal antes de conhecerem os detalhes das mudanças em notificação. Essa ação preparatória proporciona motivação às unidades e aos departamentos de negócios para concretizar mudanças reais em seus processos e atividades a fim de reduzir as etapas e o pessoal necessário. A Monsanto e a Amerada Hess reduziram os orçamentos das unidades e dos departamentos em que estavam programadas reduções de pessoal, algo que foi uma garantia da concretização das reduções. A Dow Chemical reduziu não apenas o número de gerentes, mas igualmente o número de níveis de administração: a hierarquia foi enxugada de 12 níveis antes do sistema SAP para apenas quatro ou cinco. Essa redução foi uma meta administrativa que o SGE da Dow ajudou a concretizar.

Outras empresas também descreveram a necessidade de acrescentar novas unidades organizacionais e mais pessoal quando do planejamento de novas atividades baseadas na informação. Na Elf Atochem e na Fujitsu, criaram-se novos grupos cujas funções incluíam a de comparar a demanda e a oferta da produção. A Rockwell International, atualmente concentrada quase que exclusivamente na produção de eletrônicos, combinou aspectos de funções como operações, finanças, *marketing*, planejamento e controle de produção, armazenamento e distribuição, mais faturamento e cobrança, de maneira a formar uma nova organização de cadeia de suprimentos "da frente para os fundos". Na Owens Corning, criou-se um novo grupo global de compras, algo que antes não existia. Sem essas novas

unidades organizacionais, os administradores entenderam que a informação pro
porcionada pelo SGE para o desempenho das respectivas funções não teria sid
utilizada. Na verdade, em uma empresa na qual o SGE deveria dar suporte a um
função global de compras, o processo de compras não sofreu qualquer alteração
em grande parte, segundo o depoimento de um dos gerentes, porque não passo
a existir ali uma unidade organizacional com autoridade global para as compra
corporativas.

Em acréscimo às novas unidades organizacionais, os interessados em notifica
ção e mensuração devem analisar seriamente os processos básicos de negócios d
organização. Cada novo projeto de processo cria uma nova necessidade de info
mações. Quando a Microsoft implementou novos processos de finanças e de con
pras, as equipes de projeto de processos foram igualmente encarregadas de defin
novos "indicadores-chave de desempenho" para mensurar o processo. A Unio
Carbide está reprojetando não apenas seus processos organizacionais de negócio
mas igualmente os processos administrativos. A equipe de implementação d
SGE do conglomerado está mapeando novos fluxos de trabalho de gerenciamei
to e a maneira pela qual as atuais funções administrativas neles se encaixam.
objetivo é chegar ao entendimento de qual a percentagem de cargos administra
tivos que envolve a realização de tarefas que se tornam desnecessárias quando
informação proporcionada pelo SGE estiver amplamente disponível, e elimin
ou realocar os gerentes que ocupam postos que se tornarão desnecessários.

Outra maneira de determinar de qual informação uma organização necessita
planejar a estrutura de um repositório de dados. Embora com isto possa parec
que se esteja colocando a carroça à frente dos bois, os executivos da Monsan
descobriram por acaso tratar-se de um meio extremamente útil de configurar a i
formação a ser proporcionada por um SGE. Como a Monsanto necessitava de u
banco de dados financeiros antes de concluir a implementação do seu SGE, a er
presa gastou muito tempo avaliando quais informações os gerentes pretendia
ver nesse repositório. Criar em primeiro lugar o piloto do repositório acabou de
xando perfeitamente claro quais informações os módulos financeiros do SGE pr
cisariam produzir.

Dadas a complexidade do ambiente de informação do SGE e as mudanças n
processos de negócios que a maioria das organizações encaram ao longo da impl
mentação de um sistema de gestão empresarial, pode não ser viável prever con
devida antecipação mudanças nos processos de gerenciamento. A familiarida
com o sistema e com as novas formas de trabalhar podem gerar novas utilidad
para a informação. Na Georgia-Pacific, antes do advento do SGE da divisão
produtos embalados, as funções de planejamento da produção e dos serviços
consumidor gastavam boa parte de seu tempo útil fazendo acertos dos estoque
realocando-os conforme a maior ou menor insistência dos clientes. Como era
cassa a transparência em relação às informações sobre estoques, o grupo de plar
jamento via limitadas as possibilidades de elaborar um planejamento eficaz. Cc
a implementação do sistema SAP, no entanto, ficou plenamente visível toda

informação de que essas duas funções necessitavam. No princípio, houve uma reação negativa entre os usuários dessa informação, pois sua possibilidade de manobrar com os estoques foi extinta. Em compensação, eles passaram a ter condições de assumir compromissos realistas com os clientes. Os funcionários encarregados dos contatos ficaram habilitados a dizer aos clientes onde estavam seus pedidos mesmo depois de serem os mesmos entregues aos transportadores. Os planejadores, por sua vez, passaram a contar com o tempo e as informações necessários à elaboração de um verdadeiro planejamento. Suas restrições iniciais em relação ao sistema se transformaram em entusiasmo à medida que se conscientizaram de que finalmente estavam em condições de realizar suas funções da maneira mais lógica.

Uma última questão a ser levada em consideração quanto aos processos de sistemas de mensuração é a identificação do verdadeiro cliente das novas mensurações. As empresas podem pretender identificar determinados clientes internos para o projeto de mudança – candidatos a isso não faltam, entre eles determinados níveis de gerência, unidades ou funções de negócio. Mais importante ainda, as empresas devem pensar sobre a importância e o seqüenciamento relativos da questão clientes externos *versus* clientes internos. Algumas das companhias participantes deste estudo, entre as elas a Union Carbide e a DEKALB, tinham entre suas metas proporcionar, no final, a clientes, fornecedores e outros participantes do projeto, relatórios completos de suas operações. A Microsoft já disponibiliza em sua página na Web informação derivada do SGE, informação essa sempre atualizada e produzida sem intervenção humana.

O conteúdo dos sistemas de mensuração movidos a SGE

Algumas das companhias que pesquisei já estão pensando detalhadamente no conteúdo dos sistemas de mensuração em um mundo pós-SGE. Como já tive a oportunidade de mencionar, a Microsoft está se concentrando nos principais indicadores de desempenho que precisa coletar e analisar. A Dow Chemical implementou um novo conjunto de indicadores que gira em torno da gerência à base de valor. As medidas financeiras da Amerada Hess estão passando da focalização na conta do equilíbrio para uma orientação mais forte em torno da demonstração de renda. Fica mais do que óbvia a importância de determinar a direção estratégica das mensurações financeiras antes de ser possível implementar as medidas em um SGE.

Várias empresas, tanto usuárias quanto fornecedores de SGEs, começam a desenvolver uma relação direta entre sua informação de SGE e a abordagem *balanced scorecard* (BSC) para mensuração e notificação de desempenho.[3] O BSC apresenta uma série de notas com pesos iguais (de acordo com a abordagem oficial) ou desiguais para as áreas de desempenho financeiro, operações internas, indicadores associados aos clientes, e "aprendizado e crescimento". Apesar do fato de que algumas das notas do boletim não venham a ser agora, e provavelmente jamais, incluídas em um SGE (por exemplo, a satisfação do cliente e muitas das notas na categoria de aprendizado e crescimento), as empresas gostariam de preencher automaticamente o BSC com dados do SGE sempre que possível.

Gerentes da Owens Corning, uma empresa que está estabelecendo ligações entre o seu SGE e o BSC, indicam que uma das tarefas mais complicadas na aplicação do conceito do BSC em um contexto SGE é a tradução de alvos financeiros de alto nível (por exemplo, um determinado índice de retorno sobre o capital investido) nas notas operacionais e orientadas a processo captadas em um sistema de gestão empresarial. A J. D. Edwards está trabalhando na entrada direta de informação do seu SGE interno (que é, naturalmente, seu próprio produto de SGE) em um BSC, e planeja incorporar esses aplicativos a produtos para todos os clientes. Já a PeopleSoft trabalha com os criadores do BSC para traduzir informações liberadas pelo seu pacote em um formato de BSC; o sistema SAP também anuncia funcionalidades desse tipo.

Poucas das empresas citadas neste estudo, contudo, já chegaram a explorar os detalhes específicos do processo de notificação. Um ponto ao qual até agora se deu escassa atenção é, por exemplo, com que freqüência se deve fazer um relatório, ou até que ponto se deve incentivar os gerentes a monitorar determinados tipos de informação. A Cisco pode ter condições de fazer um fechamento virtual por dia, mas a questão é: vale a pena? Várias companhias indicaram que estão procurando abandonar o esquema de relatórios freqüentes, passando, como bem resumiu um gerente da Amerada Hess, de "relatório 'just-in-case'* para o 'just-in-time'**". A Microsoft produz uma série de relatórios diários *on-line* sobre áreas importantes de negócios usando dados extraídos do seu SGE. Um ponto ainda amplamente explorado, contudo, é a questão de que nível de detalhamento de relatório é o apropriado para determinadas circunstâncias. Quais as notas que devem ser levadas até o nível corporativo, e quais delas não exatamente adequadas para serem agregadas? À medida que as empresas adquirirem experiência com notificação proporcionada pelo SGE, melhores condições terão para estabelecer as generalizações sobre a freqüência dos relatórios.

Outra questão na qual ainda não se definiu claramente uma melhor prática diz respeito à maneira de como determinar o conteúdo específico dos relatórios. Gerentes que entrevistei em diversas empresas afirmaram que simplesmente perguntar aos gerentes qual a informação de que precisam não é o método mais eficiente; isso porque, em geral, eles não sabem qual seria essa informação nem estão muito preocupados com o assunto. Por outro lado, nenhuma empresa até agora informou a respeito de técnicas ou práticas úteis na eliminação de necessidade de informação. O representante de uma empresa declarou que seria útil se consultores familiarizados tanto com o potencial de informação dos SGEs quanto

---

* N. de T. Ou seja, um relatório "por acaso".
** N. de T. Um relatório certo na hora certa.

com os ambientes de negócios de setores específicos pudessem detalhar os tipos de relatórios que uma empresa deve adotar e monitorar.

A Dow Chemical é provavelmente, entre as empresas pesquisadas no estudo já citado, a que mais longe chegou no processo da especificação de novos sistemas administrativos. Uma equipe interdepartamental, comandada pelo planejamento estratégico, desenvolveu um elenco de notas e relatórios para os negócios derivados dos dados do sistema SAP (a Dow usa o pacote de *mainframe* R/2). Modelos de informação de possível produção ali foram definidos por *experts* de diversas áreas da empresa, como a gerência de despesas, a gerência de estoque e o departamento de vendas. Desenvolveu-se então um "*mart*" (mercadinho) de dados para cada tipo de dados. Existem atualmente mais de 20 desses *marts*, sendo todos eles partes de um sistema integrado para a empresa, e por isso os números dos "resultados de negócios" de cada um se equilibram com os números dos *marts* das despesas e das vendas. Modelos de questionários e formulários de opinião foram elaborados utilizando-se a ferramenta de notificação de uma terceira empresa. O sistema de relatórios pode ser acessado por até 10 mil usuários simultaneamente; cerca de cinco mil usuários foram treinados em um primeiro momento, de trabalhadores de fábrica até o CEO da Dow Chemical.

A Dow igualmente implementou um novo conjunto de notas de desempenho baseado em valor para o acionista e custeio baseado em atividade (*ABC – activity based costing*), chamado *gerenciamento com base em valor*. Dados do sistema SAP são usados para computar essas notas. Em vez de fazer os relatos em termos de produto e valor de venda, a ênfase principal é dada às margens de contribuição e de contas de clientes. A empresa tem dados e relatos que lhe permitem calcular o valor atual e da duração integral de cada conta.

Tópicos de mudanças comportamentais e organizacionais

De maneira geral, as empresas participantes do levantamento indicaram que precisariam passar por mudanças organizacionais e comportamentais de peso antes de se considerarem aptas a fazer uso da informação proporcionada pelo seu SGE. Em alguns casos, o *software* e a informação que ele proporciona são o bastante para levar a uma cultura diferente e renovada; em outros pontos, porém, a organização e seus funcionários precisam mudar para estarem capacitadas a tirar o maior proveito possível do novo contexto de informação.

Em termos de mudanças culturais decorrentes da informação gerada por um SGE, os representantes de inúmeras empresas garantiram que uma nova cultura de informação estava iniciando. Trata-se de um ambiente mais transparente e aberto de informação, no qual os gerentes e os funcionários dos múltiplos níveis da empresa podem tomar conhecimento em tempo real de tudo o que acontece no mundo inteiro. Não há mais como esconder um desempenho deficiente, nem possibilidade de revisões com efeito retroativo ou tampouco de "corretor eletrônico". As más notícias continuam correndo com extrema rapidez; todas as opera-

ções são transportes. Todos os participantes da pesquisa que mencionaram est
efeito entenderam que seria bom para o conjunto da empresa, mas que exigiri
um período de ajustamento e imporia necessidades de novos comportamentos er
relação à informação. Uma empresa indicou que poderia impor limites sobre at
que ponto – na base ou na cúpula da pirâmide empresarial – os funcionários po
dem pesquisar dados.

Vários foram os gerentes que indicaram que suas empresas necessitariam d
uma cultura bem mais orientada para dados e para a análise. "Teremos de come
çar a tomar decisões com base em fatos, e não em rumores ou em sentimentos"
disse um deles. Outro destacou que, por ser sua empresa já altamente analític
("somos uma organização com o hemisfério cerebral racional"), tiraria grand
proveito dos melhores dados proporcionados pelo seu SGE. O gerente do projet
de SGE de outra empresa informou que os funcionários precisariam passar a to
mar mais decisões de risco no futuro. Outro, ainda, detalhou um conjunto para
doxal de mudanças na cultura da informação: um estreitamento dos tipos de trar
sações básicas de informação que permite um motivo de compartilhamento e ef
ciência; ao mesmo tempo, uma liberdade maior e maior delegação de autoridad
a todos os níveis de funcionários no que diz respeito a questões de análises de ir
formação. Naturalmente, nenhum dos participantes deste levantamento afirmo
que o surgimento de uma cultura diferente de informação se daria simplesment
pela instalação de novo *software*; outras mudanças administrativas são indispe
sáveis para tanto, mesmo não tendo sido ainda empreendidas nessas mesmas en
presas.

Da mesma forma que em relação às mudanças culturais anteriormente descr
tas, várias empresas acreditam que os funcionários, individualmente, terão d
contar com um nível de capacidades analíticas maior do que agora. Mesmo o ír
dice geral de inteligência dos funcionários poderá precisar de mudança, de aco
do com pelo menos um gerente. Ele não se cansou de repetir o comentário segur
do o qual "precisamos da metade, desde que seja duplamente inteligente". Algu
mas organizações indicam que um pequeno grupo de funcionários passará po
uma especialização em pesquisa e análise de dados. Outras pretendem treinar u
grupo maior de funcionários e gerentes para poder utilizar adequadamente a no
va informação. Contudo, o comentário de um gerente foi exemplar quanto ao n
vel atual de especialização em informação gerada por SGEs, e sua utilização: "El
(os funcionários) não sabem o que existe no sistema e, se soubessem, não sabe
riam o que fazer com aquilo."

Há igualmente duas questões de implementação diretamente ligadas ao uso d
informação do SGE. Uma delas diz respeito ao emprego dos chamados superusuá
rios (uma função definida no Capítulo 6) que são gerentes, e não funcionários d
linha de montagem. A definição de gerentes superusuários poderia ser uma téc
nica eficiente para entender as implicações da implementação dos SGEs em ma
téria de informação. O papel desses superusuários poderia ser no sentido de aju
dar os implementadores do sistema a determinar as necessidades da organizaçã

em matéria de processos de gerenciamento e notificação. Contudo, nas empresas estudadas, mesmo nos casos em que foram utilizados gerentes como superusuários, seu foco ficou em geral na representação de seus departamentos com respeito a processos básicos e a informações da transação, em vez de projetarem processos de notificação e gerenciamento. As empresas devem pensar em utilizar os gerentes superusuários quando começarem a levar em consideração os processos de notificação e relatório.

Uma questão potencialmente complexa em relação à implementação e à cultura de SGE diz respeito às reduções de funcionários, especialmente no nível da gerência intermediária. Como já se comentou anteriormente, várias empresas estão planejando utilizar a melhor informação proporcionada pelos SGEs como argumento para a eliminação de vários cargos administrativos; muitas delas inclusive já o fizeram. Contudo, é importante evitar a percepção de que a implementação de um SGE é mera desculpa para amplas reduções dos quadros de gerentes e analistas de uma empresa. Nesse caso, gerentes ou funcionários que se considerarem em perigo certamente tenderão a negar sua cooperação na atualização do *software*. Até agora, contudo, nenhuma empresa citada neste estudo relatou a existência desse tipo de problema.

Questões de sistemas e tecnologia

Não existe uma arquitetura tecnológica específica para a notificação e a distribuição de informação movida por SGE. A não ser aquela do próprio SGE, não existe qualquer plataforma predominante. Como mencionei anteriormente, os fornecedores de SGEs estão começando a disponibilizar melhorias nas áreas da mensuração e relatórios de desempenho. Essas melhorias não estavam disponíveis quando conversei com os gerentes sobre questões de notificação e gerenciamento de processos. Desde então, debates informais passaram a sugerir que essas funções estão sendo acolhidas com alto índice de interesse. Esse *software* reúne grande parte das funções de notificação e gerência de processos que as empresas precisavam anteriormente desenvolver internamente em um aplicativo já formatado.

Na época do estudo, as empresas utilizavam ou as limitadas capacidades de consulta e notificação dos principais fornecedores de SGEs, ou *software* de terceiros. Várias empresas comentaram sua vontade de disporem de um sistema aberto de consulta e notificação, bem como um armazém de dados aberto, porque pretendiam fazer uma interface entre eles e várias fontes diferenciadas de dados de transações, não apenas o seu próprio SGE. A Microsoft, logicamente, utilizava seu próprio *software* para consulta e notificação.

A maioria das empresas tinha algum tipo de abordagem do armazenamento de dados de SGEs; seu objetivo era evitar tanto problemas de desempenho com o sistema de transmissão do SGE quanto uma potencial corrupção desse sistema. Contudo, três das 14 empresas entrevistadas estavam no momento entrando diretamente no sistema de transação para acesso e notificação de dados, e não se mostravam preocupadas com a integridade dos dados nem com questões de volume das transações. Na opinião dessas empresas, outro nível de arquitetura de dados serviria apenas para causar confusão entre os usuários. Entre aquelas que se utilizavam de armazenamento de dados, diversas chegaram a dividir o SGE e o sistema legado de dados em vários *marts* menores específicos de determinadas áreas funcionais ou de processos; a Dow Chemical tem bem mais de 20 desses *marts*, e a Microsoft, quatro.

As intranets constituíam um veículo muito popular para a distribuição de informação; metade das empresas planejava utilizar-se dessa tecnologia para acessar relatórios comuns. Duas empresas haviam adotado a Web em lugar de seus sistemas executivos de informação (EIS – *executive information systems*) anteriores; uma empresa, a Autodesk, ainda empregava um EIS produzido internamente e estava satisfeita com a sua integração com o seu SGE (mas até mesmo a Autodesk adotou recentemente a notificação baseada na Web e poderá no fim substituir o seu EIS).

Um modelo para transformar dados de SGEs em conhecimento de SGEs

A essa altura, creio já ter ficado perfeitamente claro que gerenciar com informações de um SGE não é simplesmente instalar um desses sistemas, ou desenvolver um armazém de dados e povoá-lo com dados do SGE. É algo que se consegue não apenas com o suporte da tecnologia, mas, sim, pelo recurso a uma rede de fatores tão complexos que a maioria das organizações jamais havia sequer chegado a levar em consideração. Em um amplo programa de pesquisas de que estou participando, temos tentado identificar os fatores indispensáveis para a transformação de dados em conhecimento, algo que, conforme já concluiu a nossa equipe, configura exatamente as mesmas questões presentes no gerenciamento eficiente com a informação do SGE. Portanto, descreverei o modelo de pesquisa para esse projeto no contexto dos SGEs especificamente e apresentarei um estudo de caso desse projeto abordando a Earthgrains Company. Descobrimos que esse modelo pode ser extremamente útil na descrição de ambientes nos quais os dados de transação de sistemas como os SGEs são transformados em conhecimento e resultados.

O processo geral pelo qual as organizações transformam dados de SGE – ou, propósito, de qualquer outro tipo – em conhecimento e resultados de negócio nunca chegou a ser articulado, até onde vai o meu conhecimento. Com base em pesquisas realizadas em mais de uma dezena de empresas que obtiveram bons resultados nesse processo, formulamos a hipótese de que o modelo da Figura 7 descreve com exatidão este importante processo. O modelo consiste de três etapas principais. O *contexto* inclui os fatores que precisam estar presentes antes de qualquer tentativa específica de transformar dados de SGE em conhecimento e resultados. A *transformação* dos dados em resultados ocorre quando os dados são analisados e, em seguida, utilizados como suporte de uma decisão de negócios. O *resultados* são os eventos que se modificam em conseqüência da análise e do processo de decisão. Farei uma breve descrição de cada um desses passos e seus respectivos componentes.

Contexto

Um pré-requisito importante – ainda que às vezes valorizado em excesso – do processo é o *contexto tecnológico*. Fazem parte dele todos os fatores tecnológicos que influem na capacidade da empresa de extrair valor dos dados. Destacam-se entre eles as condições do próprio SGE para notificação e análise, *software* e *hardware* para a extração e análise de dados, o acesso que os usuários em potencial têm aos dados em relação a redes e infra-estrutura, e até mesmo a capacidade de distribuir os resultados da análise.

Um *contexto de dados* favorável é algo substancialmente mais difícil de concretizar. Nele se incluem a acurácia, a disponibilidade, a atualidade e a qualidade geral dos dados a serem analisados. Os sistemas de gestão empresarial têm qualidade de dados relativamente elevada em comparação à maioria dos programas de aplicativos. Contudo, os dados que deles emergem destinam-se em geral a servir a transações de negócios, não a análises e tomada de decisões. Mais ainda, é muitas vezes necessário combinar os dados do SGE com outra informação procedente de diferentes sistemas ou que talvez não esteja automatizada. Criar um contex-

FIGURA 7.1

UM MODELO DA MANEIRA PELA QUAL OS DADOS DO SGE SÃO TRANSFORMADOS EM CONHECIMENTO E RESULTADOS

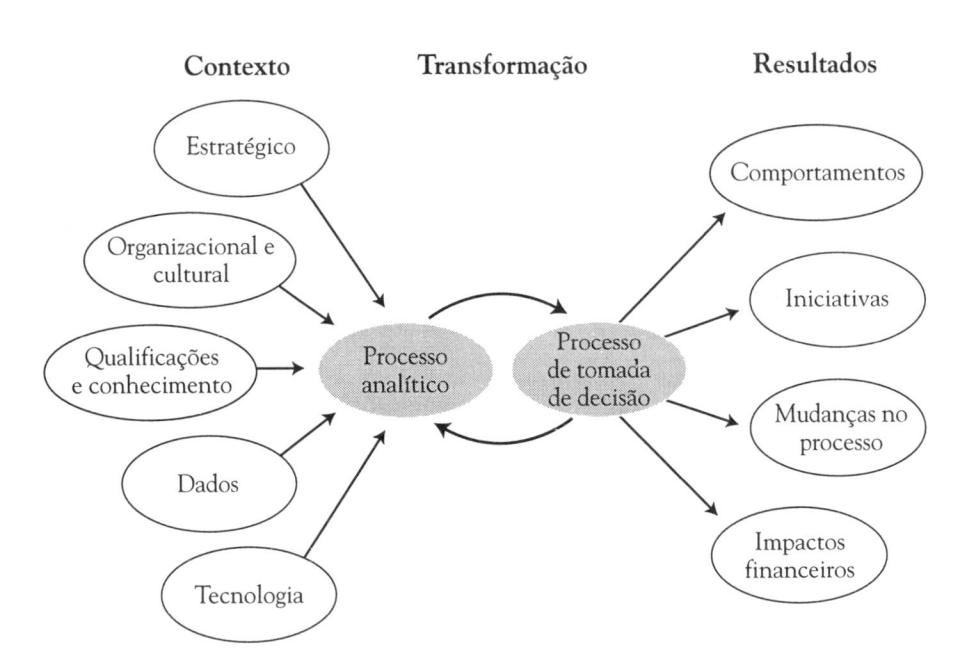

to efetivo de dados é difícil no começo e continuamente; trata-se de uma luta interminável, mas igualmente indispensável.

Qualificações e *conhecimentos* são atributos humanos muitas vezes deixados de lado nos empreendimentos para a utilização efetiva dos dados do SGE. Existem inúmeros tipos de qualificações e conhecimentos relevantes para este objetivo, destacando-se as habilitações analíticas, técnicas e comerciais, e a experiência geral com este processo. Tratando-se os SGEs de sistemas especialmente complexos, o conhecimento da estrutura da informação disponível é algo realmente fundamental. Nem mesmo o *software* analítico mais sofisticado elimina a necessidade de um alto grau de qualificação e experiência para uma análise e uma utilização bem-sucedidas dos dados do SGE.

O *contexto organizacional e cultural* inclui inúmeras e diferentes facetas da organização que influem sobre a eficiência e a facilidade com que tira vantagem dos dados do SGE. Fundamental entre essas facetas é uma orientação pela tomada de decisão com base em fatos: a organização dá realmente preferência a dados em detrimento da intuição? Existem igualmente fatores políticos relacionados à possibilidade de estarem os dados disponíveis à utlização em decisões e ações. É realmente difícil mensurar e modificar fatores organizacionais, mas, sem um contexto positivo, a transformação bem-sucedida dos dados não poderá ser alcançada com regularidade.

O *contexto estratégico* é o ambiente geral dos negócios no qual os dados do SGE são avaliados e utilizados. Se não houver transparência sobre quais objetivos estratégicos a organização tenta concretizar com a transformação dos dados do SGE, o sistema irá captar e armazenar dados que poderão ficar para sempre inaproveitados. O contexto estratégico especifica quais as dúvidas que os dados devem resolver, os processos comerciais e administrativos nos quais os dados deverão ser aplicados, e o valor geral de negócios a que a transformação dos dados poderá conduzir.

Transformação

No centro do modelo global estão os processos pelos quais os dados do SGE se transformam em conhecimento e são aplicados em decisões e ações. O *processo analítico* engloba os meios pelos quais os dados do SGE se transformam em conhecimento. Este é composto normalmente por análises estatísticas e numéricas, desde a média de uma distribuição até uma análise de rede neural; alternativamente, a análise pode envolver a combinação de relatórios simples e diretos com observações e comentários sofisticados das pessoas envolvidas.

O *processo de tomada de decisão* propriamente dito pode, como dei a entender anteriormente, basear-se em dados de SGE de alta qualidade e bem analisados, ou em uma infinidade de outros fatores. Catedráticos em administração de empresas têm, nas últimas décadas, documentado a ligação às vezes muito tênue entre dados, decisões e ações. Contudo, se os resultados das transformações de dados de

SGE não forem utilizados para orientar decisões, qual será, então, a razão de ser dessas transformações? Algumas empresas começam a condicionar as decisões aos dados e ao conhecimento utilizados para orientá-las, mas não se trata ainda de um condicionamento generalizado, e eu não tenho conhecimento de situação alguma em que isto seja feito em um contexto de SGE.

Resultados

Neste processo de converter dados de SGE em conhecimento e em resultados, pré-requisitos e transformação pouca importância ostentam, a menos que, em decorrência deles, alguma coisa mude na organização. Mudanças em *comportamentos* de gerentes e funcionários constituem talvez o resultado em potencial mais evidente deste processo. Da mesma forma que as decisões pessoais conduzem a mudanças no comportamento individual, decisões tomadas por executivos podem conduzir a uma transformação comportamental generalizada na empresa. Uma decisão baseada em dados para que se dê atenção ao controle de custos, por exemplo, pode levar a milhares ou milhões de comportamentos individuais voltados para a redução de despesas. Quando isto não ocorre, o ponto da análise e da decisão é obviamente questionável.

A decisão de mudar e a agregação de mudanças comportamentais podem ainda gerar uma nova *iniciativa* – um projeto no sentido de aperfeiçoar algum aspecto do processo de negócios, ou para mudar uma tarefa já em realização. A análise dos dados de transação do cliente pode revelar que uma promoção não está dando os resultados esperados, e que se faz necessária uma nova iniciativa de *marketing*.

Os resultados das decisões podem igualmente incluir *mudanças em processos* – que são, pela própria natureza, o resultado de inúmeras pequenas iniciativas e mudanças comportamentais. A determinação de que um determinado processo não está dando os resultados esperados pode levar a um novo projeto e à respectiva implementação. Se a transformação de dados do SGE sugerir que o processo de desenvolvimento de um novo produto demora demais, poderão ser tomadas decisões no sentido de reduzir esse prazo de maneira gradual ou, então, radical.

Claro que o resultado final de todas estas atividades para negócios que visam ao lucro deve concentrar-se nos *impactos financeiros*. Decisões levam a novos comportamentos, que desencadeiam novas iniciativas e processos, que não terão grande importância a menos que melhorem a situação existente e aumentem o retorno para os aplicadores. Pode se tornar difícil traçar uma linha direta de influências desde os pré-requisitos às transformações, aos resultados não-financeiros e aos resultados financeiros, mas o estabelecimento dessa ligação deve ser sempre o objetivo de uma organização que investe tempo e recursos em transformação de dados à base de SGE. Os impactos financeiros não devem ser buscados por si mesmos (pois não serão assim encontrados), mas apenas como resultado final de uma variedade de mudanças comportamentais e organizacionais.

Administrando com informações de SGE na Earthgrains

Este caso baseia-se nas experiências de uma empresa para valorizar os dados resultantes de seu investimento em um SGE.[4] Ele igualmente ilustra uma estrutura conceitual (ver a Figura 7.1) que os executivos podem utilizar para avaliar sua própria situação e identificar áreas necessitadas de atenção especial para assegurar que o investimento de sua empresa em um SGE possibilite melhorias reais na gestão dos negócios.

A Earthgrains é uma companhia de produtos de panificação, avaliada em US$ 1,9 bilhão, antiga subsidiária da Anheuser-Busch. Desde sua separação da Anheuser, uma das maiores produtoras de cervejas dos EUA em março de 1996, a Earthgrains passou a ser uma empresa com ações vendidas na bolsa e que já alcançaram uma valorização superior a 200 por cento. Seu negócio principal está organizado em duas divisões – a de produtos de panificação e a de massas refrigeradas.

Contexto estratégico

A divisão de massas refrigeradas da Earthgrains é a única fabricante desses produtos com rótulos privados nos EUA. A empresa fabrica massas enlatadas que são vendidas nos balcões refrigerados, entre elas bolachas, pães de mesa, pães de canela, massa de bolinhos, massa de pizza e pastelão (o autor confessa que fica com fome só de mencionar tantas delícias...). Esses produtos são comercializados nacionalmente sob mais de 100 marcas personalizadas. A divisão de massas refrigeradas concorre principalmente com a Pillsbury, que, como a única fabricante de massas refrigeradas de marca, domina a categoria. A estratégia da Earthgrains é copiar os produtos de maior sucesso da Pillsbury com rótulos mais próximos do consumidor e a partir daí conquistar uma participação significativa no mercado. As vendas da divisão no segmento de massas refrigeradas, incluindo a Europa, chegaram a quase US$ 300 milhões, com margens de mais de 10%, contra as margens de aproximadamente 5% no segmento de panificação.

Os executivos seniores na unidade de massas refrigeradas da empresa nos EUA optaram por uma estratégia de excelência operacional, em oposição ao foco no cliente ou no produto. Historicamente, contudo, a divisão não conseguia integração entre seus processos e sistemas de pedido-e-cobrança, pagamento, entrega, contas a receber. Não havia transparência no balanço dos produtos acabados quando surgia um cliente com uma dúvida para ser resolvida. E a empresa não conseguia dar o preço de um pedido antes de embarcá-lo, o que atrasava significativamente o processo de faturamento. Além disso tudo, os esforços no sentido de prever o surgimento de novos produtos eram atabalhoados. Os gerentes só conseguiam descobrir que sua capacidade de produção estava exaurida quando os estoques se esgotavam. No setor de vendas, a gerência também tinha escassa visibilidade quanto aos produtos e clientes mais lucrativos. De maneira geral, pois a administração não detinha o conhecimento detalhado de seu negócio, indispensável para o aperfeiçoamento de suas operações.

A divisão de massas refrigeradas tinha uma estratégia bem traçada e se encontrava em posição privilegiada no setor para concretizar seus objetivos. A equipe de gerência também entendia quais decisões precisavam ser tomadas para dar suporte à estratégia de maneira a que pudesse existir uma conexão direta entre as operações diárias e os objetivos estratégicos. Mas, pelo fato de a divisão não contar com os dados operacionais necessários, não havia forma de tomar as decisões indispensáveis, muito menos de mensurar sua eficácia em termos estratégicos. Por fim, faltavam algumas qualificações organizacionais imprescindíveis para a tomada de decisões fundamentais para a concretização da estratégia traçada, como logo veremos.

Contexto da tecnologia

A inexistência de dados operacionais necessários para dar suporte ao processo decisório na Earthgrains mudou com a implementação de um R/3 do sistema SAP. A maioria dos módulos desse sistema de gestão empresarial já estava implementada por volta do início de 1999, e a divisão de massas refrigeradas passou a contar com uma visibilidade sem precedentes em suas bases de operações e clientes, algo que causou uma fantástica mudança nas operações. Vários módulos foram igualmente instalados na divisão de panificação, mas até agora a instalação nesse setor foi mais limitada. Além das tecnologias de *hardware* e *software* necessárias para criar, captar e armazenar os dados de transação usados para dar suporte ao processo decisório, vários outros elementos de tecnologia estão presentes, como veremos nas próximas subseções.

Comunicação de dados. Quando a transação de dados cruza as fronteiras organizacionais, a tecnologia de comunicação necessária para transferir os dados entre tais entidades passa a constituir um fator importante. A Earthgrains havia investido pesado para desenvolver suas instalações de intercâmbio eletrônico de dados (EDI) a fim de incrementar a transferência interna de dados de transação.

Ferramentas de acesso aos dados. A Earthgrains equipou os 28 integrantes de sua força de vendas com *laptops* para capacitá-los a acessar dados altamente detalhados de vendas que ficaram disponíveis graças ao SGE. Essa ferramenta permite o acesso aos dados do sistema SAP, mas também restringe os tipos de perguntas que os analistas e gerentes podem fazer. Por exemplo, o vice-presidente de serviços aos clientes afirma que "o sistema SAP funciona bem quando você precisa verificar o pedido X por cliente por dia, mas torna-se muito difícil de usar quando você pretende verificar os dados de cinco clientes ao longo de três dias".

As ferramentas de acesso aos dados são provavelmente o exemplo mais ostensivo das qualificações em *software* e *hardware* que podem impedir a utilização de dados de transação. No entanto, outras qualificações técnicas precisam existir igualmente para dar suporte à utilização dos dados. Por exemplo, no começo os vendedores que trabalhavam mais longe da sede da empresa não conseguiam imprimir dado algum proporcionado pelo sistema SAP porque não estavam integrados à rede de computadores da empresa na sede. Quando não antecipadas e resolvidas, as barreiras técnicas podem inibir o uso de dados de transação.

Ferramentas de análise de dados e de apresentação. Os analistas de negócios da Earthgrains usam o Access e o Excel, da Microsoft, para avaliar os dados e colocá-los em formatos que os gerentes e vendedores consigam entender. A experiência ensinou ao vice-presidente de serviços aos clientes que a maneira pela qual o dados são formatados e apresentados a diferentes tipos de usuários finais faz toda diferença para que os mesmos sejam realmente utilizados. Além disso, um *software* especial de suporte ao processo de tomada de decisão pode se tornar necessário para determinados aplicativos. A Earthgrains carrega arquivos de dados no Manugistics, um pacote de *software* de planejamento e previsão de cadeia de suprimentos que a empresa utiliza para os mais variados tipos de análises.

Contexto dos dados

Questões relevantes relacionadas aos dados sofrerão significativas variações de acordo com cada organização, mas existem certos fatores que podem impedir a utilização de dados no processo decisório.

Controle da integridade dos dados. A capacidade de desenvolver e manter dados "limpos" é sempre importante, e, mesmo assim, índices aceitáveis de erro podem variar entre os setores industriais. A integridade dos dados não constitui problema na divisão de massas refrigeradas da Earthgrains, na qual os dados de transação captados no sistema SAP foram criados internamente com base nos pedidos de vendas e nas faturas de embarque. Considerando que a gerência pudesse controlar esses processos, a divisão de panificação da companhia estaria tentando utilizar dados escaneados de mercearias e supermercados para modificar se processo de distribuição. Dados de muitos varejistas, contudo, haviam se mostrado de qualidade variável, limitando assim sua utilidade. Fica claro, uma vez mais ser mais fácil controlar a qualidade de dados de transação criados no âmbito da organização do que ao longo de uma cadeia de entidades.

Sintetizando dados de outras fontes. Os dados de transação do sistema de gestão empresarial devem ser quase sempre integrados com os de outras fontes, por exemplo, de vendedores terceirizados, a fim de se tornarem úteis ao processo de cisório da administração. A Earthgrains utilizou dados do recenseamento nacional, combinados com dados escaneados, para analisar tendências em diversas categorias de produtos e para tentar interpretar o que estava ocorrendo no mercado.

Completude dos dados. Para terem utilidade, os dados de transações devem incluir elementos (ou campos) que possam ser validamente comparados a fim de proporcionar idéias claras para o processo decisório. Por exemplo, se o sistema captar dados sobre vendas de produtos, mas o item de interesse não puder ser relacionado com a promoção específica que levou o varejista a adquiri-lo, os subsídios analíticos proporcionados pela transação ficarão extremamente limitados. A gerência deve sempre pensar detalhadamente sobre os tipos de elementos de dados necessários para encaminhar decisões importantes.

Dados completos também significam dispor dos antecedentes adequados para a realização da análise. A Earthgrains precisou do histórico de um a dois anos da movimentação e alienações de estoques de um varejista antes de poder ajudá-lo a tomar decisões corretas em matéria de gerência de estoques. Em inúmeros casos, simplesmente dispor dos dados de transações não é o suficiente. Para terem utilidade, eles precisam cobrir o intervalo de tempo mais adequado à finalidade a que se dispõem.

Extratos de dados atualizados. Os dados de transações devem ser atualizados para que possam dar suporte ao processo decisório. Na Earthgrains, os dados de vendas são extraídos diariamente do módulo SAP de vendas e distribuição. Isto permite que o vice-presidente de vendas identifique a existência de eventuais problemas no tempo certo e possa agir a respeito deles antes do fim do período de vendas. Para que sejam úteis, os extratos de dados devem estar disponíveis com uma freqüência que se iguale à de um ciclo adequado de monitoração e decisão.

Contexto organizacional e cultural

São inúmeros os elementos potenciais de organização e cultura que devem ser alinhados para dar suporte à utilização, por uma unidade de negócios, dos dados de transação. Alguns desses elementos evidenciados no contexto da Earthgrains são discutidos a seguir.

A estrutura apóia a colaboração. As fronteiras organizacionais podem se transformar em barreiras aos altos índices de colaboração quase sempre necessários para possibilitar a produção de elementos analíticos de alta qualidade. Na Earthgrains, tanto o departamento de vendas quanto o de serviços ao consumidor na divisão de massas refrigeradas têm seus próprios e exclusivos grupos de analistas que trabalham em estreita colaboração com a gerência, usando dados SAP no suporte ao processo de tomada de decisão. A gerência tem como tarefa levar em conta a complexidade e a ambigüidade dos problemas que exigem suporte analítico. Questões ainda mais complexas, para as quais é indispensável análise sofisticada de modelagem e dados, têm um melhor atendimento quando os analistas e os executivos encarregados de tomar as decisões são, no âmbito da organização, intimamente ligados, em função dos altos níveis de comunicação e colaboração exigidos.

Realinhando os sistemas de recompensa. Nada deteriora mais rapidamente o uso de dados de transação que sistemas de recompensa que não incentivam, ou até mesmo desencorajam, sua utilização no processo decisório. Historicamente, a força de vendas na unidade de massas era gratificada unicamente de acordo com o aumento das quantidades vendidas. Depois da implementação do sistema SAP, o sistema de compensação foi alterado, passando a recompensar o pessoal de vendas 50% pelo volume das vendas e 50% pelo lucro bruto. Esta mudança alterou consideravelmente o comportamento da força de vendas, que passou a demonstrar um interesse bem maior por entender a lucratividade atual e o potencial de seus clientes. Os sistemas de compensação que não se alinham com os objetivos da gerência no sentido de criar e agir com base nas constatações dos dados são um sério obstáculo à potencialização deste recurso. Vários outros elementos presentes na cultura da Earthgrains também serviram de suporte à utilização dos dados de transações.

Orientação para a mudança. A divisão de massas refrigeradas tinha uma equipe de gerência sênior relativamente nova, sem qualquer dependência em relação às maneiras antigas de fazer as coisas. Por isso mesmo, eram altas as expectativas em relação às mudanças comportamentais.

Cultura orientada a dados. O CEO da empresa era chamado por seus colegas de "faminto por dados". Ao observar a informação disponível do SGE, comentou, cheio de entusiasmo: "Parece que a cabeça vai estourar de tantos dados." Ele havia se empenhado no desenvolvimento de normas para incentivar os funcionários a agir como membros de uma organização orientada a dados. Nos últimos anos, a qualidade das revisões administrativas havia melhorado em 100%, conforme um dos gerentes seniores, pois os executivos de agora dependiam muito mais dos números quando explicavam seu desempenho e investimentos. Este comportamento contagiou a organização inteira, de tal forma que o pessoal de vendas se viu inclusive forçado a se tornar usuário de dados. A gerência entendeu que, se a equipe de vendas passasse a trabalhar diretamente com números, teria igualmente maior confiança naquilo que estivesse apresentando aos clientes.

Qualificações e conhecimentos

Alavancar os dados de transações para o processo decisório requer uma variedade de qualificações e conhecimentos. Na Earthgrains, tanto os serviços ao cliente quanto o departamento de vendas têm equipes de analistas cujas qualificações conjuntas incluem:

- Conhecimento detalhado dos processos subjacentes de negócios da unidade;

- Conhecimento extensivo do setor supermercadista;

- Qualificações extensivas para interpretar o significado dos dados SAP, algo que exige o entendimento das definições dos elementos principais, a maneira pela qual se relacionam e suas limitações para a análise;

- Forte conhecimento de trabalho de variados pacotes de *softwares* analíticos e de apresentação de dados;

- Acentuadas habilidades interpessoais para treinar e dar suporte aos usuários finais, especialmente o pessoal de vendas, que parecia destinado a uma frustração geral ao começar a trabalhar com os dados.

Processos analíticos

Todos os elementos contextuais anteriormente descritos – estratégia, tecnologia, dados, organização, cultura e qualificações e conhecimento – combinam-se para dar forma às possibilidades da organização no campo da análise de dados. Na Earthgrains, esses insumos combinados proporcionaram a motivação e a capacidade de criar cinco tipos de informação analítica.

1. **Relatórios padronizados.** O vice-presidente de vendas analisava um relatório diário que detalhava os produtos vendidos no dia anterior, incluindo volumes, seu lucro bruto e as vendas totais no ano até aquela data.

2. **Informação analítica simplificada.** Pouco depois da instalação do módulo SAP de vendas e distribuição, a gerência da Earthgrains começou a fazer análises básicas do cliente e da lucratividade por produto. Esta abordagem analítica é simples, embora exija que a organização tenha adotado antes metodologia do custeio baseado em atividade para que venha a ser bem-sucedida.

3. **Informação analítica complexa.** Com o tempo, à medida que o entendimento do sistema pela gerência foi-se desenvolvendo, esta começou a apresentar

aos analistas problemas mais complexos; por exemplo, em quanto realmente aumentam as vendas como resultado de vários tipos de promoções?

4. **Modelagem.** A Earthgrains só havia realizado até então, nesta área, esforços limitados, tendo, porém, começado a prever a demanda por produto para poder planejar melhor sua capacidade de produção.

5. **Análise única de processo.** Os dados integrados do sistema SAP também deram suporte a uma diferente espécie de análise. Ela capacitou a Earthgrains a avaliar as despesas em dinheiro do processo de contas a pagar na sua divisão de produtos de panificação. Esta análise única de processo proporcionou suporte à decisão da gerência de centralizar todas as atividades relativas a contas a pagar das suas 44 panificadoras.

Processos de tomada de decisão

Funções analíticas diversificadas dão suporte a tipos diferentes de decisões e de processos decisórios. Acesso aos dados de transação e a capacidade de interpretá-los e analisá-los podem mudar por inteiro o rumo do processo decisório existente, a confiança que a gerência tem na adoção de determinadas decisões relativas a processos em andamento e até mesmo a localização de algumas decisões no âmbito de um processo de negócios.

Novos tipos de decisões. Na Earthgrains, os dados do sistema SAP possibilitaram que se passasse a identificar quais eram os clientes e produtos de maior e de menor lucratividade. Vale a pena destacar que, embora a análise de dados revelasse os clientes e produtos não-lucrativos, a decisão administrativa mais importante foi sobre o que fazer com esses resultados, e como.

Aumento da confiança nas decisões. A utilização eficiente dos dados de transação às vezes significa tomar decisões que eram anteriormente impossíveis, mas há também outros casos em que ela pode mudar o nível de confiança nas decisões que já vinham sendo tomadas. Os dados do sistema SAP na Earthgrains proporcionaram novos níveis de confiança e de suporte à tomada de decisões sobre onde investir em promoções, onde investir em capacidade de produção em vista da demanda prevista de determinados produtos e onde os gerentes de vendas devem concentrar sua atenção.

Mudando os processos de tomada de decisão. Por fim, a disponibilidade dos dados de transação também possibilita, muitas vezes, grandes mudanças nos processos de tomada de decisão e, em especial, sobre onde as decisões estão sendo tomadas. Na Earthgrains, dois processos foram modificados em formatos claramente diferenciáveis. O processo de contas a pagar foi centralizado e padronizado para que todas as faturas fossem pagas ao final de um período de 28 dias. Nesse caso, as decisões sobre tais pagamentos foram não apenas retiradas do âmbito das unidades de panificação locais, mas igualmente inseridas em uma série de regras de decisão que praticamente automatizou o processo.

Na divisão de massas refrigeradas, por outro lado, uma tentativa de implementar um processo de estoque gerenciado pelo vendedor significou retirar as decisões sobre pedidos da órbita dos compradores nas redes de varejo e inseri-las em um sistema de monitoramento de estoque gerenciado pela Earthgrains. Em ambos os casos, mudar o centro do processo de tomada de decisão teve o objetivo declarado de melhorar a eficácia do conjunto geral do processo de negócios.

Resultados

A transformação de dados de transações em conhecimento só será eficiente se puder proporcionar resultados de negócios capazes de melhorar o desempenho financeiro, o que normalmente acontece como um dos resultados sempre que se adotam novos comportamentos, novas iniciativas ou processos redesenhados.

Mudando comportamentos. Historicamente, faturas contestadas têm constituído um grande problema para os produtores de alimentos, uma vez que os varejistas têm quase que o costume de discordar dos preços que lhes são cobrados em uma fatura. Os varejistas quase sempre acabam pagando aquele preço que teria sido o inicialmente acertado, e que invariavelmente é mais baixo do que o detalhado na fatura. Devido ao alto custo que a tentativa de levar até as últimas conseqüências questões como esta pode assumir, os fabricantes acabam preferindo conviver com esse prejuízo, que lhes custa anualmente alguns milhões de dólares.

O fato de dispor de acesso facilitado aos dados das faturas e também de um histórico muito claro das transações permitiu à Earthgrains aperfeiçoar os processos de suporte à sincronização dos preços antes da impressão da fatura. Essa capacidade de minimizar o montante das faturas contestadas reduziu em mais de US$ 4 milhões por ano, segundo a empresa, as deduções forçadas desta divergência.

Novas iniciativas. Com a capacidade de analisar a lucratividade por cliente veio uma nova iniciativa para mudar o *mix* de produtos comprados pelos clientes identificados como não-lucrativos. Cerca de 180 desses varejistas de baixa margem de lucro não estavam dispostos a modificar seus padrões de compra, e depois de 90 dias a força de vendas na divisão de massas refrigeradas foi instruída a parar de atender esses clientes. Ao mesmo tempo, outra iniciativa resultou na eliminação de 20% da linha de produtos da divisão, exatamente aqueles apontados na análises como detentores de baixo ou nenhum potencial de lucratividade. No primeiro ano depois dessas novas iniciativas, o lucro operacional da divisão deu um salto de mais de 50 por cento.

Repensando importantes processos de negócios. A Earthgrains reconheceu que os dados de transação poderiam criar oportunidades para um redesenho de processos fundamentais de negócios que criam elencos inteiramente novos de decisões. A empresa, por exemplo, está utilizando os dados dos sistemas de controle de estoque dos varejistas, em combinação com dados históricos sobre faltas de produto em estoque, para estabelecer um processo de estoque gerenciado pelo vendedor que modifica substancialmente suas relações com os varejistas do setor. A utilização ativa dos dados de transação pode habilitar o redesenho de processos centrais, ou simplesmente melhorar a tomada de decisões no âmbito do processo disponível.

Por fim, os dados do sistema SAP tornaram prático o redesenho do processo de contas a pagar na divisão de produtos de panificação. A decisão de centralizar e padronizar este processo aumentou o capital disponível da empresa em mais de US$ 40 milhões quase que de imediato e proporcionou recursos que puderam ser utilizados para dar suporte à estratégia da divisão para a aquisição de novas padarias.

Conclusão

Como é preciso ficar claro, nem todos os processos de gerenciamento habilitados pelo uso de dados de SGE proporcionam lucros tão significativos quanto os até aqui demonstrados. Muitas atividades terão um impacto financeiro muito mais indireto sobre o negócio. No entanto, uma característica comum a todos os exemplos de sucesso de alavancamento de dados de SGE que testemunhei é que o gerenciamento demonstra a vontade política de agir e de persistir na aplicação das novas perspectivas e habilidades possibilitadas por melhores dados de SGE. Os resultados aparecerão somente em uma cultura capaz de dar suporte a executivos arrojados e ativos.

CAPÍTULO 8

Utilizando os SGEs para gerenciar a cadeia de suprimentos

A área mais procurada hoje entre os sistemas de gestão empresarial é a da cadeia de suprimentos – e por bons motivos. À medida que cada vez mais empresas completam a implementação inicial, sempre tendo levado alguns anos, dos seus SGEs centrais sem conseguir deixar de pensar nos muitos milhões de dólares que lhes custou chegar até esse ponto, é ainda muito grande o número de empresas que continuam questionando à maneira pela qual poderão, ao final, transformar toda essa informação integrada em vantagem competitiva. A cadeia de suprimentos, com toda a sua intensidade de transação e informação, oferece muitos frutos que podem ser facilmente colhidos por todos os lados. A integração interempresarial é realmente promissora nesse campo – em termos de possibilidades operacionais mensuráveis que têm uma clara relação com a lucratividade. Ainda mais significativo é o fato de não precisar a gestão da cadeia de suprimento movida a SGE ficar restrita aos limites da empresa. Benefícios ainda maiores tornam-se evidentes quando uma empresa começa a analisar a melhor maneira de ampliar o seu SGE para fora de suas fronteiras e utilizá-lo como ferramenta de integração mais sólida com vendedores, fornecedores, produtores, distribuidores, varejistas e outros parceiros comerciais. Os sistemas de gestão empresarial, e isto vai se tornando cada vez mais claro, estão prestes a se transformar em inter-SGEs – o núcleo central da "empresa ampliada" visualizado já por tantos estrategistas.

Julia Kirby, pesquisadora do Institute for Strategic Change, do Andersen Consulting Group, fez pesquisas sobre o assunto e elaborou um esboço deste capítulo.

Um comentário sobre a gestão da cadeia de suprimentos

Qual é o real significado daquilo que entendemos como gestão da cadeia de suprimentos? Basicamente, o termo se refere à íntima ligação entre as atividades que lidam com a compra, a produção e o transporte de produtos. Os principais objetivos da gestão da cadeia de suprimentos são reduzir custos mediante a eliminação do desperdício de tempo, do trabalho redundante e do armazenamento de estoque do sistema, além de aperfeiçoar o serviço ao oferecer aos clientes mais opções, entrega mais rápida e maior visibilidade para o encaminhamento de seus pedidos de mercadorias. A idéia geral é a de permitir a todos os envolvidos no fluxo de produtos a tomada de decisões com base nas melhores e mais atualizadas informações de todos os demais, em ambas as pontas do sistema. A empresa que realizar a melhor gestão da cadeia de suprimentos conseguirá levar seus produtos dos pontos de origem aos pontos de consumo no menor tempo e ao menor custo.

Claro que não é novidade a utilização de sistemas de informação na gestão da cadeia de suprimentos. Algumas das primeiras aplicações da tecnologia da informação nos negócios tinham como objetivo tornar as operações mais eficientes mediante um acompanhamento mais aproximado das atividades de aquisição, produção e distribuição no âmbito de um negócio. E o intercâmbio eletrônico de dados (EDI) foi, durante algumas décadas, a arma utilizada para a ligação entre os vendedores industriais e seus clientes. O EDI, contudo, estava concentrado pesadamente nas grandes corporações, limitado a formas prosaicas de informação – por exemplo, quantidades solicitadas e contas de cobrança – e dependia de complexas relações com fornecedores terceirizados de redes de valor agregado. As conexões interempresariais que tornavam isto possível dificilmente poderiam ser consideradas ininterruptas e íntegras.

O trabalho com a cadeia de suprimentos não é sequer um tópico inteiramente novo em sistema de gestão empresarial. Vendedores de acessórios que podem ser rapidamente adaptados a um *site* da Web, como a Manugistics e a i2, focalizaram suas atenções na construção de aplicativos interempresariais de cadeias de suprimentos ao mesmo tempo que empresas como a SAP e a PeopleSoft voltavam-se principalmente para sistemas financeiros e de recursos humanos. O que é novidade é a ampliação do interesse e dos investimentos em gestão de cadeias de suprimentos – pelos fornecedores de SGEs e, mais importante ainda, pela administração das corporações. Agora, soluções mais poderosas em forma de pacotes muitos funcionando via Internet, colocam repentinamente a excelência em cadeia de suprimentos ao alcance de praticamente todas as empresas e a transformam em um imperativo de competitividade para empreendimentos de todos os portes e proporções.

Por que o foco na cadeia de suprimentos?

Os gerentes adoram traçar a distinção entre "fazer as coisas da maneira certa" e "fazer as coisas certas". A melhor forma de implementação, em outras palavras, acabará sempre indo para a lata de lixo se a idéia que lhe deu origem estiver errada. No caso dos SGEs, felizmente, as empresas estão descobrindo duas razões igualmente importantes para ir em frente com soluções de cadeias de suprimentos: a primeira delas, porque são fundamentais para se alcançar sucesso em matéria de competitividade, e a segunda, porque as ferramentas existem para aplicar as soluções com competência e eficácia em relação aos seus custos. São, em resumo, as coisas certas para se fazer e cada vez mais facilmente feitas da maneira certa.

Redução de custos em operações internas

No nível mais fundamental, os SGEs proporcionam maneiras de reduzir os custos das operações internas da cadeia de suprimentos. Isto ocorre especialmente mediante o enxugamento e a fusão dos tradicionais silos funcionais dos negócios, da mesma forma que uma boa gerência de processo de negócios consegue fazer. Na verdade, é justo dizer que a gerência de processos interfuncionais é impossível em larga escala sem um SGE que lhe proporcione uma base compartilhada de informação. É muito fácil para a administração superior declarar que a divisão de Produção deve fabricar apenas aquilo que a área de Vendas descobriu que pode negociar, e que o setor de Compras deve adquirir a quantidade exata de matérias-primas para aquilo que a Produção está prestes a fazer. Mas, na maioria das empresas, essas funções têm o suporte de sistemas completamente diferenciados entre si, cada um deles projetado para dar conta tão-somente de suas respectivas áreas do negócio e incapazes de interagir uns com os outros. A Produção não tem a menor idéia do que o setor de vendas Vendas está enxergando no mercado. E o setor de Compras não tem visibilidade alguma daquilo que o Marketing pretende promover.

A falta de informação integradora entre as funções da cadeia de suprimentos significa logicamente que as transferências entre as várias áreas do negócio são feitas muito aquém do nível necessário de adequação. Para evitar a possibilidade de serem apanhados sem as informações necessárias, os gerentes vão construindo fartas redundâncias e bolsões de inatividade no sistema – algo que, em um negócio que depende de produtos, assume a forma de estoques. E estoques nunca custam pouco. Para parafrasear Everett Dirksen, um bilhão de unidades aqui, um bilhão de unidades ali – logo, logo estaremos falando de uma montanha de dinheiro. Este é, para muitas empresas, o grande incentivador do uso de um SGE na cadeia de suprimentos. E a palavra de ordem dessa tendência é substituir estoque por informação.

Foi isto que a Grand Ice Cream, da Dreyer, teve em mente quando começou a instalar seu sistema de gestão da cadeia de suprimentos. A Dreyer, empresa de US$ 970 milhões com sede em Oakland, Califórnia, nos EUA, enfrentava todos os problemas típicos de cadeia de suprimentos de um produtor de alimentos, e mais alguns. Suas matérias-primas e produtos acabados são sensíveis a altas temperaturas e perecíveis – e suas linhas de produtos experimentam picos de vendas sazonais que deixariam tonta a grande maioria dos planejadores, por mais capacitados que fossem. A Dreyer usou um SGE para ligar suas previsões ao planejamento da produção e, por último, às compras. Como resultado, reduziu drasticamente os níveis dos estoques – um dos maiores componentes de custos. O giro de estoques de produtos acabados da Dreyer, que se esgotava 12 vezes por ano, agora é mudado por inteiro 15 vezes por ano. Giros mais rápidos traduzem-se em maior capacidade de armazenamento, significando igualmente que não será necessário investir capital em um novo armazém com o crescimento do negócio. É quase irresistível dizer que os problemas de estoque da Dreyer, perdão, se derreteram...

Melhorar a eficiência das operações internas foi igualmente um dos objetivos da Eastman Chemical quando conectou seu *software* R/2 do sistema SAP a um novo aplicativo de planejamento e a previsão da cadeia de suprimentos. O aplicativo, produzido pela Logility, utiliza os dados de vendas extraídos do SGE para gerar previsões baseadas em algoritmos especiais e em experiências anteriores. Essas previsões são então publicadas no banco de dados do SGE para utilização pelos gerentes em todos os níveis da organização – inclusive dos vendedores em campo, que podem acrescentar, via intranet, informações revisadas para refletir tudo aquilo que aprendem nos contatos diretos com os clientes. Para a Eastman, fornecedora atacadista de plásticos, fibras e produtos químicos, uma gestão melhorada da cadeia de suprimentos mantém os seus recursos trabalhando em conjunto afinado para satisfazer as exigências dos clientes com o máximo de eficiência.

Eficiência no conjunto da cadeia de suprimentos

Para a maior parte das empresas, a organização das operações em plano interno já é um desafio mais do que suficiente. No entanto, aquelas empresas renomadas no campo da gestão de cadeia de suprimentos entenderam há muito tempo que a parte mais importante de todo o negócio é a área externa. As deficiências registradas nas transferências entre as diferentes funções de uma empresa tornam-se quase que insignificantes quando comparadas com aquelas ocorridas entre as diferentes empresas que compõem a cadeia de suprimentos ampliada. O exemplo clássico aquele velho estudo de caso, quase anedótico, da década de 1980: o relacionamento entre a Procter & Gamble e a Wal-Mart erigido com base nas vendas de fraldas descartáveis. Pelo compartilhamento de previsões e dados de vendas, as duas empresas tornaram acessíveis imensas quantidades de fraldas antes estocadas, com isso reduzindo e melhorando o funcionamento dos estoques – depois disso, foi s compartilhar os benefícios financeiros desta ação.

Atualmente, essa espécie de cooperação ao longo da cadeia de suprimento vem sendo facilitada pela disponibilização dos SGEs. Isto é parcialmente verdadeiro simplesmente porque as empresas estão fazendo a parte que cabe a cada uma delas no plano interno. Além disso, concretizada a integração ao longo da empresa, começa a parecer possível enfrentar as questões maiores que dizem respeito cadeia de suprimentos ampliada. Além disso, dispondo a empresa de boa infor mação a respeito de suas próprias vendas, estoques e dados de produção, torna-se muito mais fácil compartilhar tais dados com outras empresas. Mantendo-se a par dos interesses de seus clientes, os principais fornecedores de SGEs estão também tornando parte explícita de seu negócio o fato de dar suporte, em seus pacotes, às comunicações interempresariais.

A Reebok International é um excelente estudo de caso neste aspecto. Em seus principais negócios – tênis, uniformes e demais equipamentos para a prática de esportes –, a empresa opera principalmente como uma grande rede de distribuição, produzindo e vendendo seus artigos em caráter global. No entanto, com cerca de 150 lojas próprias, a Reebok é igualmente uma varejista na inteira acepção da palavra. Descrevi, no Capítulo 3, a decisão da Reebok de implementar um SGE. A empresa se concentrava principalmente em questões de cadeia de suprimentos, tanto no plano interno quanto no externo. Para reduzir os estoques ao longo de todo o seu sistema, implementou simultaneamente dois SGEs do sistema SAP nas áreas de comercialização e varejo, fazendo sua interligação mediante conexões de comércio eletrônico (EC – *electronic commerce*) e EDI. A combinação permite à Reebok integrar tudo, do desenvolvimento de novos produtos à análise dos lucros em cada uma das lojas integrantes do sistema. Mas as conexões não terminam com as operações de varejo da própria Reebok. Ela está igualmente promovendo a integração de seus sócios de produção e clientes em todo o mundo mediante conexões EC/EDI, e pretende mais tarde conectar seus sistemas aos desses associados de negócios. No fim, a Reebok espera poder dispor de conexões diretas, por meio do seu SGE, com as lojas de varejo que não são de sua propriedade.

Existe uma situação similar na Boeing, que depende de centenas de fornecedores internos e externos para os 5 a 6 milhões de componentes que entram na construção de um jato de passageiros de cabine dupla. Usando o SGE da Baan em combinação com o *software* de previsão da i2 Technologies, a Boeing está finalmente estabelecendo um firme controle da complexidade de fazer com que as partes certas cheguem no momento exato em que se tornam indispensáveis. Como na Reebok, as conexões de comunicações entre os interessados internos são diretas, de banco de dados para banco de dados, e as conexões com fornecedores externos são quase que igualmente tão ininterruptas por meio de ligações de EDI com o SGE. Ao mesmo tempo, a Boeing está proporcionando aos seus clientes acesso às informações de gestão empresarial mediante sua página PART (Acompanhamento de Análises e Exigências de Componentes – *part analysis and requirements tracking*), um *site* seguro da Internet a que os clientes podem recorrer para encomendar peças de reposição – ou mesmo para verificar sua disponibilidade e preços. Este *site* é muito apreciado entre as cerca de 600 empresas de aviação comercial que nunca adotaram o EDI para encomendar componentes da Boeing.

Tanto o exemplo da Reebok quanto o da Boeing oferecem um relance da revolução que se inicia na gestão interempresarial da cadeia de suprimentos – sendo a Internet o instrumento principal de toda esta mudança. Na verdade, pode-se afirmar sem medo de errar que é a perspectiva oferecida pela Internet, de comunicações instantâneas e independentes de plataforma entre sistemas, o maior fator a impulsionar o desenvolvimento dos sistemas de gestão das cadeias de suprimentos. A rede apresenta consideráveis avanços em relação ao EDI em termos dos tipos de informações que podem ser transmitidas, do número de empresas que podem acessar a informação ao longo da rede e da imensa disponibilidade e facilidade de utilização do *software* (i.e., navegadores da Web) de acesso às informações.

Melhorando os serviços aos clientes e as relações em rede

Normalmente, o principal argumento em favor da gestão de cadeia de suprimentos está nas oportunidades de redução de custos que oferece. Com o passar do tempo, porém, as empresas acabam descobrindo que ela constitui igualmente um fator-chave para o crescimento de seus negócios. Isto é verdadeiro porque a excelência em gestão da cadeia de suprimentos pode fazer a diferença na qualidade dos serviços aos clientes. Alguns estudos chegam a indicar que uma empresa-padrão pode diminuir de 15% a 40% o tempo decorrido entre o pedido do cliente e a entrega da mercadoria graças a um bem implementado *software* de gestão da cadeia de suprimentos. Além disso, o *lead time* entre a programação e o acabamento de um produto, segundo os mesmos estudos, pode ser reduzido em até 75 por cento. Nem seria preciso lembrar, mas toda melhoria nos serviços aos clientes leva naturalmente a um aumento nas vendas.

Um conglomerado que já comprovou a veracidade dos estudos acima citados é a Colgate-Palmolive, que optou pela instalação de SGEs pensando principalmente em alcançar eficiência na cadeia de suprimentos. Como parte de uma revolução geral em seus métodos, o conglomerado reelaborou cada um dos estágios de sua cadeia global de suprimentos, e utilizou o *software* SAP para fazer a ligação de todos os processos, desde aquisições até a gerência de estoques, da produção até a entrega. Os resultados? A Colgate garante ter reduzido seus prazos de entrega aos clientes em 25%. E os resultados da mudança são visíveis em todas as áreas. Pela primeira vez em sua história, a Colgate superou a fatia da Procter & Gamble no mercado norte-americano na maior linha de produtos, a dos itens de higiene oral. Para melhorar ainda mais sua situação, a Colgate também conseguiu colocar os sistemas em moda: a empresa é freqüentemente adotada como modelo por outras companhias que aderem à implementação de SGEs.[1]

A vantagem deste serviço vai ainda mais longe quando o fato de contar com um sólido SGE permite à empresa oferecer condições de auto-atendimento aos clientes e a outros parceiros na cadeia de suprimentos. A FedEx é mundialmente reconhecida como a criadora de um sistema de acompanhamento de encomendas que permite aos expedidores a verificação da exata localização de suas remessas – permitindo visualizar se a encomenda está a caminho e no horário, atrasada pelo mau tempo, ou já recebida pelo destinatário. Empresas de todos os tipos estão tentando duplicar essa experiência pela criação de *extranets* – *sites* seguros na

Internet aos quais têm acesso apenas parceiros selecionados – que possibilitam a verificação de suas operações. A Heineken, por exemplo, lançou um sistema que dá aos seus distribuidores acesso, via Internet, à informação armazenada no seu SGE sobre disponibilidade do produto (cerveja) e sobre os padrões de vendas. Novamente, o fato de o SGE já existir antes para finalidades internas foi fundamental para a disponibilização dessa melhoria. Uma vez estando em ordem a casa da cervejaria, não foi um passo tão difícil assim abrir suas portas para terceiros.

A Earthgrains Company é mais uma das empresas que viram o aperfeiçoamento dos serviços aos clientes como objetivo fundamental de seu SGE. Descrevi a Earthgrains no capítulo anterior como um caso exemplar de utilização do SGE para melhorar a gerência do negócio, mas a verdade é que tudo ali começou com um projeto focado em melhorias na cadeia de suprimentos. No passado, essa empresa do estado norte-americano de Missouri, atacadista no setor de produtos de panificação, muitas vezes fazia entregas a alguns dos seus maiores clientes na cadeia de suprimentos que não chegavam no tempo aprazado nem nas quantidades preestabelecidas, ou eram, ainda, inadequadamente faturadas. A Earthgrains decidiu acabar com todas essas falhas com um *software* de gestão empresarial destinado a interligar sua contabilidade, seus relatórios, seus pedidos e sua distribuição. Na verdade, o vice-presidente de sistemas de informação da Earthgrains disse à revista *Information Week* que apostou todas as fichas em uma revolução completa em seu SGE. A aposta está dando dividendos: o índice de pontualidade nas entregas atingiu 99% em 1997, e as margens operacionais aumentaram de 2,45 para 3,9 por cento.[2]

Boas opções em pacotes de *software*

Tenho analisado e revisado todas as razões que fazem da gestão da cadeia de suprimentos a escolha certa quando se pretende realmente extrair valor dos SGEs. Ela é fundamental para a competitividade e para a lucratividade, sendo ainda uma área na qual a integração proporcionada pelos SGEs tem um dos maiores impactos. E não é só: existem razões ainda melhores. Além de ser a coisa certa a ser feita, a gestão da cadeia de suprimentos fica cada vez mais fácil de ser feita com acerto, isso porque os fornecedores de *software* já a transformaram em prioridade das suas listas de desenvolvimento.

Em grande parte, este desenvolvimento não tem sido comandado pelos grandes fornecedores de SGEs – os SAPs, PeopleSofts e Oracles da vida – mas, sim, por aqueles fornecedores de *software* de soluções menores e mais focados em problemas específicos. Enquanto os grandes fornecedores de SGEs trabalhavam no fornecimento dos sistemas centrais de suporte da gestão de cadeia de suprimentos – os sistemas de processamento de transações operacionais – ficou para outros, em geral os fornecedores com profundo conhecimento e especializados em setores específicos, a criação de ferramentas capazes de transformar todos esses dados em análises estratégicas e decisões táticas. Suas ferramentas foram as que ajudaram os gerentes a fazer bom planejamento interno, planejamento de demanda programação de plantas, gestão de transporte e armazenamento, etc., tudo com base em informações extraídas de aplicativos de fabricação de SGEs e outras fontes. A PeopleSoft achou as ofertas desses terceiros tão atraentes que comprou um deles – uma empresa chamada Red Pepper – para incorporar as funcionalidades ali existentes ao seu próprio SGE.

Como resultado, existem dezenas de bons pacotes de aplicativos no mercado a partir dos quais se pode escolher, praticamente todos os quais fazem interface – com maior ou menor grau de dificuldade – com os aplicativos dos maiores fornecedores de SGE. Alguns desses aplicativos são soluções de ponta altamente especializadas, que fazem incisões cirúrgicas nos gargalos da cadeia de suprimentos ou alavancam as brechas escancaradas. Outros são em si mesmos um conjunto de aplicativos. A Manugistics, Inc., por exemplo, oferece um grande número de *softwares*, inclusive ferramentas para estoque gerenciado por vendedor, demanda a partir de ponto de venda, planejamento compartilhado, previsão e reabastecimento. Em conjunto, seus produtos permitem que qualquer empresa analise e gerencie o fluxo de produtos da demanda, distribuição e produção até as etapas de compra, transporte e logística, não apenas ao longo da empresa mas em toda a cadeia de suprimentos.

Falando de maneira geral, os pacotes de *software* atualmente disponíveis para gestão de cadeia de suprimentos inserem-se em quatro categorias básicas:[3]

- Ferramentas de planejamento de suprimento, que ajudam a alinhar todos os recursos e atividades indispensáveis para colocar os produtos nos mercado com eficiência de custos;

- Ferramentas de planejamento de demanda, que ajudam as empresas a antecipar a demanda dos seus produtos no mercado com maior precisão, graças a sofisticadas modelagens e análises estatísticas;

- Ferramentas de planejamento de plantas, que traduzem as exigências gerais de procura em planos de produção do dia-a-dia;

- Sistemas logísticos para dar suporte à gestão de armazenamento, transporte outros tipos de gerenciamento.

Dada a existência de pacotes de soluções da melhor espécie em tantas dessas áreas, para a maioria das empresas a melhor maneira de enfrentar essa questão tem sido alinhar-se com um dos grandes fornecedores, como a SAP ou a PeopleSoft, para a coluna vertebral dos SGEs, e depois acrescentar-lhes *software* de cadeia de suprimentos desenvolvido por inúmeros outros fabricantes. Não querendo desfazer do trabalho necessário para criar e manter interfaces, a verdade é que em um certo sentido os gerentes de operações vêem-se agora confrontados por uma quantidade embaraçosa de preciosidades. O que era outrora exclusivo do melhores em um setor hoje encontra-se disponível em qualquer loja de produtos de informática. Na gestão de cadeia de suprimentos, como em tantas outras áreas que um SGE envolve, faz cada vez menos sentido gastar tempo e dinheiro em sistemas próprios. Com os fornecedores assumindo o trabalho pesado em matéria de desenvolvimento de sistemas, as companhias usuárias podem transferir seus esforços para o redesenho de processos de cadeias de suprimentos a fim de trabalhem adequadamente com o *software*, treinando gerentes e funcionários em técnicas avançadas de cadeias de suprimentos e fazendo interfaces de aplicativos de cadeia de suprimentos com os demais pacotes de seu SGE.

A próxima atração: a solução de etapa única

Se a perspectiva de ir reunindo soluções de *software*, por melhores que sejam, não lhe parece atraente, a boa nova no sentido de compeli-lo a pensar a respeito da gestão da cadeia de suprimentos é aquela que indica que os maiores fornecedores de SGEs estão rapidamente adotando-a em seus sistemas integrados. Aqui, a perspectiva – e em muitos casos já realidade – indica que as empresas venham a se tornar capazes de implementar um segmento de solução única, no qual as funções da cadeia de suprimentos avançada (muitas vezes chamada de *planejamento e otimização da cadeia de suprimentos*) venham a ser ininterruptamente integradas com a produção, as finanças e outras funções, como serviços aos clientes.

O que abriu caminho para os grandes fornecedores foi realmente a existência anterior de *software* de integração da cadeia de suprimentos. Outros fornecedores haviam demonstrado o que é possível em áreas como logística e planejamento da produção – indicando, assim, o enorme potencial de retorno de semelhantes aperfeiçoamentos. Ao mesmo tempo, aqueles fornecedores mais concentrados dificilmente chegaram a saturar o mercado. Dados os altos preços e a difícil implementação (não apenas em termos técnicos, mas, o mais importante, em questão de mudança organizacional e de processos de negócios), o pacote de cadeia de suprimentos tornou-se realidade somente em uma minúscula fração das empresas que dele poderiam beneficiar-se. Em conseqüência, restam imensas oportunidades para que um grande participante consiga obter grandes fatias do mercado. E, finalmente, tornando o negócio ainda mais irresistível, está aí a Internet. Como disse à CNET Greg Girar, analista de cadeia de suprimentos da AMR Research: "Para os praticantes da gestão empresarial, o comércio eletrônico oferece a oportunidade de uma transição da coluna vertebral da empresa para a coluna dorsal da cadeia de suprimentos. E isto abre todos os tipos de grandes oportunidades para ampliarem seu alcance e aumentarem o número de suas cadeiras na diretoria."[4]

Essas condições todas estão perdidas no mercado para serem resolvidas mediante fórmulas da cadeia de suprimentos – isto é, dos executivos de negócios e tecnologia da informação das corporações. Na verdade, é justo especular que a demanda do usuário forçaria os grandes fabricantes a focalizar a cadeia de suprimentos mesmo se não a considerassem uma fonte muito boa para os seus negócios. Trata-se de uma versão daquele velho truísmo a respeito de como é difícil levar os colonos de volta para a fazenda depois que eles descobrem como é boa a vida na cidade. Uma vez tendo os gerentes de operações sentido o gosto da integração, passam a querer que tudo na empresa tenha a mesma excelência. E apesar dos esforços dos grandes fornecedores de SGE e dos provedores dos melhores *softwares* da espécie para construir boas interfaces entre seus produtos, a integração ainda é complicada e raramente atinge um compartilhamento de informação e uma comunicação verdadeiramente abrangentes. Clientes atuais e em potencial estão tentando incentivar os fornecedores a complementar sua orientação funcional interna com soluções de cadeia de suprimentos orientados a processos intra e interempresariais.

Com as correias já lubrificadas e um mercado faminto à sua espera, os maiores fabricantes de SGEs estão se jogando no reino das soluções de cadeias de suprimentos – a maior parte deles recorrendo a aquisições, além de novas instalações. No momento em que este livro era concluído, fornecedores como J.D. Edwards, Oracle, Baan, PeopleSoft e SAP trabalhavam freneticamente para superar suas debilidades em relação aos fornecedores especializados em nichos, especialmente em áreas como as de apoio a decisões, planejamento de demanda e colocação, planejamento de recursos e da capacidade, gerência de estoques, otimização de redes e comércio eletrônico. (De acordo com Hasso Plattner, co-presidente da SAP, o projeto dessa empresa em matéria de cadeia de suprimentos é "o mais ambicioso projeto de desenvolvimento desde o nosso R/3".) E todos os grandes fornecedores estão desde já planejando futuras versões capazes de incorporar as maiores novidades em gestão de cadeia de suprimentos – o modelo de planejamento, previsão e substituição cooperativa (CPFR – *collaborative, planning, forecasting and replenishment*) recentemente desenvolvido e conduzido com sucesso por um consórcio de produtores e varejistas de bens de consumo. Esse termo se refere ao *software* e aos processos de negócios nos quais os parceiros na cadeia de suprimentos intercambiam não apenas notificações sobre pedidos e embarques, mas igualmente planos de vendas e previsões de produção, de maneira a poderem sincronizar seus respectivos processos em maior plenitude.

Mesmo em seus atuais conjuntos, todos esses fornecedores fazem uma oferta tentadora: uma conexão completa do escritório, atendimento ao cliente até as atividades de retaguarda, com o intermediário incluído no meio do caminho. Tudo transformado em um grupo, desde a personalização do produto, preenchimento de pedidos, estoque e informação sobre a entrega das encomendas, até vendas, serviços aos clientes e *marketing*.

O ingresso dos grandes fabricantes nessa área desperta uma grande variedade de questões e dúvidas para os gerentes que já estão usando *software* de terceiros para a gestão da cadeia de suprimentos. Complica igualmente o processo decisório para novos compradores que precisam de sofisticação maior que a oferecida pelos grandes produtores. Mas é notícia muito boa para as empresas que de outra forma concluiriam ser o *software* da cadeia de suprimentos caro demais e de implementação injustificadamente onerosa. Para uma empresa como a Jo-Ann Stores, por exemplo – rede de varejo com sede no estado norte-americano de Ohio e com 1.100 lojas de tecidos e artefatos –, a integração faz com que tudo seja possível. Sua administração optou por um conjunto de aplicativos R/3 do sistema SAP, inclusive a própria versão SAP do *software* de planejamento de mercadorias.[5] Pelo fato de poder limitar rigidamente o número de acréscimos exigidos para preencher as principais exigências do seu negócio, teria condições de justificar uma revisão do sistema que, de outra forma, certamente seria pesada demais para um negócio de pequena margem de lucro.

O resumo de toda essa argumentação é que os módulos da cadeia de suprimentos plenamente integrados em SGE estão transformando a gestão da cadeia de suprimentos não apenas na coisa certa a ser feita, mas também em algo que fica cada vez mais fácil de ser feito da maneira certa. Ainda não será nada parecido com a queda de um tronco de árvore, mas, uma vez que as soluções da cadeia de suprimentos cheguem a ser tão diretas quanto isto, não se tratará mais simplesmente de uma questão de vantagem competitiva centralizar-se nelas. Será, isto sim, uma necessidade competitiva.

Dando início à gestão da cadeia de suprimentos

A esta altura, existe algo que deve ser deixado perfeitamente claro, se ainda não estiver: se você faz parte de um negócio com foco no produto e os custos e serviços aos clientes são, ou poderiam ser, fatores competitivos importantes no seu mercado, deveria estar acelerando o desenvolvimento de capacidades da cadeia de suprimentos nos seus SGEs. E aqui vai outro conselho: mesmo se estiver trabalhando no desenvolvimento dessas capacidades internas e projetando todas as ligações internas, deveria estar antecipando o próximo passo – o desafio ainda maior de se conectar com parceiros externos da cadeia de suprimentos. Nesta seção, analisaremos alguns assuntos que não podem ser esquecidos e maneiras alternativas de dar início a todo este processo.

Quanto mais cedo integrar as soluções da cadeia de suprimentos ao seu *mix*, melhor

Os sistemas de gestão empresarial são claramente amplos tanto em escopo quanto em capacidades. Dispondo de tempo e dinheiro sem limitações, uma empresa pode, a esta altura, estabelecer as funções da informação integrada ao longo de todo o negócio e lastrear essa fonte com um número ilimitado de ferramentas de tomada de decisão. Infelizmente, no entanto, ninguém dispõe hoje de tempo e recursos ilimitados, e na realidade as soluções de gestão empresarial são aplicadas seletivamente, com o que as últimas partes instaladas estarão em seus lugares muito depois das primeiras. Isto acaba criando o que é uma das áreas mais problemáticas em relação aos SGEs: a dificuldade de decidir quais as partes do negócio que devem receber o maior suporte destes sistemas, e, igualmente, em quais dessas partes se deve começar a implementá-los.

É algo que faz sentido como primeiro passo no rumo de estabelecer prioridades para pensar a respeito de equilibrar as capacidades técnicas em uma solução de sistema de gestão empresarial com as capacidades estratégicas – uma decisão fundamental de implementação que já foi descrita no Capítulo 1. Capacidades técnicas são todas aquelas funções dos setores de apoio que constituem essencialmente a fundação que precisa ser firmada para a integração interempresarial. Em si mesmas, no entanto, as capacidades técnicas provêem muito pouco em termo de valor real de negócio. Elas são infra-estruturais – importantes, é verdade, mas não do grupo a partir do qual se faz a vantagem competitiva. Soluções de cadeia de suprimentos são uma questão bem diferente; são contadas como capacidades estratégicas, orientadas para a concorrência. No entanto, extrair o máximo rendimento delas depende do fato de serem capazes de atuar no centro de sistema integrados de informação. Trata-se, na verdade, de uma espécie de labirinto: não se extrai valor de sistemas técnicos sem as aplicações estratégicas, mas igualmente as aplicações competitivas não rendem o suficiente sem os sistemas técnicos.

A resposta, naturalmente, está em encontrar o equilíbrio adequado – a melhor combinação e a abordagem iterativa correta de colocar os sistemas fundacionais e as ferramentas da gestão da cadeia de suprimentos alinhadas. Empresas focaram-se exclusivamente nos sistemas técnicos quando do estabelecimento de seus projetos de SGE, pretendendo tirar proveito posterior das ferramentas competitivas. À medida, no entanto, que os custos e a pressão dos prazos aumentam, elas constatam que não dispõem de reservas de recursos para os aplicativos que irão transformar todos os dados em informação e, mais decisivamente ainda, em resultados de negócios. Se adiantasse alguma coisa, a linha de pensamento deveria se invertida. As capacidades técnicas devem ser priorizadas com um olho na cadeia de suprimentos e nas outras ferramentas competitivas às quais irão dar suporte.

Decidir quais as capacidades estratégicas às quais devemos proporcionar este suporte não é tarefa simples. Nas próximas seções, irei explorar algumas formas de tentar quebrar esta noz. Mas o ponto mais amplo aqui é que as ferramentas de gestão de cadeia de suprimentos estão entre as oportunidades mais claras de converter os SGEs em vantagem competitiva. Qualquer negócio orientado a produtos que tenha entre suas ambições a de maximizar o retorno sobre investimento em um SGE deve fazer parte da solução geral e estar trabalhando para extrair os maiores benefícios deles no menor tempo possível. Teria sido uma insanidade completa construir um sistema inteiro de rodovias interestaduais antes que os primeiros automóveis estivessem em uso, e ninguém se daria ao trabalho de estender linhas telefônicas se as residências não tivessem telefones. As iniciativas de sistemas de gestão empresarial devem evitar exatamente esse tipo de loucura.

Escolhendo entre aplicativos *best-of-breed* e a perfeita integração

Aquelas empresas que optaram por transformar a gestão da cadeia de suprimentos no foco de seus SGEs têm pela frente uma importante decisão a tomar: inclinar-se pelas soluções melhores da espécie ou ficar com a maior integração e relativa facilidade de instalação oferecidas pelos grandes vendedores.

No momento, pelo menos, fazer grandes projetos em gestão de cadeia de suprimentos parece exigir uma abordagem multifornecedores – uma combinação de aplicativos de cadeia de suprimentos e um conjunto principal de aplicativos de SGE ao qual associá-los. E, até agora, este tipo de solução é apoiado pelos maiores fornecedores. Como disse Peter Zencke, da SAP: "Vemos a gestão da cadeia de suprimentos como uma tapeçaria colorida e sentimos que nossos clientes acabarão usando muitos fios diferentes para confeccioná-la."[6]

Ainda assim, a decisão de optar pelos *best-of-breeds* é difícil porque se trata de um campo que se modifica com grande rapidez praticamente sob os próprios pés dos participantes desse jogo. Com os grandes fornecedores entrando em campo com força total, é certo que venha a ocorrer uma debandada entre os fornecedores menores – da mesma forma que continuam as aquisições de empresas. Os preços das ações dos fabricantes de acessórios para cadeia de suprimentos já estão sofrendo abalo negativo. Serão as companhias menores capazes de acrescentar funcionalidades com a mesma rapidez que os maiores vendedores de SGES, armados com seus orçamentos de P&D? Conseguirá um determinado produto manter interfaces atualizadas com, por exemplo, *software* da SAP, se o seu criador já tiver sido vendido para a concorrente Baan?

O desfecho da história é que se você vem usando aplicativos dos grandes fornecedores de SGEs para comandar funções como gerência financeira e de materiais, e ao mesmo tempo utiliza uma variedade de produtos de *software* de cadeia de suprimentos de fabricantes específicos, está na hora de tomar uma decisão: ficar com a colcha de retalhos de aplicativos ou optar pelos sistemas totalmente integrados? A Motts North America, um produtor de alimentos avaliado em US$ 650 milhões, escolheu a segunda alternativa quando se tornou uma das primeiras empresas a organizar o *software* Advanced Planner and Optimizer (APO), da SAP (*software* este que marcou a entrada da SAP no mercado de planejamento de cadeias de suprimentos). A empresa decidiu deixar de lado parte da funcionalidade específica *best-of-breed* em favor de uma melhor integração com o R/3 e uma rápida instalação. A Colgate teve os mesmos instintos, chegando a remover o *software* da Manugistics que já tinha em funcionamento e instalando o pacote SAP para realizar tarefas equivalentes. Já a Goodman Fielder, fabricante australiano de alimentos, fez o caminho inverso, preferindo implementar o pacote de cadeia de suprimentos da Manugistics, mesmo encontrando-se em meio ao processo de implementação de um R/3 do sistema SAP. Acontece que a versão SAP de um sistema de otimização da cadeia de suprimentos não estava ainda disponí vel quando a Goodman tomou sua decisão.

Fica por tudo isto muito claro que o sistema de melhor funcionamento no mo mento é aquele feito de uma variedade de ferramentas e *softwares* de fabricante diversificados; não existe ainda fabricante algum em condições de oferecer um solução plenamente integrada de gestão de cadeia de suprimentos, e o desempe nho de produtos comparáveis é altamente desigual. Os grandes fornecedores ain da não dispõem das mais dinâmicas e estratégicas ferramentas de planejamento previsão e, o que é ainda mais importante, carecem da capacidade de promover integração entre empreendimentos diversificados. Mesmo, no entanto, com grande disposição de todas as partes no sentido de criar alianças e integração, combinação das ferramentas apresenta enormes dificuldades, particularment com respeito ao projeto da interface.

Há, no entanto, algo perfeitamente claro: uma solução de *software* desenvo vida por um fornecedor de SGE é a que tem maior probabilidade de tirar todas vantagens dos dados dos SGEs. Pacotes de terceiros podem extrair apenas 70 ou 80% dos dados do seu SGE. E, à medida que os principais fornecedores SGEs desenvolvem e aperfeiçoam sem parar suas próprias sugestões em matér de cadeia de suprimentos, é claro que não darão facilidades para que terceiro consigam chegar ao centro dos dados do SGE. Além disso, com um pacote int grado, desaparecem as dificuldades comumente encontradas em interfaces de te ceiros. Será mais fácil manter o controle da versão e ter a garantia de que os do pacotes continuarão a trocar informações sem qualquer problema. Você não pre cisará preocupar-se com atualizar suas interfaces cada vez que atualizar seu paco te de SGE ou sua ferramenta de cadeia de suprimentos. Como em tudo o ma que se relaciona com a tecnologia, é tentador esperar pela próxima atração, co a esperança de que os produtos dos grandes fornecedores venham a igualar e/c superar o desempenho dos *best-of-breeds*. Não fosse pelo fato de os seus conco rentes de negócio estarem sempre a relembrá-lo da necessidade de agir antes q seja tarde...

Três diferentes abordagens podem ser adotadas no planejamento da gestão cadeia de suprimentos com *software*. Descreverei cada uma dessas opções, mer cionando alguns dos respectivos pontos fortes e fracos.

Colhendo as melhores soluções disponíveis

Às vezes pode ser razoável ser oportunista, lucrando com a disponibilidade de so *wares* que funcionam extremamente bem em áreas específicas. Com essa estrat gia, você precisará realizar uma análise detalhada das utilidades e funções prese tes em variadas ofertas de *software*, decidir de quais delas precisa para hoje e qu poderão ser deixadas na lista de espera, acompanhando ao mesmo tempo com t do o cuidado os avanços do seu fornecedor. Esta é, em outras palavras, a colheita no reino dos frutos ao rés-do-chão. As escolhas são fáceis, e a recompensa segura. O único problema é que, não importa quão fáceis sejam de colher, os frutos do rés-do-chão acabam desviando recursos que poderiam ser aplicados em projetos mais alentadores. E a recompensa, embora suficientemente segura, não seria sequer uma fração daquilo que uma empresa poderia alcançar se fizesse mudanças em áreas que verdadeiramente a encaminhassem para o sucesso competitivo.

Apesar dos seus desafios, esta abordagem tem mais a recomendá-la do que as obviedades aparentes. Em um ambiente de incerteza generalizada, ela pelo menos oferece o conforto de um rápido acesso a um desempenho de alta classe. Seria muito difícil, por exemplo, suplantar uma ferramenta de planejamento de transporte da Manugistics, ou qualquer produto da i2 Technologies, se o que você estivesse procurando fosse planejamento fino para materiais e restrições de capacidades. Podem não ser esses os maiores problemas com os quais você precisa defrontar-se, ou os aperfeiçoamentos que representarão o máximo para garantir a sua lucratividade – mas certamente eles proporcionarão algum lucro, e todos os benefícios que produzirem, pode ter certeza, começarão a fluir em seguida.

Acompanhando a correnteza

Alternativamente, poderia ser uma sábia escolha acompanhar a correnteza na(s) escolha(s) de pacote(s) determinada(s) por importantes parceiros da cadeia de suprimentos, com a idéia de que a padronização tornará mais fácil a proposta de estender os benefícios da informação integrada ao longo das empresas. Você certamente desejará discutir com esses sócios para conhecer as estratégias deles, e para saber também se pretendem, no futuro, permanecer com os instrumentos que estão escolhendo agora.

Por exemplo, se os principais fornecedores de uma rede de varejo estão utilizando determinado SGE, e uma versão de varejo desse sistema estiver disponível, o varejista tomará a melhor decisão possível se decidir adquirir esse *software*. A comunicação constante é tudo no mundo em contínua transformação dos bens de consumo, e se os varejistas e fornecedores estiverem juntos em sistemas comuns, as comunicações se tornarão bem mais fáceis para todos.

Acompanhar a correnteza do setor industrial se tornará provavelmente cada vez mais comum à medida que os grandes vendedores de SGEs passarem a concentrar suas intenções e programas de vendas nas empresas de médio e pequeno porte. Para as empresas acostumadas a seguir a liderança tecnológica dos "gorilas" dos seus setores, não será difícil convencê-las a acompanhar o padrão emergente nesse mesmo setor. Quando se é um fornecedor da General Motors, o importante será saber em que fabricante de SGEs a GM está apostando suas fichas.

O importante aqui não é dar a entender que a computação interempresarial não será possível entre os diversos SGEs. Pelo contrário: são inúmeras e impressionantes as soluções "intermediárias" que facilitam exatamente essa comunicação, em geral utilizando-se da Internet. O que está em questão aqui é apenas o grau no qual esta transferência de informação é ininterrupta e abrangente.[7] Hoje não faz mais grande diferença se você está com o sistema SAP e o seu provedor está com a Oracle, mas, à medida que as conexões entre as empresas se tornam mais sofisticadas, poderá um dia ser bem mais fácil interconectar empresas que tenham *softwares* de um mesmo fabricante.

Acertando no alvo

A terceira abordagem poderá ser aquela do mais corajoso – e igualmente mais difícil – dos rumos disponíveis. E seria a de atacar as partes da cadeia de suprimento que oferecem as maiores recompensas em termos de rentabilidade, sem levar em conta que as soluções de pacotes que já existem são excelentes naquilo que conseguem fazer ou em matéria de utilização compartilhada.

Se, por exemplo, a previsão de demanda for a área mais propensa a causar impacto na sua lucratividade, deverá ser ela o componente de melhor execução e igualmente aquele empreendido em primeiro lugar na sua solução. Se os seus armazéns estiverem superlotados, talvez a área de maior impacto venha a ser a da programação da produção, que, bem feita, levaria a giros mais rápidos de estoque e evitaria a necessidade de gastos em capital a ser investido em novas instalações. Tanto melhor, claro, se as suas necessidades críticas estiverem de acordo com a mais modernas e melhores ferramentas de *software* existentes no mercado. Mesmo se não for este o caso, esta abordagem mandaria esquecer as frutas do rés-do-chão e lutar pela abundância de benefícios. Se sua maior necessidade for a de instalações para o comércio eletrônico, e nenhuma solução da melhor das espécies tiver ainda emergido para suprir tal carência, não aceite a demora e vá adiante em outras áreas. Coloque todas as suas energias a serviço da satisfação dessa necessidade.

Alguns empreendedores realmente corajosos argumentariam que se as soluções já prontas das quais você necessita estão para serem desenvolvidas pelos grandes vendedores, mas ainda em termos de projetos, você estará em uma boa posição: como um cliente a testar a versão beta, poderá ter influência sobre o seu futuro desenvolvimento. Este foi o pensamento dos 15 clientes-piloto que fizeram um contrato para testar e refinar o *software* APO da SAP. Apesar de todo o sacrifício que significava operar com uma tecnologia ainda não plenamente desenvolvida, eles se mostraram capazes de ter influência real em um pacote que foi extremamente importante para suas operações futuras. A SAP havia colocado 180 experimentadores em tempo integral na criação do *software* e ouvia com a maior das atenções tudo aquilo que os clientes-piloto diziam a respeito. Nenhum deles teria, presumivelmente, considerado mais benéfico ter optado pelo desenvolvimento interno em semelhante escala.

Por fim, mesmo quando os fabricantes não parecem dispostos a criar os pacotes constantes da sua lista de desejos, você pode começar a pressioná-los, criando consórcios de desenvolvimento e fazendo sempre o máximo para chamar a atenção dos fornecedores para os aplicativos que, conforme sua própria experiência, seriam importantes para a sua indústria. É bom não esquecer, a propósito, a lição da Reebok e da VF, que formaram o consórcio de trajes e calçados esportivos que descrevi no Capítulo 3. Os gerentes em ambas as companhias vibraram quando alguém lançou a idéia de SGEs plenamente integrados, mas logo se decepcionaram ao constatar que os pacotes à época existentes eram totalmente inadequados para encaminhar as peculiaridades das cadeias de suprimentos de trajes e calçados esportivos. O executivo-chefe da Reebok em tecnologia, Peter Burrows, e o vice-presidente de reengenharia da VF, Leroy Allen, criaram um consórcio com a SAP que, em conjunto, pagou e gerenciou o desenvolvimento de um acessório de R/3 apropriado para as necessidades de suas empresas – acessório que a SAP ficou então livre para vender a outras empresas atuantes no mesmo setor dos criadores do consórcio. Burrows diz que não foi fácil convencer a SAP a desenvolver o projeto, porque a administração desta última empresa "olhava para o conjunto da nossa indústria e via apenas uma imensa confusão". Mas a persistência acabou vencendo – hoje, os novos sistemas existem e funcionam basicamente como os visualizaram no princípio a Reebok e a VF.[8]

O futuro das soluções de cadeias de suprimentos no sistema de gestão empresarial

Em meio à incerteza reinante em um panorama em constante e rápida mutação, resta algo que parece perfeitamente claro quanto ao futuro das soluções de cadeia de suprimentos nos SGEs: elas continuarão a apresentar um desenvolvimento acelerado e um ritmo igualmente em ascensão em matéria de vendas. Analistas da indústria na AMR, especialistas em mercados de SGEs, projetaram recentemente que a receita total de *software* de cadeia de suprimentos aumentaria dos estimados US$ 2,9 bilhões em 1998 para US$ 13,6 bilhões em 2002. Embora eu tenha certeza de que eles estão errados na previsão dos números absolutos, não tenho dúvida de que estão certos em que esta categoria terá um notável crescimento. Também parece mais do que certo que veremos algumas grandes tendências nas funcionalidades que os fornecedores acrescentam aos sistemas, no uso da Internet para concretizar uma integração empresarial cada vez maior e no crescente alcance das opções terceirizadas.

Nova funcionalidade

Para aqueles que apreciam a indústria do *software* como alguém que acompanha o desenvolvimento de uma competição esportiva, as movimentações no campo da cadeia de suprimentos deverão proporcionar grandes atrações nos próximos anos. Certamente estaremos vendo os grandes fabricantes de SGEs trabalhando dobrado para conseguirem se equiparar aos níveis de sofisticação dos fabricantes de *software* específicos. Isto significará importantes esforços de desenvolvimento para lançar versões de alta tecnologia de ferramentas que já existem nos catálogos, variações específicas das indústrias quanto a essas ferramentas e novas ferramentas que ainda não têm sequer uma primeira versão desenvolvida. O objetivo maior de toda essa movimentação é manter os clientes livres da tentação de olharem para o outro lado da rua em busca de qualquer funcionalidade básica porventura ainda indisponível. Ao mesmo tempo, os fornecedores de *software* mais focado em cadeias de suprimentos estarão trabalhando com igual dedicação para manter a margem de desempenho de que atualmente dispõem, isso mediante a continuada inovação. Para os clientes, tudo isso aumentará a confusão na hora de decidir sobre a compras – mas, como clientes, sempre gostarão deste excesso de ofertas. O cliente é o maior beneficiário de toda essa corrida.

Grande parte do que aparece no horizonte mais próximo se insere na categoria de ferramentas de suporte de decisão para assessorar os executivos seniores na tarefa de gerenciar e aumentar os lucros. Essas ferramentas incluirão sofisticados aplicativos para verificar custos com base em atividade, para dar à gerência um acurado entendimento do nível exato de custos que se está patrocinando em relação ao valor agregado por atividades específicas da cadeia de suprimentos. Outras ferramentas incluirão "painéis de instrumentos da cadeia de suprimentos que fornecerão leituras em tempo real sobre o desempenho operacional, abastecidos por dados dos SGEs. Algumas dessas ferramentas serão projetadas como aplicativos *balanced scorecard*, apresentando um elenco limitado de processos chave e métrica de resultados baseado no modelo comercial de uma determinada empresa.

Inúmeras soluções *business-to-business* estão na prancheta dos projetistas, a começar pelas ferramentas de comércio eletrônico para pesquisa e compra, estoque gerido pelo vendedor e gerência compartilhada da demanda. Quando da elaboração deste livro, a corrida é para capitalizar o novo padrão de comunicações desenvolvido na indústria de bens de consumo para o compartilhamento de previsão, planejamento e reabastecimento entre fabricantes como a Nabisco e sofisticadas redes de varejo como a Wegman's.[9] Os fornecedores de sistemas de gestão empresarial desenvolverão produtos para permitir a utilização da Internet e o modelo de comércio eletrônico para todos os tipos de comunicações. Essas comunicações poderão incluir gerência compartilhada da demanda ou gerenciamento e previsão de abastecimento dos fornecedores.

Mais importante, todos os fornecedores estarão em busca de novos lançamentos naquela que promete ser a próxima grande fase das iniciativas de cadeia de suprimentos: verdadeira interoperabilidade de sistemas entre os fornecedores, clientes e outros parceiros de negócios para criar cadeias de valores altamente alavancadas. Neste ambiente, seu sistema conversará diretamente com o mesem qualquer intervenção manual. Todos os pacotes de aplicativos de SGE estão sendo redefinidos para dar suporte a cadeias de valor cliente-a-provedor com base na Internet para o comércio eletrônico. Quer se tornem os fornecedores terceirizados capazes de aperfeiçoar instrumentos intermediários para realizar a tarefa, quer os grandes fornecedores consigam tornar esses acessórios dispensáveis, logo estarão construídas as conexões para possibilitar que o pedido de um cliente se transmita infinitamente ao longo dos múltiplos integrantes dessa cadeia de valor. Espere para ver a sincronização interempresarial ampla e em tempo real tornar-se realidade. O que nos conduz ao próximo grande componente do futuro dos SGEs: a Internet.

O impacto da Internet

A Internet é um componente considerável no futuro das empresas que utilizam os SGEs, da mesma forma que no futuro de todos os negócios. Por proporcionar padrões globais e acesso rápido, é o mecanismo ideal de rede para pedidos, verificação de situação de pedidos e de especificação dos projetos de produtos – somente para citar alguns tipos de informação relevante – a serem intercambiados entre clientes, distribuidores e fornecedores. Ela promete eliminar a maior parte das atividades redundantes atualmente desenvolvidas pelas empresas na colocação e no recebimento de pedidos, verificação de situação e acompanhamento de estoques, faturamento e pagamento.

Lembre que, a esta altura, muitas empresas enviam pedidos aos seus fornecedores através de *e-mail* em forma de tabelas. Na ponta da recepção, os funcionários digitam esses pedidos em seus sistemas de produção. Existe atualmente o *software* para que os clientes canalizem seus pedidos diretamente no sistema de produção do fornecedor via intercâmbio eletrônico de dados. Muito em breve, essa comunicação será toda feita pela Web. Não deixa de ser tentador imaginar o dia em que um fornecedor direto dirá aos seus clientes: "Mandem os seus SGEs ligarem para o meu SGE – e, por favor, que o último a sair do setor de Serviços aos Consumidores não esqueça de apagar a luz!" Se alguém pudesse ter perguntado a um EDI, 20 anos atrás, o que este pretendia ser quando crescesse, a resposta teria sido "Internet".

Por que será tudo aquilo que a Internet promete tão diferente do proporcionado pelo EDI? A resposta se resume a uma palavra – abrangência. Em primeiro lugar, como o EDI exigia sistemas complexos de área local, área geral e redes externas de valor agregado, não eram muitas as empresas em condições de desenvolver e utilizar amplamente esse sistema de intercâmbio eletrônico de dados. Apenas em situações nas quais um negócio tinha altos volumes de transações estruturadas com um número limitado de sócios ele fazia sentido em termos econômicos. E, infelizmente, nenhum padrão uniforme para o conjunto das indústrias foi jamais desenvolvido (padrões dos quais você pode ter ouvido falar, como o ANSI X12 e o EDIFACT, foram amplamente empregados em alguns setores, mas outras tinham seus próprios padrões e até versões dos padrões), tanto que o conhecimento da melhor maneira de utilizá-lo não se transferia facilmente de uma a outra empresa. A inovação muitas vezes é disseminada com a movimentação de pessoas treinadas, mas, aqui, as barreiras tecnológicas impediam que grande parte desse conhecimento pudesse generalizar-se. Alguns analistas asseveram que no seu ponto mais alto, o EDI era usado por menos de 1% das empresas globais que poderiam se beneficiar de seus atributos. No entanto, o comércio eletrônico pela Internet, como alternativa relativamente barata e eficiente, está mudando tudo isto. Agora, qualquer fornecedor com capacidade de manter uma página da Web pode concorrer com empresas do porte de uma General Electric ou a Texas Instruments.[10]

Há uma outra face da abrangência da Internet em comparação com o EDI. Ela igualmente proporciona que as comunicações incluam muito mais do que exclusivamente dados de transação. Além da informação altamente estruturada, a Web proporciona igualmente o intercâmbio de formas mais ricas de informação e conhecimento – dando às empresas conexões muito mais profundas do que um simples aperto de mãos eletrônico. Aqui vai um exemplo: a Adaptec, Inc., é uma empresa de *hardware* e *software* da Califórnia que depende de parceiros na Ásia para a produção daquilo que projeta e coloca no mercado. Usando um *middleware* para a tradução, a empresa transmite informações diretamente de seus SGE aos de seus parceiros. Trata-se de uma solução que vai um grande passo adiante de EDI, ao automatizar a comunicação entre as empresas; não fica, por exemplo, limitada à colocação de pedidos, permitindo igualmente a transmissão de informações mais complexas, como, por exemplo, plantas CAD para orientar a montagem. À medida que os SGEs atingirem maior penetração no desenvolvimento de produtos e processos de linha de frente envolvendo os clientes, passaremos a ver uma crescente utilização de combinações de SGE/Internet para enviar informações sobre projeto e venda de produtos e *marketing*, em ambos os sentidos.

Uma grande ajuda para estabelecer o intercâmbio completo de informações entre os programas virá com os novos padrões para esse intercâmbio. Alguns deles surgirão nas próprias indústrias e envolverão as definições de termos e componentes mais comumente utilizados. Uma nova geração de linguagens cifradas d Internet (como a XML, sucedendo a popular linguagem da Web que é a HTML possibilitará que o termo e o número de produto de uma empresa para um objeto de titânio em 3-D sejam traduzidos em tempo real para a terminologia que outra empresa utiliza para o mesmo artefato. Tanto os fornecedores de SGEs quanto inúmeras empresas usuárias estão investindo nesta tecnologia.

Como um dos resultados desta nova funcionalidade, a Internet irá muito além mesmo dos mais fantásticos sonhos do EDI para dar possibilidade à criação de empreendimentos ampliados, e até mesmo de empresas virtuais completas. Ao longo do caminho, ela dará uma perspectiva inteiramente nova aos SGEs, que são atualmente vistos como repositórios de dados e ferramentas analíticas a serem usadas por empresas isoladamente para otimizar seus respectivos desempenhos. Uma ve que a Web integre-se em um SGE, todo o foco é redirecionado para a comunicação e o fluxo de trabalho entre empresas em uma cadeia de suprimentos.

Naturalmente, a perspectiva do compartilhamento de informações entre empresas desperta uma série de questões técnicas e comerciais. No aspecto técnico, logo surge o desafio nada trivial de desenvolver e capacitar interfaces dos SGEs para a Web. E existe o risco de que o tempo de resposta para usuários internos venha a sofrer com o congestionamento do sistema causado pelo acesso de usuários externos. No aspecto de negócios, os gestores buscam de todas as formas a melhor modalidade de expor dados empresariais a parceiros sem colocar suas empresas e a informação sobre a qual têm direitos patenteados em qualquer situação de risco.

Questões como essas certamente continuarão a surgir em circunstâncias especiais, mas a tendência geral será para a cadeia de suprimentos em maior escala. As empresas ainda precisarão concorrer umas com as outras, apenas em nível (e também com interesses maiores) superior: cadeias de suprimentos concorrendo com cadeias de suprimentos. E as empresas que não estiverem conectadas com parceiros, fornecedores, clientes e provedores de serviços por meio de serviços com base na Internet, e utilizarem seus SGEs apenas para gerência interna, certamente acabarão descobrindo que estão ficando cada vez mais para trás.

Mas, se a Internet é importante para os SGEs, os SGEs são igualmente importantes para a Internet. Se as empresas não dispuserem de processos de negócios funcionando integradamente, nem de dados acurados e de tempo real das suas operações internas, não poderão ser parceiros bem-sucedidos de ninguém no comércio eletrônico. Basta arranhar a superfície de uma empresa de comércio eletrônico bem-sucedida, como a Cisco Systems, para encontrar, logo abaixo da superfície, um sistema de gestão empresarial.

A ascensão de novas estruturas de mercados e redes

Outro fato que poderá influir nas relações entre as cadeias de suprimentos e os SGEs é a ascensão das novas estruturas de mercados baseadas em redes e em alianças interorganizacionais. Esta questão não constitui um fenômeno inteiramente novo – no passado, muitas empresas se aliaram com integrantes de suas cadeias de suprimentos – mas a novidade é que ganharam um ímpeto e formatação renovados pelas megafusões e excesso de capacidade no lado comercial, e pelo crescimento da Internet e do comércio eletrônico no lado tecnológico. Os sistemas de gestão empresarial e seu foco em cadeias de suprimentos irão certamente acelerar esta tendência, e da mesma forma serão por ela aceleradas.

As novas estruturas de mercados baseadas em redes têm condições de assumir formatações diferentes. Em algumas indústrias, como a automobilística, uma ou duas empresas dominantes podem agir como centros de uma rede de fornecedores menores. Em outras indústrias, como na de componentes industriais, novos mercados *on-line* estão emergindo e tornando fácil para qualquer comprador atingir um arco muito maior de fornecedores, diretamente ou através de intermediários. Tudo isto deixa muito claro que as empresas deverão cada vez mais conectar eletronicamente seus processos e sistemas com os de outras empresas, individualmente ou em grupos.

As empresas que se alinham em redes atuam com base em vários critérios, que raramente incluem sistemas de informação. Mas, à medida que os SGEs e o comércio eletrônico se tornam mais centrais e evoluídos no âmbito das organizações, a capacidade de compartilhar informações fora da organização poderá tornar-se mais crítica na decisão sobre com quem fazer alianças. Ter abordagens similares com a estratégia e a tecnologia dos SGEs também será indubitavelmente um fator na criação e na manutenção de relacionamentos empresariais.

Os sistemas de gestão empresarial, como discuti anteriormente, têm uma tendência de "*commodificar*" determinados aspectos da organização porque muitas empresas e indústrias adotam os mesmos processos, informações e outros arranjos organizacionais. Devido a essas similaridades orientadas a SGE, poderá tornar-se mais fácil para as organizações no futuro aliar-se com empresas em seus próprios negócios ou em áreas muito próximas da cadeia de suprimentos. Os processos de logística e suprimentos, por exemplo, poderão tornar-se parte de uma atividade de serviços compartilhados entre as empresas, ou poderão ser terceirizados para organizações renomadas em processos e gestão de informação da cadeia de suprimentos. Foi o caso, por exemplo, de várias companhias de petróleo do Canadá que se associaram para construir uma refinaria, com processos de gestão financeira compartilhados e um SGE igualmente comum a todo o consórcio. Não é difícil imaginar a extensão dos arranjos necessários para a compra, reabastecimento, entrega e outros processos da cadeia de suprimentos em tais circunstâncias.

Novas estruturas de oferta e demanda movidas a SGE poderão ser igualmente aceleradas por uma mudança em direção à *netsourcing*, ou à "rede de fontes", ou ainda, à hospedagem externa de SGEs em redes pelos chamados provedores de aplicativos de serviços. Darei maiores detalhes desta tendência no próximo capítulo, mas vale mencionar aqui as suas implicações para a gestão da cadeia de suprimentos. Embora a maior parte dos acordos de fontes externas atuais esteja focada nos aplicativos centrais de área secundária dos SGEs, não levará muito tempo até que se expandam para incluir aplicativos da cadeia de suprimentos – e aí o valor das fontes externas poderá revelar-se em todo o seu alcance. Com a utilização de um parceiro para abrigar as aplicações, estará caindo mais uma barreira à ampliação da cooperação interempresarial.

Um serviço externo, através da Web, pode servir igualmente a muitos usuários diferenciados de um sistema, não apenas aos seus clientes "internos". É certo que veremos um número cada vez mais avultado de novas empresas optando por arranjos de hospedagem externa com o passar do tempo – e um número cada vez maior delas igualmente utilizando aqueles acordos flexíveis e escalonáveis para fortalecer suas parcerias em cadeia de suprimentos.

A hora da recompensa

Os sistemas de gestão empresarial já estão provocando uma verdadeira revolução na maneira pela qual os administradores da cadeia de suprimentos encaram e realizam o seu trabalho. Questões de cadeias de suprimentos irão igualmente revolucionar aquilo que os fornecedores de *software* – e seus clientes corporativos – vêem como a missão real dos SGEs. Torna-se cada vez mais claro que o maior impacto, e a respectiva recompensa, dos SGEs estão na gestão da cadeia de suprimentos. Uma rápida analogia poderá nos ajudar a consolidar essa afirmação.

Em setembro de 1998, cirurgiões de Lyon, na França, fizeram algo inacreditável e sem precedentes: conseguiram dar ao paciente Clint Hallam uma mão transplantada para substituir a que ele perdera em um acidente anos antes. O procedimento foi inacreditavelmente complexo; exigia enxertar não apenas pele, mas também músculos, nervos e ossos. E tudo isso teve um resultado extraordinário. Agora, quando Hallam pensa em mover os dedos, eles se movem. Quando a mão toca uma superfície aquecida, ele a sente e precisa tirar a mão dali. É um desejo muito simples e óbvio dispor dessa ininterrupta integração entre um corpo central e uma nova parte a ele acrescentada para que consigam cooperar sem falhas – até mesmo inconscientemente. Chegar até ali, porém, custou décadas de aprendizado e de evolução tecnológica.

Pense naquela cirurgia, pense em toda aquela dificuldade e, depois, no magnífico resultado de todos aqueles esforços. Pense, agora, nos SGEs que está instalando em suas empresas. Ao longo dos próximos cinco anos, esses sistemas permitirão uma integração ininterrupta com entidades externas – clientes, fornecedores, fontes, parceiros na aliança. Quando chegar um novo pedido, seu fornecedor não precisará ser instruído a reabastecer as fontes de matérias-primas. Quando o distribuidor identificar um novo padrão de vendas, os encarregados da comercialização irão igualmente percebê-lo de imediato. A tecnologia para tudo isto será impressionante – mais ainda porque não será sequer a parte mais difícil do processo, em comparação com as mudanças de processos e comportamentos que se farão necessárias. As novas possibilidades que estarão então prontas para concretização a um toque das pontas dos seus dedos – todo o poder e o alcance de uma empresa ampliada – constituirão algo sem dúvida ainda mais admirável.

CAPÍTULO 9

O futuro das organizações movidas a SGEs

Os sistemas de gestão empresarial, em sua forma atual, representam simplesmente uma fotografia de um segmento do espectro geral da tecnologia da informação em um determinado momento no tempo. As mudanças nesse campo são rápidas e constantes, e incluem outros domínios tecnológicos, como a computação pessoal e a Internet. Dadas a rapidez e a imprevisibilidade da inovação tecnológica, poderia parecer até arrogância tentar prever o futuro dos SGEs. Algumas mudanças nos SGEs já serão concretas quando este livro estiver nas livrarias. Contudo, a velocidade e as incertezas do processo tornam o fato de dispor de alguma idéia da provável direção do desenvolvimento ainda mais importante para as empresas que já utilizam os SGEs, e para aqueles que passarão a fazer uso deles no futuro. Mais ainda, como comentou o autor de ficção científica William Gibson, "o futuro já está entre nós – ele só é distribuído de maneira desigual". Algumas empresas já estão experimentando tecnologias e abordagens que constituirão o futuro para outras que vierem a adotá-las apenas mais tarde.

Os sistemas de gestão empresarial não surgem do nada: são produtos desenvolvidos, vendidos e implementados na esperança e crença de que venham a acrescentar valor às empresas que deles fizerem uso. O valor de negócio é, portanto, o que comanda o desenvolvimento dos SGEs, e, ao analisar o potencial para a criação de valor, é possível mapear as áreas de mais provável desenvolvimento para a tecnologia. Muitas empresas que implementaram SGEs assim agiram focadas no

---

O autor contou, neste capítulo, com a valiosa colaboração de Jeff Brooks, à época aluno da Boston University, que pesquisou o assunto e redigiu um primeiro esboço do capítulo.

valor tático, e esse mesmo foco provavelmente continuará sendo o mais importante num futuro próximo. No entanto, como já observei anteriormente, muitas são as empresas já equilibradas e dispostas a começar a extrair valor estratégico dos seus SGEs, e cujos ambientes de negócios cada vez mais exigem esta mudança. À medida que este contexto mais amplo passar por modificações, as maneiras pelas quais o valor é traduzido para os processos de negócios provavelmente também sofrerá grandes alterações, e estas terão igualmente impacto sobre os SGEs.

Meu propósito, neste capítulo, é proporcionar um guia elementar para o futuro. Discutirei alguns dos prováveis rumos para os SGEs no contexto das possíveis transformações em larga escala pelas quais passará o ambiente dos negócios nos próximos anos. Os sistemas de gestão empresarial, como se apresentam hoje, apenas parcialmente possibilitarão que as empresas respondam a tais desafios futuros: as brechas entre quais capacidades terão validade no futuro e aquelas hoje disponíveis poderão ser vistas como imperativos do desenvolvimento para os SGEs. Apresentarei uma estrutura do desenvolvimento de capacidade sugerindo que a indústria dos SGEs pretende encaminhar essas brechas de capacidade em uma ordem especial. Que tipos de companhias levarão tais capacidades ao mercado, e em que veículos, é algo que não me atrevo a prever. Isso será provavelmente decidido pelos ditames da posição de mercado, da reação do cliente e do ROI (retorno sobre investimento). Por fim, também pretendo discutir algumas novas modalidades empresariais que tendem a emergir em um futuro próximo. Dispondo-se de um sentimento geral de como os SGEs deverão desenvolver-se no futuro, será possível considerar o impacto que deverão ter com respeito às preocupações dos administradores e das empresas.

As próximas mudanças no ambiente empresarial

Não tenho controle algum sobre o futuro dos negócios (se o tivesse, estaria escrevendo romances e de vez em quando dando um pouco de atenção ao meu imenso portfólio de ações). Mesmo assim, sei identificar algumas tendências que carregam consigo o peso do consenso generalizado. Entre elas é possível citar a globalização, os modelos de empresas e negócios de rápida detecção (de prioridades) e resposta, realinhamento corporativo e do excesso de capacidade, o crescimento das organizações virtuais e uma aceleração crescente da inovação em produtos e serviços. Os sistemas de gestão empresarial servem como plataformas a partir das quais as empresas podem estar sempre no encalço dessas fontes de futuro valor de negócio, mas, para verdadeiramente capacitar as indispensáveis qualificações do negócio, os SGEs precisarão adquirir também novas funcionalidades. As brechas entre as funcionalidades atuais e as desejadas dos SGEs representam vastas oportunidades para que a indústria dos SGEs venha a se expandir e apropriar-se de parte do valor relacionado com cada uma das novas tendências.

Modelos de negócios de rápida detecção e resposta

As empresas do tipo *detecção-e-resposta* agregam valor pelo entendimento daquilo que os clientes individuais necessitam em uma determinada época e reagindo rapidamente com o fornecimento de um produto ou serviço especial para satisfazer essa exigência. Trata-se de um fenômeno amplamente previsto, e que é também chamado de *produção enxuta, customização em massa, cliente-cêntrico*, e por aí afora.[1] As empresas que estejam pretendendo adequar-se a este tipo de exigência para reagir adequadamente precisam manter uma sólida conexão entre o contato com o cliente e os processos de produção e serviço em tempo real. Uma capacidade realmente eficiente de detecção-e-resposta exige igualmente integração de processos ao longo da cadeia de suprimentos. As capacidades adicionais que beneficiam as empresas de deteção-e-resposta são o gerenciamento da produção e a configuração dos produtos.

Os aplicativos e bancos de dados integrados dos SGEs proporcionam a base para este nível de integração de processo no âmbito de cada empresa, e a integração da cadeia de suprimentos é uma área importante de desenvolvimento para os SGEs a essa altura. O *software* de gerenciamento de produção já existe há algum tempo, mas com o passar dos anos tem-se tornado cada vez mais sofisticado. A Mohawk Industries, por exemplo, usa um modelo de produção baseado na teoria do caos para programar prazos de produção para pedidos especiais mesmo antes de recebê-los, o que lhe permite uma reação bem mais rápida a tais pedidos.[2] O *software* de configuração de produtos, que permite aos clientes selecionar opções de produtos e receber um produto verdadeiramente personalizado, é encontrado em vendedores de acessórios como a Trilogy. Os fabricantes de sistemas de gestão empresarial estão igualmente reconhecendo a importância desta espécie de flexibilidade e, desta forma, criando soluções para as indústrias nas quais as opções de bens são fundamentais para o sucesso do negócio. A SAP, por exemplo, tem um módulo de configuração especial nessa área.

As capacidades em expansão dos SGEs aumentam a velocidade e a flexibilidade com as quais as empresas conseguem reagir às exigências dos clientes, tornando os processos de detecção-e-resposta possíveis, pelo menos em formato-piloto. O exemplo clássico deste processo no mundo real é a produção personalizada de *jeans* pela Levi's. A empresa consegue as medidas físicas dos clientes através das cabines de escaneamento instaladas nas lojas, envia os pedidos dos clientes, o que inclui estilo, cor e medidas pessoais, diretamente ao fabricante, e entrega o *jeans* personalizado em algumas semanas. Um exemplo que mostra até que ponto este processo poderá ser ampliado é um fabricante de roupas, mencionado por Bradley e Nolan, que usa especialistas em moda com câmeras digitais que percorrem o mundo em busca de estilos promissores.[3] A empresa recebe fotos dos *experts* através da Internet, usa programas de projeto assessorado por computador e produção assessorada por computador (CAD-CAM – *computer-aided design* e *computer-aided manufacturing*) para desenhar a roupa, e então cria um protótipo com padrões de tecido feitos com impressoras laser. O sistema da Levi's adapta o corte de um estilo às medidas de clientes selecionados. Quanto tempo levará até que as empresas permitam que os clientes criem seus próprios estilos?

Globalização

A mais óbvia e abrangente tendência de negócios atualmente é a globalização – das corporações, dos mercados e da concorrência. Corporações multinacionais existem há muito tempo, e a globalização cresceu à medida que as empresas procuravam expandir-se enquanto as barreiras regulamentadoras foram caindo nos últimos anos. Por isso, os fabricantes de SGEs têm bons motivos para assegurar as capacidades exigidas pelas empresas globais. Os sistemas de gestão empresarial já dão suporte a capacidades óbvias e relativamente diretas, como possibilitar transações e relatórios em várias moedas, e fazer relatórios das operações país por país. Contudo, outras qualificações, como adaptar-se a estruturas reguladoras ou expectativas culturais nacionais, são mais complexas e de programação bem mais complicada. Na verdade, os bancos de dados integrados e a complexa estrutura dos SGEs podem tornar mais difícil para as empresas a adaptação de seus processos às condições locais. Este fato seria a chamada faca de dois gumes: os processos de padronização tendem a tornar os processos mais eficientes no geral, mas a adaptação às exigências locais e a capacidade de personalizar produtos e serviços de acordo com os padrões locais podem sair perdendo.

Além da necessidade de adaptação às diversificadas condições locais, as empresas que operam globalmente precisam lidar com as peculiaridades próprias de nações vizinhas nas quais operam. Um exemplo da forma pela qual os SGEs dão suporte às gerências ao longo das condições locais é fornecido pelo *software* de gestão de produção global – atualmente de terceiros, e no fim de fabricantes de SGEs. Este *software* integra o volume doméstico de dados globais, os custos de produção e transporte, tarifas e demanda, para que seja possível programar a produção ao longo de vários locais, maximizando a relação custo-eficiência do conjunto das operações.

Por fim, à medida que os mercados se tornam cada vez mais globais, as companhias nesses mercados tendem a consolidar-se a fim de melhor enfrentar a questão do excesso de produção nos mercados. O índice crescente de fusões e aquisições de empresas leva a uma necessidade de combinar previamente SGEs separados. Similaridades em informação e ambientes de processos podem igualmente conduzir a combinações de negócios. Integrar os sistemas de informação de empresas diferentes é o mesmo que integrar sistemas de unidades de negócios separadas, e assim a experiência tende a ser igualmente similar. Se pelo menos uma empresa contar com um SGE em funcionamento, a escolha e a configuração do sistema final poderão ser um *fait accompli*, mas ainda assim continuarão pendentes questões relativas à determinação da extensão das mudanças locais e à fusão de definições e processos de dados (juntamente com o gerenciamento das costumeiras mudanças culturais). Além disso, o investimento em pessoal para o SGE mais antigo pode ser maior do que o exigido pelos sistemas legados, tanto porque o pessoal pode considerar o velho SGE mais valioso quanto porque logicamente tenderá a empreender um enorme esforço para instalar esse SGE mais antigo. Por outro lado, se as empresas em regime de fusão usarem o mesmo pacote de SGE com configurações similares, a fusão de seus sistemas de informação poderá ser relativamente fácil, mesmo que continuem sendo exigidas análises e configurações detalhadas para a concretização do objetivo final.

O realinhamento horizontal das corporações

Embora a globalização dos mercados pareça pressionar pela consolidação das indústrias, o grau de complexidade que implica administrar empresas globais de enorme porte e a redução dos custos das comunicações ao longo das organizações empurrarão as corporações a um realinhamento horizontal.[4] Em outras palavras, as empresas acabarão alienando determinadas funções de negócios que serão transformadas em novas empresas. As funções assim alienadas poderão ser aquelas não-centrais, ou aquelas entre as quais existir uma natural incompatibilidade. A terceirização representa esta espécie de realinhamento corporativo em seus estágios nascentes: centrais de atendimento telefônico proporcionam serviços a clientes de inúmeras companhias a partir de um local único, a Federal Express alugou serviços de gerenciamento a empresas como a Laura Ashley e organizações especializadas em empregos oferecem serviços de recursos humanos de um nível que as empresas de menor porte em geral não conseguem sustentar sozinhas.

Em decorrência dos objetivos combinados de um negócio focalizado e de escala global, torna-se necessário para as empresas não apenas desmembrar determinadas funções, mas também fazer com que os negócios desmembrados se combinem para obter massa crítica. A fim de concretizar esta desvinculação e revinculação em série, as corporações precisarão separar e fundir dados e processos múltiplas vezes. Os sistemas de gestão empresarial indubitavelmente facilitarão esse processo, mas mesmo com o seu uso não se tratará de nada parecido com um passeio no parque. A integração ao longo de cadeias de suprimentos está se tornando mais bem estabelecida, mas a integração interempresarial de outros processos fica de certa forma retardada. Além disso, enquanto os SGES podem de certas formas facilitar a fusão de dados e processos, como já visto anteriormente, não existem modelos definidos da melhor maneira de desagregar ou desacoplar dados e processos quando as organizações acabam se dividindo. A integração dos sistemas é um dos custos da transição para cada instalação de SGE e, portanto, os fabricantes de SGEs têm trabalhado para proporcionar ferramentas de integração, como pacotes pré-configurados para determinadas empresas. A desagregação ou desintegração de sistemas, por outro lado, só adquire importância quando as empresas reduzem os investimentos, e, desta forma, enquanto a desvinculação não começar a ocorrer em grande escala, os fabricantes de SGEs não terão motivos para dedicar atenção demasiada à esta questão.

Organização virtuais

Poderíamos descrever as *organizações virtuais* como sendo aquela combinação fluida e flexível de componentes de um ou mais negócios para atribuir valor a um mercado. Elas se caracterizam pelas conexões entre empresas que tratam de parcelas determinadas de um processo – conexões que mudam à medida que surgem as oportunidades de negócios, das quais se tira proveito enquanto este existe para deixá-las de lado quando seu valor diminui. Como ocorre com o realinhamento corporativo mais permanente que acabo de abordar, integrar (e desagregar) sistemas de diferentes empresas é uma importante capacidade das organizações virtuais. Contudo, desde que as últimas formas organizacionais estão mais ligadas a uma situação de fluxo – vinculando e desvinculando em uma base mais ou menos consistente – os custos da transição se tornam o maior componente de seu ambiente de negócios. Eles são assim mais do que um impulsionador potencial dos esforços dos fornecedores de SGEs para reduzir o custo e a velocidade da vinculação e desvinculação. Além disso, uma vez que o possível portfólio de relacionamentos é muito maior do que com os realinhamentos permanentes, avaliar possíveis portfólios transforma-se em uma tarefa mais importante e quase que constante. Por fim, desde que as organizações virtuais não são simplesmente fusões ou aquisições, o alcance das possibilidades de relacionamentos é bem maior. Para acomodar esse alcance, o SGE precisará dar suporte a diferentes níveis de integração de dados e processos – de simples mercados de transações interorganizacionais até integração e compartilhamento plenos – que são apropriados para o tipo de relação entre as duas (ou mais) organizações que compõem a organização virtual.

Uma forma de imaginar a conformação das organizações virtuais capacitadas por SGEs está em enxergá-las como cadeias de valores ampliadas.[5] A concorrência seria entre diversas cadeias de valor, em vez de entre companhias individualizadas. As organizações precisariam avaliar os benefícios de sua participação em cadeias alternativas de valor, enquanto que integrantes de uma cadeia de valores teriam de avaliar os benefícios de permitir a participação de um novo parceiro em potencial. A avaliação do conjunto de cadeias de valor, e do papel de qualquer das companhias no seu âmbito, sugere um aprofundado compartilhamento de dados entre os parceiros da cadeia. Deixando de lado as questões de confiança com informação de direito autoral, este tipo de análise exige que se consolide a informação entre os vários sistemas de dados.

Uma forma mais dinâmica de organizações virtuais as retrataria não como cadeias de valores simples e unidimensionais, mas, sim, como cadeias de valores que reúnem todo o potencial de capacidades em uma modalidade não-linear. As companhias poderiam participar individualmente de várias organizações virtuais, proporcionando capacidades ao longo de muitas cadeias de valor. Uma empresa poderia ser fornecedora em cadeias múltiplas, cliente em um grupo diferente de cadeias, e simultaneamente colaboradora e competidora em todas elas. A concorrência entre as cadeias de valor continuaria existindo em determinado nível (como ocorre hoje), mas também estaria presente entre empresas individualmente em nichos focados no fornecimento de determinadas capacidades. Dependendo das relações entre os sócios da cadeia de valores, a análise da validade da participação poderia ter como base uma transação de mercado direta (por exemplo, remuneração por contratos de serviços), ou poderia ser extremamente complexa, com base em determinado cálculo do valor da contribuição de cada um dos integrantes da cadeia.

Os atuais SGEs claramente não dão suporte às rápidas e seguras integração e desagregação de dados e processos exigidos pelas organizações virtuais. Tampouco conseguem dar suporte aos tipos de análises que se fazem necessárias para avaliar os benefícios da participação em determinadas cadeias de valor. O valor em potencial da virtualização das organizações, contudo, parece imenso, e esses espaços, embora não se visualize como possam vir a ser superadas a curto prazo, provavelmente constituirão um incentivo ao desenvolvimento do SGE a longo prazo.

As capacidades dos atuais sistemas de gestão empresarial e os futuros espaços

Na seção anterior, descrevi diversas áreas de funcionalidade nas quais os SGEs estão destinados a crescer à medida que forem se concretizando as mudanças previstas para o ambiente dos negócios. O desenvolvimento dos SGEs no futuro deverá igualmente manter uma seqüência especial que pode ser traçada em uma estrutura de duas dimensões: o escopo do negócio e a sofisticação do processamento da informação. Embora esta estrutura não represente o estabelecimento de leis naturais imutáveis, o que ela indica é que determinados progressos deverão ocorrer antecipadamente a outros tantos. Uma vez esboçada essa estrutura, é possível mapear a atual funcionalidade do SGE no seu âmbito e, então, esboçar os cenários mais prováveis de futuros desenvolvimentos.

Domínio dos negócios

A expressão *domínio dos negócios* se refere simplesmente ao nivelamento geral de localização de negócios nos quais um SGE funciona. Tomando emprestado da estrutura "Value Net", de Brandenburger e Nalebuff[6], um SGE pode dar suporte a três domínios diferentes: interno na empresa, ao longo da cadeia de suprimentos (a direção vertical na moldura da Rede de Valor) e entre um elenco de parceiros colaboradores. Os processos internos podem ser abordados, de maneira individual ou integrada, por uma empresa isoladamente. Este foi, naturalmente, o primeiro domínio ao qual os SGEs se aplicaram. Os processos de cadeia de suprimentos, descritos no capítulo anterior, conectam uma empresa aos seus fornecedores e clientes. Os processos interparceiros conectam uma empresa a companhias complementares (não diretamente conectadas na cadeia de suprimentos), e potencialmente aos seus concorrentes.

A estrutura da Rede de Valor não implica em si um ordenamento especial entre esses vários domínios de processos, mas esse ordenamento – interno, cadeia de suprimentos, rede de parceiros – deriva das diversas disposições para a implementação e do retorno sobre investimento (ROI) conectado a cada um dos domínios. Processos isolados e internos são elementares, e eles logicamente precedem processos que se integram ao longo de processos internos. Os processos que conectam a empresa ao ambiente externo devem acertar problemas de gerência e intersistemas, e por isso mesmo tendem a ser mais complexos do que os processos totalmente internos das empresas. Os processos que conectam a empresa aos seus parceiros na cadeia de suprimentos e aos seus clientes proporcionam óbvias recompensas, enquanto que os processos que conectam uma empresa aos parceiros não integrantes da cadeia de suprimentos apresentam benefícios de mensuração mais complicada, por isso os processos de cadeia de suprimentos tendem a ser encaminhados antes das conexões de rede desses parceiros. Brandenburger e Nalebuff, no contexto da idéia da "co-operação", destacam que as empresas associadas e isoladas ao mesmo tempo se complementam e concorrem umas com as outras em uma variedade de maneiras. Por isso mesmo, essas relações de rede de associados são mais complexas do que as familiares relações de cadeias de suprimentos, tornando mais difícil criar e dar validade a modelos de processos de gerenciamento entre associados.

O escopo da informação

O *escopo da informação* está relacionado com o nível do processamento e da análise de informações proporcionado pelo sistema de informação. Existem três níveis básicos de escopo de negócios: automação da transação, gerenciamento de processo e gestão do conhecimento.

A *automação da transação* se relaciona à capacidade de um SGE de processar dados de várias transações internas ou externas de negócios. A natureza das transações pode envolver a venda de um produto a um cliente, a contratação de um novo funcionário, ou o uso do estoque na produção. O processamento dos dados inclui a apresentação de dados relevantes existentes no relacionamento, o oferecimento de opções a um usuário e a atuação dos dados no respectivo banco.

Para que a automação da transação tenha sucesso, o sistema precisa de um modelo "suficientemente eficiente" dos processos em um domínio de negócios juntamente com as tarefas de gestão de dados que permitem ao sistema manter sua representação do domínio internamente consistente e externamente válida. Por exemplo, quando um cliente compra um determinado item ou crédito, o SGE sabe acrescentar o montante em dólares às contas a receber e sabe também reduzir o nível do estoque do item comprado. O sistema deve igualmente incorporar regras que reflitam fatos da vida real, como "níveis de estoque não podem ser menores do que zero" e "a data da compra não pode ser maior do que o número de dias do mês em curso". Os seres humanos podem ser envolvidos na automação da transação, mas normalmente apenas como provedores dos recursos necessários; não é nesse ponto que as funções analíticas de ordem superior das pessoas se fazem necessárias. Naturalmente que a automação da transação está bem estabelecida no negócio, embora o alcance e a escala das transações automatizadas por um SGE e a complexidade do modelo de negócios do SGE nos levem a um território ainda inexplorado.

O *gerenciamento de processo* diz respeito à capacidade de uma organização movida a SGE de agir com relação aos dados. O gerenciamento de processo começa por colocar dados no devido contexto, representando não apenas o estado do mundo real e quais as ações são possíveis dado esse mesmo estado, mas também quais ações devem ser empreendidas em um sentido algorítmico, baseado em computador. Assim, quando o estoque é reduzido a um montante crítico (não zero), o sistema pode emitir uma recomendação no sentido de eliminar determinada ordem de compra, automaticamente mandar uma ordem de compra ao fornecedor adequado, ou, se os SGEs das duas empresas estiverem integrados, automaticamente atualizar o montante do item pedido no banco de dados do fornecedor.

O gerenciamento de processo incorpora regras de negócios, isto é, o sentido do que deveria ocorrer em um determinado contexto de negócios. Alguém – um projetista de sistema ou proprietário de processo – deve definir essas regras com base nas melhores práticas de negócios. O sistema incorpora a heurística que os seres humanos anteriormente usaram para gerenciar o processo manualmente ou é alimentado por um usuário que observa o que está acontecendo em um determinado processo e nele intervém. Da mesma forma que os sistemas de controle de processos automatizam os processos de produção em uma fábrica, os sistemas de gerenciamento de processo automatizam os processos administrativos e limitam a necessidade de intervenção humana. O gerenciamento de processo era possível antes do surgimento dos SGEs, apesar de nunca ter sido institucionalizado. Hoje, muitas empresas estão começando a operar no nível de gerenciamento de processo com a ajuda de seus SGEs.

A *gestão do conhecimento* é, de todos os domínios em que os SGEs podem operar, o mais sofisticado. Aqui a interação entre sistemas e seres humanos se torna mais cooperativa; enquanto o sistema pode ser dotado de alguma capacidade decisória programada, ele também opera como uma extensão da habilidade humana de armazenar e processar conhecimento. Do ponto de vista da inteligência do sistema, ele pode começar a transformar dados em conhecimento por meio de complexas análises estatísticas. Essas capacidades de garimpar os dados está disponível atualmente, mas geralmente separada de um SGE.

No interregno da gestão do conhecimento entre dados altamente estruturados e textos totalmente inestruturados figuram documentos. Os fornecedores de SGEs já estão trabalhando com fornecedores de gestão de documentos para incorporar documentos; um aplicativo, por exemplo, permite às empresas químicas conectar informações estruturadas sobre produtos a respeito de uma substância em um banco de dados SAP a documentos de segurança que descrevem a maneira mais segura de lidar com eles visando a um sistema de gestão de documentos. Outros documentos principais eventualmente conectáveis a um SGE incluem faturas, manuais de procedimentos, fichas de especificações dos produtos, e assim por diante. Cada vez mais as funcionalidades-padrão dos SGEs irão incorporando não apenas conexões a documentos em outros sistemas, mas igualmente a capacidade de lidar com documentos dentro do próprio pacote do SGE.

Futuras capacidades do SGE também incluirão aquela de combinar informações procedentes de bancos de dados com observações e *insights* de maior valor feitas por seres humanos. Um encarregado de vendas que estiver visitando um cliente, por exemplo, estará capacitado a consultar todo o histórico da relação de compras desse consumidor com a companhia, juntamente com boletins de notícias externos e itens de discussão de outros funcionários de vendas e serviços que tenham trabalhado anteriormente com esse mesmo cliente – tudo isso de maneira integrada. Um sistema de transação de recursos humanos também conterá informações detalhadas sobre os conhecimentos e as qualificações dos funcionários, poderá incluir comentários a respeito do desempenho dessas pessoas, e até mesmo fazer recomendações a respeito de quais oportunidades de treinamento poderiam ser adequadas para que tais funcionários ascendessem ao nível imediatamente superior na escala de qualificações.

As empresas estão buscando cada vez mais esses tipos de aplicativos de gestão de conhecimento, mas o fazem de maneira totalmente separada dos sistemas usados para dar suporte à automação da transação e ao gerenciamento de processo. A gestão de conhecimento bem realizada, no entanto, deve incorporar os conhecimentos derivados de dados. A capacidade de gestão do conhecimento de SGE irá unificar todos os modos de processamento de informação e tornar os SGEs uma ferramenta altamente útil para os trabalhadores qualificados.

Estrutura do domínio de negócios e do escopo da informação

A Figura 9.1 situa as grandes categorias de funcionalidades do SGE no âmbito de uma estrutura das duas dimensões do domínio de negócios e do escopo da informação. No contexto deste estrutura, a funcionalidade do SGE vem se expandindo com o tempo desde o canto inferior esquerdo em direção ao canto superior direito. Os exemplos aqui discutidos têm o propósito de ilustrar categorias diferentes de funcionalidades, e de maneira alguma pretendem esgotar o assunto. Na verdade esses exemplos não podem esgotar nada porque novos produtos com mais funcionalidades se tornarão disponíveis de maneira contínua. No outro extremo do espectro, porém, a pré-história do SGE é, a essa altura, não muito interessante, e por isso pouparei algumas árvores ao não gastar papel com exemplos para ela.

FUTURAS APLICAÇÕES DOS SISTEMAS DE GESTÃO EMPRESARIAL

Gestão do conhecimento		Sistemas avançados de suporte a decisões	Pacotes de inteligência em negócios
Gerenciamento de processo	← Equipamento-padrão do SGE →	Funcionalidade original dos pacotes de SGE, com funcionalidades adicionais de acessórios	Gestão e integração da cadeia de suprimentos
Automação de transação	Pré-história	Funcionalidade básica dos bancos de dados de SGE	Pedido automatizado
Escopo da informação	Interno, individual	Interno, integrado	Cadeia de suprimentos
		Domínio de negócios	

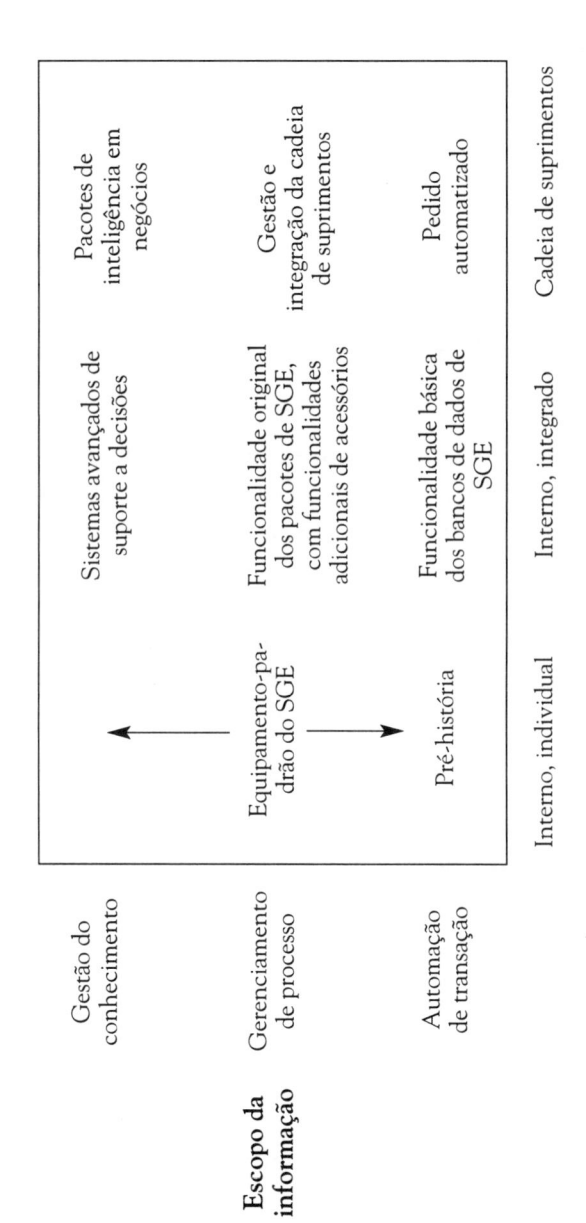

Automação de transações com processos internos e integrados. Como se destaca na figura, esta combinação representa a funcionalidade básica de um banco de dados de SGE. Qualquer SGE verdadeiro poderia servir como exemplo. Bom material, mas nada capaz de causar muita excitação no século XXI.

Gerenciamento de processo com processos internos e integrados. Este setor representa a funcionalidade-padrão dos pacotes de SGE e exige o banco de dados integrado que faz parte de todos os SGEs. A sofisticação dos aplicativos de gerenciamento de processo tem melhorado com o passar do tempo, muitas vezes mediante o uso de aplicativos especiais para empresas ou o desenvolvimento de aplicativos com acessórios por fabricantes terceirizados. Uma das principais áreas para o progresso neste ponto envolve a inclusão de algoritmos mais sofisticados nos SGEs – desde modelos baseados em teorias de caos ou complexidade até inteligência artificial baseada em regras e as mais tradicionais operações de técnicas de pesquisas.

Gestão do conhecimento com processos internos e integrados. A gestão do conhecimento tem em si uma utilização mais sofisticada dos dados no interior de um SGE para o gerenciamento de processos internos e exige também o processo de conhecimento de processos. A partir de uma determinada perspectiva, a gestão do conhecimento neste contexto chega a ser um sistema decisório avançado que pode apresentar aos gerentes dados altamente refinados sobre o desempenho de um processo e recomendações sobre o que fazer a respeito deles. Um exemplo deste tipo de funcionalidade é o conceito "My World", da PeopleSoft, que pretende reunir informações baseadas no papel do usuário no âmbito de uma organização.[7] O sistema da PeopleSoft também chegará além das fronteiras organizacionais para obter informações de fontes externas, como agências de notícias e bancos de dados fornecedores, depositando-as na mesa de trabalho. Outro exemplo o lançamento "mySAP.com", da SAP, que também pretende tornar a informação derivada dos SGEs significativa ao nível do trabalhador individual. Contudo, pelo fato de ser ainda impossível definir fatores, tais como até que ponto os sistemas processarão essa informação e o grau de integração que terão com o conhecimento derivado de dados, há a possibilidade de que não venham a atingir realmente o nível da verdadeira gestão do conhecimento com processos de cadeias de suprimentos.

Outra aplicação da gestão do conhecimento aos processos internos é a captação, o armazenamento e o uso das melhores práticas, alternativas e atalhos de processo para utilização pelas pessoas que trabalham com o sistema. Se, por exemplo, um desses usuários for acessado por um cliente em busca de um produto a ser entregue dentro de três meses e o sistema não conseguir registrar esse pedido porque a margem máxima da empresa para tanto é de apenas um mês, o encarregado do pedido deverá ter conhecimento do que poderá ser feito nessa situação. Existe alguma maneira de dar entrada ao pedido? Se não houver, o sistema poderá agendar para que no momento apropriado se telefone ao cliente a fim de completar a transação? Até mesmo uma explicação do motivo pelo qual a empresa não aceita pedidos com três meses de antecedência daria ao encarregado do registro dos pedidos alguma coisa a ser repassada ao cliente. Qualquer um desses cenários poderia ser considerado gestão de conhecimento do processo.

Automação da transação com os processos da cadeia de suprimentos. Esta combinação abrange os processos automatizados de pedidos, tais como os aplicativos centralizados de compras. As empresas têm feito isto com o EDI há muitos anos, mas podem aperfeiçoar essa atividade pela interface de comunicações interorganizacionais diretamente a um sistema sem a necessidade de intervenção humana, pela simples adoção da Internet como plataforma de comunicação, e trabalhando na eficiência dos processos da cadeia de suprimentos, além de utilizarem sistemas para melhorar o processo.

Gerenciamento de processo com processos da cadeia de suprimentos. Alguns aspectos desta célula da estrutura foram empregados durante alguns anos, entre eles a incorporação de pontos automatizados de reencaminhamento de pedidos ou outras regras de negócios a aplicativos logísticos. Outros aspectos são ainda disponíveis hoje, mas não contam com uso generalizado. Um exemplo destes aplicativos é o *software* de colaboração em planejamento, previsão e reabastecimento (CPFR), que permite aos parceiros da cadeia de suprimentos o intercâmbio de informações sobre *marketing*, vendas e produção. A essa altura, os grandes fornecedores de aplicativos de cadeia de suprimentos oferecem o CPFR, embora sua utilização ativa se restrinja principalmente aos setores de bens de consumo e redes de varejo.[8]

Gestão do conhecimento com processos da cadeia de suprimentos. Esta combinação representa um emprego mais sofisticado dos dados do SGE na gestão da cadeia de suprimentos, e é uma nova fronteira que se abre ao desenvolvimento dos SGEs. Semelhante sistema poderia integrar a gestão da cadeia de suprimentos com a gestão do ciclo de vida do produto e dos clientes, e proporcionaria ferramentas para que os executivos passassem a considerar tais processos um sistema único e dinâmico. A SAP, por exemplo, pretende oferecer um pacote de inteligência em negócios que incluirá planejamento e simulação de negócios, um "monitor de desempenho" corporativo e a gestão das relações com os integrantes do negócio. Devido à intensidade com que essas capacidades são utilizadas para a análise de relações externas, este seria um exemplo de trabalho nesta célula da estrutura.

Automação da transação com processos de parceria. No momento em que as transações interempresariais são automatizadas para as parcerias da cadeia de suprimentos, passar a usar esta funcionalidade em relações de parceria é apenas um pequeno passo técnico. Embora transações automatizadas de igual para igual sejam viáveis, a questão não é propriamente o que é possível, mas qual é o valor a ser ganho a partir delas. Outro problema é o estabelecimento de parcerias de negócios que tornem imprescindível a automatização a partir do SGE. Fora do âmbito da tradicional cadeia de suprimentos, terceirizar outros processos, como a gerência de recursos humanos, proporciona benefícios óbvios e pode qualificar-se para ser posto nesta seção da estrutura se os dois sistemas, do cliente e do provedor, estiverem de alguma maneira integrados. Integrar a totalidade dos processos não pertencentes a cadeias de suprimentos entre iguais ainda é coisa para o futuro, e irá igualmente evoluir em conjunto com as organizações virtuais.

Gerenciamentos de processos com processos de parceria. Se e quando as organizações virtuais se tornarem realidade, os SGEs (seja qual for a forma que tiverem assumido a essa altura) capacitarão transações de igual para igual. Além de automatizar as transações, no entanto, os SGEs deverão proporcionar ferramentas para gerenciar os processos e relações entre empresas mediante aplicativos de análise e controle análogos aos aplicativos utilizados para as relações da cadeia de suprimentos. Opções em tempo real de parceiros terão de ser feitas com base em algum fator, seja ele preço, história prévia de uma relação, ou uma capacidade especial de algum fornecedor. Da mesma forma que existem hoje organizações calculando os preços em sistemas de gerenciamento de rentabilidade em tempo real, os sistemas de processos do futuro calcularão o valor das relações em tempo real. As organizações virtuais tenderão a existir dentro de um cenário cambiante de relacionamentos, e por isso uma capacidade especialmente importante será a de analisar os valores das contribuições dos sócios à organização virtual e o valor de uma determinada forma de continuar no âmbito de uma organização virtual específica.[9]

Gestão do conhecimento com processos de parceria. Este ponto da estrutura é, naturalmente, o mais avançado no futuro, e aquele mais sujeito a especulações. A gestão do conhecimento neste contexto precisaria incluir processos de gestão do conhecimento desenvolvidos anteriormente, e ir além deles pela utilização dos aplicativos analíticos e de controle desenvolvidos especificamente para o processos de parceria. Brandenburger e Nalebuff sugerem que a teoria dos jogos proporciona uma estrutura analítica fundamental para as empresas no momento presente; a teoria dos jogos talvez venha a ser incorporada no futuro a aplicativos de gestão do conhecimento para processos de parceria nas organizações virtuais.

Além da análise dos jogos, neste nível as empresas também colheriam e analisariam conhecimento sobre seus parceiros, colaboradores e competidores, combinando-o então com os dados sobre relações com os iguais para formar um quadro integrado do potencial de relacionamento. Em qualquer momento qualquer empregador poderia indicar rapidamente quem toma as decisões no âmbito do colaborador potencial, quais as suas principais questões e objetivos de negócios, e qual poderá ser o valor previsto da colaboração. Raramente as empresas atuais dispõem deste tipo de informação sobre seus clientes, muito menos sobre os parceiros ou colaboradores.

Avanços tecnológicos

Assim como as capacidades de negócios evoluem com o passar do tempo, as capacidades tecnológicas dos SGEs vivenciarão avanços consideráveis ao longo dos próximos anos. Alguns desses avanços surgirão em resposta às necessidades de negócios; outras poderão emergir em resposta a qualquer outra lógica – por exemplo, a necessidade dos fornecedores de SGEs de aumentar suas vendas aos clientes. Nesta seção, examinarei vários avanços que eu e outros observadores – normalmente contratados por empresas de análise de tecnologia de mercados – antecipamos com relação aos fornecedores de SGEs e correlatos. Algumas dessas indicações foram mencionadas de passagem antes, mas ainda assim pode ser útil reuni-las em um espaço único.

Novos domínios de aplicativos

Os fornecedores de aplicativos de SGEs não podem jamais considerar-se plenamente realizados; pelo contrário, precisam descobrir constantemente novos motivos para vender SGEs aos clientes, bem como encontrar motivações capazes de compelir aqueles que já têm SGEs a fazer seu *upgrade* para novas versões. Além disso, eles não admitem que os fornecedores de aplicativos mais específicos venham a conquistar o controle das contas. Como resultado dessa concorrência ferrenha, continuaremos sendo testemunhas do crescente aumento do alcance das funcionalidades de SGE que vão sendo introduzidas no mercado. A questão, então, é procurar as áreas mais prováveis de lançamento dessas novas funcionalidades.

Não sou nenhum futurólogo de tecnologias, mas ainda bem que não se necessita saber demais para intuir que as principais aplicações dos SGEs no futuro próximo estarão nas áreas do gerenciamento das relações com os clientes, gestão de cadeias de suprimentos, gestão do conhecimento e desenvolvimento de novos produtos. Discutirei cada uma dessas áreas resumidamente, exceto a da gestão de cadeia de suprimentos, que já vimos no capítulo anterior.

O gerenciamento das relações com os clientes já é, até certo ponto, o foco central dos fornecedores de SGEs. Vários desses fornecedores acrescentaram tecnologia de automação da força de vendas (o que inclui aplicativos como planejamento de telefonemas de vendas, relatório de chamadas, gerenciamento de contatos, comunicações entre as equipes de vendas, configuração de produtos, relatórios sobre despesas e tempo gasto nas vendas e banco de dados de vendas) e estão tremendamente ocupados na tentativa de integrar esse *software* com seus pacotes de SGEs. Os fabricantes começarão igualmente a oferecer capacidades de auto-serviço aos consumidores pela Internet.

Veremos muito mais a respeito de tudo isso no futuro – mais funcionalidade, maior integração com os pacotes de SGEs centralizados, mais fabricantes de SGEs adotando esta linha de trabalho. Veremos igualmente a integração de funções tradicionalmente orientadas ao *marketing* com os SGEs, entre elas ferramentas para o gerenciamento de campanhas de *marketing*, análise dos dados de mercado e programação e operação de programas de *marketing* direto. Os bancos de dados dos sistemas de gestão empresarial já contêm o "registro oficial" da informação de transação do cliente, e existe considerável valor no ato de combinar análises do cliente com os registros das transações desse mesmo cliente.

Os sistemas de gestão empresarial se tornarão também os repositórios principais de conhecimento sobre o cliente. Quando um integrante da força de venda ficar sabendo que o cliente tem um novo vice-presidente de operações, haverá um meio de registrar essa informação no SGE. No momento, informações e conhecimento sobre os clientes ficam espalhados por vários bancos de dados, base de conhecimento e arquivos de dados; o conhecimento é importante demais para ser manobrado com tamanha desordem e desleixo.

Não será apenas conhecimento do cliente que esses sistemas estarão acostumados a manejar, mas, também, todos os tipos de conhecimento codificado. Qualquer conhecimento que se enquadre no repositório de um computador será armazenável e acessível através de um SGE, ou então através de um *portal de informação empresarial* que combinará dados de SGEs com vários tipos de conhecimento, tanto interno quanto externo. Os fornecedores de sistemas de gestão empresarial já estão explorando a maneira pela qual é possível fazer desses portais uma forma de acesso aos seus sistemas, da mesma forma que os *sites* Yahoo! e do Netcenter são portais para a Internet. Dados combinados de transação comercial e conhecimento serão um grande passo à frente quando estiverem disponíveis; atualmente, eles são excessivamente disseminados. O conhecimento sobre aplicativos de produtos, por exemplo, pode ser conectado a números "oficiais" de produtos. Documentos de *marketing* poderão ser conectados eletronicamente aos produtos que descrevem. A inteligência comercial poderá ser relacionada a determinadas empresas no banco de dados do cliente ou do concorrente da empresa. Pela primeira vez na história dos sistemas de informação, será possível conectar dados brutos com a informação e o conhecimento analisados.

Em coerência com o seu foco geral no conhecimento, os SGEs desenvolverão uma capacidade de identificar a informação realmente merecedora do tempo com ela gasto pelo usuário. Quase todos os executivos de hoje são bombardeados por volumes de informações bem superiores às respectivas capacidades de análise. Seja por intermédio de filtros de informação, de agentes autônomos ou de tecnologias empurradas, existe uma imensa necessidade de ajudar as pessoas a en contrar a informação de que necessitam e que lhes faz falta. Os primeiros dias do relatório de informações com base nos SGEs chegaram perto deste tópico de uma maneira simplista – usando verde para dados ao alcance da mão, amarelo para os limites e o vermelho para aqueles fora do alcance. Gerações futuras de relatórios de informação de SGE usarão métodos mais sofisticados.

Um terceiro domínio de negócios a ser focado pelos fornecedores de SGEs será o dos processos e aplicativos do desenvolvimento de produtos. A funcionalidade do desenvolvimento de produtos só mais recentemente foi incorporada pelos SGEs, e mesmo aí apenas em um índice muito baixo. Contudo, da mesma forma que outras áreas de aplicação já incorporadas, é muito útil dispor de dados de desenvolvimento de produtos conectados a dados financeiros, dados de clientes e dados de produção; por isso mesmo, ainda veremos muito mais do que um foco nesta área pelos vendedores e clientes. Surgirão aplicativos de SGEs, por exemplo, que permitirão o armazenamento – quando não a criação no menor prazo – de documentos CAD, com conexões a dados de produtos no banco de dados geral do SGE. As queixas dos clientes sobre os produtos serão relacionadas retroativamente ao desenvolvimento de novos produtos relacionados aos antigos. Aplicativos de engenharia de campo estarão ligados diretamente aos sistemas de serviço de campo. A única funcionalidade que jamais poderá ser adicionada ao SGE é a do projeto de produtos propriamente dita, que normalmente emprega ferramentas CAD, ferramentas de análise de engenharia e capacidades de modelagem 3-D. Trata-se de aplicações tão diferentes daquelas focadas em dados dos SGEs que sua combinação será sempre insuperavelmente difícil.

Foco analítico e decisório

O Capítulo 7 é quase que exclusivamente voltado para o uso de dados de SGE nos processos decisórios e administrativos. Isso não acontece muito atualmente, o que se deve, pelo menos em parte, ao fato de os pacotes de SGE não serem mais dotados da capacidade suficiente para facilitar tais processos. A maioria das empresas trata, hoje, de extrair dados de seus SGEs e encaminhá-los por intermédio de ferramentas de consulta e relatório, de gerenciamento do armazém de dados ou de análise estatística, todas de terceiros. Contudo, sentindo a extensão do problema, os principais fornecedores de SGEs já anunciaram a implantação de novas capacidades na área, e alguns deles estão inclusive entregando funcionalidades práticas. Por tudo isso, é mais do que claro que, no futuro, as seguintes afirmações se tornarão realidade:

▸ Todos os fornecedores incorporarão capacidades aperfeiçoadas de consulta, relatório e análise estatística;

▸ Todos os fornecedores interconectarão seus sistemas com estruturas de mensuração de desempenho compartilhadas – por exemplo, o *balanced scorecard*;

▶ Os fabricantes desenvolverão esquemas de *display* mais sofisticados, tendo como objetivo maior os sistemas de informação executiva;

▶ Os principais fabricantes incorporarão técnicas de garimpagem de dados aos seus SGEs, entre elas a análise de rede neural.

Um indício adicional de que tais capacidades irão realmente concretizar-se a existência, entre os fornecedores, de um acrônimo de três letras para descrevê-las, acrônimo esse cada vez mais citado na comunidade de vendedores e analistas de sistemas. De agora em diante, esse aspecto dos SGEs passa a ser chamado de *gestão empresarial estratégica* (GEE).

O modelo de montagem

Uma opinião generalizada entre os analistas de mercado de SGE indica que os aplicativos monolíticos de gestão empresarial passarão a ser mais modulares e flexíveis. Evoluirão, nesta visão, para um modelo em que o SGE básico é uma coluna dorsal na qual diversos aplicativos *best-of-breed* poderão ser instalados e acionados. Isto representaria, se confirmado, um benefício para os usuários de SGEs; as empresas poderiam escolher a melhor funcionalidade para a aplicação de componentes específicos, os quais iriam se complementando e completando indefinidamente – ou, pelo menos, assim o indica esta visão.

Contudo, o que não está claro é se este modelo iria beneficiar os fornecedores de SGEs. Presume-se que a maioria dos fornecedores preferiria vender um amplo elenco de aplicativos em lugar de vender um sistema de espinha dorsal, pois ganharia bem mais com a primeira alternativa. Além disso, para que este cenário venha a se concretizar, seria necessária uma cooperação total entre fabricantes diferentes. Cada fornecedor de SGE precisaria trabalhar com cada fornecedor de componentes, algo que, hoje, é difícil de imaginar como viável.

A curto prazo, este modelo se torna um tanto menos viável por causa da disponibilidade de sistemas de *middleware* de terceiros que ostensivamente permitem que SGEs diferentes se comuniquem entre si, ou com componentes de aplicativos exclusivos. No momento em que este livro estava sendo concluído, porém, esta versão menos ambiciosa da montagem de componentes era ainda bem mais uma visão do que realidade.

Hospedagem externa de sistemas de gestão empresarial

À medida que os SGEs foram se tornando mais complexos e abrangentes, as empresas que os utilizam tiveram de confiar cada vez mais em capacidades externas de TI. Os fabricantes de sistemas de gestão empresarial hoje projetam o sistema, os fabricantes ou integradores de soluções fazem sociedade com os clientes par configurá-lo e implementá-lo, embora os clientes ainda precisem manter a infra-estrutura interna de TI e prover as funções internas de suporte. Atualmente algumas empresas de prestação de serviços e provedoras de SGEs, como a U.S. Internetworking, a Corio e a Oracle, oferecem serviços de SGEs hospedados na Internet. Outras sociedades emergem também entre os fornecedores de SGE, provedores de serviços de telecomunicações e empresas de *hardware* de tecnologia da informação para prover tais serviços *baseados na rede*, como ocorre com uma parceria estabelecida entre a SAP, a Qwest Communications e a Hewlett-Packard.

O que essas propostas significam é que as empresas-clientes não precisam mais comprar, atualizar ou dar suporte a pacotes de SGE, pois já lhes é possível simplesmente alugá-los. Empresas com recursos limitados ou especialização em tecnologia da informação podem assim mesmo contar com os mais modernos benefícios dos SGEs. É claro que terceirizar a funcionalidade de SGE de uma empresa pela Internet envolve uma decisão estratégica que precisa pesar fatores como custo, conveniência, foco de gestão e tecnologia moderna, e compará-los com eventuais preocupações com a segurança dos dados, o nível dos serviços, a perda de controle e da especialização técnica interna. É também improvável que uma empresa pudesse fazer modificações no *software* entregue por um provedor externo pela Internet, a menos que estivesse alugando sua própria instância *off-site* do SGE.

Até agora, poucas empresas se permitiram dispor deste serviço, que, é obrigatório dizer, estava disponível há apenas um ano quando da conclusão deste livro. Realmente beneficiadas ao optarem por esta forma de SGE deverão ser empresas relativamente pequenas ou médias que não considerarem seus sistemas de informação uma vantagem estratégica. Poderá tratar-se de uma opção pelo menor custo, mas não poderá ser ao mesmo tempo uma de máximo valor. Ironicamente, quando da fundação da SAP, em 1972, o modelo original de serviço da empresa incluía a oferta de pacote em redes de *time-sharing*. De certa forma, a idéia do aluguel não deixa de ser um retorno àquele princípio.

Antevendo o futuro, as mudanças em larga escala para o ambiente de negócios que esbocei no começo deste capítulo provavelmente irão alterar um pouco o equilíbrio de fatores associado com a terceirização relacionada a um modelo de SGE com base na Internet e de serviços compartilhados. Todas as mudanças mencionadas – modelos de negócios de detecção-e-resposta, a globalização, o realinhamento horizontal das corporações e as organizações virtuais – têm como base sólidas comunicações e conexões de dados entre as divisões (no caso da globalização) e especialmente entre as empresas. As *intranets* têm proporcionado esta sólida conexão no âmbito das empresas, e as *extranets* (*intranets* que permitem acesso de usuários externos a uma empresa) vêm permitindo que pequenos grupos de empresas também se comuniquem; contudo, para as companhias globais ou a colaboração interorganizacional, essas tecnologias podem se mostrar proibitivamente caras.

Em contraste, a Internet pode vir a proporcionar níveis de conexão similare (ou ainda maiores) aos de uma rede exclusiva que somente as maiores entre a maiores empresas podem sustentar. Este fato já está levando os fornecedores d SGEs a fazer seus produtos habilitados para Web, ou seja, de fácil acesso par quem dispuser de uma conexão com a Internet e de um navegador. Para as em presas que continuam regionais e cujas relações comerciais são escassas em núme ros e relativamente estáveis, o atual modelo cliente/servidor, combinado com co nexões externas *extranet* para suprir parceiros de rede, pode bastar no futuro am biente de negócios. Contudo, para as companhias que ou são globais e têm un grande número de fornecedores e clientes, ou têm fornecedores e clientes qu mudam freqüentemente, a conexão facilitada que a Internet proporciona passa mostrar-se essencial.

A fim de sobreviver no futuro ambiente de negócios, as empresas precisarã saber combinar a conectividade da Internet com a funcionalidade dos SGEs a longo dos limites das empresas. A funcionalidade dos aplicativos de SGE deriv da estrutura integrada que esses sistemas impõem aos dados de uma empresa, e o negócios no novo ambiente precisarão ter seus dados em uma estrutura dessa ma neira integrada. Ela incluirá não apenas dados internos, mas igualmente os dado de seus parceiros em uma cadeia de suprimentos ou em uma rede de valor.

Enquanto os vendedores de *middleware* ou "*between-ware*" tentam atualment avaliar qual será a necessidade do compartilhamento de dados das grandes empre sas, o crescente benefício de uma verdadeira integração de dados entre as empre sas leva os fornecedores de SGEs a oferecer um modelo de serviços compartilha dos em que os próprios vendedores comandam o SGE e hospedam os dados do clientes em bancos de dados enormes e integrados.[10] Uma visão deste futuro apre senta cadeias de suprimentos inteiras sendo hospedadas no SGE de um determi nado fornecedor, com cadeias diferentes de suprimentos concorrendo enquant unidades inteiras umas com as outras – em outras palavras, o *keiretsu* movido SGE. Embora pareça improvável que as empresas possam vir a se submeter a um única cadeia de suprimentos, a integração dos dados passará a ser mais fácil cor as empresas usando o mesmo SGE, e com isso as parcerias *intra*-sistemas passarã a dispor de uma vantagem considerável em relação às alianças *inter*sistemas.

Padrões de aplicação e informação

Com as companhias virtuais tornando-se mais presentes e atuantes, haverá novo incentivos à eliminação do custo da integração ao longo dos SGEs pela criação d um padrão único que todas as empresas possam compartilhar. Múltiplos padrõe poderão subsistir, mas são vários os caminhos para que se atinja um padrão únic Uma possibilidade, dados os efeitos dos crescentes resultados econômicos e poter cialidades das redes comuns na indústria de *softwares*, é a de que um padrão basea do no produto de apenas um fornecedor venha a prevalecer no mercado, o que co locaria esse fornecedor em uma posição, em relação aos SGEs, similar àquela d

Microsoft, hoje, em relação aos sistemas operacionais dos PCs. Uma segunda possibilidade é a de que um corpo industrial venha a desenvolver um padrão ao qual as empresas se disponham a aderir, da mesma forma como aconteceu com o EDI.

Uma possibilidade adicional é a do desenvolvimento de um meta-padrão que possibilite aos SGEs um acesso dinâmico às definições de dados, tornando-se desta forma capacitado a interpretar corretamente os dados de outros sistemas. A XML, a *eXtensible Markup Language*, e os protocolos a ela relacionados para o acesso dinâmico a definições de dados na Internet, poderiam prover este tipo de meta-padrão. Determinados grupos, tais como bibliotecários, químicos e músicos, já desenvolveram elencos característicos de definições de dados e os estão utilizando para compartilhar dados estruturados na Internet. Grupos industriais, ou até mesmo empresas individuais, poderiam criar definições próprias de dados, publicá-las na Internet e mencioná-las quando do compartilhamento de dados com outras empresas. Com este tipo de meta-padrão em utilização generalizada, a Internet chegaria mais perto de conciliar conectividade onipresente e uma estrutura integrada de dados, transformando tudo isto, na verdade, em um imenso banco de dados.

Efeitos potenciais do desenvolvimento do sistema de gestão empresarial

Os sistemas empresariais e a prática da gestão

Os sistemas de gestão empresarial e as tecnologias das comunicações começam a viabilizar muitas das mudanças discutidas no início deste capítulo. Defini alguns possíveis realinhamentos de corporações – a consolidação vertical motivada pela globalização e pelo excesso de produção, a desvinculação vertical e a consolidação horizontal possibilitadas pela diminuição dos custos das comunicações, e a agregação e desagregação vertical e horizontal das corporações virtuais. Esses novos formatos organizacionais afetarão o trabalho entre eles e darão forma às exigências de informação de vários tipos de negócios. Contudo, visões sobre a maneira pela qual o desenvolvimento tecnológico afetará a prática da gestão são as mais variadas.

Steve Haeckel e Dick Nolan, pesquisadores da IBM e da Harvard, respectivamente, vêem as comunicações aperfeiçoadas e especialmente as tecnologias do SGE como fatores viabilizadores da "gestão por cabo", que comparam com a pilotagem de um moderno avião com sofisticada telemetria de vôo. Antevêem um SGE (futurista) em funcionamento, com uma equipe de executivos pilotando a organização "com controles na cabina de comando de informação do negócio. Os executivos respondem às consultas aparecendo no console, modificando o plano de negócios com base em mudanças nas condições externas, monitorando o desempenho das responsabilidades delegadas e enviando às unidades subsidiárias determinações em questões como produção e vendas".[11]

Haeckel e Nolan sustentam que as empresas precisam de um "modelo de gestão empresarial" para garantir que a informação seja integrada e consistente em toda a organização. Quando escreveram isto em 1994, este poderia ser o futuro mas desde então modelos semelhantes de gestão empresarial foram amplamente suplantados pelos sistemas de gestão empresarial. Mesmo assim, eles proporcionam uma boa previsão do que poderia acontecer quando um SGE não se adequasse perfeitamente à empresa: "Naturalmente, se o modelo de gestão empresarial representar uma realidade incorreta – ou estiver incompleto, desatualizado ou operando à base de dados imperfeitos – o resultado poderá ser catastrófico."[12]

Na minha opinião, os SGES certamente tornam a gestão por cabo um modelo mais plausível para o comportamento administrativo. O interessante é que alguns fornecedores de SGEs (a SAP com maior agressividade) estejam desenvolvendo suas visões particulares daquilo que uma cabina de gestão poderia parecer com paredes cobertas de telas apresentando complexos modelos gráficos. Contudo, esta abordagem do comportamento administrativo tem seus riscos, e com isso não quero dizer simplesmente a desconfiguração do seu sistema. Se os executivos nunca saírem de suas cabinas e nunca tirarem os olhos das telas de controle poderão deixar de perceber aspectos importantes do que acontece em suas organizações. Para o futuro previsível, nem toda a informação e o conhecimento que são importantes no interior – ou mesmo fora – de uma organização serão encontrados no âmbito de um banco de dados de SGE. Interações com outros executivos e funcionários, clientes, fornecedores, reguladores e tantos outros continuarão sendo fatores críticos para o sucesso de qualquer empresa.

Em contraste com o quadro que mostra executivos pilotando uma cabina de informação, o professor Tom Malone, da Sloan School do MIT, enxerga o processo decisório cada vez mais descentralizado.[13] Ele entende que as estruturas do processo de decisão se movimentam ao longo de três estágios à medida que os custos da comunicação vão sendo reduzidos pelos aperfeiçoamentos tecnológicos. Quando os custos da comunicação são altos, executivos *descentralizadamente independentes* (aos quais rotula de "*cowboys*") administram sem nada perguntar a ninguém. À medida que os custos da informação caem, a informação pode ser agregada com maior facilidade, e assim os executivos *centralizados* (ou "comandantes") podem fazer uso de uma perspectiva global para informar suas decisões. O autor insiste que a maioria das organizações encontra-se atualmente neste estágio, embora o modelo pareça similar àquilo que Haeckel e Nolan esperam se para o futuro. Quando os custos com a comunicação caírem ainda mais, a informação poderá ser compartilhada ao longo de uma rede, dando assim aos executivos *descentralizados e conectados* ("*cibercowboys*") a possibilidade de combinar a vantagens de uma perspectiva global com o conhecimento localizado para informar decisões locais.

Malone destaca dois pontos adicionais que considera importantes: em primeiro lugar, o conhecimento localizado é na maior parte das vezes "pegajoso" – implícito, contextual e de difícil comunicação –, e, em segundo lugar, o controle lo calizado proporciona benefícios em termos de rapidez de resposta e de motivação do pessoal local. A partir desses pontos, conclui que uma boa utilização da tecnologia das comunicações é aquela no sentido de transferir informação a lugares nos quais é difícil ter acesso a ela e onde sua comunicação não é fácil.

Mesmo quando a informação não está escassa, os benefícios do controle local podem ter maior peso que os do controle central. Proporcionar a participação ativa do pessoal de linha de frente nos processos decisórios proporciona-lhes propriedade, e abastecê-los com informação centralizada pode ajudá-los a tomar boas decisões. A rede de drogarias CVS, por exemplo, tem um sistema de estoques que dá conselhos aos gerentes de lojas com respeito aos pedidos de estoque, mas tem permitido que esses gerentes decidam a respeito dos pedidos feitos. A idéia que move este acordo é focada na manutenção da motivação para altos níveis de serviços ao cliente. Como o vice-presidente sênior para MIS e CIO da CVS, Howard Edels, comentou:

> *Se (os gerentes das lojas) cometerem um erro (deixando de fazer um pedido, por exemplo), será erro deles; eles o tratarão com cortesia, dizendo algo como "desculpe, mas vou dar conta do problema". Se, no entanto, sentirem que é o computador que detém o controle, sua reação se transformará em algo como "não sei por que o pedido não está aqui, esta máquina estúpida não conseguiu localizá-lo". E isto altera por inteiro a o relacionamento com os clientes.*[14]

Os gerentes de lojas da CVS agem de maneira similar aos *cibercowboys* de Malone, e nisso são apoiados – não controlados – centralizadamente pela informação proporcionada pelo SGE integrado da empresa. As companhias com hierarquias mais rígidas podem enfrentar dificuldades ao ceder o poder de decisão a gerentes locais quando o SGE torna mais fácil que se determinem ações a partir da sede da corporação.

Ao se focar nos custos de comunicação como o principal fator determinante da estrutura de tomada de decisões, Malone omite outras variáveis, como os limites da atenção da gerência e o valor da ação coordenada, que também influem sobre a maneira pela qual as decisões são elaboradas. Os *cibercowboys* precisam fazer o equilíbrio adequado entre a manutenção de uma perspectiva global e a atenção aos eventos locais, e, se a manutenção da perspectiva global acabar ocupando em demasia a atenção da gerência, os executivos locais poderão preferir que um executivo centralizado gerencie esta perspectiva e decida com base nela. Existem também situações nas quais o valor da ação coordenada supera em muito o valor da reação local. Recorrendo à analogia do avião, quantas pessoas gostariam de viajar em um jato controlado não por um piloto e um co-piloto, mas por várias dezenas de *cibercowboys*, cada um deles controlando independentemente um *flap*, um motor ou o trem de aterrissagem? Teóricos da administração podem falar a respeito do valor dos "sistemas auto-organizáveis", mas eu certamente preferiria ser levado em um vôo por uma estrutura de comando hierarquizada.

Naturalmente, as verdadeiras estruturas decisórias do futuro incorporarão elementos tanto dos executivos-pilotos na cabina da informação quanto dos *cibercowboys*. Os custos e benefícios gerais (levando-se em consideração a codificação, comunicação, computação, atenção, tempo, motivação e todo o dinheiro gasto com a informação) do processo decisório centralizado em relação ao descentralizado, bem como o entendimento de uma equipe de gestão das opções e conseqüências das diferentes abordagens, certamente determinarão o local para a adoção de uma determinada decisão.

Embora quase toda situação acabe se tornando alguma espécie de *mix*, tipos de estruturas de decisão variados devem emergir em organizações com disciplinas de valor diversificadas. Empresas com intimidade com os clientes sempre valorizarão ao máximo o conhecimento dos clientes e os serviços a eles prestados, e embora muitos atributos de clientes possam ser codificados e arquivados em um banco de dados, a capacidade de sentir e reagir às tendências e exigências cambiantes de clientes individuais significa que os *cibercowboys* podem vir a dominar a paisagem do processo decisório. As empresas com excelência operacional manterão seu foco na eficiência de processos, que pode ser maximizada privilegiando-se os dados e os processos centralizados e o controle centralizado. As empresas de inovação em produtos vão sempre centralizar-se na captação de sinais do ambiente e na criação de novas idéias, duas situações que impõem a necessidade de informação e conhecimento locais, ficando portanto os *cibercowboys* como favoritos para reinar. Em cada um dos casos, contudo, os SGEs tendem a concretizar um maior nível de responsabilidade em decorrência dos seus dados mais completos e de acesso mais fácil. Em todas as empresas continuarão a enfrentar o desafio de criar estratégias de gestão capazes de equilibrar delegação de poder e responsabilidade que proporcionem melhores resultados em cada uma das inúmeras situações enfrentadas.

Embora não existam exemplos de futuros gerenciamentos no presente, é, contudo, possível divisar um ambiente no qual os sistemas de gestão empresarial terão modificado quase todos os aspectos da administração. Nesta seção final do capítulo, descreverei um hipotético executivo amparado por SGE com capacidades até aqui desconhecidas para comandar tanto interna quanto externamente com informações de alta qualidade.

Um dia na vida do executivo apoiado por um SGE

Imagine que você é o presidente de divisão de uma grande empresa no ano de 2007. Essa divisão fabrica produtos industriais – digamos, sistemas de controle de processos eletrônicos – para empresas de fabricação de processos, como produtos químicos e petróleo, situadas no mundo inteiro. Os seus sistemas não são exatamente *commodities*, mas outras empresas produzem itens similares. O restante de sua empresa vende outros tipos de produtos industriais, geralmente para os mais diferentes tipos de clientes.

Você gosta de chegar bem cedo ao escritório para tomar conhecimento do que já ocorreu nesse dia na Ásia e na Europa. A sua tela do SGE imediatamente lhe apresenta seu perfil diário de informações, com dados que você requisitou daquelas zonas de diferentes fusos horários, e vai continuar a atualizá-los durante o dia todo. Na Ásia, você logo nota, os pedidos apresentam um aumento de 10% em relação à média diária para 17 de outubro dos anos anteriores. Na Europa, a média está igual às anteriores, mas você é informado que os produtos manufaturados no dia anterior custaram 7% a mais do que as especificações, devido à produção terceirizada de uma unidade de controle. Você recorda que isso foi necessário para satisfazer a demanda crescente de um novo produto por parte de um cliente especial, e com dois cliques do navegador você confirma que o cliente também confirmou a entrega dos produtos e pagou um preço adicional de 15% devido ao rápido atendimento de sua necessidade.

O seu *scorecard* diário, que leva todos os indicadores de desempenho do dia anterior em consideração, somente mostra dados em vermelho (abaixo da meta) no quesito de aprendizado dos funcionários. É a terceira vez nesta semana que os indicadores de aprendizagem mostram necessidade de complementação dos objetivos. Você entende que o problema se relaciona a uma escassez de trabalhadores especializados nas Américas – não lhes sobra o tempo necessário para serem treinados – e confirma esta tendência com alguns cliques. Rapidamente, então, você revisa as conexões com agências de trabalhadores temporários no sistema, e contrata *on-line* 100 trabalhadores especializados temporariamente a fim de que aqueles da sua empresa possam encontrar uma forma de superar a deficiência registrada no quesito de aprendizado e treinamento.

Depois de um rápido contato com o presidente de outra divisão da empresa na hora do café, você começa uma reunião sobre a situação de um novo produto em desenvolvimento com o presidente de processos da divisão de Desenvolvimento de Novos Produtos (DNP) baseada na Alemanha. Você liga as telas deles para que os dois possam ver simultaneamente as mesmas informações enquanto conversam em videoconferência. Enquanto examina as várias alternativas de projeto para uma nova sonda de controle desenvolvida pela DNP, você examina *on-line* os custos com material e trabalho projetados para cada uma das alternativas, a percentagem de reutilização de componentes e o impacto de qualificações representado na produção, venda e manutenção do controlador. Você e o diretor de processos da DNP decidem em conjunto pelo projeto de sonda que tem projeções de custos abaixo dos demais, e você dá por encerrada a reunião.

Depois de mais uma xícara de café e de um biscoito, você se dá conta de que sua estação de trabalho está relacionando três solicitações que esperam a sua confirmação de vendas não-lucrativas. O sistema começou recentemente a calcular se cada venda separadamente é lucrativa, e você solicitou que fique configurado para pedir confirmações sempre que uma venda for avaliada como não-lucrativa, pois você não quer que isso aconteça muitas vezes. Duas das transações agora apresentadas, você conclui rapidamente, são com clientes que, de maneira geral, dão lucros, por isso você notifica o representante de vendas de que pedir um produto muito similar àquele listado no pedido original tornaria essa venda lucrativa. O representante deve ter sabido disso e verificado o sistema ele mesmo; você espera que ele faça isso no futuro, uma vez que sua mensagem foi um tanto seca.

Você fica tentado a comer outro biscoito, mas resiste, e começa a lidar com a questão da busca de fontes de um produto que veio à tona nos últimos dias. O líder da gestão do seu processo de cadeia global de suprimentos está em férias, e por isso você é que está lidando com a questão. Um dos seus principais vendedores notou que o volume das encomendas a eles feitas eletronicamente está diminuindo, e deixou mensagens pedindo esclarecimentos a respeito. Você confere preços e fontes de várias compras automatizadas ao longo das últimas semanas e verifica que o sistema tem se inclinado a confiar mais pesadamente em compras pontuais no mercado com relação ao produto daquele vendedor já citado. Observe igualmente que o fornecedor havia informado automaticamente ao seu sistema a respeito de um aumento de preços, o que levou o sistema a procurar fornecedores alternativos. Você telefona ao fornecedor, passa esta informação com precisão cirúrgica e muito gentilmente censura o fornecedor por ter tentado impingir-lhe um aumento de preços. Destaca que o fornecedor, que tem acesso às informações relativas a pedidos feitos por sua empresa, poderia ter se dado conta das razões para o declínio com suas próprias informações. Afinal de contas, o seu sistema enviou a ele um *e-mail* apontando o aumento dos preços e sugerindo que "os preços dos produtos oferecidos podem deixar de ser competitivos". Como você suspeitava que fosse ocorrer, o fornecedor recua no aumento dos preços e informa que fará com que o sistema dele envie a respectiva notificação ao sistema de sua empresa. Você tem certeza de que os volumes de pedidos para este fornecedor voltarão a crescer quando o sistema atualizar o novo preço.

Você tem um almoço marcado com a chefe dos processos de relações com o clientes. Ela tem um problema que deseja discutir com você, como ela mesma informou em um *e-mail*. Depois de receber os pratos pedidos para a mesa do restaurante, ela diz: "Pensei que seria melhor conversar com você antes que pudesse sentir-se obrigado a conversar comigo. É que você já deve ter notado que o sistema informa que o nosso custo por chamada de serviço aumentou." Não se trata realmente de aumento do custo dos serviços, argumenta ela, mas de um investimento em gestão do conhecimento que já foi aprovado. Poucos dos representantes de serviços estão enviando descrição de casos antigos de serviços ao repositório de conhecimento, e a empresa estará em condições de resolver os problemas dos clientes com rapidez bem maior depois que este ponto estiver concluído. Você confirma que recorda desse acordo, e então discute com ela a maneira de faturar os custos do trabalho de gestão do conhecimento no sistema de custeio baseado em atividade para o projeto.

Para as quatro horas da tarde você marcou uma partida de golfe, compromisso que o faria sentir-se culpado, não tivessem sido tão produtivas a manhã e o próprio almoço. Antes de ir para o local, contudo, será preciso resolver alguns problemas que estiveram "fervendo" ao longo de toda a semana. Um de seus concorrentes ameaça sair de um consórcio da indústria em cuja criação você teve papel fundamental. O consórcio é dono de uma planta manufatureira que lida com o pico da demanda pelos sistemas de controle de processo quando qualquer das empresas participantes tem sua capacidade de fabricação esgotada. O consórcio usa o seu tipo de SGE; por isso, quando o seu sistema prevê uma restrição de capacidade, os pedidos são automaticamente transferidos para a produção na fábrica do consórcio. Você se orgulha de tudo aquilo que o consórcio fez até agora, especialmente do fato de ter poupado a necessidade da construção de outra fábrica, mesmo que tenha sido necessário conseguir uma aprovação especial dos reguladores antitruste para o trabalho conjunto de empresas normalmente concorrentes entre si.

Antes de telefonar para o concorrente, você verifica no sistema do consórcio para descobrir tudo sobre as razões que estão levando a outra empresa a ameaçar abandonar o consórcio. Você não está autorizado a examinar todas as informações sobre pedidos no sistema do consórcio, mas tem a possibilidade de verificar dados agregados sobre quem está utilizando a plena capacidade da indústria. O concorrente, você logo verifica, tem usado a capacidade plena do consórcio de maneira muito freqüente, por isso deve haver algum outro motivo para que ele queira sair. Quando você consegue telefonar para ele, essa razão logo fica clara: o concorrente afirma que existe uma boa possibilidade de abandonar o negócio do controle de processos, e, de acordo com o consórcio do contrato, ele precisa fazer uma comunicação de tal propósito com três meses de antecedência. Você então pergunta se ele poderia interessar-se em vender o negócio a sua própria empresa, e marca um jantar de negócios em um restaurante tranqüilo para discutir o assunto.

Já são três e meia da tarde, e você precisa sair logo, se pretender chegar a tempo para a primeira tacada de golfe. Você estará jogando com o vice-presidente de gerenciamento do relacionamento com o cliente da empresa fornecedora do seu SGE. É óbvio para você e para o vendedor que o fato de utilizar esse sistema faz de ambas as empresas sócios estratégicos, e por isso mesmo você pretende discutir, ao longo do jogo, maneiras de aumentar a cooperação já existente. Até porque, descontados todos os problemas, o seu SGE fez com que você tivesse um dia de negócios extremamente produtivo.

Apêndice:
uma visão técnica dos sistemas de gestão empresarial

Neste apêndice, discutimos várias questões técnicas relacionadas aos SGEs. Embora as explicações da tecnologia devam ser acessíveis às pessoas que não são *experts* neste campo, o foco do apêndice está em como a tecnologia funciona e quais são as diferenças básicas entre as ofertas de SGEs, não entre as implicações dos sistemas para os negócios. Como a tecnologia muda sem parar, permitam-me advertir que esta seção do livro pode ficar defasada mais rapidamente do que quaisquer das outras, e que partes dela se tornarão no fim obsoletas. (O resto do livro, eu garanto, é permanente!) Vou começar com uma discussão sobre como funcionam os SGEs.

Como funcionam os SGEs?

O SGE é, na verdade, um *tour-de-force* técnico. Combina um índice muito alto de funcionalidade e complexidade com a confiabilidade e solidez do dia-a-dia. Algumas de suas capacidades técnicas são essenciais para o funcionamento de um SGE, entre elas:

- Construção modular;
- Arquitetura cliente/servidor;
- Configuração;
- Banco de dados central compartilhado;
- Interfaces variáveis.

Cada uma dessas capacidades será descrita em detalhes nas subseções a seguir. Entender a maneira pela qual um SGE funciona é indispensável para saber como ele se encaixa no contexto organizacional.

Construção modular

Os sistemas de gestão empresarial são coleções de módulos de aplicações. O sistema SAP, o pacote mais abrangente entre os SGEs, tem 12 módulos, que vão relacionados na Tabela A.1. Os módulos podem intercomunicar-se diretamente o mediante a atualização de um banco de dados central.

As empresas podem escolher entre os módulos disponíveis oferecidos por ur fornecedor e instalar apenas aqueles que lhes forem necessários. As empresas pc dem igualmente aumentar ou substituir funcionalidades oferecidas por um forne cedor de SGE com *software* de um fornecedor terceirizado. O objetivo nestes ca sos é que o *software* de terceiros funcione tão-somente como outro módulo, em bora isto raramente seja posto diretamente em prática. Alguma espécie de inter face individualizada precisa normalmente ser desenvolvida para que o módul acessório possa conectar-se ao SGE.

Arquitetura cliente/servidor

Os SGEs contemporâneos funcionam todos em uma arquitetura de computaçã cliente/servidor. Isto significa que parte do processamento é feita em um servido e outra em um computador pessoal de mesa (o cliente). Os sistemas de gestão en presarial são programas imensos e complexos que exigem poderosos servidores PCs relativamente potentes. Algumas marcas de SGEs (por exemplo, a SAP) r querem dois níveis de servidores – um para os programas aplicativos e um para banco de dados.

Versões anteriores dos SGEs (por exemplo, o sistema R/2 da SAP) rodam e *mainframes* centralizados. Algumas empresas ainda têm instaladas essas versões (*mainframes*, mas quase todas estão evoluindo para a instalação de versões clie

TABELA A.1

MÓDULOS DE APLICAÇÕES SAP

- Contabilidade financeira
- Finanças
- Controle (controle financeiro)
- Controle do SGE (relatório à diretoria)
- Gerência de investimentos
- Planejamento da produção
- Gestão de materiais
- Gerenciamento da fábrica
- Gestão de qualidade
- Sistemas de projetos (gerência de projetos)
- Vendas e distribuição
- Gerenciamento de recursos humanos
- Planejamento avançado e otimizador (APO – *advanced planner and optimizer*)

te/servidor (por motivos de atualização técnica, não realmente de valor de negócio aumentado). Em alguns casos, os fornecedores estão retirando o suporte para as versões em *mainframe* de seu *software*. Para complicar ainda mais essa questão, algumas empresas (por exemplo, a empresa de mensuração de postagem Pitney Bowes) instalaram um nível de seu SGE no *mainframe* de um computador, mas se referem a ele como servidor. Muitas empresas lutam com a complexidade técnica do ambiente cliente/servidor e com a diversificação necessária para dar suporte ao número exigido de usuários de sistemas concorrentes (que podem chegar à casa dos milhares). Elas seguidamente procuram o mais poderoso dos servidores disponíveis para rodar seus sistemas.

Configuração

Embora um SGE seja um conjunto padronizado de aplicativos, cada empresa pode programar seus SGEs de acordo com seu ambiente particular de negócios mediante a configuração. Uma tabela de configuração capacita uma empresa a compatibilizar a funcionalidade do sistema à maneira de fazer negócios por ela escolhida. A organização pode, por exemplo, escolher o tipo de contabilidade de estoque que irá empregar (por exemplo, FIFO ou LIFO), ou se ela pretende reconhecer a renda decorrente de produto por unidade geográfica, linha de produtos ou canal de distribuição. A seqüência de configuração é, em primeiro lugar, estabelecer uma estrutura e hierarquia corporativas inconfundíveis; isto determina a maneira pela qual os resultados são consolidados. Então, para cada processo de negócios, subprocesso ou atividade importante, a empresa deve encontrar respostas para as seguintes perguntas:

- Como iremos agir a respeito disto hoje?

- Como gostaríamos de estar agindo?

- Como o sistema permite que façamos?

Os projetos de sistemas de gestão empresarial são quase todos extremamente racionais e normalmente oferecem várias opções, mas não englobam todas as maneiras possíveis de realização de negócios. O sistema SAP, o mais complexo entre os SGEs, tem mais de 8.000 pontos de configuração – mas até mesmo as opções de configuração do sistema não são ilimitadas. As empresas que têm maneiras idiossincráticas de fazer negócios podem acabar descobrindo que o SGE por elas escolhido não lhes dá o suporte exigido. Por exemplo, uma empresa pode ser capaz de reconhecer rendimentos tanto por produto quanto por área geográfica, mas não de contabilizá-los pelas duas opções. Ela pode não ter a capacidade de dar tratamento preferencial – por exemplo, enviar produtos em número superior ao estoque comprometido – a clientes que esperam merecê-lo a partir de um antigo e sólido relacionamento comercial. A empresa pode levar meses, ou até mesmo anos, até decidir de que maneira pretende configurar seu sistema. A Computadores Anônima, por exemplo, gastou mais de um ano mapeando todos os processos para a configuração do sistema.

Contudo, tanto os fornecedores de *software* SGE quanto as consultorias de serviços estão cada vez mais fornecendo *templates* para tipos especiais de indústrias ou empresas (por exemplo, empresas internacionais de petróleo, pequenas fábricas) que representam um atalho no processo de configurar um sistema – isto, é claro, se a empresa estiver disposta a adotar um sistema-padrão configurado ou a fazer nele apenas pequenas alterações.

Bancos de dados centrais compartilhados

Todos os SGEs dispõem de um banco central de dados a partir do qual todos os módulos de aplicações traçam, manipulam e atualizam dados. Não se trata de um conceito novo, mas daquele que atingiu seu mais alto índice de sucesso em execução no ambiente dos SGEs. Os bancos de dados não são geralmente proprietários, sendo, isto sim, oferecidos por grandes fabricantes da área (por exemplo, Oracle Sybase, Informix). Os bancos de dados usados pelos SGEs são quase sempre relacionais, isto é, armazenam dados em formato de fácil acesso que não exige conhecimento avançado de todas as formas pelas quais os dados serão acessados.

Interfaces variáveis

Um aspecto importante dos SGEs é a sua natureza global. O que torna possível para um sistema ser utilizado em inúmeros países é a inclusão de diferentes interfaces para países diferentes. O usuário de um SGE no Brasil, por exemplo, certamente gostará de estar olhando para telas em português e para resultados financeiros expressos em reais. O SGE poderá até mesmo estar capacitado a aplicar as leis brasileiras sobre relações de trabalho em seu sistema de recursos humanos. Naturalmente, nem todos os idiomas e moedas são disponíveis em todos os SGEs, mas é sempre boa a possibilidade de que, estando você em uma nação industrializada, venha a fazer a interface com um SGE em sua língua nativa. Uma mensagem ocasional de erro no idioma do fornecedor do SGE sempre pode, porém, infiltrar-se no sistema...

Origens e maiores fornecedores dos sistemas de gestão empresarial

O SGE moderno é uma criação de fabricantes de *software*. No entanto, o conceito do SGE amplo e moderno não saiu assim pronto da cabeça de um brilhante empreendedor. Da mesma forma que a Microsoft foi acrescentando produtos, funcionalidade e lucratividade ao mercado do computador pessoal, os fabricantes de SGEs começaram com produtos bem menos ambiciosos. A maioria deles estava focada, no começo, em uma determinada função, e as capacidades cada vez mais aperfeiçoadas foram acrescentadas com o passar do tempo. Em alguns casos, essas empresas cresceram mediante aquisições e então integrar o sistema adquirido ao SGE integrado.

Em grandes organizações, SAP, Oracle e PeopleSoft são claramente os líderes do mercado (com 28%, 9% e 7%, respectivamente, desse mercado em 1998, de acordo com a International Data), constituindo, em seu conjunto, quase a metade desse mercado. Outros participantes do mercado de grandes clientes incluem a J.D. Edwards, Baan e Lawson *Software*. Em companhias de pequeno e médio portes, o mercado vendedor é muito mais fragmentado. Companhias como Geac, Platinum *Software*, Ceridian, QAD e SSA oferecem seus produtos, normalmente com a força de um determinado aplicativo funcional, como sistemas financeiros ou aplicativos de recursos humanos. Os vendedores das maiores empresas movimentam-se agressivamente em direção ao mercado das empresas de médio porte, e, dada a sua capacidade de vender seus produtos e a maior funcionalidade de seus sistemas, no final chegarão a dominar este mercado.

Para algumas empresas, existem pacotes de SGEs que foram especificamente projetados para atender às necessidades respectivas em matéria de processos e informação (este era inicialmente o objetivo de todos os fabricantes de SGEs – a maioria dos sistemas originalmente dava suporte a empresas de bens de consumo – mas elas evoluíram e passaram a dar suporte igualmente a vários tipos de indústrias). A Clarus e a FlexiInternational, por exemplo, têm seu foco em indústrias de serviços; a Marcam se especializa em negócios de processos de manufatura; a JDA *Software* e a Richter Systems optaram por aplicativos de varejo.

SAP

A primeira empresa a lançar um SGE amplamente funcional foi a SAP AG (Systeme, Anwendungen, Produkte in der Datenverarbeitung – ou Sistemas, Aplicações e Produtos em Processamento de Dados), uma companhia alemã com sede na cidade de Walldorf. Cinco engenheiros de *software* da IBM na Alemanha tiveram a idéia para um sistema de informação interfuncional. A IBM, no entanto, rejeitou esse projeto, o que levou os engenheiros a formar sua própria empresa em 1972. O primeiro *software* integrado da SAP, chamado de R/2, rodava em *mainframes*. A versão cliente/servidor do sistema, o R/3, foi lançada em 1992. A SAP tem mais de 17 mil clientes e uma fatia de pouco menos de 30% do mercado global de SGEs.

A força maior da SAP é a capacidade ampla e extensiva da funcionalidade de seu *software*; seu possível limitador é a complexidade do sistema e de sua implementação. A SAP, sendo mais do que duas vezes maior do que o segundo lugar em vendas de SGEs, gasta muito mais em P&D do que qualquer outra empresa do ramo e, como resultado dessa política, é sempre a mais provável lançadora de novas funcionalidades. A SAP adota um forte foco específico de indústria em seu *marketing*; seus clientes mais poderosos estão no campo do petróleo e gás, indústrias de processos (por exemplo, produtos químicos e farmacêuticos) e alta tecnologia, mas está também consolidando presença em uma variedade de outros setores, desde o atendimento à saúde até serviços financeiros.

Oracle

A Oracle Corporation, fundada em 1977 como empresa de bancos de dados, ainda atua neste ramo. Seus produtos são os mais populares repositórios de dados de SGE; no final da década de 1980, porém, a empresa começou a desenvolver aplicações computacionais de marca própria. Versões mais antigas do *software* interno foram depois refinadas em projetos de desenvolvimento conjunto com alguns de seus principais clientes, como a Millipore. Hoje a Oracle detém um pouco menos de 10% do mercado de SGEs. Seus pacotes de SGE têm quase 50 módulos diferentes em seis categorias: Finanças, Recursos Humanos, Projetos, Produção, Cadeia de Suprimentos e Linha de Frente (aplicativos orientados ao consumidor). Oferece também aplicações voltadas especificamente para as indústrias, a maioria dos quais foram adquiridos de empresas que os haviam desenvolvido até um determinado ponto (por exemplo, o pacote Energy Downstream da Oracle nasceu na BP).

Baan

Fundada em 1978, a Baan é uma empresa holandesa, com sede na cidade de Putten. Nos seus primeiros 15 anos de existência, seu *software* era quase todo orientado à produção. Então, a empresa abriu seu capital ao público e passou a investir pesado no desenvolvimento de capacidades mais ampliadas. A empresa tem atualmente mais de três mil clientes e se concentra acima de tudo em produção e logística; seus principais clientes (a Boeing é um deles) são complexas empresas manufatureiras. A Baan expandiu suas capacidades recentemente mediante aquisições; comprou a Aurum por causa do seu *software* de serviços aos clientes, e a Coda, pelas capacidades detalhadas de relatórios financeiros. Ultimamente o conglomerado deparou com algumas dificuldades financeiras, mas é tida em geral como detentor de bons produtos.

Peoplesoft

Com sede em Pleasanton, na Califórnia, EUA, a PeopleSoft é a mais recente entre os grandes fabricantes de SGEs. Sua força tradicionalmente residiu em aplicativos de recursos humanos, embora agora já ofereça uma variedade bem maior de funcionalidades de *software*. O CEO da empresa, Dave Duffield, havia comandado anteriormente outras duas empresas de *software* orientado a recursos humanos. Ele lançou a PeopleSoft em 1987 para criar uma versão cliente/servidor e começou com funções de recursos humanos, entre as quais registros de empregados, folha de pagamento e benefícios. A empresa desenvolveu seus próprios aplicativos financeiros; mais tarde, lançou *software* de produção e adquiriu *software* de logística ao concluir a compra da Red Pepper. Seus sistemas são relativamente flexíveis e de fácil instalação, mas não dão suporte à escala ou à complexidade de uma organização de muito grande porte, como, digamos, a SAP. A PeopleSoft tem hoje cerca de 7% do mercado de SGEs; até pouco tempo atrás, ela crescia aceleradamente.

J. D. Edwards

Fundada em 1977 por vários ex-contadores, a J.D. Edwards desde cedo focalizou-se em sistemas que rodam em plataformas computadorizadas de médio alcance, por exemplo, a série AS/400 da IBM. Hoje, porém, o *software* da empresa roda em vários tipos de sistemas, embora o foco no médio alcance tenha prosseguimento com a sólida presença da empresa entre as companhias de pequeno e médio portes. Como a empresa tem um forte foco em ferramentas de desenvolvimento de aplicativos, o pacote da J.D. Edwards (chamado de OneWorld) é relativamente fácil de configurar e modificar de acordo com as necessidades particulares de cada empresa.

D&B Software/GEAC

A D&B *Software*, atualmente Geac Computer, esteve entre as primeiras empresas a desenvolver um SGE. A empresa foi formada pela fusão de empresas com *software* orientado para finanças e produção, e ofereceu grandes perspectivas, muito cedo, de integrar essas capacidades. Contudo, a D&B *Software* não fez uma transição bem-sucedida das versões de *mainframe* para cliente/servidor do seu *software* com a rapidez exigida, e não mostrou muita prosperidade no final da década de 1990.

Software complementar

Implementar uma solução SGE é, muitas vezes, não apenas uma questão de instalar o pacote de um fornecedor único. Embora os pacotes de SGE em geral ofereçam um imenso grau de funcionalidade do *software*, mesmo assim não fazem tudo o que é preciso, e determinados módulos de um vendedor de SGE podem não proporcionar a melhor funcionalidade disponível no mercado. Como resultado disso, uma série de acessórios é oferecida por outros vendedores. Estes sistemas normalmente incorporam alguma capacidade de trabalhar em conjunto com o pacote básico de SGE e de usar seus dados. Os fabricantes de pacotes de SGEs normalmente estão trabalhando para acrescentar a funcionalidade proporcionada pelos sistemas de acessórios aos seus próprios pacotes, mas é possível que ainda não tenham conseguido todo o sucesso pretendido, ou seus novos lançamentos podem ser considerados inferiores a um sistema especialmente projetado para um determinado objetivo.

Dois tipos principais de sistemas complementares são especialmente importantes para as empresas de hoje. Um desses grupos inclui as chamadas *capacidades de otimização da cadeia de suprimentos*. Esses sistemas, oferecidos por fornecedores como a i2 e a Manugistics, permitem uma constante sintonia fina da relação entre demanda e oferta. Se, por exemplo, um fornecedor de componentes críticos fica repentinamente indisponível, esses sistemas de cadeias de suprimentos podem ajudar os gerentes a determinar as implicações do problema para a produção geral e talvez até mesmo a planejar uma saída. Essas capacidades de cadeia de suprimentos já se mostraram suficientemente populares para que tanto a SAP (por desenvolvimento interno) quanto a PeopleSoft (por aquisição) as acrescentassem ao seu elenco de ofertas ao mercado.

O segundo tipo de sistema complementar engloba os chamados *aplicativos de interface com o cliente*. São os sistemas que dão suporte aos funcionários que trabalham diretamente com os clientes, como o pessoal de vendas, os representantes de serviços aos clientes e os encarregados dos centros de chamados telefônicos. Poderiam ser também chamados de *sistemas de gestão de ativos de clientes*, pois permitem a captação e a análise de muitas formas de interações e transações com os clientes. Entre os fornecedores desses sistemas figuram a Vantive e a Clarity (principalmente para aplicativos de serviços de clientes) e a Siebel Systems e a Trilogy Development (especialmente em aplicativos orientados a vendas). Mais uma vez, esses tipos de sistemas crescem rapidamente na preferência dos usuários, o que motivou pelo menos um grande vendedor (a SAP) a fazer uma aquisição na área e a incorporar estas funcionalidades aos seus pacotes de SGE.

As funções específicas que as empresas buscam nos acessórios são variadas mas a maioria se enquadra adequadamente nas duas categorias acima relatadas. Uma pesquisa realizada com 62 empresas que implementaram pacotes de SGE sugere que bem mais do que a metade delas implementou algo mais do que um pacote básico, o que incluiu as seguintes funções:[1]

Intercâmbio eletrônico de dados	21%
Distribuição/armazenamento	18%
Armazenamento de dados	17%
Recursos humanos	16%
Impostos	16%
Códigos de barras	15%
Automação da força de vendas	13%
Planejamento e programação	11%
Transportes	11%

Muitos outros tipos de *software* foram implementados por menos de 10% dos consultados na pesquisa, aí se incluindo gestão de dados de produtos, previsão, sistemas financeiros, sistemas de informação ao cliente, engenharia e suporte ao chão de fábrica.

Por que um projeto de SGE se apresenta como um empreendimento de múltiplos fornecedores? A pesquisa indica algumas respostas. Alguns dos tipos de *software* destacados estão incluídos nos mais simples pacotes de SGE, o que sugere que as empresas preferem utilizar funcionalidade separada de *software* para, entre outras coisas, aplicativos de recursos humanos. Alguns desses estão disponíveis hoje nos grandes fornecedores, mas não o eram quando as empresas começaram a implementar seus sistemas; eles poderão ser devolvidos aos seus fornecedores principais quando as novas capacidades estiverem disponíveis e amadurecidas. Algumas capacidades simplesmente não estão disponíveis entre os principais fornecedores.

As alternativas aos sistemas de gestão empresarial

São realmente escassas, atualmente, as alternativas aos SGEs para organizações que pretendam ter sistemas de informação atualizados com algum nível de integração. A maioria deles, infelizmente, não chega a ser testada ou proporciona poucos benefícios para justificar a falta de integração ou o crescente risco técnico. Contudo, a fim de ajudar o leitor a fazer uma escolha bem-informada, descreverei, a seguir, três dessas alternativas.

Sistemas *best-of-breed*

A primeira e mais comumente buscada alternativa aos SGEs, como mencionei de passagem anteriormente, é perseguir a estratégia *best-of-breed*. Isto significa instalar sistemas que são os melhores entre os disponíveis para aquela determinada tarefa que se procura realizar. O sistema escolhido pode ser um sistema isolado ou possivelmente um módulo único de um SGE. Por exemplo, algumas empresas instalaram apenas o componente de gestão de recursos humanos do sistema da PeopleSoft, acreditando tratar-se do melhor sistema existente para essa finalidade, sem desejo ou plano algum de implementar outras capacidades e ligá-las em um conjunto. Alguns fornecedores de SGE estão tentando apoiar esta modalidade oferecendo a capacidade de ligar os sistemas de diversos fornecedores sob uma única e ampla arquitetura ou formatação.

Trata-se de uma boa idéia? Penso que a informação e a integração de processo sejam itens favoráveis dos SGEs e que, se você não concordasse com isso, provavelmente não teria comprado este livro nem o estaria lendo até aqui. As capacidades adicionais para uma função específica oferecida por um sistema *best-of-breed* provavelmente não valem a perda de integração. Em geral, a menos que a sobrevivência e a prosperidade do seu negócio dependam da funcionalidade proporcionada por um sistema isoladamente, ele certamente não vale todo o trabalho que irá lhe dar.

Intermediação de mensagens

Uma alternativa mais ou menos relacionada aos SGEs é o conceito da intermediação de mensagens. A arquitetura deste sistema pretende conseguir a integração entre vários sistemas (sejam pacotes isolados ou aplicativos personalizados) por intermédio do envio de mensagens entre os sistemas. Um sistema isolado que recebe o pedido de um cliente, por exemplo, poderia então enviar uma mensagem ao sistema de gestão do estoque pedindo para reduzir o seu nível do estoque disponível, e uma mensagem ao sistema de produção dizendo-lhe para produzir um lote de componentes do produto. O conceito da mensagem é derivada de sistemas orientados a objetos, embora os sistemas que enviem e recebam mensagens não necessitem ser rigidamente orientados a objetos. Trata-se de uma modalidade menos ambiciosa da integração da informação que pode, no final, se demonstrar mais flexível e de mais fácil implementação que um SGE. No momento, contudo, isto é algo ainda não suficientemente testado, e, portanto, de grande risco técnico.

Uma organização que fez uma forte aposta na intermediação de mensagens é a Computadores Anônima. Como discuti em vários capítulos deste livro, a Anônima cancelou grande parte de suas tentativas iniciais de instalar um SGE, conservando apenas o módulo de recursos humanos da SAP como um ínfimo legado do seu projeto inicial. O novo CIO da corporação ajudou a sepultar o projeto de SGE e se transformou em um entusiasmado proponente do intercâmbio de mensagens. Se fosse para utilizar mais um clichê, eu escreveria que "o tempo dirá quem tem razão".

O intercâmbio de mensagens pode igualmente ser usado em conjunto com um SGE para combinar informações baseadas em SGE com aquela de outros sistemas. Este tipo de arranjo é às vezes chamado de *enterprise integration application* (sendo a sigla em inglês EIA), e vários fornecedores começaram a oferecer produtos para conectar múltiplos tipos de sistemas. A idéia básica deste aplicativo é reduzir a necessidade de códigos de programação personalizados. Contudo, as primeiras implementações da tecnologia de EIA exigiram elas mesmas um alto nível de personalização e integração. Alguns dos vendedores de EIA focam-se especificamente nas ligações entre determinados pacotes de SGE e em outros tipos de sistemas, por exemplo, uma ferramenta específica de automação de força de trabalho. Se você já dispõe dessa combinação em especial, claro que fica muito mais claro escolher uma alternativa de EIA.

Sistemas orientados a objetos

Teoricamente, é possível utilizar sistemas orientados a objetos para concretizar os objetivos de um SGE. Tais sistemas são, todas as outras coisas sendo iguais (e é claro que nunca são...), mais flexíveis, de manutenção mais fácil e de entendimento e instalação igualmente mais simples do que um SGE. O escopo deste livro não chega ao ponto de descrever tudo isso detalhadamente, mas, se você estiver interessado em aprender mais a respeito, verifique, por favor, as muito úteis notas do fim da edição.[2] Em alguns setores industriais já existem sistemas orientados a objetos que poderão realizar parte daquilo que um SGE consegue. Na indústria de manufatura de processos, por exemplo, uma empresa, a Marcam, poderá vender-lhe um SGE orientado a objeto chamado Protean que é supostamente a onda do futuro. Até que ponto orientado a futuro você se considera? Basta dizer que esse SGE ainda não virou moda no presente.

Sistemas orientados a objetos têm sido exaltados como a onda do futuro nos vinte e tantos anos em que tenho trabalhado com a tecnologia da informação. Como comentou recentemente um amigo que é executivo de um projeto SAP, "se os sistemas orientados a objetos fossem realmente revolucionar o mundo, já o teriam feito". E eu concordo. É concebível que os fornecedores de SGE venham a utilizar tecnologia de objeto para construir seus próprios sistemas, mas isto não será de grande relevância para o usuário, exceto no que for importante para possíveis aperfeiçoamentos na flexibilidade do SGE.

Conclusão

O ambiente tecnológico do SGE está em rápida mutação, com os fornecedores acrescentando-lhe a todo instante novas funcionalidades, e com todo mundo tentando se ajustar ao papel da Internet. Discuti algumas das futuras tecnologias específicas para os SGEs no Capítulo 9. Aqui pretendo simplesmente destacar que esses sistemas continuarão a se tornar maiores, continuarão integrados e evoluirão no sentido de se tornar mais flexíveis e de se ajustar cada vez melhor aos negócios de cada usuário em particular. A tecnologia básica poderá ser mantida, mas a funcionalidade básica, não.

Os sistemas de gestão empresarial podem ser complexos, de difícil instalação e inflexíveis, mas ocorre que os sistemas de informação nunca se fizeram notar por méritos como simplicidade, facilidade de desenvolvimento e de instalação, ou mesmo flexibilidade. Progressos lentos mas sólidos ocorrerão nessas frentes. Os sistemas de gestão empresarial continuarão sendo os de maior capacidade e os mais integrados de toda a história. Eles podem ter suas falhas, claro, mas são também a resposta aos rogos e às preces dos nossos sistemas de informação.

Notas

CAPÍTULO 1 O que são os sistemas de gestão empresarial e o que os torna importantes?

1. Andersen Consulting LLP em colaboração com a revista *Chief Executive*, "Enterprise Business Solutions: The Andersen Consulting Survey of Chief Executive Officers", 1999
2. Christopher A. Bartlett e Sumantra Ghoshal, *Managing Across Borders: The Transnational Solution* (Boston: Harvard Business School Press, 1989).
3. Sugeri que se tratava de uma boa idéia no primeiro livro sobre reengenharia, *Process Innovation: Reengineering Work Through Information Technology* (Boston, Harvard Business School Press, 1993). Na época, porém, não se tratava de uma noção muito reconhecida.

CAPÍTULO 2 As promessas e os riscos dos sistemas de gestão empresarial

1. As informações sobre a implementação na Bay Networks foram obtidas principalmente de um estudo de caso da Benchmarking Partners de Cambridge, Massachusetts ("Bay Networks SAP R/3 Implementation Case Study", 1997). O estudo de caso foi parcialmente financiado pela SAP.
2. A informação sobre a Elf Atochem foi obtida em entrevistas com executivos da companhia, em um estudo de caso da Benchmarking Partners ("Elf Atochem North America, SAP R/3 Implementation Case Study", 1997), e, em artigo de Craig Stedman, "ERP Pioneers", publicado na *Computer World*, 18 January 1999, 1.
3. A informação e a citação da PE Biosystems estão em "The Chief Executive Guide to Enterprise Business Solutions", um suplemento da *Chief Executive*, May 1999.
4. O *workshop* foi organizado pelo Concours Group em agosto de 1997.
5. Andersen Consulting LPP em colaboração com a revista *Chief Executive*, "Enterprise Business Solutions: The Andersen Consulting Survey of Chief Executive Officers", 1999
6. O caso Farmland é descrito por Vinnie Mirchandani em uma nota de pesquisa intitulada "Delivering Promised Packaged-Software Benefits" (Stamford, CT: Gartner Group, Administrative Applicatives Strategies, 1997).

CAPÍTULO 3 Vale a pena implementar um sistema de gestão empresarial na minha empresa?

1. Andersen Consulting LPP em colaboração com a revista *Chief Executive*, "Enterprise Business Solutions: The Andersen Consulting Survey of Chief Executive Officers", 1999.
2. Benchmarking Partners, "ROI Strategies: Enterprise Applications" (Cambridge, MA: Benchmarking Partners, 1999).
3. Ken Sansom, "The Case for a Business Case", *Context*, Spring 1998, 58.

4. Martha Amram e Nalin Kulatilaka, *Real Options: Managing Strategic Investment in an Uncertain World* (Boston: Harvard Business School Press, 1999). Para uma discussão das opções reais pela perspectiva da TI, ver Martha Amram, Nalin Kulatilaka e John C. Henderson, "Taking and Option on IT", na *CIO Enterprise*, 15 June 1999, 46-52.
5. Esta relação é modificada a partir de uma encontrada em "ERP Systems – Making the Business Case and Selecting the Right System", *Management Advisory Guide*, Canadian Society of Management Accountants, 1999.
6. Vinnie Mirchandani, "Ten Ways to Justify Acquiring Packaged Applications" (Stamford, CT Gartner Group, Administrative Application Strategies, 1997).
7. A informação sobre a Cisco procede de comunicação por *e-mail* com gerentes da companhia e de um estudo de caso da Harvard Business School: Mark Cotteleer, Robert D. Austin e Richard L. Nolan, "Cisco Systems, Inc.: Implementing ERP", Caso 9-699-022 (Boston: Harvard Business School, 1998).
8. A informação sobre a Chevron procede de comunicação com gerentes da companhia por *e-mail* e de um estudo de caso da Benchmarking Partners, "Chevron Corporation SAP R/3 Implementation Case Study" (Cambridge, MA: Benchmarking Partners, 1997).
9. Benchmarking Partners, "Corinter SAP R/3 Implementation Case Study" (Cambridge, MA Benchmarking Partners, 1998).
10. A informação sobre a PC Connection procede de Derek Slater, "The Ties That Bolt", *CIO* 15 April 1999, 64.
11. Benchmarking Partners, "Bay Networks SAP R/3 Implementation Case Study" (Cambridge MA: Benchmarking Partners, 1997).
12. Robert Rubin, entrevista pelo autor, maio de 1998
13. Craig Stedman, "Retailers Adopt Different Strategies for Installing SAP R/3", *Computer World*, 25 January 1999, 9.
14. Susan Reda, "The ERP Dilemma: Packaged Solution or Best-of-Breed?", National Retail Federation, October 1998 (http://www.stores.org/archives/oct98cover.html).
15. Ibid.
16. Benchmarking Partners, "Hoechst Marion Roussel (Venezuela) SAP R/3 Implementation Case Study" (Cambridge, MA: Benchmarking Partners, 1997).
17. Os dados são de um "ERP Payback Study" de 60 empresas com SGEs recentemente implementados, conduzido pelo Meta Group, Stamford, Connecticut, 1999.
18. Andersen Consulting LPP em colaboração com a revista *Chief Executive*, "Enterprise Business Solutions: The Andersen Consulting Survey of Chief Executive Officers", 1999.
19. A informação sobre a Air Products foi obtida em entrevistas com executivos da companhia
20. A informação sobre a Nike procede de entrevistas com executivos da companhia realizada por Susan Cantrell. A informação sobre a Reebok advém de entrevistas com executivos da companhia e de uma apresentação por um executivo de TI do conglomerado na Boston University em março de 1999.
21. Marianne Kolbasuk McGee, "Nike CIO Plots IT Strategy", *Information Week*, 13 April 1998 40.
22. Ibid.

CAPÍTULO 4   Ligando os sistemas de gestão empresarial à estratégia e à organização

1. O conceito de produção enxuta e suas manifestações na indústria automotiva são descritos em James P. Womack, Daniel Roos e Daniel Jones, *A máquina que mudou o mundo* (Rio de Janeiro: Campus, 1992).

2. A maioria das informações sobre a implementação do SAP na Compaq procede de uma entrevista com John White, ex-CIO na Compaq, em 1997. Acrescentei informações mais recentes extraídas de Bill Gates, *Business @ the Speed of Thought* (New York: Warner Books, 1999).
3. Eryn Brown, "VF Corporation Changes Its Underware", *Fortune*, 7 December 1998, 115.
4. Suzanne DuBois, "SAP at Amoco – From Business Case to Rollout" (*paper* apresentado no *Information Management Forum Meeting*, em Charlotte, NC, em abril de 1997).
5. Discuto a idéia do federalismo a partir de um ponto de vista de "política da informação" em *Information Ecology: Mastering the Information and Knowledge Environment* (New York: Oxford University Press, 1997), 68-72.
6. Para maior informação sobre federalismo corporativo, ver James O'Toole e Warren Bennis, "Our Federalist Future: The Leadership Imperative", *California Management Review* 34, nº 4 (Summer 1992): 73-90.
7. Uma situação semelhante a esta é descrita em Andrew McAfee, "Vandelay Industries, Inc.", Caso 9-697-037 (Boston: Harvard Business School, 1996).
8. Ver, por exemplo, um dos muitos livros sobre a gestão da mudança, o *Champions of Change*, de David A. Nadler (San Francisco: Jossey-Bass, 1998).

CAPÍTULO 5   Ligando os sistemas de gestão empresarial à informação e aos processos de negócios

1. Este livro, o primeiro sobre a reengenharia, intitula-se Reengenharia de processos: como inovar na empresa através da tecnologia da informação (Rio de Janeiro: Campus, 1994). Você provavelmente já tem conhecimento da obra de Michael Hammer e James Champy, *Reengineering the Corporation: A Manifesto for Business Revolution* (New York: HarperBusiness, 1993).
2. Davenport, *Process Innovation*, 5.
3. Minha fonte preferida sobre a diferença entre processo e prática é John Seely Brown e Paul Duguid, "Organizational Learning and Communities of Practice: Towards a Unified View of Working, Learning and Innovation", *Organization Science 2* (1991): 40-57.
4. Para uma boa descrição do espaço entre projeto e implementação de processos, consultar Sirkka Jarvenpaa e Donna B. Stoddard, "Business Process Redesign: Radical and Evolutionary Change", *Journal of Business Research* 41 (1998): 15-27. Infelizmente, quando esse importante trabalho foi lançado, muitas empresas já haviam abandonado seus projetos de reengenharia!
5. Charles G. Cobb e Donna B. Stoddard chegam a esta conclusão em "Enterprise Resource Planning Systems" (Wellesley, MA: Center for Information Management Studies, Babson College, 1998).
6. Michaell Hammer, Além da reengenharia: como organizações orientadas para processos estão mudando nosso trabalho e nossas vidas (Rio de Janeiro: Campus, 1996). Trata-se de uma boa visão geral de como as organizações centradas em processos poderiam funcionar (se chegarem a se concretizar).
7. A informação sobre a Owens Corning procede de discussões com gerentes da empresa e de um estudo de caso de Carol V. Brown, "Advantage 2000 at Owens Corning" (Indianapolis: Kelley School of Business, Indiana University, 1998). A citação no texto é do estudo de caso, pág. 2.
8. Hammer e Champy, *Reengineering the Corporation*, 49.
9. Mais detalhes sobre a situação da Visio podem ser encontrados em um excelente artigo de Christopher Koch, "The Big Uneasy", *CIO*, 15 October 1997, 41-52.

10. A informação sobre a gestão do conhecimento de processos na Dow Corning foi obtida no site Phios (http://www.phios.com) e em entrevistas com executivos da Dow Corning e da Phios.
11. Sobre a pesquisa do MIT que levou à implementação da Dow Corning, ver Thomas W. Malone et al., "Tools for Inventing Organizations: Toward a Handbook of Organizational Processes", *Management Science 45*, nº 3 (1999): 424-443.
12. A informação sobre a Millipore foi obtida a partir de entrevistas com executivos da empresa e de um estudo de caso. Ver Sandy E. Green e Nitin Nohria, "Millipore: A Common Language for Common Systems", Caso 9-494-011 (Boston: Harvard Business School, 1993).
13. Ambas as citações são extraídas de Green e Nohria, "Millipore: A Common Language", 11.
14. Escrevi um livro sobre este assunto, *Information Ecology: Mastering the Information and Knowledge Environments* (New York: Oxford University Press, 1998).

CAPÍTULO 6   Adicionando valor durante a implementação do sistema de gestão empresarial

1. Robert D. Austin e Richard L. Nolan, "Effectively Managing ERP Initiatives", tese de mestrado, Harvard Business School, Boston, MA, October 1998. As citações aparecem na página 3.
2. Ver Jeffrey Liker, David Roitman e Ethel Roskies, "Changing Everything at Once: Work Life and Technological Change", *Sloan Management Review 28*, nº 4 (Summer 1987); 29-47.
3. Benchmarking Partners, "Realizing Value from ERP" (Cambridge, MA: Benchmarking Partners, 1998).
4. Ver Craig Stedman, "ERP Pioneers", *Computer World*, 18 January 1999, 1, 24.
5. A informação sobre a Bay Networks procede de entrevistas com gerentes da empresa, de materiais da Andersen Consulting e de um estudo de caso da Benchmarking Partners, "Bay Networks SAP R/3 Implementation Case Study" (Cambridge, MA: Benchmarking Partners, 1997). A citação é do estudo de caso, página 8.
6. A informação sobre a experiência da Cisco procede de conversas com executivos da empresa e de um estudo de caso de Mark Cotteleer, Robert Austin e Richard Nolan, "Cisco Systems, Inc.: Implementing ERP", Caso 9-699-022 (Boston: Harvard Business School, 1998).
7. Cotteleer, Austin e Nolan, "Cisco Systems", 3.
8. Cotteleer, Austin e Nolan, "Cisco Systems", 9.
9. Os comentários sobre a In Focus procedem de Derek Slater, "Business Line Backers", *CIO Enterprise*, 15 March 1998, 25-32.
10. A mesma estratégia de "prometer o mínimo realizar o máximo" foi exaltada pelos participantes de um estudo da Oxford University sobre empresas internacionais. Ver Geoffrey McMullen e David Feeny, "International Companies and Common Administrative Information Systems" (Oxford Institute of Information Management, 1996).
11. Michael Hammer, *Além da reengenharia: como organizações orientadas para processos estão mudando nosso trabalho e nossas vidas* (Rio de Janeiro: Campus, 1996).
12. A informação sobre a Dow Corning procede de estudos de casos por Jeanne W. Ross, "Dow Corning Corporation: Business Processes and Information Technology", e "Dow Corning Corporation (B): Reengineering Global Processes" (Cambridge, MA: Center for Information Systems Research, Massachusetts Institute of Technology, 1997).
13. Benchmarking Partners, "Bay Networks SAP/R3 Implementation Case Study" (Cambridge, MA: Benchmarking Partners, 1997). A citação é do estudo de caso, página 5.
14. Jeanne W. Ross, "Dow Corning Corporation (B): Reengineering Global Processes" (Cambridge, MA: Center for Information Systems Research, Massachusetts Institute of Technology, 1997), 17.

15. Para saber mais sobre gestão do conhecimento, ver Thomas H. Davenport e Laurence Prusak, Conhecimento empresarial (Rio de Janeiro: Campus, 1998).

CAPÍTULO 7 Transformando a prática da administração com os sistemas de gestão empresarial

1. O estudo foi patrocinado pela SAP e apresentado na reunião anual do grupo de usuários da empresa nos Estados Unidos; executivos da empresa me autorizaram a ser inteiramente objetivo e não tentaram exercer qualquer influência sobre os resultados do estudo. O trabalho foi apresentado pela primeira vez na reunião do grupo de usuários Sapphire, de Los Angeles, no final de 1998.
2. Desde a realização desse estudo, nele incluí várias outras empresas, de maneira informal. Tomei conhecimento delas no contexto de outra pesquisa no Institute for Strategic Change da Andersen Consulting. Este último, intitulado "Extracting Value from Business Transactions: Data to Knowledge to Results" (Extraindo Valor das Transações de Negócios: Dados para o Conhecimento e para Resultados), busca entender os fatores organizacionais necessários quando as companhias transformam com sucesso dados de transação em conhecimento que é usado para decisões e melhoria no desempenho. Os dados dos SGEs são, naturalmente, dados de transações. Entre as empresas contatadas no contexto desta pesquisa, figuraram Earthgrains, J. D. Edwards e Boston Scientifics.
3. Robert Kaplan e David Norton, A estratégia em ação: balanced scorecard (Rio de Janeiro: Campus, 2001).
4. Um rascunho deste caso foi redigido por David D. De Long, pesquisador associado no Institute for Strategic Change.

CAPÍTULO 8 Utilizando os SGEs para gerenciar a cadeia de suprimentos

1. A informação sobre a Colgate procede de entrevistas com executivos da companhia e de um artigo de Linda Grant, "Outmarketing P&G", *Fortune*, 12 January 1998, 150-152.
2. Jeff Sweat, "ERP: The Corporate Ecosystem", *Information Week*, 12 October 1998, 42-52.
3. A classificação de categorias aqui utilizada é a mesma da Forrester Research. Ver, por exemplo, J. T. Gormley III, S. D. Woodring e K. C. Lieu, "Supply Chain Beyond ERP", *Forrester Research Report on Packaged Application Strategies*, Vol. 2, nº 2, May 1997.
4. Randy Weston, "ERP Vendors Eye E-Commerce", *CNET News.com*, 8 July 1998, http:///www.news.com (08 July 1998).
5. Ron Margulis, "Jo-Ann Stores Fabricates Simplicity with ERP", *Retail Information Systems News*, http://www.risnews.com/archive/Jan99/Jan99_10.shtml (January 1999).
6. SAP, "Homepage", http://www/sap.com/press/magnews/special/scope_e/s20.htm
7. A possibilidade de que o aumento do tráfego computadorizado interempresarial leve a um engarrafamento em torno de um ou dois SGEs em uma indústria não é totalmente remota. Já se observou que, embora uma década atrás o pessoal da TI se inclinasse a identificar suas organizações como sendo lojas da IBM ou da Digital, hoje tem orgulho em se descrever como lojas da SAP ou PeopleSoft. A simples percepção de uma vantagem a partir da padronização pode reduzir as vendas de todos do setor, menos do líder do mercado.
8. A informação sobre o consórcio Reebok/VF procede de entrevistas com gerentes da Reebok e de um artigo de Craig Stedman, "Strong Links in the Chain", *Computer World*, 25 January 1998, 59.

9. Para detalhes sobre o piloto de planejamento, previsão e reabastecimento cooperativos da Nabisco/Wegmans, ver Nancy Dillon, "Story Link in the Chain", *Computer World*, 25 January 1999, hcttp://www.ComputerWorld.com.
10. A General Electric aumentou de fato o número de pequenos fornecedores dos quais poderia comprar quando estabeleceu sua Rede de Processos de Transação – um aplicativo de busca de compras com base na Web. A Texas Instruments é conhecida por seu compromisso em negociar apenas com fornecedores em condições de interagir com ela eletronicamente.

CAPÍTULO 9   O futuro das organizações movidas a SGEs

1. Muitos desses conceitos são discutidos em Stephen P. Bradley e Richard L. Nolan, editores, *Sense and Respond: Capturing Value in the Network Era* (Boston: Harvard Business School Press, 1998), 263-284).
2. Steven L. Goldman, "Enabling the Next Generation Enterprise", grupo de foco de Management Accountants Guideline, reunião da Society of Management Accountants of Canada, Jersey City, NJ, March 1999.
3. Bradley e Nolan, *Sense and Respond*.
4. John Hagel e Marc Singer argumentam que esta desagregação acabará produzindo três diferentes tipos de organizações. Ver "Unbundling the Corporation", *Harvard Business Review*, March/April 1999, 133-141.
5. Forum Enterprise Resource Planning, Andersen Consulting, July 1997.
6. Adam M. Brandenburger e Barry J. Nalebuff, *Co-opetition* (New York: Doubleday, 1996).
7. Apresentação da PeopleSoft na Boston University, 15 April 1999.
8. Jeniffer Bresnahan, "The Incredible Journey", *CIO*, 15 August 1998, 38-46.
9. Goldman, "Enabling the Next Generation Enterprise".
10. Craig McDonald e Rick Lawlor, "Wanted! CFOs with ERP Experience: Enterprise Resource Packages Now Dictate the Structure of Finance" (*paper* apresentado na Teleconferência sobre Tendências Mundiais de Assessoramento de Pesquisas, 12 November 1998.
11. Stephan H. Haeckel e Richard L. Nolan, "Managing by Wire", *Harvard Business Review*, September/October 1994, 122-132.
12. Haeckel e Nolan, "Managing by Wire", 23.
13. Thomas W. Malone, "Inventing the Organization of the Twenty-First Century: Control Empowerment, and Information Technology", em *Sense and Respond: Capturing Value in the Network Era*, eds. Stephen P. Bradley e Richard L. Nolan editores (Boston: Harvard Business School Press, 1998), 263-284).
14. Bresnahan, "Incredible Journey", 44.

APÊNDICE   Uma visão técnica dos sistemas de gestão empresarial

1. Benchmarking Partners, "Realizing Value from ERP" (Cambridge, MA: Benchmarking Partners, 1998).
2. Uma boa visão geral da tecnologia como objeto é dada por David A. Taylor, em *Object Technology: A Manager's Guide* (Reading, MA: Addison-Wesley, 1997).

Índice

ABC – custeio baseado em atividades, 231-232
abordagem *balanced scorecard*, 197-198
A-Dec, 165
Air Products and Chemicals, 99-100
Além da Reengenharia (Hammer), 172-173
alianças interorganizacionais, 235-237
alianças. *Ver* parcerias interorganizacionais, 235-237
Allen, Leroy, 230-231
ambiente, futuro dos negócios, 239-245
Amerada Hess, 193-196
Amoco, 114-115
análise
    informação para, 157-158
    o futuro do *software* de SGE para, 255-256
ano 2000, 53
aplicações de produtividade pessoal, 17-18
aplicações de recursos humanos, 90-91
aplicativos complementares, 90-92, 273-275
    aplicativos de contato com o cliente, 273-274
    definição, 18-19
    otimização da cadeia de suprimentos, 222-223, 273-274
    sistemas de gestão de ativos dos clientes, 273-274
aplicativos da integração dos SGEs (EIA), 276-277
Apparel Footwear Consortium, 101-103, 230-231
Apple Computer, 120-121
aquisições. *Ver* fusões e aquisições
arquivos de parâmetros, 93-95
Atlantic Richfield (Arco), 82-83
Austin, Rob, 159-161
Autodesk, 22-23
automação da transação, 246-247
    com processos de cadeia de suprimentos, 250-252
    com processos em parceria, 251-252
    com processos internos e integrados, 248, 250
avaliação. *Ver também* mensuração de desempenho
    caso de negócios, 69-73
    conexões da cadeia de suprimentos e, 86-89

custo versus benefícios, 69-70
da configuração do sistema, 151-152
equiparação da estrutura organizacional na, 80-86
fatores de negócios e técnicos na, 68-70
o fator flexibilidade na, 85-87
    qualidade e visibilidade da informação na, 79-82
    sistemas existentes e necessidades futuras em, 77-80
    tipos de benefício na, 75-77
    tipos de custos na, 72-76
aviação comercial, 37-38

Baan, 90-92, 270-273
bancos de dados, 19-20
    centrais compartilhados, 269-270
    estrutura de planejamento dos, 196-197
    policiando os, 130
    qualidade e visibilidade dos, 79-82
Bay Networks, 42-44, 82-83
    implementação na, 165-168
    interfaces na, 183-184
benefícios, tipos de, 75-77 *Ver também* objetivos
best-of-breed, sistemas, 89-91, 226-229, 275-276
big-bang, implementação, 164-165, 167-170
Boeing, 219
Boston Beer, 83-85, 87-89
Brandenburger, Adam M., 245-247, 252
Burrows, Peter, 82-83

cadeia de suprimentos
    comunicação via Internet com os parceiros, 34-36
    conexões, na seleção de SGE, 86-89
    excelência operacional e, 111-113
    painéis, 231-232
cadeia de suprimentos, gerenciamento da, 215-237
    a Internet na, 219-220, 223-224, 232-236
    acessórios para, 273-274
    aplicativos, escolha de, 226-231
    benefícios da, 216-225

começando com, 225-237
definição, 215-216
eficiência em, 218-220
futuro do, 230-233
impacto dos SGEs na, 236-237
importância da, 225
novas estruturas de mercado e redes na, 235-237
objetivos da, 215-216
ofertas de vendedores para, 222-225
pacotes de software para, 220-223

cadeia de valor
impacto dos SGEs na, 57-58
organizações virtuais como, 243-245

casos de negócios, 230-231
análises de custos *versus* benefícios e, 69-70
processos para, 70-73
revendo/revisando, 181-182

centralização, 114-115
das compras, 250-252
versus controle local, 260-261

CEOs, 65-66
Ceridian, 270-271
Chevron, 78-79, 92-93
Cibercowboys, 260-262
ciclo de tempo, redução do, 22-23

Cisco Systems
comércio eletrônico na, 23
conexões com a cadeia de suprimentos, 87-88
estratégia de montagem de componentes na, 90-92
implementação rápida na, 167-170
justificativa de tecnologia baseada em SGE na, 77-79
processo de fechamento financeiro na, 192-193

clareza estratégica, 56-58
clientes. *Ver também* cadeia de suprimentos, 57-58, 112-113
auto-serviços, 220-221
em seleção de metas, 53-54
familiaridade com, como meta, 57-58
gestão de relacionamentos, 253-255
mensuração de desempenho e, 197

Coca-Cola, Projeto Infinity, 161-162
Colgate-Palmolive, 220, 227-228
comércio eletrônico, 23, 223-224, 231-233
os SGEs como bases para o, 34-36, 235-236

Compaq Computer, 108-111, 145-147
Computadores Anônima (nome ficício), 47-50, 78-80, 139-141, 276-277
comunicação, 17-18
como pré-requisito de um SGE, 179-180

custos e tomada de decisão, 260-261
da decisão de implementar um SGE, 65-66
entre sistemas de computadores, 25-26
futuro dos SGEs, 231-233
na gestão por cabo, 259-260
na terceirização de serviços de SGE, 257-258
no processo de implementação, 161-163
pelo patrocinador executivo, 170
via Internet, 233-235

concorrência, mudança na base para a, 37
concorrentes, na escolha de objetivos, 53-54
configuração de produtos, 240-242
configuração, 143-147, 268-270
definição, 143-144
determinando o compartilhamento de informação para a, 147-150
em andamento, 150-152
federalista, 148-149
importância da, 182-183
para a vantagem competitiva, 112-113
testando, 149-151

conhecimento
adquirido durante a implementação, 185-186
captando/compartilhando transação, 125-126
convertendo tácito em explícito, 23-24
sobre clientes, 253-255
transformando dados em, 202-206

Conoco, 154-157, 162-164
consenso, 119-120
consolidação vertical, 259-260
consultores
em escolha de fornecedores, 95-96
incentivos para, 60-61
motivação, 180-182
treinamento por, 127-129

contexto cultural, 203-204, 209-211
contexto da tecnologia, 203, 207-208
contexto estratégico, 203-204, 206-207
contexto organizacional, 203-204, 209-211
contexto, 202-203, 203-204
controle de versão, 179-180, 228-229
corretores de mensagens, 275-277
cultura organizacional
constância de propósitos na, 58-59
criando uma cultura mais disciplinada, 119-122
cultura da informação, 199-200
impacto do SGE sobre a, 21-22
ligando os SGEs a, 114-125
na General Semiconductor, 50-52

orientada a dados, 210-211
customização em massa, 240-242
Customização, 113
    em massa, 240-242
custos humanos, 75-76
custos políticos, 75-76
custos, 19-21
    abordagem de opções reais dos, 72-73
    comunicação, 260-261
    concorrência baseada em, 113-114
    cortando operações internas, 216-219
    dedução de economias relacionadas com SGEs dos orçamentos, 59-61
    economias, tipos de, 75-77
    tipos de, 72-76
    versus benefícios, análise, 69-73
CVS, 260-261

D&B *Software*, 273 Ver também Geac Computer
dados
    armazéns, aberto, 201-202
    avaliando a condição dos, 64-65
    como contexto, 203-204
    contexto para o processo decisório, 208-209
    desagregadores, 243-244
    garimpagem dos, 255-256
    gestão centralizada *versus* distribuída dos, 93-94
    gestão dos, 157-158
    padronização/conversão, 183-185
    propriedade central versus local, 91-93
    qualificações/conhecimentos necessários para usar os, 203-204
    transação, 92-93, 210-211
    transformando em conhecimento, 202-206
    uso de pacotes de terceiros de, 227-229
delegação de autoridade, 124-126
desenvolvimento de produtos, 112-113, 134-136, 254-256
detecção-e-resposta, modelo de, 240-242
disciplinas do valor, 56-58, 261-263
documentos, ligação dos, 247-248
domínios de negócios, 245-247
    funcionalidade de SGE e, 248, 250-253
Dow Chemical, 44-46
    análises e relatórios na, 191-192
    implementação em andamento na, 59-60
    novos sistemas de gestão na, 198-199
    redução de pessoal na, 195-196
    upgrades dos sistemas na, 61-62
Dow Corning, 147-148, 180, 185
Dreyer's Grand Ice Cream, 217-218

Earthgrains Company, 202-203, 205-214, 220-221
Eastman Chemical, 217-219
Edels, Howard, 260-261
EDI comparado com, 233-235
    conexões de cadeias de suprimentos via, 87-89
    hospedagem externa de SGEs em, 256-259
    na gestão da cadeia de suprimentos, 219-220, 223-224, 232-236
    parceiros na cadeia de suprimentos e, 34-36
    relatórios com base na Web e, 201-203
educação
    mudança organizacional e a, 127-130
    o papel do patrocinador executivo na, 170
    para determinar metas de resultados, 53
    para integração organizacional, 118-119
Elf Atochem da América do Norte, 43-45, 88-89, 108, 193, 195-196
EMC, 66-69
equipe de planejamento e visão, 174-175
estoques, 217-218
    disponíveis conforme compromisso, 24-25
estratégia
    competitiva, 108-115
    financeira, 108
    ligando os SGEs à, 108-115
    operacional, 108-112
estratégia competitiva, 108-115
estratégia da montagem de componentes, 90-92
estratégia operacional, 108-112
estrutura da rede de valor, 245-247
estrutura de comando e controle, 31-32
estrutura organizacional
    comparando os SGEs com, 80-86
    efeitos da globalização na, 32-34
    entendimento da, 54-57
        global versus multilocal, 93-94
        hierárquica, 31-32
        horizontal, 243-244
        impacto dos SGEs sobre, 21-22
        ligando os SGEs com a, 114-117
        para a implementação do SGE, 169-177
estudos de casos
    sobre a justificativa dos SGEs com base na tecnologia, 77-80
    sobre as promessas do SGE, 41-46
    sobre implementar ou não implementar um SGE, 65-69
    sobre problemas de SGEs, 45-52
    sobre processos decisórios, 99-105
euro, o, 25-26

Euroil (nome fictício), 45-48
excelência operacional, 111-113
excesso de capacidade, 33-35, 259-260
executivos
    apoio à integração organizacional, 119-120
    atitudes determinantes de, em relação aos SGEs, 64-65
    como autores de decisões, 65-66
    dia típico do executivo capacitado por um SGE, 262-265
    patrocínio pelos, 53-54, 169-171
    treinando para executivo sênior, 127-128
expectativas culturais, 242-243. *Ver* cultura organizacional
expectativas, 161-162, 171-172, 242-243
extranets, 257-258

familiaridade com o cliente, 240-242
Farmland, 60-61
fechamento financeiro, processo de, 192-193
Federal Express, 220-221, 243
federalismo, informação, 121-125, 148-149, 180
ferramentas de planejamento da demanda, 222-223
ferramentas de planejamento de suprimento, 222-223
ferramentas do processo decisório, 231-232, 250-251
financeiros, recursos, avaliação dos, 74-75
flexibilidade
    delegação de autoridade e, 125
    empresas virtuais e, 37
    falta de, nos SGEs, 29-31
    organizacional, e seleção de SGE, 85-87
    padronização e, 35-36
fornecedores, 270-273
    análise de temas de, 91-95
    estereótipo, 96-97
    produtos específicos do setor, 89-91
    produtos oferecidos por, 26-27
    selecionando um, único em relação a múltiplos, 176-180
    selecionando, 88-99
    visitando sites de referência de, 97-98
fornecedores. *Ver* cadeia de suprimentos
Fujitsu Microelectronics, 86-87, 180-181, 193-196
funcionários
    avaliando os, 64-65
    capacidades analíticas e, 199-201
    delegação de autoridade aos, 124-126
    habilidades exigidas dos, 36-37, 115-117, 128-129

o impacto do SGE sobre os, 36-37
reduções de, 36-37, 128-130, 176-177, 200-201
uso da informação de SGE na tomada de decisões, 191-192
fusões e aquisições
    globalização e, 242-243
    impacto de, nos SGEs, 58-59
    implicações das, para a seleção de SGE, 82-83
    na Euroil, 46-48

ganchos, 113
Geac Computer, 270-271, 273
General Semiconductor (nome fictício), 50-52
Georgia-Pacific, 196-197
gerência de processos interfuncional, 216-219
gerenciamento
    baseado em valor, 44-46, 198-199
    com SGEs, 187-214
    constância *versus* mudança em, 58-59
    cultura de, 125-130
    globalização e, 242-243
    impacto dos SGEs no(a), 259-263
    mensuração de desempenho para, 193-197
    por cabo, 259-260
    processos, 135-136
gerenciamento com base no valor, 198-199
gerenciamento da mensuração, 255-256
    abordagem do *balanced scorecard*, 197-198
    da qualidade de informação, 80-82
    do processo decisório, 80-82
    linha básica, 61-62
    para o gerenciamento, 193-197
    questões de tecnologia/sistemas na, 201-202
gerenciamento de produtos, 240-243
gerenciamento de projetos, falhas do tradicional, 159-161
gerenciamento do processo, 135-137, 247, 248, 250-252
    interfuncional, 216-219
gerentes
    como superusuários, 174, 200-201
    de sistemas resistentes, 121
    globalização e, 32-34
    melhorando o processo decisório dos, 79-82
    monitoração em tempo real pelos, 17
    negócio *versus* tecnologia, na implementação, 51-52
    projeto de implementação, 170-172
    reduzindo o número dos, 188-189, 192-193
gestão do conhecimento do processo, 147-148
gestão do conhecimento, 247-255

gestão do desempenho, 184-185
Gestão empresarial estratégica (SEM), 256
gestão financeira, 23, 180-182
Gibson, Williams, 239
Gilmartin, John, 153-154
Girard, Greg, 223-224
globalização, 241-243, 259-260
    e acontecimentos locais, 261-262
    papel dos SGEs na, 32-34
Goodman Fielder, 227-228

Haeckel, Steve, 259-260
Hammer, Michael, 135-136
    Além da Reengenharia, 172-173
hardware, custos do, 73-74
Harris, Ken, 103-104
Hewlett-Packard (HP), 123-125, 185-186
Hiner, Glen, 54-55
Hoechst Marion Roussel, 92-93
Home Depot, 162-164

I2 Technologies, 215-216, 229-230
IBM, System Storage, 22-23
identidade
    determinação da, 54-57
    em integração organizacional, 119-120
impactos financeiros, 205-206
implementação do lançamento em etapas, 162-166
implementação incremental, 162-166
implementação, 132-133, 159-186
    aceleração da, 166-170
    administrando o conhecimento adquirido durante a, 185-186
    alvos estratégicos na, 56-58
    como iniciativa de negócios, 51-53
    comparando as capacidades técnicas e estratégicas na, 225-227
    constância de propósitos na, 57-60
    custos, 73-75
    decisões sobre módulos individuais, 144-145
    dificuldades na informação federalista, 123-124
    em andamento, 59-60
    equipes, 174-176
    etapas na, 181-185
    incremental versus big-bang, 162-166
    infra-estrutura de TI para, 179-180
    modelo para, 159-163
    mudança organizacional durante, 126-130
    no contexto da mudança de negócios, 160-163
    orientada a processos, 136-141
    questões da, 200-201

    resultados da orientação na, 52-55
    tarefas pré-implementação, 169-177
    vantagens da antecipação da, 113-114
incentivos, 60-61
indústrias virtuais, 37
informação
    ambiente de negócios e, 152-153
    compartilhamento/integração da, 18-20
    conquistando a, compartilhada, de alta qualidade, 151-157
    determinando o compartilhamento da, 122-125, 147-150
    distribuição via intranet, 201-203
    efeitos da igualada, 37-38
    federalismo, 121-125, 148-149, 180
    identificando, importante, 254-255
    intercâmbio via Internet, 233-235
    interpretação da, 24-25
    ligando os SGEs a, 131-132, 151-157
    para a gerência, 189-193
    para análise e decisão, 157-158
    para novos processos, 195-197
    pré-requisitos para escolher SGEs, 63-66
    qualidade e visibilidade da, 18-19, 79-82, 156-158
    transações mais rápidas na, 22-23
informação patenteada, 234-236
informação, o escopo da, 246-248
    funcionalidade do SGE e, 248, 250-253
infra-estrutura
    avaliação, 64-65
    para análise financeira/gestão de benefícios, 180-182
iniciativas, 204-206, 213-214
integração
    globalização e, 242-243
    interempresarial, 215-216
    organizacional, 117-120
inovação em produtos, 111-112
instrumentos do processo, 131-137
Intel, 30-31, 110-111, 120-121, 128-130
Intercâmbio Eletrônico de Dados (EDI), 215-216
    comparado com a Internet, 233-234-234-235
interfaces
    atualização, 228-229
    desenvolvimento de, 182-184
    para acessórios, 268
    SGE/Web, 234-236
    variáveis, 269-271
interfaces de aplicativos de programas (APIs). *Ver* ganchos

Internet, 18-19. *Ver também* comércio eletrônico
intranets, 18-19
    distribuição de informação via, 201-203
    uso na terceirização de serviços de SGE, 257-258

J.D. Edwards, 270-271, 273
    abordagem do *balanced scorecard* na, 197-198
    tamanho da organização e, 91-92
    WorldERP, 84-86
JDA Software, 89-91
Jo-Ann Stores, 224-225
juntas de diretores, 65-66

keiretsu, 36-37, 258-259
Koch, Jim, 83-84

Lawson Software, 91-92, 270-271
Levi's, 241-242
líderes/gerentes de projetos, 170-172
Lippman, Brent, 90-91

mainframes, 268-269
Malone, Tom 260-261
Manugistics, Inc., 215-216, 221-222, 228-229
manutenção, de múltiplos sistemas, 25-26
Marcam, 277
melhores práticas, 34-35
    captação, armazenamento e utilização de, 250-251
    seleção de sistema e, 94-95
mensuração, sistemas de, 193-197
    conteúdo de sistemas movidos a SGEs, 197-199
metas
    importância das, 48-49
    incapacidade de especificar, organizacionais, 115-117
    modos de articular as, 53-54
    mudanças nas, 54-55
    seleção do vendedor e, 95-96, 177-180
Microsoft, 23, 193, 197
Millipore, 153-154
modelagem, processo de, 146-148
modelo das "forças competitivas", 57-58
modelo de processo suficientemente eficiente, 246-247
modelo de serviços compartilhados, 114-115, 257-259
Mohawk Industries, 240-241
Monsanto

compartilhamento de informação na, 153-155
condução dos dados na, 157-158
desmembramentos na, 86-87
gestão da mudança na, 21-22
líderes de projetos na, 170-171
planejamento estratégico na, 65-66
reduções de pessoal na, 192-196
transformando conhecimento tácito em explícito na, 23-24
montagem de portfólio, 177-178
Motts North America, 227-228
mudança comportamental, 198-201, 204-206, 213
mudança, 20-22
    capacidade do SGE de trabalhar com, 35-36
    como valor fundamental dos SGEs, 166-170
    comparando o sistema do SGE com o grau da, 80-86
    comportamental e organizacional, 198-201
    de relacionamento, com relatório e mensuração, 194-196
    o papel do patrocinador/executivo na, 170
    objetivos para a, 180-182
    organizacional, durante a implementação, 126-130

Nalebuff, Barry J., 245-247, 252
NEC Technologies, 136-137
New Balance, 104-105
Nike, 100-105
Nolan, Dick, 159-161, 259-260
Nortel Networks, 82-83, 87-88, 183-184
Nova Pharmaceutical, 148-150

objetivos, constância de, 57-60
objetos, sistemas orientados a, 276-277
opções reais, abordagem das, 72-73
Oracle, 91-92, 270-273
organizações virtuais, 243-245, 259-260
Owens Corning, 61-62
    abordagem BSC na, 197-198
    análise dos benefícios na, 71-73
    gerenciamento de processos na, 135-136
    hospedagem externa na, 180
    novas unidades organizacionais na, 195-196
    processamento de pedidos na, 150-151
    programa Advantage 2000, 161-162
    resultados de projetos na, 53-55
    visão orientada a processos na, 193

Paanakker, Roland, 103-105
padronização

dos aplicativos e informação do SGE, 258-260
flexibilidade decorrente da, 35-36
globalização e, 242-243
no gerenciamento da cadeia de suprimentos, 229-230
PaperCo (nome fictício), 137-140
patrocínio, projeto de, 53-54, 169-171
PC Connection, 84-86
PeopleSoft, 270-273
    "My World", 250-251
    abordagem balanced scorecard na, 197-198
    aquisição da Red Pepper pela, 221-222
    para aplicações de recursos humanos, 90-91
    porte da organização e, 91-92
Perkin-Elmer Analytical Instruments, 58-60
Perkin-Elmer Applied Biosystems, 58-59
Phios, 147-148
pilotos/protótipos de salas de conferências, 149-150, 168-169
planejadores de processos, treinando para, 127-128
planejamento
    estratégico, para objetivos de projetos de SGE, 53-54
    importância da informação em, 23-25
    pré-implementação, 169-177
    recursos de manufatura, 17-18
planejamento dos recursos de gestão (MRP), 17-18
planejamento dos recursos empresariais (ERP)
    sistemas. Ver sistemas de gestão empresarial (SGEs)
planejamento estratégico de objetivos de projetos de SGE, 53-54
Platinum *Software*, 270-271
Plattner, Hasso, 224-225
portais de informação dos SGEs, 254-255
Porter, Michael, 113
Power Computing, 84-85
prática, definição, 132-133
pré-implementação, planejamento da, 169-177
    determinando o patrocínio, 169-171
    equipe de implementação na, 174-176
    equipe de visão e planejamento na, 74-175
    escolha de líder/gerente de projeto, 170-172
    identificação de superusuários, 173-174
    organização de TI interna na, 175-177
    pessoal de qualidade para, 176-177
    propriedade do processo e, 171-174
preparação para, avaliando a, 126-127
processadores de textos, 17-18
processamento de pedidos, 150-151, 250-252
    via *e-mail*, 232-234
processo decisório

    alavancando a transação de dados para, 210-211
    descentralização do, 260-261
    estruturas e valores para, 261-263
    futuro do software de SGE para, 255-256
    mensuração do desempenho para, 80-82
    processos, 204-205, 212-213
    sobre implementar ou não implementar um SGE, 65-67
    uso da informação de SGE no, 187-214
processos
    analisando os existentes, 141, 143
    cadeia de suprimentos, 245-247, 250-252
    com suporte de SGEs, 13-135
    conciliando com as capacitações dos SGES, 141, 143-144
    controle dos, 17-18
    definição, 132-133
    economias a partir de processos redesenhados, 76
    em parceria, 251-253
    impacto dos SGEs nos, 21-22
    implementação por etapas baseada em, 164
    informação sobre, 79-82
    interpares, 245-247
    ligando os SGEs a, 131-152
    modelando, 146-148
    mudanças nos, 205-206
    propriedade da implementação, 171-174
    reconsiderando, 213-214
    sem suporte de SGEs, 134-136
    tratamento global versus multilocal dos, 93-94
processos analíticos, 204-205, 211-212
Procter & Gamble, 218-219
produção enxuta, 108-110, 240-242
Productos Corinter, 80-82
produtividadem, 36-37
projeto auxiliado por computador (CAD), 134-135
projetos-piloto, 149-151
Protean, 277
protótipos, 149-151, 184-185

QAD, 270-271

realinhamento horizontal da corporação, 243-244
receita, melhoria da, 77
recompensa, sistema de, 209-210
recursos, 74-75, 130
Red Pepper, 221-222
rede de fontes, 236-236-237, 256-259
redes
    como base de estruturas de mercado, 235-237

em gestão de cadeia de suprimentos, 220-221
em parceria, 245-247
valor, 244-245
redes de valor, 244-245
redes em parceria, 245-247
Reebok International, 100-105, 218-219, 230-231
Reengenharia suficientemente eficiente, 141
reengenharia, 33-35, 132-134, 137-141
começar a partir do zero, 136-138
configuração de processos na, 143-147
movida a SGE, 136-138, 141-148
suficientemente eficiente, 141
regulamentadoras, estruturas, 242-243
relacionamentos
calculando o valor dos, 252
clientes, 253-255
relatórios, 255-256
aos principais interessados, 197
aos proprietários de processos, 172-174
com base na Web, 201-203
freqüência dos, 197-198
gerenciamento, 192-193
impacto dos SGEs nos, 187-188
processo para a mudança, 193-97
questões de tecnologia/sistemas em, 201-203
racionalização dos, 193
responsabilidade, 126-127, 262-263
resultados. *Ver também* metas
determinando, 53-54
orientado para, 52-55
responsabilidade pela concretização dos, 53-54
Richter Systems, 90-91
riscos, 20-21
da implementação *big-bang*, 164-165
em comunicações pela Internet, 234-236
para os funcionários, 36-37
Ross, 91-92
Rubin, Bob, 88-89
Ruettgers, Michael, 67-69

SAP, 270-272
abordagem do BSC na, 197-198
Advanced Planner and Optimizer (APO), 227-228, 230-231
Apparel Footwear Consortium, 101-103
estrutura organizacional e, 58-60
módulos de, 268
MySAP.com, 250-251
porte da organização e, 91-92
sistema de cadeia de suprimentos, 90-91, 224-225

sistema financeiro, 90-91
Seattle Times, 31-32
seleção, processo de
com base na estrutura/cultura organizacional, 114-125
critérios para os vendedores, 97-99
em estudos de negócios, 71-72
equipe de visão e planejamento na, 174-175
porte da organização e, 82-86, 91-92
sistemas únicos versus modulares, 176-180
vendedor, 88-99
serviços aos clientes
na Elf-Atochem, 43-44
no gerenciamento da cadeia de suprimentos, 220-221
servidores, 179-180
setores
adoção de SGE no conjunto de uma empresa, 110-112
produtos SGE específicos para, 89-91
Siebel Systems, 112-113
sistemas autônomos, 92-93
sistemas de apoio ao desempenho, 128-129
sistemas de gerenciamento de dados de produtos, 135-136
sistemas de gestão dos ativos de clientes, 273-274
Sistemas de gestão empresarial (SGEs)
alternativas aos, 274-277
arquitetura cliente/servidor nos, 19-20, 268-26
avaliando, 68-89
benefícios de negócios dos, 22-24
benefícios versus problemas dos, 41-62
com direitos exclusivos, 25-27
como eles funcionam, 267-271
como ferramentas da gestão, 187-214
compartilhamento/integração da informação nos, 18-20
conectando, à estratégia e à estrutura organizacional, 107-130
construção modular dos, 268
controle de versão para, 228-229
crescimento dos, 19-21
críticas aos, 29-32
cultura de gestão e, 125-130
decidindo sobre a implementação dos, 60-105
definição, 17-18
delegação de autoridade e os, 124-126
demonstrações dos, 97-98
desenvolvimentos tecnológicos nos, 252-26
escolhendo, 26-27

fazendo o upgrade, 61-62
futuro dos, 239-265
gestão de cadeia de suprimentos com, 215-237
história dos, 17-19
hospedagem externa dos, 256-259
impacto dos, 35-38
importância dos, 32-36
instâncias e versões para instalar, número de, 179-180
modificação dos, 93-95
mudanças em andamento nos, 129-130
opções de implementação nos, 28-30
opções de tecnologia nos, 176-180
pré-requisitos para, 63-66
selecionando, 88-99
software complementar para os, 273-275
táticas para realizar os benefícios dos, 59-62
único versus modular, 176-180
visão técnica dos, 267-277
sistemas de informação. *Ver também* Sistemas de Gestão Empresarial (SGEs)
antes dos SGEs, 23-27
sistemas de testes, 149-151, 184-185
sistemas legados, 178-180
motivos para abandonar os, 77-78
necessidades futuras e, 77-80
saldos do desmantelamento, 76
sistemas logísticos, 222-223
sites, visitas aos, 97-98
sociedades
cadeia de suprimentos, 34-36
intra-sistemas *versus* intersistemas, 258-259
Soenksen, Jim, 90-91
software, custos de, 73-74
software/modelo (CPFR), 224-225, 251-252
soluções *business-to-business*, 231-233
Southwest (empresa aérea), 37-38
SSA, 270-271
Steelcase, 21-22
superusuários, 173-174, 200-201
Supply Chain Operations Reference (SCOR), _modelo, 147-148

tamanho, organização, 82-86
técnica *versus* estratégica, 28-30
escalonamento da, 165-170
orientada a objetivo, 160-161

tempo necessário para, 30-32
tempo versus valor na, 28-30, 41-46
visão na, 54-57
tecnologia cliente/servidor, 19-20, 268-269
Tecnologia da Informação (TI), infra-estrutura, 179-180
Tecnologia da Informação, papel da, na implementação, 175-177
tecnólogos, 65-67, 127-128
templates, 133-134, 146-147, 269-270
teoria dos jogos, 252-253
terceirização, 180
hospedagem externa, 236-237
serviços de SGEs, 256-259
tomadores de decisões
informação para os, 157-158
qualidade de informação e, 79-82
Trilogy, 241-242

unidades de negócios, implementação por etapas baseada em, 164
Union Carbide, 125, 170-171, 195-197
Upgrades, 61-62
urgência, instilando o sentimento de, 167-168
usuários
super, 173-174, 200-201
treinamento, 127-130

valor
como impulsionador do desenvolvimento do SGE, 239-240
como opção na implementação do SGE, 28-30
Vanity Fair (VF) Corporation, 101-103, 112-113, 230-231
vantagem competitiva, 111-115
Ventix Systems, 125-126
VeriFone, 26-27
visão, 54-57
Visio, 145-146

Wal-Mart, 218-219
WebPDM, 113

XML (eXtensible Markup Language), 258-259

Zencke, Peter, 226-227

edelbra

Impressão e acabamento:
E-mail: edelbra@edelbra.com.br
Fone/Fax: (54) 321-1744

Filmes fornecidos pelo Editor.